Burow · Positive Pädagogik

D1922925

Olaf-Axel Burow

Positive Pädagogik

Sieben Wege zu Lernfreude und Schulglück

BELTZ

Dr. *Olaf-Axel Burow* (geb. 1951) ist Professor für Allgemeine Pädagogik an der Universität Kassel. Derzeitiger Forschungsschwerpunkt ist die Entwicklung der Theorie des Kreativen Feldes und deren Umsetzung mit spezifischen Verfahren in den Bereichen Kreativitäts-, Begabungs-, Innovations- und Gesundheitsförderung, Schul- und Organisationsentwicklung, Bürgerbeteiligung, Social Entrepreneurship und Cultural Coding. Kontakt: burow@uni-kassel.de

Ausführliche Texte zum Downloaden, Literaturangaben, Verfahrensbeschreibungen, Workshop-Protokolle und Forschungsberichte unter:

www.olaf-axel-burow.de
www.uni-kassel.de/fb1/burow
www.art-coaching.org
www.global-mind.net

Dieses Werk wurde vermittelt durch
Aenne Glienke | Agentur für Autoren und Verlage,
www.AenneGlienkeAgentur.de

Das Werk und seine Teile sind urheberrechtlich geschützt.
Jede Nutzung in anderen als den gesetzlich zugelassenen Fällen bedarf der vorherigen schriftlichen Einwilligung des Verlages.
Hinweis zu § 52a UrhG: Weder das Werk noch seine Teile dürfen ohne eine solche Einwilligung eingescannt und in ein Netzwerk eingestellt werden. Dies gilt auch für Intranets von Schulen und sonstigen Bildungseinrichtungen.

Lektorat: Jürgen Hahnemann

© 2011 Beltz Verlag · Weinheim und Basel
www.beltz.de
Herstellung: Lore Amann
Satz: Beltz Bad Langensalza GmbH, Bad Langensalza
Druck: Beltz Druckpartner GmbH & Co. KG, Hemsbach
Umschlaggestaltung: glas AG, Seeheim-Jugenheim
Printed in Germany

ISBN 978-3-407-25567-9

Inhalt

Einführung

»Herauszufinden, wozu man sich eignet, und eine Gelegenheit zu finden, dies zu tun, ist der Schlüssel zum Glücklichsein.«

John Dewey (1930, S. 360)

Glück und Schule – das scheinen auf den ersten Blick Gegensätze zu sein. Dazu aufgefordert, herausragende Glücksmomente im eigenen Leben zu benennen, werden nur die wenigsten von uns an ihren Schulunterricht denken und eher Situationen außerhalb der Schule benennen. Daran hat sich trotz einer Vielzahl von Forschungen zur »guten Schule« wenig geändert. Im Gegenteil: Werden unsere Kinder eingeschult, dann beginnt für sie mehr denn je der »Ernst des Lebens«, und nicht von ungefähr soll ihnen die Zuckertüte den Start versüßen. Mögen einige der Meldungen, die in den letzten Jahren über die »Bildungs- und Erziehungskatastrophe« auf uns niedergeprasselt sind, auch überzogen sein, so sind wir doch weit davon entfernt – gleich ob als Schüler/innen, Eltern oder Lehrer/innen –, die Schule als Hort der Freude oder gar des Glücks zu erfahren.
Zu oft ist das Gegenteil der Fall: Schule wird mehr denn ja als Ort eines überzogenen Leistungsdrucks empfunden, dem die Lehrer/innen, Eltern und Schüler/innen ausgeliefert sind. In Zeiten wirtschaftlicher Krisen und einer verschärften internationalen Konkurrenz sehen es viele als abwegig an, über Schulglück nachzudenken, denn schließlich scheint einzig die messbare Leistung über sozialen und beruflichen Erfolg zu entscheiden. Konsequenterweise fordern nicht wenige, Schule solle sich endlich wieder auf das konzentrieren, wofür sie geschaffen ist: auf Bildung, die sich in Leistungen zeigt, die wiederum aufgrund klar definierter »Bildungsstandards« gemessen werden können und damit eine »objektive« Grundlage für die Auslese unseres Nachwuchses im Interesse des wirtschaftlichen Überlebens unserer gefährdeten Nation bieten. Bestseller wie das »Lob der Disziplin« des ehemaligen Schulleiters des Internates Schloss Salem, Bernhard Bueb, stoßen in das gleiche Horn und erfreuen sich in Kreisen des bildungsorientierten Bürgertums höchster Beliebtheit.

Glück, dieser unscharfe, verwaschene, nur unzureichend operationalisierbare Begriff, scheint demgegenüber eher etwas für Feuilletons und Fernsehshows zu sein, in denen uns durchaus unterhaltsame, aber nicht wirklich ernst zu nehmende Glücksprediger zweifelhafte Rezepte offerieren. So kann es kaum überraschen, dass »Glück« auch bei den professionellen Pädagogen, in der Erziehungswissenschaft, keine Rolle spielt – und das, obwohl der erste Lehrstuhlinhaber der Pädagogik, Ernst Christian Trapp 1780 in Halle als Ziel aller Erziehung die »Bildung zur Glückseligkeit« postuliert hatte. Seit dieser Zeit ist das Glück aus der deutschen Erziehungswissenschaft und der Mehrzahl öffentlicher Schulen fast völlig verschwunden.

Stattdessen vernebelt die Diktatur der Zahl die Gehirne. Vertreter einer exakten, an quasi naturwissenschaftlichen Standards orientierten Pädagogik erhoffen sich die »gute Schule« von Schulleistungsvergleichsstudien, diffizilen Unterrichtsforschungen, Evaluierungen und Ähnlichem. Sie versprechen, mit ihren Verfahren komplexe Unterrichts- und Erziehungssituationen so modellieren zu können, dass sie eindeutige Anleitungen für optimiertes Lehren und Lernen geben können. Diesem Optimierungsversprechen folgt die Politik seit einiger Zeit und baut den Bereich entsprechender Forschungen und sich daraus ableitender Leistungskontrollen massiv aus.

Wie ich zeigen werde, besteht aber wenig Hoffnung, dass dadurch die Lernfreude oder gar das Schulglück von Lehrer/innen und Schüler/innen gesteigert wird. Denn große Teile dieser Forschungen erweisen sich bei näherer Betrachtung als reine »Bestätigungsforschung«, indem sie mit großem Aufwand herausfinden, was der durchschnittlich informierte Laie auch durch bloßes Nachdenken und die Besinnung auf eigene Schul- und Lernerfahrungen selbst herausfinden kann. Vor allem aber bleibt dieser Forschungstyp zu oft bei der Feststellung der Misere stehen und kann nur selten gangbare Auswege aufzeigen. Im Gegenteil: Statt der notwendigen Entlastung werden Lehrer/innen und Schüler/innen zusätzlichem Druck und immer neuen Anforderungen ausgesetzt.

Dieses Buch weist einen anderen Weg: Entlastung und die Nutzung der »Weisheit der Vielen«, also der an Schule beteiligten Personen, sind Schlüssel zur guten Schule. Wir haben kein Wissens-, sondern ein Umsetzungsdefizit. Meine Arbeit mit einer Vielzahl von Schulkollegien, Eltern und Schüler/innen in den letzten Jahren zeigte mir: Wir alle verfügen über ein bislang unterschätztes »pädagogisches Tiefenwissen«, das sich im Rahmen von Schulentwicklungswerkstätten mit allen Beteiligten in erdrückender Eindeutigkeit zeigt. Wir alle wissen sehr wohl, wie gute Lehr- und Lernumgebungen aussehen. Was uns fehlt, sind Räume, in denen wir uns gegenseitig austauschen, besinnen und die Veränderungsschritte angehen, die sich in der gemeinsamen Reflexion als sinnvoll erweisen. In solchen Schulenentwicklungswerkstätten erweist sich immer wieder: Wir überschätzen Experten und unterschätzen unser eigenes Wissen.

Ein Schlüssel zur guten Schule besteht in der Rückbesinnung auf unseren gesunden Menschenverstand und die Entdeckung unseres pädagogischen Tiefenwissens durch die Freisetzung der »Weisheit der Vielen«. Wenn es Lehrer/innen, Eltern, Schüler/innen und den anderen an Schule beteiligten Personen gelingt, durch wertschätzenden Erfahrungsaustausch in gemeinsamer Reflexion Erfolgsprinzipien guter Schule zu identifizieren, dann ist es möglich, in gemeinsamer Anstrengung Schule zu einem Ort von Lernfreude und bisweilen sogar Glück zu verwandeln.

Zum Aufbau des Buches

Im *ersten Teil* beschreibe ich aus historischer Perspektive, wie das Glück so konsequent aus der Schule vertrieben wurde, dass inzwischen nicht nur über 60 Prozent der Lehrer/innen und bis zu 40 Prozent der Schüler/innen in besorgniserregender Weise gesundheitlich belastet sind, sondern auch annähernd ein Fünftel aller Schüler/innen die Schule ohne Abschluss oder sinnvolle Perspektiven verlässt. Wie konnte es dazu kommen, dass eine Institution, die dazu bestimmt ist, ein Grundbedürfnis des Menschen, nämlich Lernen und Lehren zu optimieren, die Gesundheit so vieler ihrer Mitglieder beeinträchtigt und bei zu vielen Lernfrust erzeugt? Die historische Analyse zeigt einen Trend: Wir lassen uns zu sehr durch Fremdbestimmung leiten, sind durch das Paradigma einer Ressorcenausbeutungsgesellschaft geprägt und haben den Kontakt zu unserer menschlichen Natur und unseren grundlegenden Bedürfnissen verloren.

Im *zweiten Teil* setze ich mich deshalb mit der Frage auseinander, auf welche Weise wir das Glück und die Freude in die Schule zurückholen können. Hierzu gibt es eine Reihe von spannenden Konzepten und Theorien, die uns darin unterstützen können, einen neuen Blick auf Lehren und Lernen, auf Schule insgesamt zu entwickeln. Dabei zeichnen sich die Umrisse eines neuen, zukunftsorientierten Paradigmas, nämlich einer Potenzialentfaltungsgesellschaft und einer »Positiven Pädagogik« ab. Positive Pädagogik setzt auf das Prinzip Ermutigung, indem sie Verfahren bereitstellt, die die Beteiligten darin unterstützen, ihre Stärken zu erkennen und für die gemeinsame Entwicklung zu nutzen. Lernfreude und Schulglück werden hier durch ein positives Schüler- und Lehrerbild sowie den auf gemeinsame Entwicklungschancen gerichteten Fokus gefördert.

Wer zunächst davor zurückschreckt, sich mit der Theorie zu befassen, und eher an den praktischen Perspektiven interessiert ist, kann den zweiten Teil überspringen und gleich in den *Praxisteil*, in die Lektüre meiner »Sieben Wege zu Lernfreude und Schulglück« einsteigen. Die Leser/innen werden hier zunächst zwei unterschiedliche Wege zum Schulglück kennenlernen:

- ➜ Den Weg eines Schulleiters, der – obwohl in einem der ärmsten Kreise Hessens gelegen – die anstehende Renovierung seiner Schule dazu nutzte, baulich und inhaltlich ein wegweisendes Schulmodell zu entwickeln. Sein Beispiel zeigt, was selbst unter schwierigen Bedingungen möglich ist, wenn die Mitglieder der Schule sich auf das besinnen, was ihnen wirklich wichtig ist.
- ➜ Ebenso beeindruckend ist der zweite Weg: Eine ursprünglich vom Burnout bedrohte Kollegin resigniert nicht, sondern besinnt sich auf ihre pädagogische Vision. Und diese ist so anziehend, dass sich Kolleginnen und Kollegen um sie scharen und gemeinsam – innerhalb erstaunlich kurzer Zeit – die erfolgreiche Gründung einer faszinierenden Schule gelingt.

»Renovierung als Chance« und »Schulgründung statt Burnout« sind ermutigende Beispiele dafür, was möglich ist, wenn es einem Kollegium gelingt, die eigenen Stärken zu erkennen und sich auf eine gemeinsam geteilte pädagogische Vision zu besinnen. Zwar mögen hier Zufälle, günstige persönliche Konstellationen und auch Glück eine Rolle gespielt haben, doch Schritte in diese Richtung sind überall möglich. Mit der »Wertschätzenden Schulentwicklung«, der »Zukunftswerkstatt Gesunde Schule«, dem »Index für Inklusion«, und dem »Art-Coaching« stelle ich weitere Wege vor, die an jeder Schule sofort an einem pädagogischen Tag als Auftakt beschritten werden können. Diese Verfahren, die wir in den letzten Jahren in einer Vielzahl von Schulen und Bildungseinrichtungen mit Erfolg durchgeführt haben – das zeigen auch die Evaluationen und Rückmeldungen – bilden oft den Anstoß für einen Entwicklungsprozess, der nicht von außen oktroyiert ist, sondern von den Beteiligten selbst getragen wird. Die Lust an gemeinsamer Entwicklung und die Einbeziehung möglichst vieler Beteiligter haben sich als Schlüssel gemeinsamer Schulentwicklung erwiesen. Dahinter steht die Erkenntnis, dass der beste Schulentwicklungsexperte eine vielfältig gemischte Gruppe von engagierten Mitgliedern der Schulgemeinde ist, die ihre Potenziale synergetisch freisetzen und sich gemeinsam auf den Weg machen.

Mit der Vision der »Schule als Kreatives Feld« beschreibe ich einen siebten Weg, der zeigt, dass wir weniger komplizierte Schulentwicklungsverfahren benötigen als vielmehr die Beachtung einiger weniger Prinzipien. Der Schlüssel zur »guten Schule«, zur Schule, in der mehr Freude und Glück herrschen, liegt in der Rückbesinnung auf die Normen und Werte, deren Verwirklichung uns ein inneres Anliegen ist. In diesem Sinne sollten wir uns aus selbst verschuldeter Unmündigkeit befreien und den Weg zu mehr Freude und Glück in der Schule beschreiten.

Kassel, im Januar 2011 *Olaf-Axel Burow*

1. Teil

Wie das Glück aus der Schule verschwand

Wie das Glück aus der Schule verschwand

Verfolgen wir zunächst in einem knappen Abriss, wie das Glück aus der Pädagogik und damit auch aus unseren Bildungsinstitutionen verschwand. Sie werden schnell merken, wie aktuell die Überlegungen unserer pädagogischen Vorfahren sind, und darüber hinaus erste Hinweise bekommen, wo die Stellschrauben sind, mit denen wir die Fehlentwicklungen korrigieren können. Ich werden zeigen, dass wir alle – im Bestreben, Schule und Unterricht zu optimieren – den wichtigsten Punkt übersehen haben.

Warum verschwand das Glück?

»Vom Glück und glücklichen Leben« heißt der Titel einer Sammlung von Aufsätzen mit sozial- und geisteswissenschaftlichen Zugängen zu unserem Thema, die mein Kollege Timo Hoyer 2007 herausgegeben hat. Einige der Überlegungen, die er dort vorstellt, führten dazu, dass wir uns in vielen Gesprächen mit der Frage auseinandersetzten, warum Schulen und Bildungseinrichtungen – immer noch oder mehr denn je – Orte sind, an denen man Lernfreude oder gar Glück nur selten erfahren kann. Wir stellten uns die Frage: Wie kommt es eigentlich, dass Lernen an Schulen und Hochschulen – von löblichen Ausnahmen abgesehen – immer stärker einem bürokratischen Regime unterworfen wird, mit dem Ergebnis, dass viele zu oberflächlicher Anpassung verführt werden und nicht wenigen gar die Lust am Lernen vergällt wird?

Während Hoyer eher ein Experte für die historische Perspektive ist, liegt mein Schwerpunkt in der Entwicklung von beteiligungsorientierten Verfahren zur Analyse und Entwicklung von Bildungseinrichtungen. Dabei geht es mir immer darum, das Wissen der Beteiligten, die »Weisheit der Vielen«, freizusetzen und als Ausgangspunkt für einen gemeinsamen Entwicklungsprozess zu nutzen. Dieses Wissen der Vielen darüber, was eine gute Schule und gute Lehr-Lern-Umgebungen ausmacht – ein Wissen, das in den viel zu wenig beachteten Erfahrungen von Lehrer/innen, Eltern und Schüler/innen verborgen liegt –, weist eine hohe Übereinstimmung mit dem auf, was dem ersten Lehrstuhlinhaber der Pädagogik, Ernst Christian Trapp, 1780 in Halle vorschwebte: Er setzte das Glück ins Zentrum seiner Pädagogik.

Doch wann und warum sind diese wegweisende Schwerpunktsetzung und damit auch das Glück aus der Pädagogik verschwunden? Wo ist der Beginn dieses seltsamen Selbstentfremdungsprozesses zu verorten? Gibt es einen historischen Startpunkt? Wir sind bei unserer Suche fündig geworden, und zwar an einer Stelle, an der man es kaum erwarten würde.

Erziehung ist Bildung zur Glückseligkeit

Ausgerechnet die Erziehungstheoretiker und Bildungsreformer der deutschen Aufklärung, die als »schwarze Pädagogen«, als rabiate Zuchtmeister verunglimpft worden sind, ausgerechnet Basedow, Campe, Stuve, Bahrdt, Trapp, Villaume und wie die heute zu Unrecht vergessenen Pädagogen alle heißen, haben das Glück und die Glückseligkeit als eine, nein als *die* Leitkategorie pädagogischen Handelns verfochten. »Man darf getrost von der Geburt der deutschen Reformpädagogik aus dem Geiste des Eudämonismus sprechen« – so Hoyers pointierte Schlussfolgerung (Hoyer 2007, S. 233 f.).

1768 hat Johann Bernhard Basedow zur Verbesserung des öffentlichen Schulwesens aufgerufen und damit eine Welle an pädagogischen Reformbestrebungen in Gang gesetzt. Basedow wollte Landesherren und potenzielle Geldgeber davon überzeugen, dass die Schule das vorzüglichste Mittel sei, »den ganzen Staat [...] glücklich zu machen oder glücklich zu erhalten«. Das Wohlergehen des Staates und die »Glückseligkeit der Bewohner« waren für ihn zwei Seiten einer Medaille. Die Erziehung diene dazu, »die Kinder zu einem gemeinnützigen, patriotischen und glückseligen Leben vorzubereiten« (Basedow 1880, S. 42).

In der ersten systematischen Pädagogik Deutschlands, in Ernst Christian Trapps »Versuch einer Pädagogik« von 1780, wird diese dreigliedrige Zweckbestimmung der Erziehung auf einen Punkt zugespitzt: »Erziehung ist Bildung des Menschen zur Glückseligkeit« (Trapp 1780/1977, S. 33). Trapp betrachtete die Glückseligkeit als das oberste Erziehungsziel, weil sie allein von allen Menschen um ihrer selbst willen begehrt werde. Während man bei der Tugend und Moral immer noch nach dem Warum und Wozu fragen könne, so sei dies bei der Glückseligkeit unsinnig.

Das publizistische Glanzstück der sogenannten Philanthropen war die 16 Bände umfassende »Allgemeine Revision des gesamten Schul- und Erziehungswesens«. Für den ersten Band hat Karl Friedrich Bahrdt 1785 einen programmatischen Beitrag verfasst. Er war mit Trapp einer Meinung, dass die Glückseligkeit der höchste »Zwek der Erziehung« sei (Bahrdt 1785/1980, S. 49). Und wie gelangt man zur Glückseligkeit? Durch »Veredlung und Vervollkommnung« (S. 65) sowie durch Freisetzung der den Menschen eigenen Fähigkeit zur »Menschenliebe« (S. 64). Glück ist nach diesem Verständnis eine Emotion und zugleich eine moralische Kategorie mit normativem Gehalt. Der gut Erzogene empfinde ein intensives Gefühl des Glücks, »wenn er andern selbst Vergnügen machen und durch Wohltaten, Gefälligkeiten oder Arbeiten, die ihrem Wunsche gemäß sind, Schöpfer ihres Glücks, ihrer Freude, ihrer Zufriedenheit werden kann« (S. 62).

Das Glück des Einzelnen hat aufseiten des erziehungsbedürftigen Subjekts zwei konstitutive Voraussetzungen: Perfektionierung und Harmonisierung der Vermögen und Begabungen. Je mehr Eigenschaften und Fähigkeiten ein Individuum ausbildet, desto vielfältiger, umfangreicher und intensiver fällt sein Daseinsglück aus. Die Bezüge zu Deweys Glücksformel (»Herauszufinden, wozu man sich eignet«) sowie zu modernen Bildungsvorstellungen, wie sie die an die Humanistische Psychologie anknüpfende Gestaltpädagogik vorschlägt (»Konzentration auf das Erleben des Hier-

und-Jetzt«; vgl. Burow 1988; 1993) –, bestätigt durch neuere Forschungsergebnisse der Hirnforschung – sind evident. In diesem Sinne sprach Joachim Heinrich Campe seinem fiktiven Sohn Theophron ins Gewissen:

> »Du bist nicht Seele allein, du hast auch einen Körper; und deine Seele ist nicht bloß Verstand, sie ist auch Herz, nicht bloß Erkenntniskraft, sondern auch Empfindungsvermögen. Dies bedenke, mein Sohn, und wisse, dass die Summe deiner Vollkommenheiten, und also auch die Summe deiner Glückseligkeit, in eben dem Maße verringert wird, in welchem die Uebungen deiner Kräfte einseitig sind, in welchem du den einen Theil von dir, mit Vernachlässigung der übrigen, zu verbessern und zu stärken suchst. So fest und innig ist der Zusammenhang, welcher alle mit einander verknüpft!« (Campe 1832, S. 151)

Campe erweist sich in diesen Sätzen als erstaunlich aktuell. Würde er heute noch leben und hätte er aktuelle Tendenzen des Schul- und Hochschulwesens zu beurteilen, so käme er unzweifelhaft zum Schluss, dass »einseitige Uebungen der Kräfte« und eine »Vernachlässigung der übrigen« eine der Ursachen nicht nur für fehlendes Bildungsglück, sondern auch für unzureichende Leistungen und sogar gesundheitliche Belastungen ist.

Ganz in diesem Sinne hat der Freiburger Neurobiologe, Arzt und Psychotherapeut Joachim Bauer in seiner wegweisenden Untersuchung »Das Gedächtnis des Körpers« (Bauer 2004a) anschaulich beschrieben, wie eng Lernen mit körperlichen Empfindungen verbunden ist. Wer beispielsweise Lateinvokabeln unter Leistungsdruck und Angst lernt, der mobilisiert beim Abrufen der Vokabeln auch noch 20 Jahre später diese negativen Gefühle. Der Göttinger Hirnforscher Gerald Hüther weist auf die Erkenntnis hin, dass wir nicht nur Begriffe lernen, sondern auch die gesamte Lernsituation mit den damit verbundenen Empfindungen speichern. Dies alles wussten schon die Philanthropen, auch wenn sie sich einer anderen Sprache bedienten und ihre Erkenntnisse nicht wissenschaftlich belegen konnten.

»Die Erziehung zur Glückseligkeit ist aus philanthropischer Sicht darauf bedacht, den Heranwachsenden eine möglichst allseitige, wohlproportionierte Ausbildung zuteil werden zu lassen«, schreibt Timo Hoyer (Burow/Hoyer 2011, S. 51). Dies geschieht im Interesse der zu Erziehenden. Aber die Erziehung soll nicht nur die individuelle Vollkommenheit befördern, sondern auch eine gesellschaftlich-politische Funktion erfüllen. Peter Villaume (1785, S. 576) nannte die polaren Ansprüche, die die Erziehung zu berücksichtigen habe: »1) eigne Veredlung und Glück; und 2) Rechte der Gesellschaft auf eines Jeden Brauchbarkeit.« Brauchbarkeit ist allerdings eine fragwürdige Kategorie, zumal sie bei den Philanthropen einen standesideologischen Anstrich besaß. Der Gedanke »Gleiches Recht auf eine standesunabhängige Bildung für alle« war den Philanthropen noch ziemlich fremd.

Erst der Neuhumanismus erklärte die »allgemeine Bildung des Menschen« (Niethammer 1968, S. 162) – aller Menschen – zu einem Zweck an sich. Auf dem Papier zunächst, aber immerhin: Jede Person hat ungeachtet ihres Standes und Herkommens einen Anspruch auf allseitige, qualifizierte Bildung – ein Anspruch, den unser Bildungssystem über 200 Jahre später noch immer nicht eingelöst hat. Der Gedanke gleicher Bildungschancen für alle, der aus der Bildungsrhetorik des 19. Jahrhunderts nicht wegzudenken ist, war jedoch mit einem Mangel verbunden, den Hoyer (Burow/Hoyer 2011, S. 51) benennt:

> »Mit dem Aufstieg und der Aufwertung des Bildungsbegriffs, dem Stolz und Stolperstein der deutschen Pädagogik, verlor die Pädagogik jedoch das Glück des Einzelnen immer mehr aus den Augen.«

Humboldts Vertreibung des Glücks

Bevor die Neuhumanisten den Diskurs beherrschten, spielte »Bildung« im pädagogischen Sprachgebrauch eine nebengeordnete Rolle. Der Ausdruck bezeichnete zumeist einen Prozess. Trapp sprach von der Bildung zur Glückseligkeit – Bildung ist der Vorgang, Glückseligkeit das Ziel. Diese Verwendungsweise geriet nicht außer Gebrauch, aber ihr verdankt der Bildungsbegriff nicht seine Schlüsselstellung in der deutschen Pädagogik. Mit dem Wort verband sich zunehmend die Vorstellung von einem optimalen Zustand der Person. Bildung wurde zu einem normativen und praktischen Entwicklungsideal: »Das höchste Gut und das allein Nützliche ist die Bildung«, bemerkte Friedrich Schlegel 1798 (zit. nach Bollenbeck 1996, S. 127), wobei Bildung beides umfasste – das Ziel und den Vorgang. Die wahre Bildung, so nochmals Schlegel, betreffe die »Entwicklung [...] und [...] Harmonie aller Kräfte«.

Nichts anderes haben auch die Philanthropen behauptet, doch Hoyer weist auf einen entscheidenden Unterschied hin: Der Bildungsbegriff, wie ihn Niethammer, Schlegel, Herder, Humboldt, Goethe und Gleichgesinnte lancierten, war von Anfang an von theologischem Gedankengut durchsetzt und idealistisch überhöht. In der Vorstellung einer zweckentbundenen, harmonischen Individualbildung wurden die konkreten gesellschaftspolitischen Verhältnisse kaum berücksichtigt. Auch den subjektiven Triebbedürfnissen, Affekten, Gefühlen, Wünschen und Neigungen gegenüber verhielt sich der Bildungsbegriff merkwürdig distanziert, wenn nicht gar abweisend. Ob Bildung zum Glück, zur Freude und zum emotionalen Wohlbefinden der vergesellschafteten Subjekte beitrage, war den Neuhumanisten einigermaßen gleichgültig. Die Mühe, Bildung und Glück konzeptionell miteinander in Beziehung zu setzen, machten sie sich nicht.

Hoyer entdeckte bei seinen Recherchen einen für unsere Fragestellung entscheidenden Punkt, indem er konstatierte:

> »Wilhelm von Humboldt vertrieb das Glück endgültig aus der Pädagogik, als er 1832 erklärte: ›Die Entwicklung aller Keime [...], die in der individuellen Anlage eines Menschenlebens liegen, halte ich für den wahren Zweck des irdischen Daseyns, nicht gerade Glück.‹« (zit. nach Burow/Hoyer 2011, S. 52)

Pädagogisches Tiefenwissen als Zugang zum Glück

Fassen wir zusammen: Ernst Christian Trapp, der erste, längst vergessene Lehrstuhlinhaber der Pädagogik, startete mit einem Programm, das den Wert von Erziehung und Bildung am erreichten Glück der Kinder maß, und wurde in dieser Auffassung zunächst von vielen Kollegen unterstützt. Sie alle hätten schon damals John Deweys spätere Glücksformel unterschreiben können. Doch im weiteren Verlauf des Vordringens eines idealistisch und theologisch überhöhten Bildungsbegriffs geriet das Glück immer mehr ins Hintertreffen, bis es von Humboldt endgültig ins Abseits gedrängt wurde.

Manche Leser/innen werden sich jetzt vielleicht fragen: »So what – ist das alles nicht nur Schnee von gestern? Was bringen uns Trapp und Konsorten für die Entwicklung heutiger Bildungseinrichtungen? Und warum beschäftigen sich allgemeine und historische Pädagogen gerade jetzt mit den Vorläufern moderner Erziehungskonzeptionen?« Diese könnte man – wie es Jürgen Overhoff (2009) in einer aufschlussreichen Studie getan hat – noch um eine Reihe weiterer Autoren ergänzen; Autoren unterschiedlicher Nationalitäten, die doch allesamt einmütig für eine zweckfreie Bildung plädierten.

Ich meine: In Zeiten einer einseitig an ökonomischen Effizienzkriterien orientierten, dem »Paradigma des messenden Vergleichs« unterworfenen »Vernaturwissenschaftlichung« weiter Bereiche der Pädagogik weitet es den verengten Blick, wenn man sich daran erinnert, dass es eine Tradition progressiver Pädagogik gibt, die sich nicht fremdbestimmter Anpassung unterwarf, sondern das Glück der Heranwachsenden ins Zentrum setzte. Aus dieser vergessenen Perspektive zeigt sich: Die erregten Debatten der Gegenwart darüber, was Bildung und Erziehung leisten sollen, leiden unter dem Mangel einer Rückbesinnung auf das, was wirklich wichtig ist. In Zeiten, in denen unkritisch das »Lob der Disziplin« gesungen wird und sich eine radikale Verschulung von Schulen und Hochschulen abzeichnet, kann eine Erinnerung an entspanntere und menschenfreundlichere Zielbestimmungen der Pädagogik durchaus befreiend wirken und Anregungen geben, die eigene Praxis zu überdenken.

Mehr noch: Von John Locke, der in London 1693 eine »ungetrübte Lust am Lernen« propagierte, über Benjamin Franklin in Philadelphia 1749, Jean-Jacques Rousseau 1762 in Paris bis zu Immanuel Kant in Königsberg 1803 gibt es eine andere Tradition früher »geisteswissenschaftlicher Globalisierung«, die sich durch weitgehende Übereinstimmung in der Zielbestimmung von Erziehung und Bildung auszeichnet und die uns gerade heute dazu anregen kann, Schulentwicklung aus einer differenzierteren Perspektive zu betrachten, als es manche der kurzsichtigen Zahlenjongleure derzeit betreiben, indem sie sich darauf konzentrieren, Lehrer/innen und Schüler/innen mit dem Versprechen nachhaltiger Leistungssteigerungen akribisch zu vermessen. Offenbar haben diese Denker vergangener Zeiten aufgrund ihrer sensiblen Beobachtungsgabe ein tiefes Verständnis der Natur menschlichen Lernens erworben, von dem wir noch heute profitieren können So resümiert Overhoff am Ende seiner Untersuchung:

»Zweihundert Jahre nach Kants hoffnungsvollem Ausblick auf eine durchs Lernen ›glücklicher‹ gewordene Menschheit lesen sich die pädagogischen Visionen des Königsberger Philosophen wie ein radikales Kontrastprogramm zu den Zielen einer ausschließlich ökonomischen Kriterien verpflichteten europäischen Bildungspolitik. Denn wenn Kant das mit einem ›Gefühl der Lust‹ verbundene Lernen als unverzichtbares Mittel zur Bildung und Bewahrung eines ›fröhlichen Herzens‹ beschreibt und zugleich als wesentliche ›Bestimmung‹ des Menschen charakterisiert, ist das etwas fundamental anderes als die gegenwärtig verbreitete Auffassung, dass man sich vor allem deshalb stetig weiterzubilden habe, um auf dem Weltmarkt von morgen bestehen zu können.« (Overhoff 2009, S. 255)

Overhoff weist darauf hin, dass die lernbegeisterten Aufklärer keineswegs naive Schwärmer, sondern als Gesellschaftsreformer in der Wirklichkeit verankert waren. Doch anders als unter dem »Regime von Pisa, McKinsey & Co« (Münch 2009a) verfügten sie über ein umfassendes Bildungsverständnis, das sich auch in den Leistungsergebnissen sehen lassen konnte. So zählt die von Franklin 1791 nach seinen Ideen gegründete University of Philadelphia bis heute zu den führenden Universitäten der USA. Denjenigen, die kurzschlüssig das Lob der Disziplin vertreten, eine Rückkehr zu alten Tugenden predigen und auf Normierung, Verschulung und Standardisierung setzen, sei die Lektüre Kants angeraten, der der Überzeugung war, »dass Kinder – und Erwachsene – nur dann dauerhaft gut lernen, wenn sie das Lernen ganz bewusst mit einem Gefühl der Lust als eine tief befriedigende und den eigenen Horizont erweiternde Tätigkeit erlebt haben« (Overhoff 2009, S. 253).

Hirnforscher wie Hüther, Roth und Spitzer bestätigen diese frühen Kant'schen Ahnungen mit ihren Forschungsergebnissen. Hier stellt sich die Frage: *Warum versagen wir noch immer dabei, Schulen und Hochschulen nach solchen vergleichsweise einfachen Prinzipien umzubauen?* Oft ist ja sogar das Gegenteil der Fall. Oder umgekehrt gefragt: Was befähigte Philanthropen und Aufklärer zur Entwicklung eines so zukunftsträchtigen Erziehungs- und Bildungskonzepts? Woher hatten sie dieses Wissen, obwohl es doch so gut wie keine empirischen Untersuchungen gab? Meine These: Sie benutzten eine in Jahrhunderten bewährte, aber etwas aus der Mode gekommene Methode: die Selbstreflexion eigener Erziehungs- und Bildungserfahrungen und das Denken in komplexen Zusammenhängen. Auf diese Weise erhielten sie Zugang zu einer entscheidenden Wissensquelle, die wir zu lange unterschätzt haben und die wir stärker nutzen sollten: das »pädagogische Tiefenwissen«.

Auch dies ist ein auf den ersten Blick ähnlich nebulöser Begriff wie der des Glücks. Und doch umschreibt er etwas, das ich in einer Vielzahl von Schulentwicklungswerkstätten immer wieder erleben durfte: Wenn die an Schule beteiligten Personen sich auf einen offenen Prozess der Analyse eigener Bildungserfahrungen einlassen, dann entdecken sie einige wenige Erfolgsprinzipien gelingender Schule bzw. optimaler Lehr-Lern-Entwicklungsbedingungen (vgl. Burow 2009b). Und diese Prinzipien werden – oft zu ihrer eigenen Überraschung – von der erdrückenden Mehrzahl der Beteiligten geteilt. Fast scheint es so, als hätten wir im Prozess der Zivilisation, unter dem äußerlichem Anpassungsdruck, Selbstzwänge verinnerlicht (vgl. Elias 1976), die uns daran hindern, unsere elementaren Bedürfnisse zu erkennen. Die »Kritik des außengeleiteten Menschen« wurde übrigens schon in den 1950er-Jahren von dem amerikanischen Soziologen David Riesman (Nachdruck 1986) geleistet. Sie ist aktueller denn je.

Wenn wir Bildungseinrichtungen und sonstige Organisationen schaffen wollen, die die Wahrscheinlichkeit von Wohlbefinden und Glückserfahrung erhöhen, dann müssen wir das unterschätzte Erfahrungswissen, die »Weisheit der Vielen«, rehabilitieren und stärker nutzen. Wie das geht, werde ich anhand von bewährten und relativ einfach umzusetzenden Verfahren im dritten Teil dieses Buches beschreiben.

Festzuhalten bleibt zunächst, dass wir uns selbst durch eine Vernachlässigung unserer Fähigkeit zur Selbstreflexion und durch einen vereinseitigten Blick nach außen von unseren Quellen persönlichen und kollektiven Wachstums abschneiden. So spricht Hüther ganz in diesem Sinn davon, dass wir einer fehlgesteuerten »Ressourcennutzungskultur« unterlägen, in der Schüler und Studierende, aber auch Arbeitnehmer, nach dem Maschinenmodell wie steuer- und ausbeutbare Objekte behandelt würden. Das Kolumbus-Muster der Entdeckung, Eroberung und Ausbeutung der Außenwelt sei an ihr Ende gekommen. In Zeiten übernutzter und knapper werdender Ressourcen gehe es um eine veränderte Orientierung – um die Entwicklung einer Potenzialenfaltungsgesellschaft.

Etwas übertrieben formuliert Hüther (o. J.) im Interview: »Wir brauchen Schulen, in denen die Schüler weinen, wenn der Unterricht ausfällt, weil er solche Freude und Lust macht.« Von der Umsetzung solcher Visionen sind wir noch weit entfernt. Einstweilen erleben wir die zweite Austreibung des Glücks in Zeiten der Globalisierung.

Die zweite Austreibung des Glücks in Zeiten der Globalisierung

In meiner pointierten Nachzeichnung von Phasen der Vertreibung des Glücks aus Schulen bzw. Bildungseinrichtungen im 20. Jahrhundert beschränke ich mich im Folgenden auf eine Kritik zentraler Entwicklungen seit den 1970er-Jahren.

Summerhill: Radikale Glücksorientierung

Nur so viel zur Zeit davor: Nach der hoffnungsbesetzten Ausrufung eines »Jahrhunderts des Kindes« durch Ellen Key um 1900 (vgl. Key 1902/1992) und vielen – bis heute nachwirkenden – produktiven reformpädagogischen Erneuerungsversuchen in den 1920er-Jahren gab es im Dritten Reich einen dramatischen Rückfall in eine Verzweckung von Erziehung und Bildung zu destruktiven Zielen. Auch in der mit dem Wiederaufbau befassten Nachkriegszeit spielte Glück als Ziel von Erziehung und Bildung keine Rolle. Es blieb oftmals als Spinnern deklarierten Außenseitern wie Alexander Sutherland Neill vorbehalten, mit kreativen und radikalen Schulmodellen konsequent auf dem Schulglück der Kinder zu beharren.

Angestoßen durch negative eigene Schulerfahrungen mit einer autoritären Pädagogik in den 1920er-Jahren setzte er mit beeindruckender Konsequenz zeitlebens auf das Gegenteil: Die Entwicklung einer Pädagogik radikaler Freiheit. In seinem mittlerweile weltberühmten und von seiner Tochter geführten Internat Summerhill praktizierte er die Prinzipien fast völliger Schülerselbstbestimmung. Bis auf wenige grundlegende Regeln, die ein konstruktives Miteinander in der Gemeinschaft gewährleisten sollten, war seinen Schüler/innen selbst die Teilnahme am Unterricht freigestellt und konnten sie fast alles mit dem Schulparlament in eigener Verantwortung regeln – das genaue Gegenteil der bürokratisierten Verwaltungsschule, die noch immer dominiert.

In Neills Schule gab es Schüler/innen, die bis zum Verlassen der Schule nicht einmal richtig lesen gelernt hatten, weil sie sich konsequent dem Unterricht verweigerten und Beschäftigungen nachgingen, die sie mehr interessierten. Neill tolerierte solche extremen Verhaltensweisen, war ihm die Selbstbestimmung doch wichtiger als die Anpassung an äußerliche Ziele. Studien zu den Absolventenschicksalen Summerhills deuten jedoch darauf hin, dass selbst diese Extremfälle – trotz oder gerade wegen dieser Freiheit – im Erwachsenenleben bestanden. Ein Leseverweigerer beispielsweise wurde später ein führendes Leitungsmitglied einer Nichtregierungsorganisation und hatte sich die fehlenden Kenntnisse und Fähigkeiten innerhalb kürzester Zeit angeeignet. Auch wenn unter den Absolventen offenbar keine »Spitzenleister« waren, so scheint Neill dem Anspruch der Ermöglichung von Schulglück doch nahegekommen zu sein.

Die Radikalität seines Ansatzes faszinierte in den 1960er-Jahren nicht nur viele Achtundsechziger der »Love-and-Peace-Fraktion«, sondern darüber hinaus ein so breites Spektrum von an einer Reform der Erziehung und Bildung interessierten Personen, dass er mit seiner »Theorie und Praxis der antiautoritären Erziehung« das bislang meistverkaufte pädagogische Fachbuch geschrieben hat – das zudem in eine Vielzahl von Sprachen übersetzt wurde. Von den Schulbehörden wurde Neill und seiner Schule allerdings bis heute mit kleinkarierten Überprüfungen und bürokratischen Auflagen das Leben schwer gemacht. Von der offiziellen Erziehungswissenschaft wurde er kaum beachtet, und seine Ansätze fanden, von Ausnahmen abgesehen, keinen Eingang in die Konzipierung einer ernst zu nehmenden Glückspädagogik auf wissenschaftlicher Basis – im Gegenteil.

Die Gegenposition: Lob der Disziplin

In seiner Streitschrift »Wozu ist die Schule da?« machte der Göttinger Pädagoge Hermann Giesecke in den 1990er-Jahren Neills Pädagogik gar verantwortlich für Fehlentwicklungen der bundesdeutschen Schullandschaft, da er mit seinen Ideen die Hirne vieler Lehrer/innen vernebelt habe: Ähnlich wie der ehemalige Salem-Leiter Bueb forderte Giesecke in Abgrenzung zu Neills umfassendem Glückskonzept eine Konzentration der Schule auf ihre Kernaufgabe, nämlich den Unterricht. Umfassendere Ansprüche – gar einer Glückspädagogik – überforderten Lehrer/innen und Schüler/innen, und dazu sei nicht die öffentliche Schule da, darum hätten sich Eltern und Sozialpädagogen zu kümmern. Insofern erwies sich Giesecke – ebenso wie Bueb von überforderten Lehrern und Eltern mit überwältigendem Zuspruch versehen – letztlich als Vertreter einer »fragmentierenden Pädagogik«: Propagierte der eine die Beschränkung der Schule auf ihren Unterrichtsauftrag, so verfocht der andere ein rückwärtsgewandtes »Lob der Disziplin«. Diese Vorschläge konnten nur deshalb populär werden, weil sie Entlastung und einfache Handlungsorientierungen für überforderte Lehrer/innen und Eltern boten. Letztlich setzten sie aber die Tradition der Austreibung des Glücks aus der Schule fort: Weder die Unterrichtsanstalt noch die Disziplinarinstitution können Wege zur Erfüllung bieten.

Gescheiterte Bildungsreform in den 1960er- und 1970er-Jahren

Im Gefolge der Achtundsechziger-Bewegung, die auf eine radikale Öffnung der Schule zielte, kündigte sich eine neuerliche Verengung schulischen Lernens auf eng umrissene, überprüfbare Lern- und Leistungsziele an. Im Bestreben, sich aus geisteswissenschaftlicher Unschärfe zu befreien und endlich den Status einer soliden Wissenschaft zu erreichen, wurde Ende der 1960er-Jahre unter Heinrich Roth die »empirische Wende« der Pädagogik ausgerufen. Aufgrund der Übernahme von Forschungsergebnissen und Methoden der angelsächsischen Sozialwissenschaften sollte die Pädagogik endlich auf eine wissenschaftliche Grundlage gestellt werden.

Zwar sind viele der Vorstellungen, wie sie etwa im – von Heinrich Roth 1969 unter dem Titel »Begabung und Lernen« herausgegebenen – Gutachten des Deutschen Bildungsrates vertreten wurden, nach wie vor wegweisend (aber auch weitgehend uneingelöst), doch führte die aus dem neuen Paradigma resultierende tatsächliche Praxis Lehrer/innen und Schüler/innen erneut eher weg vom Schulglück.

Der Bildungsrat sah die Entwicklung der sozialen Kompetenzen der Lehrer/innen als Schlüssel für eine umfassende Reform des Bildungswesens an, indem Lehrer/innen nicht nur lehren, erziehen und beurteilen, sondern darüber hinaus beraten und innovieren (sic!) sollten (vgl. Burow 1988, S. 25), aber in der Praxis der Lehrerausbildung erlebten wir statt lebendigen, innovativen Lernens und Innovierens oft nur eine Konzentration auf tayloristische Unterrichtsmodelle. Die Grammatik der alten Schule, also die seit etwa 150 Jahren bestehenden Muster schulischen Lernens (Sortierung der Schüler nach Alterskohorten, 45-Minuten-Takt, Dominanz des Frontalunterrichts, Fächertrennung, gegliedertes Schulsystem mit hohen Wiederholerquoten, Lebensferne etc.), setzten sich unverändert durch, nur dass nun mithilfe sozialtechnologisch verfeinerter Verfahren der Druck auf Schüler/innen und Lehrer/innen erhöht wurde: Wie wir in unserem Buch »Lernziel: Menschlichkeit« (Burow/Scherpp 1981), unserer nach wie vor gültigen Kritik dieses Typs des Schulemachens, zeigten, lief dieses Konzept auf »Normierung, Verplanung und Verkopfung« von Schule hinaus. Wie wenig sich seitdem in der Breite getan hat, zeigte die Veröffentlichung Joachim Bauers, der im Jahr 2006 unter dem Titel »Prinzip Menschlichkeit« (sic!) fast wörtlich viele unserer Kritikpunkte – nunmehr mit Ergebnissen der Hirnforschung untermauert – wiederholte und erweiterte.

So mussten wir als Referendare zu Beginn der 1980er-Jahre in nach Minutenphasen gegliederten engmaschigen Unterrichtsentwürfen »Lernziele« für die Schüler/innen formulieren und »erwartetes Schülerverhalten« planen. Schon damals spukten die ersten Varianten eines »operationalisierbaren« Unterrichts durch die Lehrerseminare. Nicht von ungefähr erfreuten sich zu dieser Zeit die – freilich schon bald gescheiterten – Konzepte eines »programmierten Unterrichts« großer Beliebtheit.

Im Nachhinein zeigt sich: Der mit großen Hoffnungen gestartete Aufbruch zur Entwicklung einer schülerfreundlichen, emanzipatorischen und demokratischen Schule war letztlich einer Anpassung an die gewandelten gesellschaftlichen Anforderungen geschuldet, und hier vor allem der Notwendigkeit von besser qualifiziertem Personal für die expandierende Wirtschaft. Zudem wurde er durch die bürokratischen Traditionen eines – aller Chancengleichheitsrhetorik zum Trotz – nach wie vor »ständisch« konzipierten und hierarchisch gegliederten Schulwesens konterkariert. Die tradierten Gewohnheiten und die »ständischen« Interessen erwiesen sich als stärker als der Elan der wenigen Reformer.

Die Illusion der Chancengleichheit

Das Bildungswesen spiegelte hier zugleich auch die gesellschaftliche Entwicklung wider. Weckte der damalige Bundeskanzler Willy Brandt mit seinem Motto »Mehr Demokratie wagen« Hoffnungen auf einen radikalen gesellschaftlichen Wandel, so triumphierte schon bald die Restauration. Nach einer kurzen Phase des Experimentierens setzte sich – auch durch das Scheitern der Gesamtschulreform und den Zwang zur Aufrechterhaltung einer rigiden Selektionspraxis (vgl. Füller 2008a) – Schritt für Schritt jener Trend zur Unterwerfung der Schule unter ökonomische Zwänge und die Anforderungen einer zunehmend globalisierten Wirtschaft durch, der heute – in vielen Bereichen des Bildungssystems – auf die Spitze getrieben wird.

Natürlich verlaufen solche umfassenden gesellschaftlichen Wandlungsprozesse widersprüchlich. Während der Mainstream auf den Ausbau einer nach technokratischen Vorstellungen weiterhin hierarchisch organisierten, bürokratisierten Selektionsschule zielte, die im internationalen Vergleich einzigartig und anachronistisch ist, bildeten sich daneben Inseln engagierter Pädagogen, die den Reformanspruch aufrechterhielten und Elemente der Reformpädagogik bzw. neuer Lehr-Lern-Konzepte – mit wechselnden Erfolgen – in den Alltag von Alternativschulen, aber auch manch öffentlicher Regelschule zu überführen suchten.

Der in den 1970er-Jahren – nach der (ersten) empirischen Wende der Pädagogik – mit Verve vorgetragene Anspruch, Schule nun endlich auf Basis einer wissenschaftlichen Pädagogik optimieren zu können, entlarvte sich spätestens mit der »zweiten empirischen Wende« der Pädagogik als Illusion. Im Gefolge der internationalen Schulleistungsvergleichsstudien, die unter Kürzeln wie PISA, TIMSS und IGLU mit ihren desillusionierenden Ergebnissen die Öffentlichkeit in den 1990er-Jahren aufrüttelten, wurde sichtbar, wie sehr weite Teile des Bildungssystems an den Ansprüchen der Reformer, aber auch im internationalen Vergleich versagt hatten. Die Reaktionen von Politik und Öffentlichkeit waren in mehrerlei Hinsicht erstaunlich, wie auch die Konsequenzen, die gezogen wurden. Natürlich spielte das Schulglück in diesen Betrachtungen keine Rolle. Was in Zeiten verschärfter Konkurrenz auf einem globalisierten Weltmarkt vielmehr dominierte, war die Angst vor wirtschaftlichem Abstieg.

Die Schule und die öffentlichen Bildungsinstitutionen sollten stärker denn je in die Pflicht genommen werden zu liefern, was die Wirtschaft braucht. Statt um »Mehr Demokratie wagen« ging es jetzt um Elitenbildung, so als wäre die Gesellschaft nicht bereits gespalten genug. Nicht die dramatischen Elitenstudien des Darmstädter Soziologen Michael Hartmann rüttelten die Politik auf – hatte er doch die durch die Praxis der Schule verstärkte, fast vollständige Selbstrekrutierung der führenden Schichten in mehreren Studien belegt. So wies Hartmann (2002; 2003) zum Beispiel nach, dass circa 90 Prozent der Führungskräfte in den beherrschenden Unternehmen aus Elternhäusern kamen, die selbst Führungskräfte waren oder der Führungsschicht entstammten. Auch innerhalb der deutschen Bevölkerung ermöglichte die Schule nur eine äußerst geringe Aufstiegsmobilität, wohingegen sie weite Teile etwa sozial unterprivilegierter Schichten sowie der Migranten deutlich benachteiligte.

Die Grenzen der Vermessung des Menschen

Aufmerksame Beobachter des Bildungssystems konnten die Erkenntnisse der Schulstudien nicht überraschen: Das meiste, was die Bildungsforscher in den letzten Jahren herausfanden, war im Wesentlichen bereits Bestandteil meiner eigenen Lehrerausbildung in den 1970er-Jahren. So hatte schon 1972 der Hauptschullehrer und spätere Pädagogikprofessor Konrad Wünsche mit »Die Wirklichkeit des Hauptschülers« eine damals große Beachtung findende Beschreibung der Lage benachteiligter Schüler/innen geliefert, die wesentliche Aspekte der über 30 Jahre später noch immer anhaltenden Hauptschulmisere eindrücklich wiedergab. Karlheinz Ingenkamp, um ein weiteres Beispiel zu nennen, hatte in seinem Klassiker »Die Fragwürdigkeit der Zensurengebung« (1974) aufgrund von Untersuchungen die skandalöse Benotungs- und Selektionspraxis der deutschen Schule analysiert – freilich ohne damit die bis heute notwendigen Veränderungen bewirken zu können. Hans Brügelmann hat 2006, 22 Jahre später (!), in einer Studie des Grundschulverbandes die Befunde erneut bestätigt.

Warum setzen sich diese Erkenntnisse nicht durch? Anstatt den Zusammenhang von politischen Interessenlagen und den Erfahrungen der Beteiligten vor Ort in den Blick zu nehmen – im Sinne eines systemischen Blicks emanzipatorischer Schulentwicklung –, konzentrierten sich viele Bildungsforscher, motiviert durch die Gratifikationen der staatlichen Forschungs- und Bildungsbürokratie sowie die Anreizsysteme der OECD, auf einen engen Typ von Forschung, den ich als »Bestätigungsforschung« bezeichne: Sie bestätigt in vielen Fällen immer wieder nur das, was bereits bekannt ist und was der durchschnittlich informierte Laie auch durch Beobachtung und Nachdenken herausfinden kann. Auf diese Weise – das zeigt die Erfahrung seit der ersten empirischen Wende der Pädagogik – können Schule und Unterricht sowie das Bildungssystem insgesamt kaum wirkungsvoll verändert werden. So ist es problemlos möglich, eine Vielzahl weiterer Untersuchungen und Schriften anzuführen, die belegen, dass die Misere des öffentlichen Bildungssystems seit Jahren bekannt und in vielen Aspekten untersucht ist, ohne dass die Erkenntnisse einen entsprechenden Wandel zur Folge gehabt hätten. Hier zeigt sich:

Die Strategie, immer mehr Detailwissen in Form von »Bestätigungsforschung« zu produzieren, genügt nicht zu einem Umsteuern und zum Aufbau einer neuen Form von Schule. Nur wenn die isoliert erhobenen Daten in ein politisches Gesamtkonzept eingefügt werden und wir darüber hinaus die ungebrochene Tradition der Missachtung des Erfahrungswissens von Lehrer/innen und von Bedürfnissen der Schüler/innen überwinden, gibt es Chancen für den notwendigen Wandel.

In der Reformeuphorie der frühen 1970er-Jahre war uns dieser Zusammenhang noch nicht klar, glaubten wir doch vermittels unserer wissenschaftlichen Ausbildung und persönlichen Engagements, diese Missstände überwinden zu können. Von der kompensatorischen Erziehung, die soziale Benachteiligungen ausgleichen sollte, bis zu Programmen sozialen Lernens gab es eine Vielzahl neuer Ansätze, mit deren Hilfe die demokratische und gerechte Schule für alle entstehen sollte. PISA & Co. zeigten, dass dies eine Illusion war – mehr noch: Die Benachteiligung unterprivilegierter Schichten hatte zwischenzeitlich sogar, trotz erhöhten Drucks durch G8 und Leistungskontrollen, noch zugenommen. Keine Spur von einer Glücksschule.

Überforderte Lehrer/innen

Und noch etwas hatte sich verändert: Verfolgt man die Darstellung von Schule und Lehrern in der Literatur, so dominierten, beginnend mit Musils »Törleß« (1906) über Herrmann Hesses »Unterm Rad« (1906) bis Alfred Anderschs »Vater eines Mörders« (1980) – um nur einige Beispiele zu nennen –, Darstellungen bedrückender Schülerschicksale, die von autoritären und unsensiblen Pädagogen drangsaliert wurden. Ab den 1970er-Jahren wandelt sich das Bild: Plötzlich bevölkern unsichere Lehrergestalten die Literatur, die sich ohnmächtig den Attacken ihrer Schüler/innen ausgesetzt sehen (vgl. Grunder 1999). In den 1990er-Jahren titelte gar der »Stern« mit dem Bild eines Lehrers, der von Messern durchbohrt war – zu der Unterschrift »Horrorjob Lehrer«.

Merkwürdig an den öffentlichen Reaktionen nach diesen literarischen, journalistischen und wissenschaftlichen Beschreibungen der Schulmisere aus unterschiedlichen Blickwinkeln war, dass sie – zum Teil auch übertrieben – zwar beklagt wurde, aber kaum jemand sich wunderte, wie es zu solchen Fehlentwicklungen hatte kommen können.

Wie war es möglich, dass Jahrzehnte nach der empirischen Wende der Pädagogik und einem forcierten Ausbaus eines bestimmten Typs »wissenschaftlicher« Pädagogik so schlechte Resultate erzielt worden waren? Hätte nicht die erste Wende – verbunden mit dem Ausbau der Fachdidaktiken sowie der Einführung einer verwissenschaftlichen Lehrerausbildung – bessere Resultate erbringen müssen?

Aufbau eines pädagogisch-industriellen Komplexes

Statt über diese Frage nachzudenken, entschied man sich für eine »Mehr-desselben-Strategie«: noch mehr Forschung der gleichen Art. Die Mittel für einen relativ engen Typ empirischer Bildungsforschung wurden massiv aufgestockt und an den Hochschulen immer mehr Lehrstühle dieser Richtung ausgeschrieben, die sich nun daranmachten, die Misere akribisch im Detail zu vermessen – bislang mit mageren Ergebnissen. Weder konnten die Studien die Ursachen marginaler Verbesserungen identifizieren, wie einer der Autoren von PISA 2009, Eckhard Klieme im Interview einräumt, noch können eindeutige Maßnahmen empfohlen werden, wie sein Partner Manfred Prenzel ausführt. Klaus-Jürgen Tillmann, selbst renommierter Bildungsforscher, setzte sich unlängst in der Zeitschrift »Pädagogik« mit der Frage auseinander: »Was nützen internationale Leistungsvergleichsstudien?« (Tillmann 2010). Seine Analyse der PISA-Folgen ist ernüchternd. Laut Tillmann gibt es drei Rechtfertigungen für diesen Forschungstyp:

- optimierte Beratung von Bildungspolitik und Steuerungssystem,
- verbesserte Lehrerbildung und schulische Praxis,
- optimierte erziehungswissenschaftliche Forschung und Theoriebildung.

Was die ersten beiden Punkte betrifft, ist Tillmann zufolge kein Zusammenhang zwischen bildungspolitischen Maßnahmen und den Studienergebnissen zu erkennen. Weder seien politische Entscheidungen an den Studien orientiert, noch seien Einflüsse auf Lehrerbildung und Unterrichtsgestaltung festzustellen. Auch was eine optimierte Theoriebildung betrifft, seien kaum Wirkungen nachweisbar. Der wichtigste Effekt sei, dass die Lehrstühle für empirische Bildungsforschung massiv ausgebaut worden seien. Was die Inhalte betrifft, sei mehr als eine neuerliche Bestätigung bekannter Missstände derzeit nicht in Sicht.

Aber es kommt noch schlimmer: Nun sind es nicht mehr nur die Bildungstheoretiker, von denen einige das Glück aus der Pädagogik verbannten. Angetrieben durch die Programme der OECD stellten sich auch viele der einseitig auf quantitative Empirie ausgerichteten Pädagogen unkritisch in den Dienst einer Politik, die beim Übergang von der nationalen Industriegesellschaft zur konkurrenzgetriebenen, globalisierten Wissensgesellschaft Bildungsinstitutionen unter einen einseitig an ökonomischen Effizienzkategorien verengten Bildungsbegriff zwingt, wie der Soziologe Richard Münch (2009a) jüngst in einer detaillierten Studie nachgewiesen hat.

Hartmut von Hentig (2005), der als Gründer der Laborschule Bielefeld und Vorkämpfer der Schule als Lebens- und Erfahrungsraum zu den Vertretern einer personenzentrierten Pädagogik gehört, stellte stets das Glück der Schüler/innen ins Zentrum. Er konstatierte denn auch eine willfährige Unterwerfung weiter Teile der Erziehungswissenschaft unter das »Paradigma des messenden Vergleichs«. Seine inakzeptable und verharmlosende Haltung zu den entsetzlichen Verfehlungen seines Lebenspartners Gerold Becker rückte ihn zwar jüngst ins Zwielicht, ändert aber nichts an seiner Lebensleistung als scharfsichtiger Kritiker von Fehlentwicklungen einer ökonomisierten und technokratisierten Pädagogik, die den Kern ihres erzieherischen Auftrags zu verfehlen droht.

Mit dieser Kritik steht er nicht allein. So sehen Giesecke (2004) ebenso wie Rutschky (zusammen mit Beppler-Spahl 2009) das Entstehen eines »pädagogisch-industriellen Komplexes«, der von der Politik als Instrument eines verschärften Kontrollregimes benutzt werde. Das permanente Messen und Kontrollieren nehme den Menschen die Würde, zwinge sie zu permanenter Rechtfertigung und liefere sie zudem zu oft der Erfahrung des Scheiterns aus.

In der Tat erfährt die schon von Heinrich Roth in den 1960er-Jahren eingeleitete »realistische Wende« der Pädagogik im Gefolge der von der OECD vorangetriebenen internationalen Schulleistungsvergleichsstudien einen neuerlichen, aber dieses Mal bedenklich verengten Aufschwung, denn jetzt wird die »Wende« nicht vom Ziel der Emanzipation getrieben, sondern in erster Linie von Hoffnungen der Politik auf effizienten Durchgriff und der Wirtschaft auf die Erzeugung optimierter Leistungsträger.

Spaltung in zwei Kulturen

Bildungsforscher, die politischen Steuerungswünschen mit Versprechungen nach praxiswirksamen Erkenntnisgewinnen entsprechen, verstricken sich auf der Hinterbühne – auch aufgrund der Zuteilung von beachtlichen Forschungsmitteln und entsprechenden Reputationsgewinnen – in Forschungsvorhaben, die zum allerwenigsten Teil vom Bestreben, das Los von Schüler/innen und Lehrer/innen zu verbessern, getrieben werden, sondern stattdessen in der Eigenlogik spezialisierter Fachwissenschaft versinken, wobei die Dominanz akademischer Psychologen zunimmt und klassische Erziehungswissenschaftler an den Rand geraten. Auf diese Weise verschärft sich – worauf Hermann Giesecke in einer detaillierten Untersuchung hingewiesen hat – innerhalb der Erziehungswissenschaft die Spaltung zwischen zwei Kulturen, die fast nichts mehr miteinander zu tun haben:

> »Je besser die Erziehungswissenschaft sich als moderne Wissenschaft entfaltet, umso entbehrlicher scheint sie als Berufswissenschaft zu werden. Ihre Bedeutung für das Handeln der in der pädagogischen Praxis Tätigen und für die Ausbildung derjenigen, die dort künftig wirken werden, ist umstrittener denn je. Längst ist von ›zwei Kulturen‹ die Rede, die immer mehr auseinanderdriften und sich immer weniger zu sagen haben.« (Giesecke 2004, S. 151)

Entgegen den Hoffnungen von Öffentlichkeit und Bildungspolitik trage die empirische Bildungsforschung so gut wie nichts zur Handlungsorientierung von Lehrer/innen bei, denn:

> »Die Praxis hat ihre eigene Logik, weil sie durch Handeln konstituiert wird und jedes soziale Handeln Freiheitsspielräume für alle Beteiligten eröffnet, die keine wissenschaftliche Logik gänzlich zu antizipieren vermag.« (Giesecke 2004, S. 152)

Während sich die geisteswissenschaftliche Pädagogik noch als Berufswissenschaft verstanden habe, verabschiede sich die empirische Pädagogik paradoxerweise von diesem Anspruch, da sie sich in die Eigenlogik wissenschaftlicher Forschung verstricke, die wenig mit den Anforderungen der Praxis zu tun habe. Giesecke stellt die naheliegende Frage: »Was hat ein Lehrer davon, wenn er die Untersuchungen zur Kenntnis nimmt?« Angesichts der mangelnden Relevanz der Ergebnisse, die ohnehin oft nur wiedergäben, was aus älteren pädagogischen Konzepten bekannt sei, stelle sich die Frage, ob es nicht sinnvoller sei, dass angehende Lehramtsstudierende Philosophie studierten (Giesecke 2004, S. 151); sich also – wie ich ergänzen möchte – mit der wichtigen Frage auseinandersetzten, was ein »gutes Leben« ausmacht.

In Übereinstimmung mit dem Frankfurter Erziehungswissenschaftler Frank-Olaf Radtke kritisiert Giesecke, die empirische Bildungsforschung befördere einen »Kausalitätsmythos«, der durch den tatsächlichen Forschungsstand nicht gedeckt sei. Als Beleg führt er ein Resümee des renommierten Lehr-Lern-Forschers Franz Weinert an, der bemerkt, dass es fast nichts gebe, was man nicht mit dem Unterrichtserfolg einzelner Schüler/innen in Zusammenhang gebracht habe – mit dem Ergebnis einer »Inflationierung der zu untersuchenden Variablen«. Das Resultat dieser aufwendigen Bemühungen ist aus seiner Sicht desillusionierend, hatten sich doch »keine substanziellen, stabilen und generell gültigen Zusammenhänge zwischen isolierten Unterrichtsmerkmalen und den verschiedensten Erfolgskriterien finden lassen« (Weinert, zit. nach Giesecke 2004, S. 155).

Statt isolierter Daten mehr Praxisforschung durch die Beteiligten

Weinerts Beispiele und Gieseckes Ausführungen deuten an: Mit einer einseitigen Ausweitung dieser enggeführten Form von Bildungsforschung werden wir wohl weder Lehrer/innen wirkungsvolle Hilfen zur Optimierung ihres Unterrichts geben können noch so etwas wie Schulglück fördern. Das kann – würde Giesecke einwenden – auch gar nicht die Aufgabe von Erziehungswissenschaft sein. Hierzu bedarf es praxisbezogener Zugänge, etwa in Form handlungsorientierter Praxisforschung, wie sie zum Beispiel Donald A. Schon (1983) in seinem Konzept des »reflective practitioner« vorgestellt hat. Altrichter und Posch (1998) haben mit ihrem Werk »Lehrer erforschen ihren Unterricht« entsprechende Handlungskonzepte vorgelegt. Schratz et al. (2002), um ein weiteres Beispiel zu geben, zeigen in ihrem Buch »Serena«, wie Lehrer/innen und Schüler/innen mithilfe eines »kritischen Freundes« ihre Schule entwickeln können. Mein eigener Ansatz, der darauf abzielt, Schule und Unterricht, die Organisation als »Kreatives Feld« zu betrachten, setzt diese erfahrungswissenschaftliche Ausrichtung an der reflektierenden Praxisforschung fort. Diesen neuen Typ der Forschung in Form von »eingreifender Zukunftsgestaltung« haben übrigens Howaldt und Schwarz (2010) in einer differenzierten Studie jüngst begründet.

Zwar bedarf eine sich wissenschaftlich verstehende Schulentwicklung – etwa im Anschluss an Hans-Günter Rolffs Konzept der »dateninduzierten Schulentwicklung« – solider Daten, doch dürfen wir uns von ihnen *allein* nicht zu viel erhoffen. Desillusionierend, aber auch erhellend sind in dieser Hinsicht Weinerts Schlussfolgerungen zur Frage, welche Variablen für »guten Unterricht« entscheidend sind. So bilanziert er am Ende eines langen Forscherlebens:

> »Eine Zusammenstellung der dabei erzielten Resultate, die sich auf 7827 einzelne Studien und auf nicht weniger als 22155 [sic!] korrelative Beziehungen stützt [...], könnte zu der zynischen Schlussfolgerung verleiten, dass fast jede der berücksichtigten Variablen in gewisser Hinsicht sowohl bedeutsam als auch unwichtig ist.« (Weinert, zit. nach Giesecke 2004, S. 155)

Alles in allem, so Giesecke, sei der Eindruck nicht von der Hand zu weisen, dass die Bedeutung der empirischen Forschung für die schulpädagogische Praxis erheblich überschätzt werde. Er geht noch einen Schritt weiter: Mit Bezug auf Rainer Dollase meint er, die These sei durchaus begründbar, dass 90 Prozent (!) der Resultate der empirischen Erziehungswissenschaft als praktisch belanglos zu klassifizieren seien.

Wie ich aus meinen täglich Erfahrungen als Hochschullehrer und Schulentwickler bestätigen kann, haben Lehramtsstudierende und Lehrer/innen die Nutzlosigkeit vieler solcher Studien, mit denen sie in frontalen Vorlesungen traktiert werden, für die Bewältigung ihrer schulischen Alltagsprobleme längst erkannt. Dass diese kritische Einschätzung berechtigt ist, wird auch durch eine Befragung bestätigt, in der Czerwenka und Terhart Lehrer/innen nach der Grundlage ihres Handelns befragt hatten (Terhart et al. 1994, S. 189 ff.). Damals gaben nur 7 Prozent pädagogische Theorien und nur 6 Prozent Einflüsse des Studiums als Orientierungsgrundlage an, wohingegen die überwältigende Mehrheit (82 Prozent) die eigenen Erfahrungen an die erste Stelle setzte.

Wenn die eigenen Erfahrungen und die sich daraus ableitenden »belief systems« so entscheidend für unterrichtliches und pädagogisches Handeln sind, dann stellt sich die Frage, ob die gegenwärtige Strategie einer einseitigen Ausweitung einer engen Form empirischer Forschung geeignet ist, die pädagogische Praxis wirkungsvoll zu beeinflussen. Viel wichtiger scheint die Fortentwicklung von Formen der Praxisforschung, um schon im Studium »reflective practitioners« auszubilden. Dies bedeutet nicht, dass es keine zu beachtenden pädagogischen Parameter mehr gibt. Doch die entscheidende Frage ist, ob sich diese – wie Giesecke meint – nicht eher aus der »reflektierten Erfahrung der Praktiker oder auch dem gesunden Menschenverstand« (!) erschließen ließen, als dass sie durch empirische Untersuchungen bewiesen würden.

Der blinde Fleck der Bildungsforschung: Diskrepanz zwischen Wissen und Handeln

Nun kann es nicht darum gehen, die empirische Bildungsforschung in Bausch und Bogen zu verdammen, denn natürlich hat sie ihre Verdienste. Auch ist es ihr nicht anzulasten, wenn sich die Politik nicht nach ihren (begrenzten) Erkenntnissen richtet. Mit ihren Studien hat sie immerhin einige – weitgehend bekannte – Schwachstellen der deutschen Schule offengelegt, wie zum Beispiel die ungenügende Förderung von Kindern aus sozial benachteiligten Schichten sowie von Migranten und die Fragwürdigkeit der frühen Trennung von Kindern nach dem vierten Schuljahr, die international die Ausnahme ist. Doch auch hier zeigt sich die begrenzte Reichweite dieses Typs von Forschung. Denn in bewährter deutscher Gründlichkeit und Ideologielastigkeit wurden diese Studien – beeinflusst auch durch unter Handlungsdruck stehende Politiker/innen – dazu benutzt, kurzschlüssige »Reformen« anzustoßen, die auch dazu geführt haben, dass ein überzogener Evaluierungs-, Akkreditierungs- und Normierungswahn in das Bildungswesen Einzug gehalten hat. Dabei zeigen die begrenzten und zum Teil sogar kontraproduktiven Ergebnisse dieser Strategie, dass die Idee einer an naturwissenschaftlichen Vorbildern orientierten Pädagogik und ihre Umsetzung durch jämmerliche Technokratie längst gescheitert ist. Nun könnte man einwenden, meine Kritik sei überzogen, doch die alltägliche Realität bestätigt meine Thesen.

Wenn es nämlich möglich wäre, mit der Schwerpunktsetzung auf empirische Detailstudien nicht nur allgemeine Erfolgsgesetze optimaler Pädagogik und Didaktik zu erheben, sondern diese auch in entsprechende Praxisstrategien, etwa einer »evidenzbasierten« Pädagogik – wie manche Kolleginnen und Kollegen in naiver Selbstüberhebung propagieren – umzusetzen, müssten wir schon längst über ein öffentliches Schulsystem mit Spitzenleistungen verfügen. Doch das Gegenteil ist in zu vielen Bereichen der Fall. Nicht nur, dass große Teile gegenwärtig stattfindender empirischer Forschung nicht über den Status der »Bestätigungsforschung« hinauskommen – entscheidendes Manko dieses Typs von Forschung ist vielmehr, dass sie nur unzureichend angeben kann, auf welchem Weg man Bildungseinrichtungen zu Einrichtungen entwickeln kann, in denen alle Lehrenden und Lernenden ihr Potenzial entfalten können. Lehrer/innen und Studierende werden nach wie vor – nicht selten von genau jenen Forschern, zumeist in frontaler Belehrung – mit Daten überhäuft, die oft mehrdeutig sind und nur schwer in konkrete Handlungsstrategien umgesetzt werden können, zumal die Diskrepanz zwischen Wissen und Handeln durch solche Vermittlungsformen zu wenig beachtet wird.

Nirgendwo wird diese Diskrepanz deutlicher als in den Untersuchungen zur gesundheitlichen Belastung von Lehrer/innen. Hermann Giesecke, den man ja aus der Perspektive empirischer Bildungsforscher als Pädagogen von gestern ansehen könnte, wird durch neuere Einschätzungen aus dem Umkreis des renommierten Dortmunder Instituts für Schulentwicklungsforschung in seiner Skepsis auf ernüchternde Weise bestätigt.

So stellen Bea Harazd und Mario Gieske in ihrem zusammen mit Hans-Günter Rolff herausgegebenen Band »Gesundheitsmanagement in der Schule« bezüglich des Standes der Forschungen zum »Zusammenspiel von Gesundheit und Qualität in Schulen« fest:

»Weitgehend unklar ist jedoch, wie die Qualitätsfaktoren zusammenwirken und wie sie hinsichtlich ihrer Erklärungskraft einzuordnen sind. So kritisiert Huber, dass Forschungsergebnisse vor allem in Form von Korrelationen vorliegen, diese jedoch nicht Ursache-Wirkungs-Zusammenhänge implizieren, sondern in erster Linie lineare Zusammenhänge zweier Merkmale. Zwar betont Holtappels, dass Schulqualitätsmerkmale Hilfestellungen bei der Entscheidung über Qualitätsstandards geben können. Als problematisch kristallisiert sich jedoch heraus, dass es zum Beispiel der Schulqualitätsforschung trotz zahlreicher Untersuchungen bislang nicht gelungen ist, abgesicherte und fundierte empirische und theoriegeleitete Erkenntnisse vorzulegen, die deutlich machen, ›was man allgemein unter einer guten Schule versteht‹. Auch der Schuleffektivitätsforschung ist es bisher nicht gelungen, eine einheitliche Definition abzuleiten, was unter Effektivität bzw. Wirksamkeit verstanden wird. Die meisten Forscher beschränken sich auf die leicht messbaren, quantifizierbaren Daten der Schülerleistung als Output-Kriterium. Andere Forscher regen an, auch weitere Kriterien, z.B. soziale Fähigkeiten oder demokratische Wertehaltungen [!] zur Messung von Schulwirksamkeit zu integrieren. Die in beiden Forschungstraditionen entstandenen Merkmalslisten als Kriterien erfolgreicher Schulen bergen den Nachteil in sich, dass vor allem Rezeptwissen oder ›Tugendkataloge‹ gesammelt werden, sie sich aber nur in bestimmten Analysekonstellationen und unter bestimmten Bedingungen als einflussreich erwiesen haben« (Harazd/Gieske/Rolff 2009, S. 108).

Fazit: Der derzeitige Forschungsstand aus Sicht der empirischen Bildungsforschung erlaubt es weder anzugeben, was eine gute Schule ist, noch kann er das Zusammenspiel der »Qualitätsfaktoren« so erklären, dass daraus eindeutige Handlungsempfehlungen für die Praxis resultieren.

Warum Detailforschung nicht ausreicht

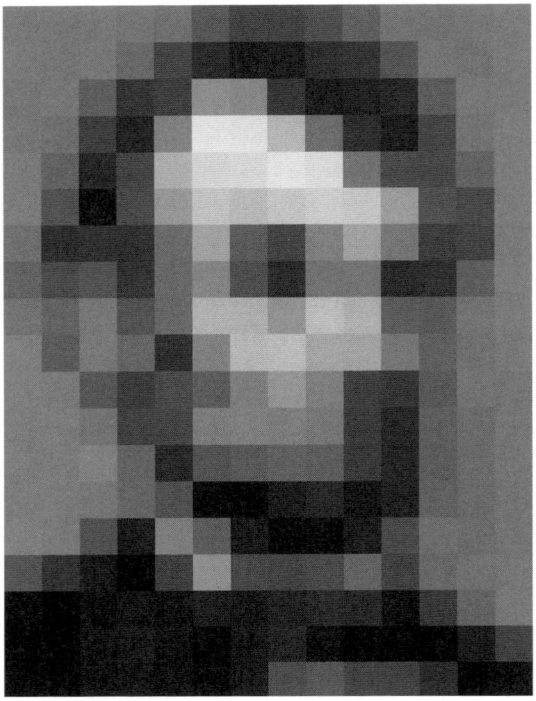

Abb. 1: »Neuland des Denkens« (nach Vester 1980, S. 36)

Hier stellen sich die Fragen: Wie ist dieses schwache Ergebnis möglich angesichts des enormen Aufwandes? Und was kann man tun, um hier einen Schritt weiterzukommen? Die Antwort der Forscher ist vorhersehbar: mehr Detailforschung. Der Altmeister des vernetzten Denkens, Frederic Vester, würde uns einen anderen Rat geben. In seinem Klassiker »Neuland des Denkens« (1980) verwendete er die nebenstehende Abbildung, um uns die Notwendigkeit vernetzten Denkens zu verdeutlichen. Die Abbildung zeigt eine berühmte Persönlichkeit. Wissen Sie, wer es ist?

Falls Sie es nicht gleich herausgefunden haben, hier ein Tipp: Variieren Sie den Abstand, mit dem Sie die Abbildung betrachten. Gehen Sie weiter weg und/oder blinzeln Sie mit den Augen. Sie werden ein Aha-Erlebnis haben.

Was hat diese Abbildung mit meiner Kritik eines verengten Forschungstyps und unserer Suche nach einer »Pädagogik des Glücks« zu tun? Vesters Beispiel illustriert eindrücklich, dass das, was wir sehen und herausfinden, durch unseren Standort und unsere Suchstrategie bestimmt wird. Gingen wir ganz nahe an die Abbildung heran und begännen, die Quadrate akribisch zu vermessen, die Farbwerte zu bestimmen, nach einem systematischen Muster zu suchen und Ähnliches – wir könnten uns viele Jahre mit dieser Abbildung beschäftigen, ohne herauszufinden, dass es sich dabei um ein gerastertes Bild von Abraham Lincoln handelt. Detailwissen ist wichtig, doch es macht nur Sinn, wenn es in geeigneten Zusammenhängen – Vester spricht vom »vernetzten Denken« – gesehen wird: Das Grundmuster oder das Gesamtbild eines Problems können wir erst erkennen, wenn wir uns nicht mehr so sehr auf die Details konzentrieren. Besonders irreführend ist der aus dem Zusammenhang gerissene Detailblick, wenn es – wie in der Pädagogik – um den Nachvollzug eines komplexen, situativ beeinflussten Interaktionsgeschehens geht, das vom außenstehenden Beobachter nur begrenzt verstehbar ist und im Sinne der Aktionsforschung erfordert, dass man Teil der jeweiligen Situation ist.

Offenbar verfügten die frühen Begründer einer »Pädagogik des Glücks« über eine weitere Perspektive als manche unserer detailverliebten Messspezialisten, von denen nicht wenige vergessen haben, worauf es in Bildung und Erziehung wirklich ankommt.

> Der Versuch, die Komplexität der Prozesse von Erziehung und Bildung in mathematischen Modellen und Zahlenverhältnissen abbilden zu wollen, mag mit großem Aufwand manche interessante Einzeleinsicht ermöglichen, ist aber, wenn es um eine zusammenhängende Erkenntnis des Gesamtprozesses geht, letztlich zum Scheitern verurteilt. Bislang werden jedenfalls geschlossene Systeme konstruiert, die im Sinne einer innerwissenschaftlichen Logik in sich stimmig sein mögen, die aber nicht geeignet sind, die Komplexität von Erziehung und Bildung zu erfassen, darüber hinaus nur wenig mit der pädagogischen Alltagspraxis zu tun haben und kaum eindeutige Handlungsempfehlungen ermöglichen.

Die Grenzen fragmentierter Wissenschaft

Ein Blick über den Tellerrand zeigt, dass dies kein Spezialproblem der Erziehungswissenschaft ist, sondern ein Grundzug moderner, fragmentierter Wissenschaften: So haben die Banker uns in der jüngsten Finanzkrise eindrücklich vorgeführt, was bei einer Verengung des Blickwinkels durch die Überschätzung mathematischer Modelle passieren kann: Wesentliche Bereiche menschlichen Verhaltens und Handelns werden ausgeblendet, mit der Folge, dass die mathematisch fundierten Risikoschätzungen zu den Gefahren von Finanzprodukten zwar in sich schlüssig waren, aber – wie sich zeigte – wenig mit der Realität zu tun hatten. Die Praxis bzw. die gesellschaftliche Wirklichkeit unterliegt eben einer eigenen Logik! Die Gefahr einer einseitigen Orientierung an solchen Modellen besteht darin, dass sie vorgeben, die Wirklichkeit exakt zu beschreiben, und damit wissenschaftsgläubige Menschen verführen, ihren gesunden Menschenverstand abzuschalten. Dabei können Modelle doch nur – im besten Fall – eine ungefähre Landkarte liefern. Doch die Landkarte ist nicht das Territorium!

Bildungsforschung ist nicht politisch neutral

Fragwürdig wird es, wenn die Wissenschaftsgläubigkeit unserer Zeitgenossen zu politischen Zwecken ausgenutzt wird, etwa wenn begrenzt aussagefähige Daten einseitig zur Durchsetzung bildungspolitischer Ziele instrumentalisiert werden.

Ein Beispiel dafür ist der Hamburger Schulkampf um die Einführung der Gemeinschaftsschule, deren Verwirklichung seit den 1920er-Jahren auf der Agenda steht. Obwohl die Gemeinschaftsschule international die Regel und – empirisch belegt –, erfolgreich ist, meinte der in seiner Zunft angesehene Bildungsforscher Rainer Lehmann von der Berliner Humboldt-Universität belegen zu können, dass diese Schulform leistungsstarke Schüler/innen benachteilige. In der »Element-Studie« hatte er die Leistungen von Schüler/innen, die ein grundständiges Gymnasium besuchten, mit denjenigen verglichen, die sechs Jahre eine gemeinsame Grundschule besucht hatten. Das Timing der Bekanntgabe seiner Ergebnisse torpedierte die ohnehin schwierigen Koalitionsverhandlungen in Hamburg, wirkte wie ein »Paukenschlag« (Füller 2008a) und heizte den Schulkampf weiter an. Auch dass ein anderer anerkannter Bildungsforscher, Jürgen Baumert, ein Jahr später methodische Mängel feststellte, die zu anderen Schlussfolgerungen führten (Baumert 2009), änderte nichts daran. An solchen und ähnlichen Beispielen zeigt sich:

Die einseitige Fixierung auf empirische Studien der traditionellen Art kann nur wenig zur Klärung der Probleme beitragen, weil die Daten zum einen – aufgrund der Komplexität – oft nur begrenzt aussagefähig sind, zum anderen aber je nach Interessenlage interpretiert werden können – in unserem Beispiel für die Durchsetzung rückwärtsgewandter bildungspolitischer Ziele.

Bulimie-Lernen statt Lernglück

Schlimmer noch: Unter dem Zwang des permanenten messenden Vergleichs erleben wir die ersten Vorboten einer Diktatur von wissenschaftsgläubigen Zahlenfetischisten, die in ihrem Normierungsglauben im Bündnis mit einer ausufernden Bürokratie die Bildung vollends aus den Bildungseinrichtungen zu vertreiben drohen. Vor der Berliner Humboldt-Universität hing im Winter 2009 ein Plakat von streikenden Studenten, das überzogen sein mag, aber dennoch ein treffendes Schlaglicht auf Nebenwirkungen von Normierung, Standardisierung und Modularisierung wirft: »100 % Anwesenheit. 7 % gelernt. 0 % Reflexion.«

Bildung ist hier nur selten noch beglückende Erfahrung, aber immer häufiger bewusstloses Bulimie-Lernen, ein rasanter Parcours durch ein engmaschiges Netz von Prüfungen, das – wie der Frankfurter Erziehungswissenschaftler Frank-Olaf Radtke schon früh bemerkte – zur »Inhaltsgleichgültigkeit« vieler Studierender beiträgt. Was vor allem zählt, sind die Credit Points.

Dass ich mit meiner Kritik nicht übertreibe, zeigt die neueste Studie des renommierten Konstanzer Hochschulforschers Tino Bargel (2010). Demnach ist aus dem Studium eine kühle, stressige, spaßfreie Veranstaltung geworden – so die Ergebnisse seiner Befragung von 15 000 Bachelorstudenten. Zwar seien 80 Prozent mit der klaren Struktur des Studiums zufrieden, doch habe sich ihre Einstellung grundlegend geändert. So werde die Anpassung an die verkürzte Studiendauer »weniger durch eine innere Überzeugung getragen, sondern häufig als eine pflichtgemäße Erfüllung oder als erzwungene Anpassung erlebt«. Bargels Fazit ist aus der Perspektive selbstbestimmten, glücksorientierten Lernens vernichtend. So sagt er, die Studenten empfänden »mehr Kälte« im Studium; sie hätten »nicht mehr so großen Spaß am Studentenleben und am »Erkenntnisgewinn wie die Generationen vor ihnen« (Bargel 2010).

Halten wir fest: Der Spaß am Erkenntnisgewinn scheint verloren zu gehen. Kann einer Bildungseinrichtung ein vernichtenderes Zeugnis ausgestellt werden? Die Parallelen zu entsprechenden Missständen bei der überhastet eingeführten G8-Schulzeitverkürzung sind evident: Viele Schüler/innen haben nun Ganztagsunterricht, ohne an einer qualifizierten Ganztagsschule mit Rhythmisierung und abwechslungsreichem Angebot zu sein. Der Unterricht wurde zu oft nach dem Mehr-desselben-Prinzip schlicht verlängert.

Diese neuerliche Verengung der Bildung reiht sich ein in die verhängnisvolle Tradition der Vertreibung des Glücks. Die kurzsichtige Unterwerfung von Schulen und Hochschulen unter utilitaristische Gesichtspunkte ist umso fragwürdiger, als wir doch von der Hirn- über die Glücksforschung bis hin zu Untersuchungen zum informellen Lernen längst wissen, dass Lernen nicht nur begrenzt kontrollier- und steuerbar, sondern auch ein höchst individueller Prozess ist, der nur Sinn macht, wenn er persönlich bedeutsam ist und von Energie und Leidenschaft getragen wird. In dieser Hinsicht sind – wie ich weiter unten zeigen werde – Lehrer/innen, Schüler/innen und Eltern besser informiert als mancher Bildungsforscher.

2. Teil

Wie das Glück wieder in die Schule hineinkommt

Wie das Glück wieder in die Schule hineinkommt

Nach diesem pointierten Parforceritt durch einige Stationen der Vertreibung des Glücks aus der Schule möchte ich nun im zweiten Teil mögliche Quellen einer Pädagogik des Glücks zusammenstellen und diskutieren. Zielpunkt meiner Überlegungen ist der notwendige Wandel der tradierten Unterrichtsschule zu einem »Kreativen Feld« (vgl. Burow/Pauli 2006), in dem alle Schüler/innen und Lehrer/innen ihr Potenzial entfalten und damit – zumindest tendenziell – Deweys Glücksformel (»Herauszufinden, wozu man sich eignet«) erfahren, verwirklichen und weiterentwickeln können. Wer sich lieber gleich mit der Praxis der Positiven Pädagogik sowie den Umsetzungsverfahren befassen möchte, kann diesen Abschnitt überspringen und in den dritten Teil dieses Buches einsteigen, der der Skizzierung von sieben möglichen Wegen zu mehr Lernfreude und Schulglück gewidmet ist. In diesem Fall ist es möglich, später einzelne Abschnitte bedarfsorientiert nachzulesen.

Quellen einer Pädagogik des Glücks

Was ist die Ursache dafür, dass wir uns im Bildungswesen im Allgemeinen und in der Schule im Besonderen so weit vom Glück der Schüler/innen und Lehrer/innen entfernt haben? Die Schule ist – das hatte schon Siegfried Bernfeld 1925 in seiner immer noch erhellenden Streitschrift »Sisyphos oder die Grenzen der Erziehung« dargestellt – in gewisser Weise ein Abbild der Gesellschaft. Ironisch karikierte Bernfeld schon damals den Größenwahn von Pädagoginnen und Pädagogen, die meinten, gesellschaftliche Ungleichheit durch pädagogische Interventionen überwinden zu können – meine kurze Skizze im ersten Teil dieses Buches sollte ja in diesem Sinne Zusammenhänge zwischen dem Verschwinden des Schulglücks und der gesellschaftlichen Entwicklung aufzeigen. Bernfeld hatte nachgewiesen, wie individuelle biografische Prägungen von Lehrer/innen im Zusammenspiel mit gesellschaftlichen Rahmenbedingungen sowie einer ungebrochenen Fortdauer der traditionellen »Grammatik der Schule« dafür sorgen, dass Schule und Erziehung – so seine These – immer konservativ in Bezug auf die umgebende Gesellschaft sind.

Bernfelds Analysen sind nach wie vor – in weiten Teilen – treffend, doch anders als er vertrete ich die Auffassung, dass eine Pädagogik, die sich illusionslos den gesellschaftlichen Rahmenbedingungen stellt und sie differenziert berücksichtigt, durchaus Chancen hat, den gordischen Knoten zu durchschlagen und, zumindest in beispielgebenden Modellprojekten, zeigen kann, wie zukunftsweisende Schulen aussehen und funktionieren – Zu- ▶

kunftsschulen, die Bildung dadurch zu erreich-en suchen, dass sie die Lernfreude und das Glück ihrer Schüler/innen und Lehrer/innen (!) in den Mittelpunkt stellen und sich der einseitigen Fremdbestimmung widersetzen. Voraussetzung dafür ist eine realistische Analyse:

- ➜ Was sind Kennzeichen unserer gegenwärtigen gesellschaftlichen Verfassung?
- ➜ Inwiefern schränken sie die Möglichkeiten schulischen Lehrens und Lernens ein, und wo gibt es Spielräume?
- ➜ Wie können wir (Lehrer/innen, Eltern und Schüler/innen) die Freiheitsgrade erweitern?

Von der Ressourcennutzungs- zur Potenzialerschließungsgesellschaft

Ein Kennzeichen, das die gegenwärtige Verfasstheit unserer Gesellschaft charakterisiert und vielfältige Problemlagen erzeugt, ist ohne Zweifel die Tendenz zur Fragmentierung bzw. der fehlende Sinn für Kohärenz. Ob es sich um den wachsenden Gegensatz zwischen Arm und Reich, um die fortschreitenden Zerstörung unserer natürlichen Umwelt oder um die sich abzeichnende Klimakatastrophe handelt, um nur die wichtigsten Problemlagen zu benennen – sie alle sind Ausdruck eines Handelns, dem der Blick aufs Ganze verloren gegangen ist und das sich stattdessen an der egoistischen Verfolgung von Interessen Einzelner oder gut organisierter Gruppen orientiert, die den Staat und unsere natürlichen Grundlagen ausbeuten, wenn nicht sogar zerstören.

Noch immer unterliegen wir einer Ressourcennutzungs- bzw. »Ressourcenausbeutungsgesellschaft« – eine Diagnose, die der Göttinger Hirnforscher Gerald Hüther auf den Begriff gebracht hat. Weite Teile unserer Gesellschaft, auch unser gesamtes Bildungssystem, sind demnach durch eine fragmentierte Sicht und das Paradigma der Ressourcenausbeutung geprägt. Hüther lokalisiert den Beginn bei Kolumbus' Entdeckung der Neuen Welt: Die Eroberung und Ausbeutung fremder Welten wurde zur wichtigsten Quelle der Steigerung eigenen Reichtums. Völker, Landschaften, Kulturen wurden und werden gnadenlos ausgebeutet und übernutzt. Dies ist kein Geheimnis. Fast jeden Tag werden wir mit Zahlen und Statistiken überschüttet, die uns eindrücklich deutlich machen, dass der Lebensstil der führenden Wirtschaftsnationen nicht zukunftsfähig ist. Die auf den UN-Weltklimakonferenzen erreichten Minimalziele machen einmal mehr deutlich, dass eine Rettung von der Politik nicht zu erwarten ist. Der anstehende Wandel kann nur »von unten«, das heißt von den Vielen kommen. Für jedermann sichtbar erreichen wir in diesem Jahrhundert die Grenzen dieses Welteroberungs- und Zerstörungsmodells: Rasantes Bevölkerungswachstum bei dramatischer Ressourcenverknappung wird uns schon bald dazu zwingen, neue, besser angepasste Wege des Umgangs mit uns, mit anderen und mit unserer Mitwelt zu finden.

Das Osterinsel-Prinzip – oder die Grenzen einseitigen Wachstums

Wie das Ende einer Ressourcenübernutzungsgesellschaft aussieht, die es versäumt, sich rechtzeitig an die gewandelten Bedingungen anzupassen, hat Jared Diamond in seinem Buch »Kollaps« (2005) anschaulich anhand des Schicksals der Osterinsel beschrieben. Als James Cook zwischen dem 13. und 17. März 1774 die Insel besucht hatte, war er zunächst beeindruckt von den gigantischen Statuen, von denen es über 300 gab. Im Durchschnitt sind die in Stein gehauenen Statuen 4 Meter hoch und wiegen 12,5 Tonnen. Die größte Figur mit Namen Paro misst gar 9,8 Meter. Wie hatte man diese Kolosse über große Strecken transportieren können, und wo waren die Menschen geblieben, die diese erstellt hatten? Die Insel war fast völlig entvölkert. Und nicht nur das: Sie bot so gut wie keine Lebensgrundlagen. Daher Cooks Fazit in seinem Logbuch:

> »Keine Nation wird je für die Ehre kämpfen, die Osterinsel erforscht zu haben, zumal es kaum ein anderes Eiland im Meer gibt, welches weniger Erfrischungen bietet und Annehmlichkeiten für die Schifffahrt denn dieses.« (Cook 1774/1971)

Obwohl es unterschiedliche Theorien zum Untergang der einstmals hochstehenden Kultur der Osterinsel gibt, ist sich die Forschung einig, dass durch menschliche Eingriffe eine einstmals entwickelte Gesellschaft sowie eine üppige Fauna und Flora fast völlig vernichtet wurden. Laut Diamond fand ein aberwitziger Konkurrenzkampf zwischen den Stämmen um den Bau der größten Statuen statt, der schließlich zur fast völligen Vernichtung ihrer Lebensgrundlagen führte. Wenn man so will, ist die Gesellschaft der Osterinsel der historische Vorläufer einer pervertierten, auf einseitige äußere Ziele gerichteten Ressourcennutzungsgesellschaft.

Diamond bringt weitere Beispiele anderer Gesellschaften und benennt als entscheidenden Untergangsfaktor die Unfähigkeit der jeweiligen Gesellschaft, sich auf veränderte Umweltbedingungen einzustellen. Doch Diamond ist kein Untergangsprophet, denn er zeigt, dass es durch rechtzeitiges Umsteuern in all diesen Fällen möglich gewesen wäre, das Überleben durch die Entwicklung eines Gesellschaftsmodells nachhaltiger Ressourcennutzung zu sichern. Das führt uns zu der Frage, wie ein solches Modell für die Umgestaltung unserer Gegenwart und Zukunft aussehen könnte. Eines ist dabei unbestritten: Umfassende Bildung für alle ist der wichtigste Schlüssel!

Bestätigt wird diese These auch vom britischen Sozialforscher Richard Wilkinson, der zusammen mit Kate Pickett aus der Perspektive der Glücksforschung gezeigt hat: Je ungleicher eine Gesellschaft ist, desto größer sind ihre sozialen Probleme. »Gleichheit ist Glück« lautet denn auch der Titel seiner Untersuchung, in der er eine Vielzahl von Belegen dafür bringt, wie wichtig es für die Zukunftsfähigkeit einer Gesellschaft ist, Herkunftsnachteile auszugleichen, Chancengleichheit zu schaffen und Bildung für alle zu ermöglichen (Wilkinson/Pickett 2009).

Auf die Entfaltung unserer inneren Potenziale kommt es an

Hüther hat für dieses neue Modell nachhaltiger Gesellschaftsentwicklung den Begriff der »Potenzialentwicklungsgesellschaft« gefunden, der meint, dass der neue Kontinent, den es zu entdecken gilt, in uns selbst liegt – freilich nicht im Sinne der (Selbst-) Ausbeutung, sondern im Sinne der Freisetzung bislang unerschlossener Potenziale. Damit formuliert er eine Vision zukünftiger Bildung, die sich von der einseitigen Konzentration auf die Eroberung des Außen abwendet und einen Perspektivenwechsel auf die Entfaltung innerer Potenziale vornimmt. Mit dieser veränderten Perspektive wachsen zugleich die Chancen für die Entwicklung einer »glücksförderlichen« Pädagogik.

Erinnern wir uns: In meiner Einführung kritisierte ich, dass sich im Gefolge von PISA-Schock und Globalisierungsdruck Bildungspolitiker, aber auch nicht wenige Erziehungswissenschaftler, den Vorgaben unterwerfen, mit denen ein international agierendes Finanzkapital versucht, die Demokratie zur besseren Durchsetzung ihrer Interessen auszuhebeln, und dies mit so beachtlichem Erfolg, dass der renommierte englische Soziologe Colin Crouch 2008 in seiner gleichnamigen Untersuchung davon spricht, dass wir längst in einer »Postdemokratie« leben: Nicht die optimale Entfaltung des Individuums, die Erziehung und Bildung aller Menschen zu ihrer Glückseligkeit stünden im Zentrum dieser postdemokratischen Gesellschaft, sondern die Unterwerfung und Anpassung an die Anforderungen des Marktes, der nicht »frei« sei, sondern von den einseitigen Interessen einer international agierenden Oligarchie beherrscht werde. Wie weit ihre Macht inzwischen reicht, hat die jüngste Finanzkrise eindrücklich gezeigt. Erziehungswissenschaft sollte sich hier klar positionieren.

Wie Christa Berg (2008) ausführt, war da der bereits erwähnte erste Lehrstuhlinhaber der Pädagogik, Ernst Christian Trapp, 1780 schon mal weiter. So postulierte er, dass das eigentliche Studium des Menschen und damit der Pädagogik der Mensch sein müsse, »und dies nicht nur auf Bestehendes, Gegenwärtiges hin, sondern auf den *Gewinn von Zukunft.*«

Wie aber müssen eine Pädagogik und eine Schule aussehen, die nicht auf kurzfristige Anpassung an kurzfristige ökonomische Zwänge, sondern auf Nachhaltigkeit und den Gewinn von Zukunft ausgerichtet sind? Und was können Lehrer und Eltern tun, um die heranwachsende Generation in einer zukunftsfähigen Bildung zu unterstützen?

Ungenutzte Hirnkapazitäten?

Bei der Suche nach Quellen einer solchen Bildung stößt man unweigerlich auf die Hirnforschung, die sich seit einiger Zeit zum neuen Hoffnungsträger aufgeschwungen hat. Durch die Möglichkeiten der bildgebenden Verfahren scheinen die Forscher über einen direkten Zugang zum Verständnis unseres menschlichen Gehirns zu verfügen. Wenngleich sie – aus erziehungswissenschaftlicher Sicht – wenig wirklich Neues zu bieten haben, so bestätigen ihre Forschungsergebnisse doch viele Vorstellungen einer personenzentrierten, an der Entfaltung des Individuums orientierten Pädagogik, die man auch mit Hüthers Begriff der »Potenzialerschließungsgesellschaft« umschreiben könnte. Das klingt zwar gut – aber es bleibt nebulös, was das konkret bedeutet und welche Konsequenzen wir daraus ziehen können.

Hüther gibt ein anschauliches Beispiel: In den 1990er-Jahren, als die Hirnforschung große Fortschritte durch die Entwicklung der bildgebenden Verfahren machte, stieß man durch Zufall auf das verkleinerte Hirn eines Polizisten. Bei einer Routineuntersuchung entdeckte man, dass sein Hirn nur ein Drittel der durchschnittlichen Hirnmasse aufwies. Doch zeigte er – zur Überraschung der Forscher – keinerlei Beeinträchtigungen. Hüthers Frage: Wenn wir mit einem Drittel unseres Hirns auskommen können, wie viel unermessliches Potenzial, das wir bisher nicht genutzt haben, liegt dann in jedem von uns? (www.gerald-huether.de)

Aber auch unabhängig davon, was die weitere Forschung zu dieser Fragestellung ergeben mag, ist es unbestritten, dass wir als Individuen über sehr viel mehr an kreativem und intellektuellem Potenzial verfügen, als wir unter den gegenwärtigen Bedingungen nutzen. Als junger Doktorand hatte ich das Glück, einen der Begründer der Zukunftsforschung, Robert Jungk, am Ende seines Lebens interviewen zu dürfen, und ich fragte ihn, was er in der kurzen Spanne seines verbleibenden Lebens erreichen wolle, ob er einen Traum habe, den er verwirklichen möchte. Er antwortete mir, es gehe darum, die Schätze zu heben, die in Millionen von Menschen verborgen seien, die viel zu schnell »ausstiegen und abschalteten«. Er sei überzeugt, dass das möglich sei, denn, so seine Worte: »In jedem Menschen steckt sehr viel mehr, als er selber weiß« (Burow 2000, S. 199).

Doch Robert Jungk formulierte nicht nur Programme, er entwickelte schon in den 1960er-Jahren eine Methode zur Bergung dieser verborgenen Schätze: die Zukunftswerkstatt. Wie wir im dritten Teil dieses Buches (S. 172) sehen werden, ist sie noch immer eines der wichtigsten und wirksamsten Instrumente für Glückssucher, und auch für das Schulglück. Doch zunächst zurück zur Idee einer Potenzialerschließungsgesellschaft und deren Umsetzung in der Schule: Wie sehen Pädagoginnen und Pädagogen aus, die in der Lage sind, die Potenziale ihrer Schüler/innen zu erschließen? Über welche besonderen Kompetenzen verfügen sie?

Auf den authentischen Lehrer und die offene Umgebung kommt es an!

Wenn man sich fragt, was einen guten Lehrer oder eine gute Lehrerin ausmacht, dann kann man einschlägige Untersuchungen zurate ziehen, die in der Regel in eine Aufstellung von umfassenden Tugendkatalogen münden, die den Einzelnen überfordern. Ein anderer Weg besteht darin, sich an seine eigene Schulzeit zu erinnern und diejenigen Lehrer/innen zu identifizieren, die hilfreich für die eigene Schulkarriere waren.

Diese Rückblende kann uns zeigen, worauf es in der Schule wirklich ankommt. Deshalb empfehle ich Ihnen vor dem Lesen dieses Kapitels die folgende Übung:

→ *»Wenn Sie sich an Ihre Schulzeit erinnern, gab es da eine Lehrkraft, bei der Sie besonders gerne lernten und die es verstand, Sie besonders gut zu fördern? Worin bestand die besondere pädagogische Befähigung dieser Lehrkraft? Was davon ist auf heutige Anforderungen übertragbar?«*

Meine These: Schule und Unterricht würden sofort besser werden, wenn Lehrer/innen sich von Zeit zu Zeit an ihre eigene Schulzeit, an Lehrervorbilder und an ihre Situation als Schüler/innen erinnerten.

Die eigene Biografie als Quelle: Erinnerung an einen »guten« Lehrer

Wenn ich diesen Gedanken auf meine eigene Schülerbiografie übertrage, dann werde ich schnell fündig und kann eine Person identifizieren, der ich es verdanke, dass ich die traditionelle Paukschule der 1960er-Jahre überlebt habe – wenn auch mit Blessuren. Dass mir das gelungen ist, lag vor allem an einem ungewöhnlichen Lehrer, der seiner Zeit voraus war, schuf er doch für uns Heranwachsende eine offene, aber herausfordernde Umgebung, in der wir entdecken konnten, was in uns steckte. Ohne dass er es ahnte oder gar explizit formuliert hätte, praktizierte er eine Pädagogik, die modernen Konzepten individualisierenden, selbstorganisierten und informellen Lernens entsprach und die ich heute als »Positive Pädagogik« bezeichne.

Was befähigte ihn dazu? Aus heutiger Sicht und nach Rücksprache mit meinen ehemaligen Mitschüler/innen weiß ich: seine *Authentizität* und die *Begeisterung für seine Sache*. Pfarrer Wolfer war Religionslehrer und Pädagoge mit ganzem Herzen. In den Schulferien veranstaltete er – zusammen mit seinem Freund, dem Theologieprofessor Steinle, Ferienreisen in die Schweizer Alpen. 30 bis 40 pubertierende Jugendliche beiderlei Geschlechts verbrachten drei Wochen in einem abgelegenen Dorf der rätoromanischen Schweiz. Frühmorgens versammelten wir uns auf dem Vorplatz des Ferienheims und bildeten einen Kreis – hinter uns die schneebedeckten Gipfel der Dreitausender. Unbeschreiblich die Atmosphäre, wenn wir uns an den Händen fassten und circa fünf Minuten in der kühlen Morgenluft schweigend verharrten. Pfarrer Wolfer nannte das »Andacht«. Aus heutiger Sicht würde ich sagen, es war eine Art Meditation, eine Phase der Sammlung und Konzentration. Und sie realisierte ein grundlegendes Bedürfnis, das unterschiedlichste Teilnehmer unserer Schulentwicklungswerkstätten seit vielen Jahren konstant formulieren: die Erfahrung von *Gemeinschaft*.

Uns Heranwachsenden kam dieser Morgenbeginn komisch vor. Wir hielten ihn für eine Marotte unseres wunderlichen Lehrers. Doch im Verlaufe der drei Wochen entfaltete sich eine eigentümliche Wirkung dieses Rituals: Zunehmend gingen wir konzentriert in den Vormittag und bewältigten die Herausforderungen, vor die er uns stellte.

Oft begann der Morgen mit einem theologischen Streitgespräch zwischen ihm und seinem Freund, das auf hohem Niveau stattfand und unsere intellektuellen Fähigkeiten bisweilen überstieg. Doch das differenzierte Verständnis war nicht entscheidend. Viel wichtiger war es zu erleben, wie sich zwei Erwachsene ernsthaft und mit höchstem Engagement über Grundfragen menschlicher Existenz auseinandersetzten. Natürlich war es Anliegen dieser beiden Theologen, uns zum christlichen Glauben zu bekehren. Doch daraus machten sie kein didaktisiertes Programm. Sie lebten uns ihre Überzeugungen einfach vor – gemäß dem Postulat Paul Goodmans, eines der Begründer von Gestalttherapie und Gestaltpädagogik: »Tu nicht, was du predigst, predige, was du tust!« (vgl. Burow 1988, S. 206). Zum pädagogischen Programm gehörte, dass wir ein Theaterstück für die Dorfbewohner einüben mussten, das wir als Höhepunkt am Abend vor unserer Abreise öffentlich aufführten. Regelmäßig gestalteten wir in Selbstorganisation »bunte Abende« mit einem kreativen Programm.

Unterschätzte Bedeutung freier Lernorte und informellen Lernens

Diese freien Feriencamps, in denen wir uns in der Gemeinschaft erproben konnten, sollten erstaunliche Auswirkungen haben. Auf unserem Abituriententreffen 28 Jahre später stellten wir nämlich einmütig fest, dass wir dort einige der Schlüsselkompetenzen erworben hatten, die für unseren weiteren Lebensweg entscheidend waren. So gründeten wir eine Schulband, entwickelten eine professionelle Schülerzeitung, bei der wir modernste Drucktechniken einsetzten, nahmen in Form einer Schülerfirma mit einer professionellen Zeitung politischen Einfluss und machten sogar wirtschaftlichen Gewinn. Wir waren – bezogen auf unsere Schulnoten – eher mittelmäßige Schüler, doch der Freiraum, den wir dort erleben durften, inspirierte uns zu vielfältigen kreativen Tätigkeiten, von denen einige die Grundlage unseres späteren Berufserfolgs bilden sollten. Von der Werbeagentur über eine Firma zur Beschallung von Rockkonzerten, einem Pädagogik- und einem Musikprofessor bis zum Gründer eines alternativen Kinderheims, Marketingleiter einer großen Versicherung sowie Partner einer großen Unternehmensberatung reichten die Tätigkeiten, die natürlich nicht allein auf diese Freizeiten zurückzuführen sind. Doch wesentliche Anstöße entstanden hier, weil wir anders als im öden Paukunterricht – gemäß dem oben vorgestellten Dewey'schen Motto – die Möglichkeit hatten herauszufinden, wozu wir geeignet waren, und Gelegenheiten fanden, dies auch zu erproben. Der Chef vom Dienst unserer Schülerzeitung beispielsweise legte hier die Grundlage für seinen späteren Aufstieg im Management.

Hier stellt sich die Frage: Ist es zulässig, aus dieser Einzelerfahrung verallgemeinernde Schlüsse zu ziehen? Ich meine schon und werde in dieser Auffassung durch neuere Forschungsergebnisse zu den Wirkungen von offenen Lerncamps, freien Lernorten und informellem Lernen bestätigt.

> Menschen waren schon immer kreativ und haben schon immer gelernt. Schulbildung ist lediglich ein bestimmter Typ des Lernens, den es zudem erst seit relativ kurzer Zeit gibt. Bis heute unterschätzen weite Teile der Schulpädagogik, Lehrer/innen und Eltern die herausragende Bedeutung freier Lernorte und informellen Lernens.

Herausfinden, wozu man sich eignet – der Schlüssel zum Berufserfolg

Bei der Gestaltung eines Theaterstückes, unserer Schülerzeitung, der Vorbereitung des Auftritts unserer Band und vielen anderen Aktivitäten waren wir hoch engagiert und lerneifrig – im Gegensatz zu vielen sinnlos abgesessenen Schulstunden. Als meine Versetzung in der siebten Klasse des Gymnasiums gefährdet war und alles auf den Erfolg in einer Chemiearbeit ankam, nahm ich den Arbeitsbogen, zerknüllte ihn und warf ihn der verdutzten Lehrerin vor die Füße: »Ich habe Wichtigeres zu tun«, sagte ich, »ich muss mit meiner Band üben.« Zwar bescherte mir dieser Auftritt eine um ein Jahr verlängerte Schulzeit, doch 16 Jahre später zeigte sich überraschend, dass ich weise gehandelt hatte.

Als ich mich nämlich 1980 um eine Lehrerstelle bewarb, war ich angesichts der Lehrerschwemme und eines totalen Einstellungsstopps chancenlos – zumal mit meinen Fächern Deutsch und Pädagogische Psychologie. Die Lage war aussichtslos, und es stand fest, dass es mir genauso gehen würde wie vielen meiner Kommilitonen, die entweder viele Jahre auf ihre Stelle warten mussten oder gar keine bekamen. Warum landete dann ausgerechnet ich mit meinen Fächern, die zu viele Kommilitonen studiert hatten, einen Treffer? Ich wusste, dass es einen dramatischen Mangel an Musiklehrern gab. Also ging ich ins Schulamt Berlin-Neukölln, erklärte der zuständigen Schulrätin, dass ich seit vielen Jahren in einer Band gespielt hatte, und bot ihr an, fachfremd Musik zu unterrichten. Ich wurde sofort eingestellt.

Was hatte mich in aussichtsloser Lage gerettet? Dass ich im Dewey'schen Sinne das Glück gehabt hatte, das zu entdecken, was mir lag, und dass ich – auch durch die Unterstützung meines außergewöhnlichen Religionslehrers – das Selbstbewusstsein entwickelt hatte, mich gegen bürokratische Strukturen und von außen gesetzte Anforderungen durchzusetzen und meinem inneren Kompass zu folgen. »Be yourself no matter what they say«, singt Sting in seinem Lied »Englishman in New York«. Genau dies müsste ein zentrales Ziel von Bildung und Erziehung sein: Schüler/innen zu befähigen, sie selbst zu sein, und sie nicht zu angepassten Erfüllern fremdbestimmter Curricula zu degenerieren, die auf der Jagd nach Credit Points sind. Weil ich meine innere »Berufung« erkannt und mich gegen das schulische Standardprogramm aufgelehnt hatte, war ich in der Lage, die für mich geeignete Umgebung aufzusuchen bzw. sie zu gestalten. Dass die Schule, so wie sie heute noch viel zu oft stattfindet, insbesondere für Schüler/innen in der Pubertät ein wenig geeigneter Ort ist, das erkannten wir intuitiv, rebellierten gegen die verkrusteten Strukturen und schufen uns Umgebungen und Herausforderungen, die für unsere Entwicklung besser geeignet waren.

Sie werden sich jetzt vielleicht fragen, was meine persönliche Geschichte in einem Buch mit wissenschaftlichem Anspruch zu suchen hat, handelt es sich doch ganz offensichtlich um einen Einzelfall, der nur begrenzt verallgemeinerungsfähig ist. Was davon lässt sich auf heutige Verhältnisse übertragen?

Lernen ohne Lehrer und das Wunder von Bremen

Der Hirnforscher Ernst Pöppel (2006) hat gezeigt, dass wir Neues und neue Verhaltensmodelle weniger aus komplexen Theorien als vielmehr aus persönlich bedeutsamen Geschichten lernen. Geschichten, die auf eindrücklichen persönlichen Erfahrungen beruhen, ermöglichen uns eine Identifikation und erleichtern es uns so, Einsichten, die unseren bisherigen Überzeugungen widersprechen, zuzulassen. Vor allem dann, wenn es sich um Geschichten handelt, in denen Allgemeines aufscheint. Bei der Schilderung meiner Schulkarriere und der Beschreibung meines außergewöhnlichen Lehrers handelt es sich zwar um einmalige Ereignisse, und doch enthalten sie verallgemeinerbare Erfolgsprinzipien einer Positiven Pädagogik. Dies wird deutlich, wenn wir uns näher mit Untersuchungen zur Wirkung »freier Lernorte« bzw. »informellen Lernens« beschäftigen. In meinen Vorträgen verweise ich oft auf zwei besonders eindrückliche Beispiele, die meine Erfahrungen aus meiner eigenen Schulzeit eindrücklich bestätigen.

Das Wunder von Bremen

Beispiel 1 hat Reinhard Kahl in seinem beeindruckenden Film »Das Wunder von Bremen« vorgestellt: Er dokumentiert hier ein Sommercamp für Drittklässler, das 2006 zum dritten Mal in Bremen stattfand. Überwiegend Kinder ausländischer Herkunft bekamen jeden Tag zwei Stunden Sprachunterricht, arbeiteten ebenso lang an Theaterstücken, die zum Schluss aufgeführt wurden, und es blieb jede Menge Zeit zum Spielen, Toben und für Abenteuer. Das Projekt wurde von der Jacobs-Stiftung finanziert und vom Max-Planck-Institut für Bildungsforschung untersucht; Dritter im Bund war der Bremer Bildungssenator.

Drei Wochen freies, selbstbestimmtes Spiel, kreative Aktivitäten und zwei Stunden Sprachunterricht – was vermuten Sie, kam dabei heraus? Das Ergebnis der Auswertung, so kommentiert Kahl im Film, ist so sensationell, dass Petra Stanat und Jürgen Baumert vom Max-Planck-Institut für Bildungsforschung es gar nicht glauben wollten: Die Sprachkompetenz der Kinder hatte sich in drei Wochen um die Effektstärke von 0.31 verbessert, auch noch im Posttest drei Monate später. Das, so Baumert, entspricht dem Fortschritt von eineinhalb Schuljahren. Weil manches der Ausnahmesituation geschuldet sei, zieht er einen Teil davon wieder ab und bilanziert: »Mit einem Jahr Lernfortschritt in den drei Wochen sind wir auf der sicheren Seite«. Ein Jahr in drei Wochen – wie ist das möglich?

Selbstlernsemester

Offenbar müssen wir unsere traditionelle Art des Schulemachens grundlegend überdenken. Lernen bedarf vielfältiger, herausfordernder und anregender Umgebungen, in denen es Raum für selbstbestimmtes Lernen gibt. Dies bestätigt auch mein zweites Beispiel, das der »Zeit«-Journalist Martin Spiewak 2006 einer breiteren Öffentlichkeit vorstellte:

> »Selbstlernsemester, abgekürzt SLS, heißt das Experiment, das die Schule in Wetzikon, einem Vorort von Zürich, landesweit bekannt gemacht hat. In Deutsch, Mathematik, Chemie, Biologie, Sport und zwei Sprachen müssen sich die fünften Gymnasialklassen (die elften nach deutscher Zählweise) das Wissen ein halbes Jahr lang weitgehend selbst beibringen.
> Zum Schuljahresbeginn werden sie mit dem Lernstoff für das ganze Halbjahr versorgt. Einmal die Woche dürfen sie pro Fach eine Stunde lang Fragen stellen und Nachhilfe einholen. Wer will, kann darüber hinaus per E-Mail oder in persönlichen Sprechstunden den Rat des Lehrers einholen. Zwei Jahre später weiß man: Die Befürchtung, die Schüler würden ihre freie Zeit für vieles nutzen, nur nicht zum Lernen, hat sich als haltlos erwiesen.« (Spiewak 2006)

Im ersten Versuchsjahrgang mit drei Klassen (65 Schüler/innen) zeigten die SLS-Klassen fast gleich gute Leistungen wie jene, die ganz normalen Unterricht genossen hatten. »Enorme Fortschritte« dagegen attestierte eine externe Evaluation unter Leitung des renommierten Züricher Erziehungswissenschaftlers Jürgen Oelkers den Jugendlichen »im Erwerb von Selbstlernfähigkeiten« (Oelkers 2010, S. 14).

In scharfem Kontrast zu diesem Erfolg offener Lernumgebungen stehen Studienergebnisse aus den 1990er-Jahren (LAU-Studie, Lehmann et al. 2002), die zeigten, dass in manchen Hamburger Schulen Schüler/innen in der neunten Klasse nicht nur fast nichts dazugelernt hatten, sondern in manchen Bereichen am Ende der neunten Klasse sogar schlechter abschnitten. Das Sitzen in schlecht ausgestatteten Räumen mit vorwiegend frontalunterrichtlicher Belehrung erwies sich im Nachhinein als verlorene Zeit. Auch diese Erkenntnis ist nicht neu: Sie entspricht unserer eigenen Schulerfahrung.

Es ist verdienstvoll, dass die empirische Bildungsforschung solche Erfahrungen mit wissenschaftlichen Methoden bestätigt. Die bloße Bestätigung solcher Missstände reicht aber nicht aus. Wir brauchen zumindest als Ergänzung wirksame Umsetzungsverfahren, und die müssen – wie die Beispiele zeigen – nicht kompliziert sein. Wir würden sehr viel schneller Fortschritte machen, wenn wir eine altbewährte, aber in Zeiten des Evaluierungs-Hypes aus der Mode gekommene Methode benutzten: Austausch der eigenen Erfahrungen und Nachdenken über zukunftsweisende Alternativen durch alle Beteiligten. Hier geht es um die Entwicklungen neuer Verfahren der partizipativen Aktionsforschung bzw. »eingreifender Zukunftsgestaltung« (Howaldt/Schwarz 2010), wie wir sie in unseren Schulentwicklungswerkstätten einsetzen.

Lernen neu denken: Glück durch die richtige Mischung

Diesen Weg gehen Pädagoginnen und Pädagogen, denen es darum geht, die Praxis der Schule auch tatsächlich zu verändern. So gibt es Ideen, in der Pubertät für einige Zeit vom Schulunterricht abzusehen und stattdessen herausfordernde Aktivitäten – auch außerhalb der Schule – zu gestalten. An der Potsdamer Montessori-Schule wird dieser Ansatz bereits erprobt (Kegler 2009).

Leser/innen, denen die Vorstellung einer entschulten Form von Schule und ein Lernen an freien Lernorten in der Pubertät als abseitig oder gar zu weit gehend erscheint, kann ich weitere Belege und eine Theorie bieten, die zeigt, welche bislang ungenutzten Chancen für die Erneuerung von Schule und die Freisetzung von unerkannten kreativen Potenzialen in der Gestaltung offener Lehr-Lern-Umgebungen insbesondere in der Pubertät liegen.

Auch hier wieder gaben zunächst die mich prägenden Feriencamp-Erfahrungen mit unserem unorthodoxen Religionslehrer einen Anstoß, Lernen neu zu denken. Während meine Mitschüler/innen und ich nämlich in der Schule eher mittelmäßige Leistungen zeigten und zu oft das Gefühl hatten, Unwichtigem ausgesetzt zu sein, entwickelten wir in unserer Freundesclique beim Komponieren von ersten Popsongs, bei der Gestaltung unserer Zeitung, beim Experimentieren mit Filmen und vielem anderen mehr höchstes Engagement, erfuhren wir doch Momente der Erfüllung im schöpferischen Tun. Entscheidend war hier, dass wir uns kreative Gestaltungsräume schufen, die es möglich und nötig machten, dass wir uns in unseren unterschiedlichen Fähigkeiten gegenseitig ergänzten. Ja, lange bevor die Stadtmagazine Ende der 1960er-Jahre in vielen Städten entstanden, hatten wir uns das nötige Know-how selbstständig erarbeitet. Als selbstorganisiertes Team gelangen uns Leistungen, die Schule mit ihrer Konzentration auf normierte Einzelleistungen nicht abfragen konnte.

Schlimmer noch: Weder interessierten sich unsere Lehrer für diese außerschulischen Aktivitäten, noch gingen diese – im normierten Unterrichtsprogramm nicht vorgesehenen – Leistungen in unsere Noten ein. Stattdessen mussten wir unsägliche Besinnungsaufsätze schreiben und uns Fremdwissen einpauken, das wir nach den Klassenarbeiten schnell wieder vergaßen. Bis heute halten die Überschätzung formalisierten Unterrichts und abfragbaren Wissens sowie die Unterschätzung selbstständiger Schülertätigkeit an. Daraus ergeben sich die Schlüsselfragen:

> Was wissen heutige Lehrer/innen über die Freizeitbeschäftigungen und Talente ihrer Schüler/innen? Wie können sie diese aufgreifen, fördern und produktiv nutzen?

Auf Synergiekreativität kommt es an

Da mich diese Missachtung unserer Begabungen und die Unterschätzung unser Fähigkeiten ärgerte, machte ich mich später – in meiner Forschungsarbeit als Erziehungswissenschaftler – auf die Suche nach Belegen für überragende Leistungen, die ihre Quellen in frühen Jugendfreundschaften sowie in der synergetischen Ergänzung unterschiedlicher Neigungen haben und die am Rande, außerhalb oder gar gegen den Widerstand der offiziellen Bildungsinstitutionen entstanden sind. Ich wurde fündig.

Zunächst fand ich vor allem spektakuläre Beispiele für diese neue Form der Synergiekreativität, die allerdings die kritische Frage auf den Plan riefen, ob es sich bei meinen Beispielen nicht nur um zufällige Erfolgsgeschichten handelt oder ob dahinter verallgemeinerbare Prinzipien einer Positiven Pädagogik stehen – einer noch zu entwickelnden Pädagogik, die davon ausgeht, dass Heranwachsende bei günstigen Umfeldbedingungen weitgehend autonom in der Lage sind, »Kreative Felder« zu bilden, in denen sie über ihre individuellen Begrenzungen hinauswachsen und gemeinsam schöpferisch tätig sind. In meinem Buch »Ich bin gut – wir sind besser. Erfolgsmodelle kreativer Gruppen« (Burow 2000) habe ich dafür Beispiele vorgestellt: Ob es sich um die Musik der Beatles handelt, die Entwicklung des Apple-Personal-Computers oder die Gründung der Firma Microsoft, ja sogar bei Google – stets bildeten frühe Jugendfreundschaften und selbstorganisierte Aktivitäten mit Ernstcharakter, meist außerhalb der offiziellen Bildungseinrichtungen, den entscheidenden Anstoß.

In einem kurzen Exkurs möchte ich die Kerngedanken meiner Theorie des Kreatives Feldes vermitteln, deren Beachtung zu einer neuen Form von Schule beitragen könnte, indem wir den bislang unterschätzten informellen Lernprozessen sowie der Bedeutung von selbstorganisierten Peergroups und Kreativteams mehr Beachtung schenken.

Die Theorie des Kreativen Feldes: Was Pädagogen von den Beatles lernen können

Zu welchen Leistungen selbstorganisierte Peergroups in der Lage sind, kann das Beispiel der Beatles verdeutlichen. So war John Lennon ein schwieriger, zum Teil auch gewalttätiger Außenseiter, der – von seinen Eltern verlassen – bei seiner Tante aufwuchs und zweifellos als Schulversager geendet wäre, hätte er nicht selbst schon früh seine Berufung erkannt. Er zeigt in seinem Lebenslauf einige typische Merkmale, die viele Personen auszeichnen, die später zu »Kristallisationskernen im Feld« werden – also Personen, die ihre komplizierten Aufwachsensbedingungen dadurch kompensieren, dass sie ihre Energien zur Formulierung einer attraktiven Vision einsetzen, die andere Synergiepartner anzieht, und damit eigene Schwächen und Begrenzungen ausgleichen. Lennon verbinden einige Charakteristika mit anderen Innovatoren wie zum Beispiel dem genialen Mitbegründer der Firma Apple, Steve Jobs, auf den ich weiter unten eingehen werde. Es sind dies folgende Punkte:

- ➜ Aufwachsen unter schwierigen sozialen Bedingungen,
- ➜ Verlassenheitsgefühle und Isoliertheit,
- ➜ Kompensation durch zeitweise aggressives Verhalten,
- ➜ Schulschwierigkeiten, Ablehnung des schulischen Lernmodells,
- ➜ unangepasstes, unkonventionelles Verhalten,
- ➜ Glauben an sich selbst und eine höhere Aufgabe (»Vision«),
- ➜ unbeirrte Suche nach einem Feld, in dem die eigene Berufung gelebt werden kann.

Dies sind Faktoren, die auch dem Berliner Gründungsforscher Günther Faltin bei einigen seiner »erfolgreichen Entrepreneure« aufgefallen sind und die er mir im Interview bestätigte. In seinem Buch »Kopf schlägt Kapital« (Faltin 2009) bringt er zahlreiche Beispiele dafür, dass gerade vermeintliche Schulversager über Fähigkeiten verfügen, die die Schule missachtet, die aber hervorragend geeignet sind, innovative Projekte bis hin zur Gründung von Firmen zu starten. Es handelt sich um widerständige Personen, die ihren Lehrer/innen mitunter das Leben schwer machen, weil sie sich in den vorgegebenen Rahmen nicht einfügen können und über eine häufig noch unklare Vision verfügen, die sie bisweilen zu Außenseitern werden lässt. Diese Erfahrung beschreibt John Lennon im Rückblick:

> »Leute wie ich erkennen ihr sogenanntes Genie mit zehn, neun, acht Jahren. Ich fragte mich immer: Warum hat mich niemand entdeckt? Sehen sie nicht, dass ich klüger bin als alle in dieser Schule? Dass die Lehrer doof sind? Dass sie nur Informationen hatten, die ich nicht brauchte?« (zit. nach Posener 1987, S. 16)

Man muss es nicht so drastisch wie Lennon ausdrücken, doch die erdrückende Mehrzahl der mittlerweile in die Tausende gehenden Zuhörer/innen meiner Vorträge gab auf die Frage, ob sie in der Schule und/oder durch einen Lehrer in ihrer Befähigung erkannt und gefördert worden seien, übereinstimmend eine ähnliche Auskunft: Weder wurden sie in ihren frühen Begabungen von Lehrer/innen erkannt noch entsprechend durch die Schule gefördert.

John Lennon war selbstbewusst genug, um sich von den einengenden Zwängen der Schule zu befreien, denn er ahnte, dass er eine passende Umgebung benötigte, um sein unerschlossenes Potenzial freizusetzen. Entscheidender Wendepunkt war die Begegnung mit Paul McCartney, einem musikalisch begabten Jugendlichen, der Lennon erst noch das Gitarrespielen beibringen musste. Durch die Begegnung mit dem so unterschiedlichen Partner entstand eine Beziehung konstruktiver kreativer Konkurrenz, die ich als »Kreatives Feld« bezeichne. Gerade der Austausch und die Weiterentwicklung der unterschiedlichen Fähigkeiten und Begabungen ermöglichten erst das Entstehen der Beatles – und nicht nur das. Paul McCartney sagt im Rückblick:

> »Allein schon, weil wir uns begegneten, gehörten John und ich zu den glücklichsten Menschen des zwanzigsten Jahrhunderts. Die Partnerschaft, die Mischung war unglaublich.« (zit. nach Miles 1998, S. 11 f.)

In ihrer gerade erschienenen Untersuchung »Click – Der magische Moment in persönlichen Begegnungen« liefern Brafman und Brafman (2011, S. 65 ff.) anhand einer Analyse der Leistungen eines überragenden Baseballteams ein weiteres Beispiel für Synergiekreativität und bestätigen meine Theorie. Ich ziehe aus diesem und ähnlichen Beispielen den Schluss:

Ein verallgemeinerbares pädagogisches Prinzip zur Förderung des Schulglücks besteht darin, sich von der Fixierung auf die Bewertung von Einzelleistungen – zumindest zeitweise – zu verabschieden und Räume zu öffnen für Formen synergetischer, kollektiver Kreativität. Zentrale Aufgabe von Schule ist es nicht, Schüler/innen zu vereinzeln und individuell abzuprüfen, sondern Beziehungen, soziale Netzwerke zu stiften. Was wir können, inwieweit wir in der Lage sind, unser Potenzial zu entfalten, ist zum großen Teil Ausdruck der Beziehungsarchitekturen, die wir entwickeln, und der sozialen und kulturellen Umgebungen, in denen wir uns bewegen. Das Miteinander ist entscheidend!

Auf die Förderung von Teamfähigkeiten und kultureller Bildung kommt es an

In einer arbeitsteilig organisierten, globalisierten, transkulturellen Wissensgesellschaft kommt es ohnehin auf die Entwicklung von Teamfähigkeiten an. Wenn wir im Hüther'schen Sinne eine Potenzialentfaltungsgesellschaft aufbauen wollen, dann müssen wir Räume schaffen, in denen Neues durch die Kombination von Unterschieden entsteht. Der amerikanische Pädagogikprofessor Keith Sawyer spricht in seiner Untersuchung »Group Genius« (Sawyer 2007) von der »creative power of collaboration« und bestätigt anhand zahlreicher Fallstudien meine Theorie ebenso wie die Oxforder Erziehungswissenschaftlerin Vera John-Steiner, die überragende kreative Leistungen untersucht hat und sie auf funktionierende Paar- bzw. Teamkonstellationen zurückführt (John-Steiner 2000). Wie das bei Lennon und McCartney funktionierte, beschreibt Cynthia Lennon:

> »Als ich Paul dann näher kennenlernte, war er bereits Johns musikalischer Partner. Schon damals hatten sie vereinbart, dass alle Songs, die sie schrieben – egal ob allein oder zusammen –, eine gemeinsame Autorenzeile haben sollten: Lennon/McCartney. Es war, als hätten sie schon damals das Gefühl gehabt, dass ihr Erfolg auf dieser Gemeinsamkeit basierte. Pauls durchdachte und gewissenhafte Herangehensweise – er schrieb alle Songtexte in ein Notizbuch, das er immer bei sich trug – war das blanke Gegenteil von Johns Spontaneität. Paul erschien zu allen Verabredungen pünktlich und geschniegelt. Er war ein Perfektionist, und man konnte immer davon ausgehen, dass er sich auch hinter den Ohren gewaschen hatte. John dagegen war ein chronischer Zuspätkommer und sah oft so aus, als sei er eben erst aus dem Bett gefallen. Aber sie ergänzten einander: John brauchte Pauls Detailversessenheit und Ausdauer, während Paul von Johns oftmals chaotischer, aber eben auch mehr spielerischer Art profitierte. Beim Komponieren bildeten Pauls sanftere Melodien eine wunderschöne Einheit mit Johns aufwühlenderen, provokanteren Texten und Klängen.« (Lennon 2005, S. 55 f.)

Entscheidend für diese fruchtbare Zusammenarbeit in kreativer Konkurrenz war, dass beide Partner die unterschiedlichen Fähigkeiten des jeweils anderen anerkannten und zur Erreichung des gemeinsam definierten Ziels nutzten:

> »John erkannte Pauls herausragendes musikalisches Talent und wusste, was er alles von ihm lernen könnte. Im Gegenzug wurde Paul selbstbewusster, und so trafen sie immer mehr Entscheidungen gemeinsam, bis sie schließlich beide zusammen die Band leiteten.« (Lennon 2005, S. 56)

Man kann hier schön sehen, dass das »persönliche Wachstum«, die Entwicklung von Kompetenzen, aus der dialogischen Interaktion unterschiedlich begabter Personen entsteht. Die Entwicklungs- und Lernchancen, die sich aus der Begegnung unterschiedlicher Begabungen ergeben, nutzt Schule so gut wie gar nicht und setzt stattdessen auf das Abprüfen isolierter Einzelleistungen.

Die Beispiele erfolgreicher Teams weisen in eine andere Richtung. So funktionierte das Kreative Feld, das die Beatles bildeten, durch das Zusammenwirken einer Reihe von Personen mit sehr unterschiedlichen Fähigkeiten. *Kristallisationskerne* im Feld, die die gemeinsame Vision formulierten und verkörperten, waren Lennon und McCartney. Am Anfang stand eine Idee, die auf den ersten Blick größenwahnsinnig erscheinen mag: »Wir werden die beste Band der Welt!« Doch wie wir aus unseren Zukunftswerkstätten wissen, braucht es große Ideen, die von engagierten Personen verkörpert werden, um etwas in Bewegung zu bringen. Die gemeinsam formulierte *Vision*, das gemeinsam ersehnte Zukunftsbild ist der Motor, der allerdings nur anläuft, wenn ein *kohärentes Feld* einander gegenseitig ergänzender und unterstützender Personen entsteht. Brafman und Brafman (2011) sprechen vom »magischen Moment«, der solche kohärenten Begegnungen charakterisiere. Die weiteren Bandmitglieder, der ausgleichende, eher zurückhaltende George Harrison und der simpel gestrickte Ringo Starr, gehörten ebenso zu diesem Feld wie der Manager Brian Epstein und der begnadete Arrangeur George Martin, der für musikalische Professionalität und kompositorische Brillanz sorgte. In einem so organisierten Kreativen Feld arbeiten zu dürfen oder eines geschaffen zu haben sorgt allein schon für Glücksempfinden, das durch das Erlebnis gemeinsamen Schöpfertums noch zum kollektiven Flow führen kann.

In diesem Sinne darf Schule nicht verengt werden auf das Erbringen überprüfbarer Leistungen in den Hauptfächern, gemäß dem Ansatz der Schulleistungsvergleichsstudien, sondern muss sich öffnen für den Reichtum kreativer Kollaboration und die Ermöglichung »magischer Momente«. Kreative Kollaboration lässt sich eben nicht auf messbare und eindeutig beschreibbare Einzelleistungen reduzieren und Fächern zuordnen, sondern sie entsteht unvorhersehbarer in der Interaktion passender Synergiepartner.

Die Synergieanalyse

Der Kreativitäts- und Glücksforscher Mihály Csíkszentmihályi hat gezeigt, dass Kreativität und überragende Leistungen Ausdruck einer Passung zwischen individuellem Talent, der Wahl einer passenden Domäne und der Anerkennung durch legitimierte Fachinstanzen sind. Ich habe diesen auf das Individuum bezogenen Ansatz um ein Modell kollektiver Kreativität erweitert. Hier spielen die Synergieperspektive und die Fähigkeit zu kreativer Kollaboration eine entscheidende Rolle.

Überragende Leistungen und Kreativität entstehen demnach nicht nur dann, wenn jemand seine spezifische Befähigung erkennt und durch gezieltes Training weiterentwickelt, sondern auch dann, wenn er seine Schwächen erkennt und sich passende Synergiepartner zur Erreichung eines gemeinsam vereinbarten Zieles sucht. In einer arbeitsteilig organisierten Gesellschaft muss ich nicht alles können, sondern es kommt darauf an, dass ich die zu meinen Stärken und Schwächen passende Umgebung, mein »Kreatives Feld« schaffe. Ein Mittel dazu ist die Synergieanalyse (Burow 1999, S. 143 ff.) die ich in folgendem Schaubild dargestellt habe:

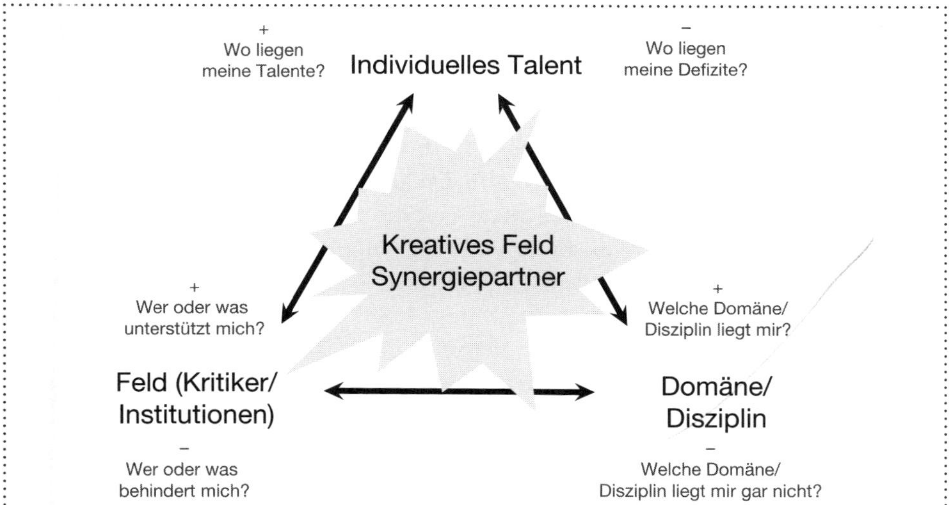

Abb. 2: Synergieanalyse (Burow 1999, S. 144)

Lehrer/innen sollten demnach Schüler/innen nicht nur dazu befähigen, herauszufinden, was ihre spezifischen Neigungen sind, sondern sie auch dazu anregen, nach passenden Synergiepartnern zu suchen, die ihre Schwächen ausgleichen können. Es gilt, Schülerteams zusammenzustellen, die zueinander »passen«, die durch die Arbeit an gemeinsamen Projekten sich gegenseitig ergänzen, Schwierigkeiten durch Synergiebeziehungen überwinden und für ihre spezifische Konstellation passende Lern- bzw. Entwicklungsfelder konstruieren.

Dass ein solcher an kulturellen Produkten orientierter Unterricht keine Utopie ist, sondern direkt im Schulalltag umgesetzt werden kann, zeigen die erfolgreichen Projekte der »Kulturellen Bildung« (Fuchs 2008), die letztlich auf die Entwicklung einer »Kulturschule« (Braun/Fuchs/Kelb 2010) abzielen. So haben sich im Wettbewerb »mixed up« des Bundesverbandes kulturelle Jugendbildung (BKJ) in den letzten Jahren Hunderte von Schulen mit beeindruckenden Kulturprojekten vorgestellt, die zeigen, was möglich ist, wenn Schule sich vom engen Konzept einer traditionellen Unterrichtsanstalt verabschiedet und zu einem Kreativen Feld wird, in dem Schüler/innen ihre bislang unterschätzen Fähigkeiten in Tanz- und Theaterprojekten, in der Bildung von Schulbands und Schülerfirmen und vielem mehr einbringen.

Die interaktionistische bzw. feldorientierte Perspektive der Positiven Pädagogik hat direkt umsetzbare Folgen für ein verändertes Schülerbild und neue Lehr-Lern-Verfahren – etwa durch eine stärkere Förderung kreativer Kollaboration. Zunächst aber noch ein weiteres Beispiel für die Bedeutung kollektiver Kreativität, das insbesondere jenen Gymnasiallehrer/innen zu denken geben sollte, die immer noch zu einseitig an Auslese aufgrund individueller Leistungszuschreibungen orientiert sind.

Glück durch kollektive Kreativität schon bei Schiller und Goethe

Mein Modell synergetischer Kreativität durch die Kombination von Unterschieden in einander gegenseitig herausfordernden und stützenden Beziehungen mag zwar für den traditionellen Schulunterricht neu sein, bei kulturellen Schöpfungen hat sie aber eine lange, wenn auch zu wenig beachtete Tradition. Zu sehr sind wir noch immer dem Geniemythos und der Künstlerlegende verhaftet, die davon ausgehen, dass die Mehrzahl großer Schöpfungen allein auf überragende Einzelpersönlichkeiten zurückgeht. In der »Individualisierungsfalle« (Burow 1999) habe ich gezeigt, dass eine nähere Betrachtung herausragender Schöpfer zeigt, dass diese meist sehr wohl über eine stützende Umgebung und Synergiepartner verfügten, deren Zusammenspiel erst die überragenden Leistungen ermöglichten. Entscheidend sind die synergetische Beziehung und eine Umgebung, die Anregung bietet und Kooperation fördert. Stets gab es besondere Orte, die so gute Bedingungen boten, dass sie kreative Persönlichkeiten besonders anzogen und ihnen die Möglichkeit gaben, über die eigenen Grenzen hinauszuwachsen. Weimar war gegen Ende des 18. Jahrhunderts ein solcher Ort. Kürzlich hat Rüdiger Safranski mit »Goethe und Schiller – Geschichte einer Freundschaft« (2009) eine ausgezeichnete Untersuchung vorgelegt, in der er den Prozess gemeinsamen Schöpfertums und gegenseitiger Inspiration der beiden Dichter nachzeichnet.

Goethe und Schiller konnten sich gegenseitig anregen und stützen, gerade weil sie so unterschiedliche Persönlichkeiten waren. Safranski zeichnet detailliert nach, wie sich die beiden bei ihren Werken gegenseitig unterstützten und halfen, unvermeidliche Schaffenskrisen zu überwinden. Insgesamt handelte es sich »um einen Bund zur wechselseitigen Hilfe bei der Arbeit an sich selbst, ein gemeinsames Unternehmen zur Selbststeigerung« (Safranski 2009, S. 14). »Fahren Sie fort«, schreibt Goethe, »mich mit meinem eigenen Werke bekannt zu machen«, und Schiller antwortet: »Der reiche Wechsel Ihrer Phantasie erstaunt und entzückt mich, und wenn ich Ihnen auch nicht folgen kann, so ist es schon ein Genuss und Gewinn für mich, Ihnen nachzusehen« (zit. nach Safranski 2009, S. 15).

Im Verlaufe ihrer Freundschaft wuchs eine so enge schöpferische Beziehung, dass der Tod Schillers für Goethe nicht nur den Verlust eines Freundes, sondern auch eines Teils der eigenen Kreativität bedeutete. Goethe schreibt: »Ich dachte, mich selbst zu verlieren, und verliere nun einen Freund und in demselben die Hälfte meines Daseins« (zit. nach Safranski 2009, S. 299).

Schiller beschreibt den gegenseitigen Befruchtungsprozess in einem Brief an Körner am 1.9.1794:

> »Wir hatten vor sechs Wochen über Kunst und Kunsttheorie ein langes und breites gesprochen und uns die Hauptideen mitgeteilt, zu denen wir auf ganz verschiedenen Wegen gekommen waren. Zwischen diesen Ideen fand sich eine unerwartete Übereinstimmung, die umso interessanter war, weil sie wirklich aus der größten Verschiedenheit der Gesichtspunkte hervorging. Ein jeder konnte dem anderen etwas geben, was ihm fehlte, und etwas dafür empfangen.« (zit. nach Safranski 2009, S. 108)

Diesen Prozess gegenseitiger Anregung bezeichnet Schiller als Beginn eines »Ideenwechsels«. Die unterschiedlichen Perspektiven der beiden bilden eine wichtige Quelle der Bereicherung, wie Safranski (2009, S. 110) ausführt: »Während Goethe den Weg vom Besonderen zum Allgemeinen geht, wählt Schiller umgekehrt den Weg vom Allgemeinen, von den Ideen und Begriffen, zum Besonderen.« Schiller als »Gefühlsmensch« und Goethe als »Begriffsmensch« ergänzen einander: »Schiller wird Goethe dabei helfen, Gefühle durch Gesetze zu berichtigen; und Goethe wird Schiller vor den Gefahren der Abstraktion bewahren. Wenn Schiller Goethe als Bewusstseinsspiegel dient, wird er umgekehrt von Goethe das Zutrauen zum Unbewussten erlernen. Es fügen sich zwei Hälften zu einem Kreis.«

So jedenfalls hat Goethe das wechselseitige Verhältnis gedeutet: »Selten ist es aber«, so schreibt er über seine Freundschaft zu Schiller, »dass Personen gleichsam die Hälften voneinander ausmachen, sich nicht abstoßen, sondern sich anschließen und einander ergänzen« (zit. nach Safranski 2009, S. 110).

In diesem Bild der Ergänzung unterschiedlicher Hälften scheint das Bild einer synergetischen Pädagogik auf, die sich von der Illusion verabschiedet, allen zur gleichen Zeit das Gleiche zu bieten, um dieses dann in standardisierten Tests abzuprüfen. In einer Potenzialerschließungsgesellschaft liegt der Fokus auf der Suche nach Möglichkeiten, wie durch Kombination von Unterschieden individuelle Potenziale erschlossen und entwickelt werden können, wie wir – in Safranskis Worten – unsere Schüler/innen darin unterstützen können »einen Bund zur wechselseitigen Hilfe bei der Arbeit an sich selbst, ein gemeinsames Unternehmen zur Selbststeigerung« (Safranski 2009, S. 14) zu gründen.

Glück durch gemeinsame Visionen in Jugendfreundschaften: Bill Gates und Paul Allen

Ein Einwand bleibt: Sind Goethe und Schiller für meine Fragestellung überhaupt taugliche Beispiele – handelt es sich bei ihnen doch um unnachahmbare schöpferische Heroen? Mag sein, doch gleichzeitig verkörpert ihre gelungene Zusammenarbeit eine Möglichkeit gemeinsamer Entwicklung, die, auf unterschiedlichen Niveaustufen, uns allen zur Verfügung steht – gewissermaßen eine allgemein menschliche Grunddisposition, die wir bislang zu wenig beachtet und gefördert haben. Dass es sich dabei um keine Einzelfälle handelt, sondern um ein bisher zu wenig beachtetes Muster kollektiver Kreativität, zeigen die oben erwähnten Untersuchungen von Sawyers (2007) und John-Steiner (2000). Ein weiteres Beispiel, das illustriert, wie Synergiekreativität funktioniert, deren Grundlagen oft schon in der Pubertät gelegt werden, ist die Freundschaft zwischen Bill Gates und Paul Allen.

Kollektive Kreativität als Ausfluss Kreativer Felder ereignet sich häufig im Bereich der Firmengründung und bei der Erfindung technischer Innovationen, aber im Schulbereich auch bei der Gründung von Schülerfirmen, Schülerzeitungen, Schulbands, Theatergruppen, Kreativprojekten und Ähnlichem. Bisweilen werden hier Grundlagen für spektakuläre Entwicklungen im späteren Leben gelegt. So nahm die Gründung der Firma Microsoft ihren Ausgang durch die frühe Freundschaft zwischen Paul Allen und Bill Gates. In seinem Buch »Der Weg nach vorn« belegt Bill Gates meine These, der zufolge die frühe Freundschaft mit einem Synergiepartner für die Gestaltung des weiteren Lebensweges weit bedeutsamer sein kann als eine vorrangige Konzentration auf schulische Bildungsbemühungen. Gates schreibt:

> »Ich hatte das Glück, in einer Familie aufzuwachsen, in der die Kinder ermutigt wurden, Fragen zu stellen. Und als ich zwölf oder dreizehn war, hatte ich das Glück, mich mit Paul Allen anzufreunden. Kurz nachdem wir uns kennengelernt hatten, fragte ich Paul, woher das Benzin kommt. Ich wollte wissen, was es bedeutet, Benzin zu ›raffinieren‹. Ich wollte ganz genau wissen, wie Benzin ein Auto antreiben kann. Ich hatte ein Buch über das Thema gefunden, aber es war verwirrend. Nun war Benzin eines der vielen Themen, über die Paul Bescheid wusste, und er erklärte es so, dass es für mich interessant und verständlich war. Man könnte sagen, meine Wissbegierde hinsichtlich des Benzins sei der Treibstoff unserer Freundschaft gewesen.
>
> Paul hatte immer eine Antwort auf Dinge, die mich neugierig machten (und außerdem eine tolle Sammlung von Science-Fiction-Büchern). Ich verstand mehr von Mathe als Paul, und ich wusste von allen, die er kannte, am besten über Software Bescheid. Wir waren füreinander so etwas wie interaktive Quellen.
>
> Wir stellten uns gegenseitig Fragen und gaben einander Antworten, wir zeichneten Diagramme oder machten uns auf Informationen aus verwandten Gebieten aufmerksam. Wir forderten uns gern gegenseitig heraus und stellten uns mit Begeisterung auf die Probe.« (Gates 1995, S. 279)

Ähnlich wie Lennon und McCartney oder Goethe und Schiller forderten sie sich gegenseitig durch kreative Konkurrenz heraus. Die entscheidenden Fähigkeiten für die spätere Gründung ihrer Firma erwarben sie in Ferienjobs *außerhalb* der Schule:

> »Meine Eltern zahlten für mich das Schulgeld in Lakeside und gaben mir Geld für Bücher, aber die Rechnungen für meine Computerzeit musste ich selbst begleichen. Das brachte mich dazu, mich der kommerziellen Seite des Softwaregeschäfts zuzuwenden. Einige von uns, darunter Paul Allen, bekamen einfache Software-Programmierungsaufträge. Die Bezahlung war für Schüler außergewöhnlich – jeden Sommer an die 5000 Dollar, teils in bar und teils in Rechenzeit. Mit einigen Firmen kamen wir außerdem überein, dass wir ihre Computer umsonst benutzen dürften, wenn wir Probleme in ihrer Software lokalisierten.« (Gates 1995, S. 30)

Beide entwickeln schon früh – wie Lennon und McCartney – eine gemeinsame Vision, die ihrem Streben Richtung und Ziel gibt: »Wir haben Glück gehabt«, sagt Gates im Rückblick, »aber das Wichtigste war wohl unsere ursprüngliche Vision« (Gates 1995, S. 38).

> Diese Beispiele werfen die Frage auf: Wo sind Schulen, die gezielt die Bildung von frühen Jugendfreundschaften unterstützen und nutzen – etwa durch die Förderung von Synergieteams, die nicht nur alte Aufgaben nachlernen, sondern sich echten Herausforderungen stellen; die gemeinsam Fragen, herausfordernde Projekte oder gar gemeinsame Visionen entwickeln, deren Bearbeitung sie begeistert? Für kreatives Lernen und Gestalten, für die Ausbildung der Zukunftskompetenz »kreative Kollaboration« sind persönliche Bindungen zu Gleichaltrigen, die Förderung individueller Begabungen und die Zur-Verfügung-Stellung von Freiräumen zentral.

Glück in der Garage statt im Klassenzimmer

Beispiele dafür, wie Jugendliche an selbstgestellten Herausforderungen wachsen, gibt es ausgerechnet aus der Frühphase der Entwicklung des Personal Computers: Sowohl bei der Gründung von Apple als auch bei Microsoft spielten die Peergroups eine entscheidende Rolle. Eine knappe Nachzeichnung der Gründungsgeschichte des Computerherstellers Apple illustriert diese These.

Einer seiner Gründer, der »schwierige« und geltungssüchtige Schüler Steve Jobs, der mit langen, ungepflegten Haaren und bisweilen aufsässigem Verhalten ein Schrecken seiner Lehrer war, suchte nach einem Feld, in dem er seine Begabungen zur Geltung bringen konnte. Die Schule war dieser Ort nicht. Da er das Glück hatte, in den 1950er-Jahren im aufstrebenden Silicon Valley aufzuwachsen, lag es nahe, sich mit Computern zu befassen. Als er zufällig bei Rank Xerox erste Versuche sah, Computer nicht mit komplizierten Befehlen, sondern über einfache Symbole zu steuern, erkannte er, was seine Berufung war: Während zu dieser Zeit komplizierte Rechenmaschinen den Erwachsenen vorbehalten waren, entwickelte er die Vision eines handlichen, preiswerten und leicht zu bedienenden Personal Computers, den jeder Jugendliche auf seinem Tisch haben konnte.

Doch wie sollte er diese Vision umsetzen? Es lag nahe, zunächst ein Studium am renommierten Massachusetts Institute of Technology abzuschließen. Steve Jobs wählte einen anderen Weg. Er konzentrierte sich auf seine Fähigkeit, Ideen zu entwickeln und Leute dafür zu begeistern. Doch damit allein baut man keinen innovativen Personal Computer. Er brauchte jemanden, der genügend technischen Sachverstand, Begeisterungsfähigkeit und Durchhaltevermögen hatte, um aus seiner Idee Wirklichkeit werden zu lassen. In dem etwas schrägen Technikfreak Stephen Wozniak fand er seinen kongenialen Partner (vgl. Wozniak 2007). Hatte dieser bisher sein Talent dafür eingesetzt, Spaßmaschinen zu bauen, fand er in Steve Jobs jemanden, der seine Fähigkeiten auf ein lohnenswertes Ziel hin fokussierte. 1975 begannen sie, im Wohnzimmer die ersten Prototypen zu entwickeln und in der Garage der Eltern zu erproben, und zwar so erfolgreich, dass sie 1976 ihren verrosteten VW-Bus verkauften, um mit dem Erlös von 1 800 Dollar die Firma Apple zu gründen – und ihr Studium abzubrechen.

Der »Mythos Garage« war lange vorher durch Bill Hewlett und Dave Packard entstanden, die ihr erstes erfolgreiches Produkt 1939 in einer Garage in Palo Alto gebaut hatten. Wozniak beschreibt in der Rückblende die motivierende Kraft, die von dieser Geschichte ausging, denn natürlich war er schon in der Originalgarage von Hewlett und Packard gewesen, die heute eine Art Museum und so eingerichtet ist, als wäre es ein funktionierendes Labor:

> »Die Story, wie Hewlett und Packard in der Garage anfingen, hatte für mich schon eine riesige Bedeutung, lange bevor wir Apple gründeten. Und der Ort vermittelt mir einfach ein positives Gefühl.« (Wozniak 2008)

Man beachte: Am Anfang steht ein »positives Gefühl« – und das nicht von ungefähr. Die Garage ist noch heute für viele (Männer?) ein Ort des Glücks und der Erfüllung. Sie ist ein Ort, an dem vielfältige Materialien und Werkzeuge zur Verfügung stehen, mit denen man spielen, experimentieren und Neues entwickeln kann. Wenn man so will, ist sie das perfekte Gegenstück zur Mehrzahl unserer Klassenzimmer, die immer noch viel zu oft nur mit Stühlen, Tischen und einer Wandtafel – oder neuerdings einem Whiteboard – versehen sind. Wer Neues entwickeln, wer seine Talente erproben und ausbauen will, benötigt eine andere Umgebung, einen freien Lern- und Gestaltungsort nach Art der Garage.

Reformpädagogen wie Maria Montessori mit ihrem Konzept der »vorbereiteten Umgebung« oder Célestin Freinet mit seinen mit vielfältigen Lernmaterialien und Arbeitsateliers ausgestatteten Klassenzimmern wussten und praktizierten das schon in den 1920er-Jahren. Doch die Wahl des geeigneten Ortes bezieht sich nicht nur auf handwerkliche oder technische Herausforderungen. Die Garage oder der Holzschuppen stehen auch für einen Ort kreativer Besinnung. So benutzte der berühmte Saxophonist Charlie Parker die Redewendung »I'm going to the woodshed«, mit der er auf seinen Holzschuppen hinwies, in den er sich zurückzog, wenn er ein neues Jazzstück komponieren wollte. Veränderte Formen des Lehrens und Lernens setzen in diesem Sinne eine Reorganisation des Ortes voraus. Neben dem anregend gestalteten Klassenzimmer benötigen wir vielfältige »freie Lernorte«.

Glück durch passende soziale und kulturelle Umfelder

Die Theorie des Kreativen Feldes zeigt, dass wir bisher die Bedeutung des sozialen, kulturellen, aber auch räumlichen Umfeldes für das Entstehen schöpferischer Prozesse zu wenig beachtet haben. Entscheidend ist die optimale Passung. Was den sozialen und kulturellen Faktor betrifft, so hat Malcom Gladwell (2009) darauf hingewiesen, dass so gut wie alle erfolgreichen Pioniere der entstehenden Computerwirtschaft zwischen 1953 und 1956 im Silicon Valley aufgewachsen sind. Gute Schulbildung allein reicht also nicht aus. Es kommt auch noch darauf an, zur richtigen Zeit am richtigen Ort zu sein. Bestimmte Umgebungen wirken zu bestimmten Zeiten als eine Art inspirierende Kraftfelder.

Doch mindestens ebenso wichtig ist es, den passenden Partner oder die passende Partnerin bzw. Gruppe zu finden. Dafür kann der Lebensort bzw. das soziale Umgebungsmilieu entscheidend sein. Wie geeignet der jeweilige Lebensort ist, lässt sich nicht leicht bestimmen, hängt die Eignung doch von einer Reihe von Faktoren ab, zu denen auch glückliche Zufälle gehören.

Ein entscheidender Faktor besteht aber ganz offensichtlich im Vorhandensein von originellen oder besonders tatkräftigen Personen, die wie Magnete oder Kristallisationskerne im Feld wirken können, indem sie mit ihrer Aktivität ein Beispiel geben, das Nachahmer anzieht. So war das Silicon Valley in seiner Frühphase keinesfalls bedeutend, und kaum jemand hätte voraussagen können, dass es einmal zum Zentrum innovativer Hightech-Industrien werden würde. Der Wandel begann erst zu dem Zeitpunkt, als Hewlett und Packard mit ihrer berühmten Garagengründung zeigten, dass man auch als Tüftler mit wenig Kapital erfolgreich schöpferisch tätig sein kann. Als eine Art »lokaler Kristallisationskern« wurden sie durch ihr Beispiel zum Anziehungspunkt für kreative Technikvisionäre.

Ähnlich funktionierte der Anstoß zur Bildung eines inspirierenden Kreativen Feldes Jahrzehnte später in Liverpool, nämlich zu Beginn der 1960er-Jahre: Eine auf dem Abstieg befindliche Hafenstadt war offenbar genau das richtige Pflaster, da dort durch den Niedergang der Schifffahrtsindustrie ein Vakuum entstanden war, das förmlich nach Neuem rief. Kreativität und Schöpferglück werden also auch aufgrund eines Mangels angestoßen und können gerade in Regionen entstehen, die benachteiligt sind.

Die kreative Klasse: Talent, Toleranz und Technologie

Eine ganz andere Perspektive für die aktuelle Entwicklung entwirft der Wirtschaftsgeograf Richard Florida. In seiner Untersuchung »The Rise of the Creative Class« (2002) behauptet er, dass eine sich gerade herausbildende »kreative Klasse« Orte bevorzuge, die sich durch die Verbindung von Technologie, Talent und Toleranz auszeichneten. So seien in den entwickelten Industrienationen bereits heute bis zu 30 Prozent der Arbeitnehmer mit der Entwicklung oder Anwendung von Neuem beschäftigt. Dies führe zur Herausbildung einer neuen »kreativen Klasse«, die immer mehr Schlüsselpositionen der Gesellschaft besetze. Beim Übergang von der nationalen Industriegesellschaft zur globalen Wissensgesellschaft werden laut Richard Florida die Faktoren »Hochtechnologie, Talent und Toleranz« entscheidend. Nur Gesellschaften und Regionen, die diese Faktoren fördern, entwickeln und offene Begegnungs- und Anregungsräume bereitstellen, werden im Konkurrenzkampf bestehen können, denn die Anforderungen an die Arbeit ändern sich. So werde die Nutzung des kreativen Potenzials der Mitarbeiter immer mehr zum Erfolgsfaktor

Bedenklich aus dieser Perspektive ist, dass Deutschland im internationalen Vergleich insbesondere in den Faktoren Talent und Toleranz so große Defizite aufweist, dass wir bezogen auf den von Florida entwickelten Kreativitätsindex nur einen der letzten Rangplätze einnehmen. Und schlimmer noch: Der Trend ist negativ. Bei einer Studienanfängerquote von 36 Prozent liegt die Absolventenquote bei lediglich 21 Prozent – während der OECD-Durchschnitt bei 37 Prozent liegt:

> »Wir sind das einzige OECD-Land, dessen Akademikerquote bei den Menschen im Alter von 25 bis 34 genauso so hoch ist wie bei den Menschen im Alter von 55 bis 66. In einer Generation haben andere Länder wie Japan, Korea, Irland, Frankreich, Spanien, Griechenland, Polen ihre Akademikerquote z. T. deutlich mehr als verdoppeln können.« (Jansen 2009, S. 84)

Verschärfend kommt hinzu, dass wir eine negative Akademikerbilanz aufweisen: Während der »Akademikerexport« zwischen 2001 und 2007 dramatisch gestiegen ist, sank gleichzeitig der »Akademikerimport«. Als eine der zentralen Ursachen werden von verschiedenen Autoren übereinstimmend die vergleichsweise geringe Bildungsbeteiligung und ein migrantenfeindliches Bildungssystem genannt.

Richard Florida unterscheidet zwei Kategorien von Mitgliedern der neu entstehenden »kreativen Klasse«:

- ➜ Dem »Supercreative Core« gehören diejenigen an, deren Profession und Hauptaufgabe es ist, etwas zu erschaffen und Neues zu produzieren. Diese Innovationen manifestieren sich zum Beispiel in neuen Produkten, optimierten Prozessen oder neuem Gedankengut. Mitglieder des Supercreative Core arbeiten in wissensintensiven Bereichen, zum Beispiel Wissenschaftler, Künstler, Professoren, Lehrende, Designer und auch Unternehmer.

- Die zweite Gruppe sind »Creative Professionals«, welche sich hauptsächlich mit wissensintensiver Arbeit beschäftigen. Es ist nicht die Hauptaufgabe ihrer Beschäftigung, etwas Neues zu erschaffen, jedoch erfordert ihre Profession eigenständiges Denken und kreative Problemlösungen. Mitglieder dieser Gruppe sind unter anderem Anwälte, Manager, Facharbeiter, Ärzte etc.

In seinem neuen Buch »Reset«, in dem er die Auswirkungen der Finanzkrise und des globalen Wandels untersucht, vertritt Florida die These, dass wir einen »Reset« unseres Bildungssystems bräuchten, um Lehr-Lern-Umgebungen zu schaffen, die die kreativen Talente der Menschen massenhaft mobilisieren und nutzbar machen. Mit Bill Gates ist er der Ansicht, dass das gegenwärtige Schulsystem bankrott ist:

> »Es entstand im Übergang von einer Agrar- zu einer Industriewirtschaft und entsprach den Anforderungen der damaligen Zeit, indem es massenhaft genügsame, gut ausgebildete Fabrikarbeiter lieferte, die lesen und schreiben konnten. Aber die Entwicklung des Bildungssystems hat mit dem Wandel in Wirtschaft und Gesellschaft nicht Schritt gehalten. Ironischerweise wirkt unser Schulsystem im Kontext der heutigen wissensbasierten Ökonomie mehr als antiquiert, als sei es eigens darauf zugeschnitten, kreatives Denken im Keim zu ersticken. Die Geschichte von Bill Gates, Steve Jobs oder Michael Dell wird zum Mythos verklärt: Immer wieder wird erzählt, wie diese Draufgänger in ihrer Freizeit in Studentenbuden oder Garagen neue Unternehmen aufbauten. Aber niemand stellt die Frage, die auf der Hand liegt: Warum machten sie das in ihrer Freizeit? Warum ist das Bildungssystem nicht so strukturiert, dass es sich solche Aktivitäten zum Ziel setzt? […] Wir brauchen ein Bildungssystem, das unsere kollektive Kreativität anspornt, statt sie zu ersticken.« (Florida 2010, S. 206 f.)

Talentförderung und die Erweiterung unserer Fähigkeiten zur Toleranz sind nicht nur Schlüssel zum Bildungserfolg, sondern auch zum Schulglück. Menschen, die entsprechend gebildet sind und zur »kreativen Klasse« gehören, geht es auch besser als denjenigen, die durch ein selektierendes Bildungssystem auf dem Abstellgleis geparkt und daran gehindert werden, ihr kreatives Potenzial zu erschließen – und dies betrifft in Deutschland bis zu 20 Prozent aller Schüler/innen.
Wenn wir nach Wegen suchen, das Schulglück zu steigern, dann müssen wir nach geeigneten Umfeldern und Lehrkräften und/oder gesellschaftlichen Vorbildern suchen, die nicht nur Stoff vermitteln, sondern auch zu Begeisterung und Leidenschaft anregen und Gelegenheiten schaffen, diese in Projekten eingreifender Zukunftsgestaltung umzusetzen.

Anziehende Bildungsregionen entwickeln

Wenn Floridas These stimmt, dass es Mitglieder dieser hoch qualifizierten Gruppe an Orte zieht, die für sie günstige Entfaltungsmöglichkeiten aufweisen, dann stehen wir vor einer dramatischen Entmischung der Gesellschaft, die durch das selektierende und gegliederte Schulsystem noch gefördert wird. Im Sinne eines selbstverstärkenden

Effekts konzentrieren sich zunehmend sowohl die »gebildeten« Personen wie auch die attraktiven Arbeitsplätze in wenigen Regionen und Organisationen. Wenn wir dem entgegensteuern wollen und uns um das Schulglück aller Schüler/innen sorgen, dann müssen wir nicht nur Potenzialentfaltungsschulen für alle aufbauen – international werden sie unter dem Terminus »inklusive Schule« gehandelt –, sondern sie auch zum Kern der Entwicklung anziehender, attraktiver Bildungslandschaften machen. In der globalisierten Wissensgesellschaft wird das attraktive Bildungsumfeld zum Schlüssel für die Behauptung und Entwicklung der Region.

Und in der Tat zeichnet sich im Rahmen des demografischen Wandels eine Konzentration des Bevölkerungszuwachses auf attraktive Zentren und eine Entvölkerung von Randlagen ab – mit der Folge, dass die Chancen der verbleibenden Restbevölkerung dramatisch sinken. So hat die Unternehmensberatung Roland Berger in einer in der Frankfurter Allgemeinen Sonntagszeitung publizierten Studie (Hank 2010) Floridas Kreativitätsindex auf deutsche Städte und Regionen übertragen und versucht, folgende Fragen zu beantworten: Wo gibt es die kreativsten Menschen in ganz Deutschland? Was macht diese Städte so einzigartig?

Der Sieger der Roland-Berger-Studie ist eindeutig: München liegt klar vorne. Sowohl was die technologische Power als auch die möglichen Talentschmieden anbelangt, gewann die Stadt an der Isar den Test. Kein Wunder bei Unternehmen wie Siemens, BMW oder dem Versicherer Allianz mit ihren gut ausgestatteten Forschungszentren; in einer Stadt, die gleich zwei Universitäten, eine technische und eine klassische hat, die überdies in der ersten Runde der Exzellenzinitiative des Bundes die besten Plätze belegt haben. Zugleich gilt die Stadt an der Isar aufgrund ihres bürgerlich-liberalen Flairs als besonders tolerant.

Die Leser/innen der Zeitung urteilten in einer anschließenden Umfrage aber abweichend, weil sie andere Prioritäten setzten. Zwar sind München und Stuttgart die lebendigsten Städte – das sagt die *Statistik* der F.A.S. Aber Hamburg und Berlin sind viel sympathischer – das sagt das *Gefühl* der Leser/innen. Das wirtschaftlich schwache Berlin mit seiner hohen Anzahl von Beziehern staatlicher Transfereinkommen macht deutlich, dass auch benachteiligte Regionen Chancen nutzen können: So zieht Berlin aufgrund der günstigen Lebenshaltungskosten aufstrebende Künstler aus aller Welt an, was im Sinne der Selbstverstärkung auch zu einem wirtschaftlichen Umschlagpunkt führen kann, etwa wenn sich durch diese Entwicklung immer mehr Betriebe der Kreativindustrie dort ansiedeln. Nun ist Berlin aber ein besonderer Fall.

Die entscheidende Frage lautet aber, ob Florida mit seinen Thesen ein allgemeingültiges Gesetz formuliert hat oder ob es nicht Möglichkeiten der Gegensteuerung gibt. Gerade in Zeiten des Internets scheint es mir möglich, regionale Benachteiligungsfaktoren umzumünzen, etwa aufgrund von Faktoren wie geringerer Verkehrsbelastung und niedriger Lebenshaltungskosten. Es kommt also darauf an, die neuen Möglichkeiten so zu nutzen, dass aus benachteiligten Regionen Bildungs- bzw. Kreativregionen mit besonderen Qualitäten werden. Die Vorläuferbeispiele Silicon Valley, aber auch Bangalore in Indien zeigen, dass – bei entsprechenden Anstrengungen – das Blatt sich wenden kann.

Schulglück durch Lernen im Flow?

Die Entwicklung innovativer Schulen kann ein wichtiger Schritt auf dem Weg zur Verbesserung der Zukunftsfähigkeit einer Stadt oder Region sein, wie wir im dritten Teil dieses Buches sehen werden: Die Gründung der Werkstattschule Rostock durch eine ursprünglich vom Burnout bedrohte Lehrerin zeigt ebenso wie der Umbau der staatlichen Valentin-Traudt-Schule in Großalmerode zu einem innovativen Lernzentrum, was selbst unter ungünstigen Bedingungen möglich ist. Beide Beispiele – die Gründung einer Privatschule und der erfolgreiche Umbau einer öffentlichen Schule in einem der ärmsten Kreise Hessens – belegen: Kleine Initiativen engagierter Personen können selbst in scheinbar ausweglosen Lagen zu Kristallisationskernen einer langfristig erfolgreichen Anpassungsstrategie an die gewandelten Anforderungen werden. Dieser aktive Wandel ist überlebensnotwendig, denn in Zeiten einer enttraditionalisierten Weltgesellschaft können immer mehr Menschen dorthin gehen, wo sie für sich die besten Entfaltungschancen sehen und wo sie sich schlicht wohlfühlen. Wenn es zutrifft, dass wir auf dem Weg zu einer Gesellschaft sind, in der die Entwicklung unserer eigenen Potenziale zum wichtigsten Faktor wird, dann brauchen wir engagierte Bildungsnetzwerke, die innovative Formen und Inhalte des Lernens vorantreiben.

Neuen Formen effektiven und beglückenden Lernens ist der Glücksforscher Mihály Csíkszentmihályi seit vielen Jahren auf der Spur. Aufgrund der Analyse Tausender Lernbiografien hat er dafür den Begriff »Flow« gefunden. Flow umschreibt eine Lernerfahrung, die Lebenszufriedenheit, Wohlbefinden und Lebensfreude miteinander verbindet. Tal Ben-Shahar (2007) von der Harvard University definiert ein solches Lernglück als die Kombination von Sinn, Vergnügen und Können, denn nur Sinn oder nur Vergnügen seien zu wenig. Schlüsselfragen, die zum (Lern-) Glück führen, seien:

- Was halte ich für sinnvoll?
- Was macht Spaß?
- Was kann ich?

Mihály Csíkszentmihályi (1992) definiert einen »Flow-Kanal«, der in diesem Sinne veranschaulicht, auf welche Bedingungen erfülltes Lernen sich gründet: Wie Abbildung 3 zeigt, entsteht demnach Flow immer dann, wenn man vor Anforderungen steht, die so sehr über den eigenen Fähigkeiten liegen, dass sie eine Herausforderung, aber keine Überforderung darstellen. Bei Unterforderung entsteht Langeweile, bei Überforderung Stress. Da es in einer überwiegend frontalunterrichtlich geführten Klasse mit überwiegend fremdbestimmten Lernzielen so gut wie unmöglich ist, für jeden Schüler den Flow-Kanal zu treffen, liegt aus der Flow-Perspektive hier eine der wichtigsten Ursachen für fehlendes Schulglück.

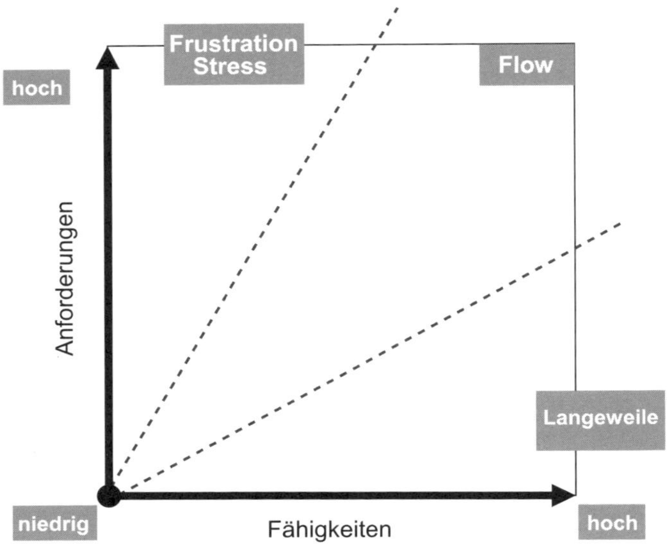

Abb. 3: Der Flow-Kanal

Flow-Erfahrungen treten auf, wenn wir selbstgesteckte Ziele verfolgen, wenn wir kontinuierliche und regelmäßige Rückmeldungen über den Erfolg erhalten. Flow tritt auf, wenn wir die an uns gestellten Herausforderungen mithilfe unserer Erfahrungen lösen können.

Mihály Csíkszentmihályi nennt acht Kennzeichen des Flow-Erlebens:

1. Die Ziele sind klar.
2. Die Rückmeldung kommt sofort.
3. Handlungsmöglichkeiten und Fähigkeiten entsprechen einander.
4. Es steigt die Konzentration.
5. Was zählt, ist die Gegenwart.
6. Die Beherrschung der Situation.
7. Das Zeitgefühl ändert sich.
8. Das Aussetzen des Ich-Bewusstseins.

Nach Csíkszentmihályis Untersuchungen ist diese Form des Lernens keineswegs nur Hochqualifizierten vorbehalten: Vom Straßenkehrer bis zum Chirurgen suchen sich Menschen »in freien Umgebungen« (sic!) geeignete Herausforderungen, die dafür sorgen, dass sie Flow erleben.

Polarisation der Aufmerksamkeit und der fruchtbare Moment

Auf den ersten Blick ist das Flow-Konzept verblüffend simpel und letztlich auch nicht neu: Maria Montessori entdeckte das Phänomen selbstvergessenen Aufgehens im Lerngegenstand schon 1907 beim freien Spiel eines dreijährigen Kindes und nannte es »Polarisation der Aufmerksamkeit«. Genau dies ereignet sich, so wissen wir heute, wenn ein Kind in seinem »Flow-Kanal« ist. Montessori beobachtete dieses Phänomen bei einem Kind, das bei der Benutzung eines Steckbrettes unterschiedlich große Zylinder in passende Öffnungen zu stecken suchte:

> »Zu Anfang beobachtete ich die Kleine, ohne sie zu stören, und begann zu zählen, wie oft sie die Übung wiederholte, aber dann, als ich sah, dass sie sehr lange damit fortfuhr, nahm ich das Stühlchen, auf dem sie saß, und stellte Stühlchen und Mädchen auf den Tisch; die Kleine sammelte schnell ihr Steckspiel auf, stellte den Holzblock auf die Armlehnen des kleinen Sessels, legte sich die Zylinder in den Schoß und fuhr mit ihrer Arbeit fort. Da forderte ich alle Kinder auf zu singen; sie sangen, aber das Mädchen fuhr unbeirrt fort, seine Übung zu wiederholen, auch nachdem das kurze Lied beendet war. Ich hatte 44 Übungen gezählt; und als es endlich aufhörte, tat es dies unabhängig von den Anreizen der Umgebung, die es hätten stören können; und das Mädchen schaute zufrieden um sich, als erwachte es aus einem erholsamen Schlaf.« (Montessori 1976, S. 69 f.)

Friedrich Copei beschrieb Ähnliches in seinem 1930 erschienen Werk »Der fruchtbare Moment im Bildungsprozeß«. Dort beschreibt er vier Phasen des Unterrichts, die geeignet seien, Lernerfolg und Lernglück hervorzurufen:

- Ausgangspunkt ist in Phase 1 demnach der »Anstoß«: Packende Schülerfragen, charakterisiert durch Staunen, innere Unruhe, Verblüffung und Ähnliches, lösen einen intensiven Suchprozess aus.
- Hieraus entsteht in Phase 2 eine besondere Form der Aufmerksamkeit, mit der die jeweilige Problemstellung durchgearbeitet wird, wobei es die Aufgabe der Lehrkraft ist, die Schüler/innen darin zu unterstützen, die zentralen Punkte zu beachten.
- Gelingt dieser gemeinsame Erarbeitungsprozess, dann werden die Schüler von Freude und Begeisterung gepackt, es kommt zu »Aha-Erlebnissen«. Diese dritte Phase bezeichnet Copei als den »fruchtbaren Moment«.
- Es schließt sich eine letzte Phase an, in der die entwickelte Erkenntnis sowie der Prozess ihrer Entstehung noch einmal nachbearbeitet werden.

Gestaltpädagogik und die vier Phasen des Kontaktes

Ganz ähnlich argumentieren auch Perls und Goodman (1951), die Begründer der Gestalttherapie, aus der sich gegen Ende der 1970er-Jahre die Gestaltpädagogik herausgebildet hat, an deren Entwicklung ich beteiligt war. Sie begreifen Lernen als Teil eines Kontaktprozesses, der ebenfalls in vier Phasen gegliedert ist:

1. Vorkontakt

In dieser Phase schließen wir »unerledigte Geschäfte« ab und konzentrieren uns auf das Hier und Jetzt. Zu Beginn einer Schulstunde könnte die Lehrkraft beispielsweise eine kurze Wahrnehmungsübung anleiten, auf die aktuelle Stimmung in der Klasse eingehen oder eine offenkundige Störung bearbeiten. Ziel ist es, dass die Schüler/innen mit ihrer vollen Aufmerksamkeit präsent sind.

Gegen diese Regel verstoßen Schulen und sonstige Bildungseinrichtungen, die oftmals noch im 45-Minuten-Takt – ohne Eingehen auf individuelle Schülerinteressen und aktuelle Gefühlszustände sowie Eigenzeiten – unverbundenes, nach Fächern gegliedertes Wissen zu vermitteln suchen.

2. Kontaktnahme

Sind die Schüler/innen mit ihrer Aufmerksamkeit voll da, geht es nun darum wahrzunehmen, welches Bedürfnis in den Vordergrund kommt. Im Sinne von Tal Ben-Shahar geht es hier also um die Klärung von Fragen wie: Was halte ich für sinnvoll? Was macht mir Spaß?

Nun kann es in der Schule nicht nur um Spaß gehen, aber entscheidend ist in dieser Phase, dass Lehrer/in und Schüler/innen sich gemeinsam auf ein Thema einigen und nach Wegen suchen, wie sie auch fremdbestimmtes Wissen so bearbeiten können, dass es Freude macht und Sinn vermittelt und in ein für die Person sinnvolles, längerfristig zu erreichendes Ziel eingebunden ist.

3. Kontaktvollzug

Wenn volle Präsenz und die Einwilligung in ein Thema erreicht sind, dann kann es zur Phase des Kontaktvollzuges kommen, der in etwa das bezeichnet, was Csíkszentmihályi als »Flow-Erleben« charakterisiert hat, Montessori als »Polarisation der Aufmerksamkeit« und Copei als den »fruchtbaren Moment«.

Man beginnt beispielsweise, einen Roman zu lesen, und ehe man sich versieht, sind drei Stunden vergangen. Oder man setzt sich ans Klavier und will einige Minuten improvisieren, doch erst eine Stunde später merkt man, wie viel Zeit vergangen ist. Übrigens ist nach Csíkszentmihályi die häufigste erfreuliche Aktivität, bei der man Flow bzw. Glück erlebt, das Lesen. Angesichts dieser Erkenntnis drängt sich die Frage auf: Wie schaffen es unsere Schulen, dass circa 50 Prozent aller 15-jährigen Jungen Lesen vermeiden und als eine unangenehme Tätigkeit erleben? Natürlich trägt an diesem Missstand nicht die Schule allein Schuld, aber die gegenwärtig dominierende Form des Unterrichtens scheint wenig geeignet, ihm abzuhelfen.

4. Nachkontakt

Im Fall eines gelungenen Kontakt- bzw. Lernprozesses erfolgen Nachwirkungen, die den gesamten Organismus verändern, aber nicht zwangsläufig bewusst sind. Sie erfolgen automatisch. Jeder gelingende Lernprozess verändert uns und vor allem unser Gehirn und schafft damit dauerhaft individuell veränderte Zugänge zur Welt. »Kontakt belebt« lautet die Kernaussage von Gestalttherapie und Gestaltpädagogik.

Awareness als Schlüssel

Wie konnten Perls und Goodman diese Einsichten circa 40 Jahre, bevor die moderne Hirnforschung sie belegte, formulieren? Ihre Erkenntnisquelle war die Kultivierung einer Fähigkeit, die angehenden Lehrer/innen im modularisierten Credit-Point-System, das überwiegend an äußerlichem Wissen orientiert ist, zu wenig vermittelt wird – die Schlüsselkompetenz für erfolgreiches Lehren und Lernen: Awareness.

Awareness (dt. »Bewusstheit«) ist das Kernkonzept der Gestaltpädagogik und meint die Fähigkeit zur Bewusstheit dessen, was in mir, mit mir und um mich herum im Hier und Jetzt geschieht. Der Lehrer ist aus dieser Perspektive »sein eigenes Instrument«, was bedeutet, dass seine sensible Achtsamkeit dafür sorgt, dass er die Stimmungen und Bedürfnisse der Klasse, aber auch seine eigenen Momente der Anspannung und Entspannung wahrnimmt. Der bedrohliche Belastungszustand von circa 60 Prozent der Lehrer/innen ist aus Sicht der Gestaltpädagogik einer mangelnden Fähigkeit zum Kontakt mit sich selbst, mit anderen und dem Umfeld geschuldet.

Perls hat in diesem Sinne einmal gesagt: »Der Neurotiker sieht das Offensichtliche nicht.« Mit anderen Worten: Eine Person, die ihren Selbstzwängen und eingefahrenen Routinen unterworfen ist, kann nicht mehr sehen, worauf es wirklich ankommt, denn ihre Wahrnehmung ist verzerrt. Genau dies ist die Situation, in der sich viele Lehrer/innen befinden. Die Formel »Kontakt belebt« beschreibt ein Gegenprogramm, das wir – wie ich weiter unten zeigen werde – für wirkungsvolle Verfahren gemeinsamer Diagnose und Veränderung des Schulalltags nutzen können.

> Der Weg zu einer gesundheits- und glücksförderlichen Schule besteht aus gestaltpädagogischer Perspektive in Unterrichts- und Organisationsentwicklungskonzepten, die zu einer Erhöhung der Awareness bzw. der Achtsamkeit von Lehrer/innen, Schüler/innen und Eltern beitragen. Die Schulung der Awareness ist eines der wichtigsten Mittel für wirksame Schulentwicklung!

Nach diesem kurzen Ausflug zu einigen Modellen gelingenden, beglückenden Lernens möchte ich mich nun wieder der Untersuchung des eher organisationsbezogenen Aspektes der Frage, wie das Glück in die Schule zurückkehren kann, zuwenden. Bei unserer Suche nach praxiswirksamen Grundlagen einer Pädagogik des Glücks geraten zunächst noch drei weitere Gesichtspunkte ins Blickfeld, deren Beachtung erste Hinweise zur Einleitung konkreter Schritte geben kann:

- die Wirkung sozialer Netze,
- der Tipping Point,
- das Gesetz der Wenigen.

Glücksgefühle stecken an: Zur unterschätzten Wirkung sozialer Netze

Konzentrierten sich Montessori, Freinet, Csíkszentmihályi sowie Perls und Goodman auf individuelle Lernprozesse, so beleuchten die amerikanischen Netzwerkforscher Nicholas A. Christakis und James H. Fowler die Wirkung sozialer Netze. In ihrem Buch »Connected! Die Macht sozialer Netzwerke und warum Glück ansteckend ist« (Christakis/Fowler 2010) referieren sie Forschungsergebnisse, die nahelegen, dass unser Glück nicht allein von unseren Dispositionen und unserem Handeln abhängt, sondern zugleich auch durch die Wirkungen sozialer Netze stärker beeinflusst wird, als uns bewusst ist. Sie liefern damit nicht nur überzeugende Argumente zur Bestätigung der Theorie des Kreativen Feldes, sondern geben auch viele Hinweise dafür, was wir beachten müssen, wenn wir dafür sorgen wollen, dass in unseren Institutionen Glück und Freude eine größere Chance haben. Es handelt sich um ein relativ neues Forschungsgebiet, das zu verblüffenden Erkenntnissen kommt, die gerade auch für unsere Fragestellung, die Ermöglichung von Schulglück, neue Perspektiven weisen. Hierfür ein Beispiel: Abbildung 4 zeigt ein Netzwerk von 1020 Menschen, eine Momentaufnahme aus der Kleinstadt Framingham im US-Bundesstaat Massachusetts im Jahr 2000, das Christakis mit seinem Team analysiert hat. Quadrate stehen für Männer, Kreise für Frauen. Glückliche Personen sind hell markiert, dunkel die Unglücklichen – und grau liegt irgendwo dazwischen. Die Linien verbinden Ehepaare oder Freunde bzw. Geschwister. Was sagt diese Abbildung eines sozialen Netzwerkes aus?

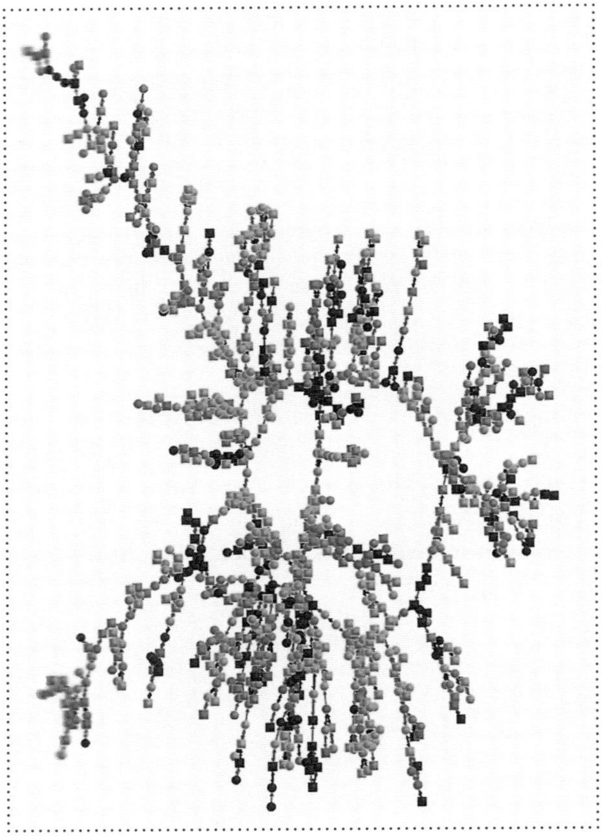

Abb. 4: Soziale Netze (Christakis/Fowler 2010, S. 209)

Abbildung 4 zeigt: Glückliche und unglückliche Menschen bilden oft Gruppen. Sie ziehen sich nicht nur gegenseitig an, sondern sie infizieren ihre Freunde und sogar die Freunde von Freunden von Freunden – Glück ist ansteckend!

Aufgrund solcher Netzwerkanalysen meint der Soziologe Nicholas A. Christakis nachweisen zu können, dass sich Normen wie soziale Epidemien verbreiten. Er formuliert als Quintessenz seiner Forschungen:

> »Religionen, politische Meinungen, Fettsucht und Alkoholismus breiten sich aus wie Krankheiten – das zeigen Computer-Auswertungen von Lebensdaten vieler Tausend Menschen. Entscheidend für ein Verhalten, etwa die Entwicklung von Übergewicht oder Trunksucht, ist weniger die Zugehörigkeit zu einer Risikogruppe – wie bislang angenommen –, sondern der Aufbau des jeweiligen sozialen Netzes, in dem man sich bewegt.« (Christakis 2008)

Also: Nicht Langzeitarbeitslose trinken oder frisch Geschiedene, wie man vermuten würde. Christakis weist im Interview mit Manfred Dworschak diese populären Vermutungen zurück und benennt andere Ursachen:

> »Das sind sicherlich starke Risikofaktoren, aber es gibt stärkere. Das zeigen die Daten von 12000 Bürgern der Kleinstadt Framingham, die uns zur Verfügung standen. Das soziale Gewebe, das wir untersuchten, wies viele Nischen oder Taschen auf, in denen ungewöhnliches Trinkverhalten akzeptiert wurde. Ob jemand trinkt oder nicht, hängt weniger von seiner Zugehörigkeit zu einem sozialen Typ oder zu einer Schicht ab als vielmehr von seinen Freunden und deren Freunden. Also: Nicht arme Menschen trinken, sondern vernetzte Gruppen von Menschen trinken.« (Christakis 2008)

Überraschenderweise zeigt sich der stärkste Effekt nicht etwa zwischen Verwandten mit ihrem ähnlichen Erbgut, sondern zwischen Freunden. So steigt das Risiko im Falle enger Freunde um 171 Prozent, bei Geschwistern dagegen nur um 40 Prozent. Das gelte selbst dann, wenn die Wohnorte der Freunde 800 Kilometer auseinanderlägen, betont Christakis. Daher könne der Effekt nicht einfach durch die gemeinsam verbrachte Freizeit erklärt werden. »Scheinbar bewirkt eine Person, wenn sie Übergewicht entwickelt, eine Veränderung der Vorstellungen davon, was eine angemessene Körperfülle ist«, so der Forscher. »Die Leute denken, dass es in Ordnung ist, fülliger zu sein, weil die Menschen um sie herum füllig sind. Und so verbreitet sich diese Ansicht« (Christakis 2008). Was bedeuten diese Einsichten für unsere Fragestellung?

Lange Jahre wurde in der Schulentwicklungsforschung die Schule vor allem aus der Perspektive der Schule als »elementare Handlungseinheit« betrachtet, ohne die Bedeutung von Umfeldeinflüssen angemessen zu berücksichtigen. Wenn die Ergebnisse der Netzwerkforscher zutreffen, dann müssen wir, wenn wir Schulen entwickeln wollen, nicht nur unseren Blick weiten, sondern auch Wege finden, wie wir die Normen, die im sozialen und kulturellen Umfeld der Schule dominieren, wirkungsvoll beeinflussen. Wenn es stimmt, dass Glück ansteckend ist, sich über Schlüsselpersonen im sozialen Netz wie eine Epidemie verbreiten kann, dann müssen wir zum einen nach positiven Schlüsselpersonen suchen und zum anderen Verfahren entwickeln, um lern- und glücksförderliche soziale Netzwerke aufzubauen. Der Aufbau vernetzter Bildungslandschaften und/oder umfassender Kulturprojekte sind wirksame Ansatzpunkte.

Glück durch die Beachtung weicher Faktoren

Wie soziale Netzwerke wirken und welche Faktoren wichtig sind, hat der Kasseler Wirtschaftswissenschaftler Frank Beckenbach gezeigt. So hat er in einer Studie (Beckenbach 2007) die unterschiedliche wirtschaftliche Entwicklung von Nordhessen und Jena verglichen. Nordhessen war – trotz seiner zentralen Lage in der Mitte Deutschlands – lange Zeit ein strukturschwaches, von Abwanderung bedrohtes Randgebiet. Jena dagegen verfügt über eine lange Tradition als prosperierender Industriestandort. Welche Faktoren sind für die unterschiedliche Entwicklung dieser Gebiete aktuell entscheidend?

Beckenbach untersuchte die Anzahl der Ko-Patentanmeldungen, also derjenigen Patente, die von zwei oder mehr Erfindern vorgelegt wurden. Wenn man so will, erforschte er die soziale Struktur der Patentanmelder. Dabei stieß er – wie Abbildung 5 zeigt – auf ein überraschendes Ergebnis, das Christakis und Fowler bestätigt:

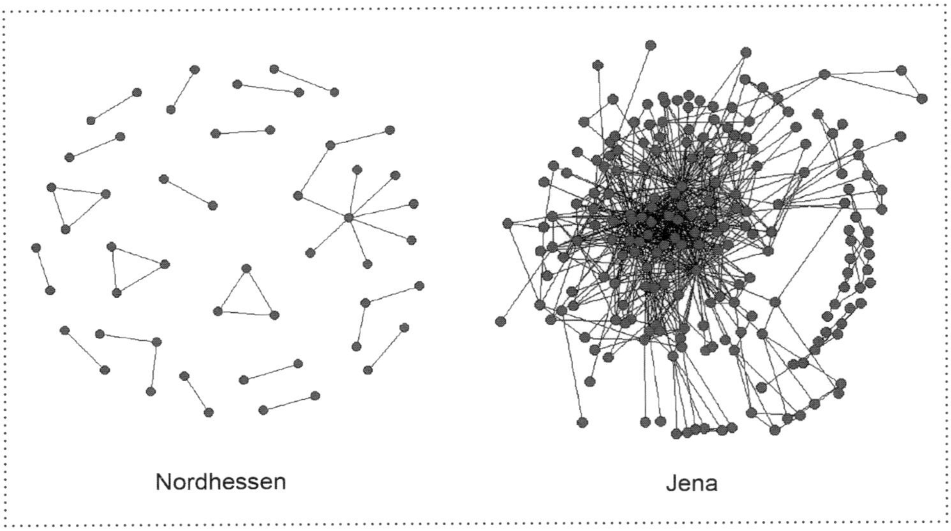

Abb. 5: Patentindikator (Beckenbach 2007)

Die Grafik zeigt: In Nordhessen werden – abgesehen davon, dass es insgesamt weniger Patentanmeldungen gibt – diese in der Regel von zwei bis drei Personen gemeinsam angemeldet, und es gibt so gut wie keine Vernetzung unter den Anmeldergruppen. Ganz anders das Bild in Jena. Hier herrscht eine enge Vernetzung, die man auch als »gegenseitige soziale Inspiration« bezeichnen könnte. Es scheint ein ansteckendes Klima zu geben, das zu gegenseitiger Anregung führt und zu vielfach vernetzten, gemeinsamen Patentanmeldungen beiträgt. Was bedeuten diese Einsichten für eine Optimierung von Erziehung und Bildung?

Wie wir weiter unten sehen werden, ist es zwar ein wichtiger erster Schritt, für ein glücksförderliches Klima an der eigenen Schule zu sorgen, doch reicht dies häufig nicht aus, weil dieses stark durch die bestehenden sozialen Netze beeinflusst wird und ein solches Vorhaben – etwa in sozialen Brennpunkten – bei sehr ungünstigen Umfeldbedingungen zum Scheitern verurteilt ist. Wir werden in solchen Fällen sehr viel mehr Erfolg haben, wenn wir auch daran gehen, die wichtigsten Akteure in unserem Stadtteil, unserer Region etc. miteinander zu vernetzen und auf die gezielte Zusammenarbeit in Richtung einer Realisierung gemeinsam vereinbarter Ziele auszurichten. Der Aufbau regionaler oder kommunaler Bildungslandschaften zielt in diese Richtung. Er ist allerdings nur dann erfolgreich, wenn der Nutzen der Kooperation für alle Beteiligten erkennbar und erfahrbar ist.

Hierbei ist eine Erkenntnis Beckenbachs aus dem Regionalvergleich wichtig: Entscheidender, als man vermuten würde, sind die »weichen« Faktoren. So gibt es in Jena eine in Jahrzehnten gewachsene Tradition vielfältiger kultureller Begegnungen, aufgrund derer sich unterschiedlichste soziale Gruppen in informellen Zusammenhängen begegnen. Stadtteilfeste, Konzerte, Partys, soziale Aktivitäten sind wichtig. Der wirtschaftliche Nutzen ist dabei nicht unbedingt gezielt geplant, sondern entsteht oft als Nebeneffekt dieser Vernetzung und der daraus resultierenden informellen Gespräche. Die alte Einsicht, der zufolge das Ganze mehr ist als die Summe seiner Teile, erhält hier eine Bestätigung, aber sie führt uns zugleich zu einer neuen Perspektive, die Christakis mit folgender These auf den Punkt bringt:

> »In den vergangenen vier Jahrhunderten haben wir das Leben zerlegt in Organe, dann Zellen, dann Moleküle, dann Gene. Wir haben alles erfunden, vom Mikroskop bis zum Teilchenbeschleuniger. Jetzt fügen wir die Teile wieder zusammen.« (Christakis 2008)

Das Gesetz der Wenigen und der Tipping Point: Sie sind Ihres Glückes Schmied!

Der norwegische Schulentwickler Per Dalin hat aufgrund von Studien schon vor Jahrzehnten die entmutigende Diagnose gestellt, dass Schulen sich langsamer wandeln als Kirchen. Das mag für weite Bereiche des öffentlichen Schulsystems gelten, doch Gott sei Dank gibt es von dieser Regel – unter bestimmten Bedingungen – Ausnahmen, wie wir nicht zuletzt an meinen Praxisbeispielen im dritten Teil dieses Buches nachvollziehen werden. Organisationen im Bildungsbereich sind zwar schwieriger zu verändern als Betriebe der Wirtschaft, doch gibt es in beiden Bereichen einige allgemeingültige Gesetze, deren Beachtung es wahrscheinlicher macht, dass sich neue Ideen durchsetzen.

Solche Gesetze hat Malcolm Gladwell (2002) in seinem Buch »Tipping Point« beschrieben. Wie kaum ein anderer besitzt er die Fähigkeit, Forschungsergebnisse so darzustellen und zusammenzufassen, dass daraus inspirierende Geschichten werden.

> »Der Tipping Point«, erklärt er, »ist die Biografie einer Idee, und die Idee ist sehr einfach. Sie besagt, dass man die dramatische Verwandlung von unbekannten Büchern in Bestseller oder den Anstieg des Rauchens unter Teenagern oder das Phänomen der Mundpropaganda oder eine ganze Anzahl von anderen geheimnisvollen Veränderungen im Alltagsleben am besten versteht, wenn man sie sich als Epidemien vorstellt. Ideen und Produkte und Botschaften und Verhaltensweisen verbreiten sich genauso wie ein Virus.« (Gladwell 2002, S. 13)

Das Phänomen des Tipping Point erklärt, auf welche Weise und unter welchen Umständen komplexe Systeme ihr Verhalten abrupt ändern. So erfahren wir von Gladwell, dass der Begriff zum ersten Mal verwendet wurde, um das Phänomen der Flucht weißer Bevölkerungsgruppen aus den Zentren älterer Städte in Vorstädte zu beschreiben. Soziologen beobachteten, dass ein Stadtviertel »kippte«, wenn die Zahl zugezogener schwarzer Amerikaner einen gewissen Punkt erreicht hatte – zum Beispiel 20 Prozent. Dann zogen die verbleibenden Weißen fast sofort danach weg. Gladwell führt Beispiele für viele andere Bereiche an. So ist der Tipping Point der Moment der kritischen Masse, die Schwelle, der Hitzegrad, bei dem Wasser zu kochen beginnt. Es gab einen Tipping Point für Gewaltverbrechen Anfang der 1990er-Jahre in New York und für das Wiederauftauchen der Hush Puppies, genauso wie es einen Tipping Point für die Einführung neuer Technologien gibt.

So produzierte Sharp das erste preiswerte Faxgerät im Jahre 1984 und verkaufte etwa 80 000 dieser Geräte im ersten Jahr. In den nächsten drei Jahren kauften Betriebe aller Art langsam und stetig immer mehr Faxgeräte, bis im Jahr 1987 so viele Leute ein Fax besaßen, dass es für jeden sinnvoll war, sich so ein Gerät anzuschaffen. 1987 war der Tipping Point des Faxgerätes. Eine Million Geräte wurden in dem Jahr verkauft, und bis 1989 waren zwei Millionen weitere in Betrieb. Mobiltelefone folgten der gleichen Kurve – alle Epidemien haben einen Tipping Point!

Für unsere Fragestellung ist wichtig, dass sich der Tipping Point nicht nur auf Produkte, sondern auch auf die Entwicklung sozialer Milieus bezieht. Als Beleg führt Gladwell Untersuchungen des Soziologen Jonathan Crane an, der die Wirkung untersucht hat, die »role models« – hier verstanden als soziale Vorbilder – in einem Stadtviertel auf die Teenager dieser Gemeinde ausüben. Unter Vorbildern versteht er die Akademiker, Manager, Lehrer, die als »high status« definiert werden. Sein Ergebnis: Sank die Zahl der Vorbilder in einer Gemeinde unter 5 Prozent, vermehrten sich die Problemfälle schlagartig. Im Falle schwarzer Schulkinder zum Beispiel verdoppelte sich die Zahl der Schulabgänger ohne Abschluss, wenn der Prozentsatz der Vorbilder auch nur um 2,2 Prozentpunkte sank – von 5,6 auf 3,4 Prozent. Beim selben Tipping Point verdoppelte sich auch die Rate der Schwangerschaften unter Teenager-Mädchen, die sich vor Erreichen des Punktes kaum verändert hatten.

Wenige Personen genügen für einen positiven Tipping Point

Die Untersuchungen zeigen, dass es umgekehrt auch einen *positiven* Umschlagpunkt gibt, der relativ niedrig ist. So legt Cranes Untersuchung nahe, dass schon ein leichtes Ansteigen der »Vorbilder« über 5 Prozent einen Umschlagpunkt ins Positive nach sich zieht. Wenn also Christakis zeigt, dass Glück – in Abhängigkeit vom Charakter unseres sozialen Netzwerkes – ansteckend ist und Gladwell Belege dafür anführt, dass es relativ niedrige Tipping Points gibt, dann gibt dies auch für unserer Thema, die Suche nach Wegen zum Schulglück, Anlass für Optimismus. Nach Gladwell (2002, S. 154) spielen vor allem drei Faktoren eine entscheidende Rolle:

- der *Ansteckungsfaktor*: Ideen, Produkte, Botschaften und soziale Bewegungen verbreiten sich wie Epidemien;
- das *Gesetz der Wenigen*: Das Gesetz der Wenigen besagt, dass es ein paar ungewöhnliche Leute da draußen gibt, die eine Epidemie auslösen können. Man muss sie nur finden. Entscheidend sind drei Persönlichkeitstypen: Kenner, Vernetzer und Verkäufer (siehe unten);
- der *Verankerungsfaktor*: Die Lehre der Verankerung besagt, dass es eine Methode gibt, Informationen so zu verpacken, dass sie unwiderstehlich sind. Man muss sie nur finden;

Nach dem »Gesetz der Wenigen« genügen einige besonders engagierte Personen, um eine Epidemie auszulösen. In der Pädagogik gibt es in der Tat viele Beispiele dafür, dass lang nachwirkende Innovationen von wenigen ausgingen. Die Geschichte der Reformpädagogik etwa ist voll von solchen Beispielen. Allerdings scheint der Begriff der Epidemie hier überzogen. Statt Epidemien wurden eher Bewegungen ausgelöst, von denen einige, wie zum Beispiel die Waldorfpädagogik, die Montessori-Pädagogik und die Freinet-Pädagogik, den Tod ihrer Gründer überlebt haben und sich ungebrochener Verbreitung erfreuen. Selbst das meistverkaufte Buch der Pädagogik, Neills »Theorie und Praxis der antiautoritären Erziehung«, hat keine Epidemie freier Erziehung ausgelöst, aber immerhin bei vielen ein Umdenken angebahnt.

Der Tipping Point ist hier noch nicht erreicht. Aber wer weiß: Seit einiger Zeit kommen verstärkt schwer zu entkräftende wissenschaftliche Belege für die Überlegenheit einer lust- bzw. glücksorientierten Pädagogik – insbesondere aus der bereits mehrfach erwähnten Hirnforschung. Wenn die Gründer der Rostocker Werkstattschule (siehe S. 150) auch keine Epidemie ausgelöst haben, so konnten sie doch zeigen, dass wenige entschlossene Personen ausreichen, um eine »Traumschule« innerhalb kurzer Zeit Wirklichkeit werden zu lassen. Eine soziale Ansteckung lag hier schon vor, nur erfasste sie zunächst nur einen relativ engen Kreis, der selbst »angesteckt« war von den Ideen, wie sie in Kreisen von Alternativschulpädagogen seit Jahrzehnten überleben.

Trotz dieser Wirkungen bleibt es eine ungelöste Frage, warum sich einleuchtende pädagogische Ideen, zu denen auch eine Pädagogik des Glücks gehört, bislang nicht epidemisch verbreiten. Ganz im Gegenteil scheint es ein Charakteristikum der pädagogischen Provinz zu sein, sich gegen Neues zu sperren und an überkommenen Traditionen festzuhalten. Dies liegt sicher nicht nur an gesellschaftlichen Machtverhältnissen, sondern auch daran, dass es Pädagogen bislang nur selten verstanden habe, ihre Ideen attraktiv zu verpacken und sie so zu formulieren, dass sie unwiderstehlich sind. Auch fehlt es an politischen Strategien sowie effektiver Lobby- und Netzwerkarbeit.

Kenner, Vernetzer und Verkäufer

Positiv bleibt indes zu verbuchen, dass Gladwells »Gesetz der Wenigen« mit meiner Theorie des »Kristallisationskerns« im Feld übereinstimmt. Demnach kann alle, die sich auf den Weg einer Öffnung der Schule für mehr glücksförderliche Formen und Inhalte machen, die Einsicht ermutigen, dass für den Start einer entsprechenden Initiative oft einige wenige Personen reichen, die allerdings über besondere Fähigkeiten verfügen müssen. Gladwell behauptet – ähnlich wie ich in der Theorie des Kreativen Feldes –, dass es auf die geeignete Mischung ankommt.

Bei ihm verstärken sich Kenner, Vernetzer und Verkäufer gegenseitig. Unter *Kennern* versteht er Personen, die in einem bestimmten Fachgebiet Experten sind und ihr Wissen gern mit anderen teilen. Die besondere Fähigkeit von *Vernetzern* dagegen besteht darin, dass sie über ein großes soziales Netzwerk verfügen und Freude daran haben, unterschiedliche Leute zusammenzubringen. Es sind Personen, die Spaß am Kontakt und Austausch haben. *Verkäufer* schließlich sind Personen, die in der Lage sind, eine Idee oder ein Produkt so gut anzupreisen, dass es »gekauft« wird.

Hier spielt der Verankerungsfaktor eine wichtige Rolle, mit dem die meisten Pädagogen Schwierigkeiten haben: Nur selten werden pädagogische Ideen so gut »verpackt«, dass sie unwiderstehlich sind. Was die Fachwissenschaft betrifft, ist sogar zu oft das Gegenteil der Fall – vielleicht eine Erklärung für deren geringe Wirkung. Natürlich spielen hier auch verdeckte oder offene Interessen eine hemmende Rolle, etwa wenn sich das Hamburger Bürgertum 2010 wider jede wissenschaftliche Erkenntnis gegen eine inklusive Schule wehrt, weil es um die Chancen seiner durch das gegenwärtige Schulsystem privilegierten Kinder fürchtet.

Den Rostocker Schulgründern dagegen ist es offenbar gelungen, ihre Idee einer freien Schule so attraktiv zu verpacken, dass sie damit in kürzester Zeit nicht nur die entscheidenden Gremien überzeugen konnten, sondern auch so viele Eltern anzogen, dass sie inzwischen sogar über die Gründung einer Zweigstelle nachdenken können. Auch der Leiter der Valentin-Traudt-Schule (siehe S. 144), der es unter schwierigen Bedingungen geschafft hat, einen grundlegenden Wandel der Schulkultur anzustoßen, hat sich als Kenner (Entwicklung eines neuen Lehr-Lern-Konzepts), Vernetzer (Organisation kommunaler Unterstützung), Verkäufer (sein attraktives Umbaukonzept wurde angenommen) und »Verpacker« (offensive Öffentlichkeitsarbeit) erwiesen.

Wo sind die packenden pädagogischen Ideen?

Damit eine Idee sich durchsetzt, muss sie laut Gladwell nicht nur einen Verankerungsfaktor besitzen, der durch die Unterstützung gesellschaftlich anerkannter Autoritäten erreicht werden kann, sondern darüber hinaus das Zeug haben, die gesamte Gesellschaft zu »packen« und unterschiedlichste Bereiche anzusprechen. Er weist darauf hin, dass dies im Bereich der »grünen Ideen« der Fall sei, von denen wir gerade erleben, dass sie sich aus ihrem jahrzehntelangen Nischendasein befreien. Belächelte Helmut Schmidt in seiner Regierungszeit noch die »grünen Spinner«, so erkannte sein Parteigenosse Erhard Eppler schon früh die Zeichen der Zeit, die er in seinem Buch »Wege aus der Gefahr« (Eppler 1981) beschrieb. Doch offenbar war seine »Verpackung« zu wenig geeignet, die eigene Partei zu überzeugen. Die Quittung für diese Ignoranz der etablierten politischen Parteien bestand in der Gründung der Partei der Grünen. Es sollte zwar mehr als zwei Jahrzehnte dauern, bis die Grünen mit ihrer Thematik in der Mitte der Gesellschaft ankamen, doch umso nachhaltiger ist ihr Erfolg heute und ein Tipping Point im Bereich des Vorstellbaren. Grüne Ideen erfassen inzwischen alle Bereiche unseres Lebens, beginnend bei der Ernährung über unseren Energieverbrauch und unsere Art, uns fortzubewegen. Bio-Produkte, regenerative Energien und Elektroautos stehen ebenso auf der Tagesordnung wie die Verabschiedung von stromfressenden Standby-Geräten.

Warum sollte nicht auch im Bereich von Erziehung und Bildung schon bald ein solcher Tipping Point erreicht werden – sind beide Bereiche doch ohne Zweifel die Schlüsselfaktoren, die über Lebensqualität und Wohlstand, mehr noch, über unser Überleben im 21. Jahrhundert entscheiden werden? Bislang fehlt es an der Formulierung einer attraktiven Vision einer Gesellschaft, die umfassende Bildung und die Förderung von Kreativität für alle ins Zentrum ihrer Aktivitäten stellt.

> Der Wandel von der Ressourcenausbeutungs- zur Potenzialerschließungsgesellschaft könnte ein Kandidat für eine attraktive pädagogische Zukunftsvision sein, erfordert er doch ohne Zweifel die Entwicklung radikal veränderter Bildungs- und Erziehungsmodelle, die unserer inneren Natur und den Bedürfnissen unserer Umwelt besser angepasst sind.

Yes we can

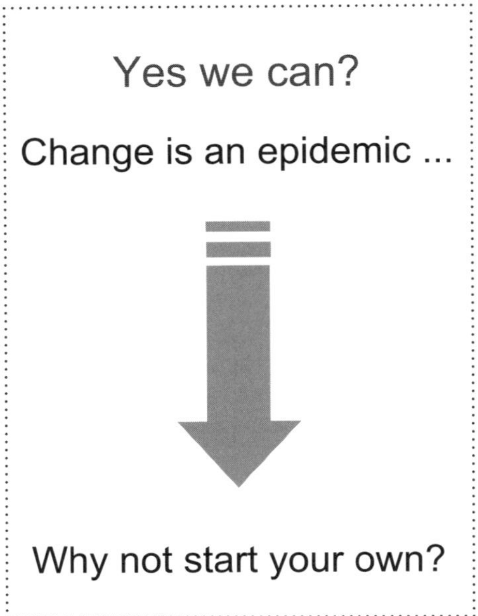

Abb. 6: Yes we can (nach Amstrong et al. 2011)

Noch ein Gedanke Gladwells zeigt, dass wir den Umständen nicht ohnmächtig ausgeliefert sind, und ermutigt uns, den anstehenden Wandel beherzt anzupacken. So zeigt er mit der »Theorie von der Macht der Umstände« (Gladwell 2002), dass man nicht die großen Probleme der Gesellschaft lösen muss, um beispielsweise das Verbrechen zu bekämpfen. Wie das Beispiel der Stadt New York gezeigt hat, kann man Verbrechen verhindern, indem man Graffiti entfernt und Schwarzfahrer verhaftet. Drastische Maßnahmen, aber ihr Erfolg belegt Gladwells These: »Verbrechensepidemien haben ebenso einfache und klare Tipping Points wie die Verbreitung der Syphilis in Philadelphia oder ein Modetrend wie die Hush Puppies« (Gladwell 2002, S. 176).

Die entscheidende Frage lautet: Kann man die Lehren aus solchen Beispielen auf die Pädagogik übertragen? Ich behaupte: Yes we can! Wenn wir eine gute pädagogische Idee haben, wenn Kenner, Vernetzer und Verkäufer – als Synergieteam oder vereinigt in einer Schlüsselperson – zusammenkommen und wir sie gut verpacken, dann können wir auch im Bereich der Pädagogik ansteckend wirken. Die alte Idee der Entwicklung einer Pädagogik der Lernfreude und des Glücks könnte so ein Kandidat sein, für den endlich die Zeit gekommen ist.

Wie sich Ideen verbreiten

Mein Optimismus wird etwas gebremst durch den Einwand, Gladwell habe den Prozess, wie sich Ideen verbreiten, vor allem anhand der Durchsetzung neuer Produkte beschrieben. Die Frage stellt sich: Kann man seine Ideen auch auf die Pädagogik übertragen und lassen sich daraus Perspektiven für die Schulentwicklung ableiten?

Verfolgen wir zunächst den allmählich sich ausweitenden Prozess der Übernahme einer Idee, wie ich ihn in Abbildung 7 dargestellt habe: Der oder die Innovatoren entwickeln eine Idee, in unserem Fall ein neues Schulkonzept, das durch Kenner (Fachautoritäten) die notwendige Legitimität erhält, durch Vernetzer bekannt gemacht und verbreitet wird (z.B. durch das Netzwerk des Filmemachers Reinhard Kahl, www.archiv-der-zukunft.de) und durch »Verkäufer« vertragsmäßig umgesetzt wird. Die Innovatoren sind zunächst wenige, die in ihrem Umfeld Personen »anstecken«. Die »early adopters« übernehmen als Pioniere das Konzept und verwirklichen es in ihrer Institution. Wenn es sich als erfolgreich erweist, finden sich Nachahmer, und der Kreis weitet sich aus. Die Waldorfpädagogik zum Beispiel hat in ihrer Frühphase, aber auch in der Nachwendezeit eine entsprechende Entwicklung in den neuen Bundesländern durchgemacht.

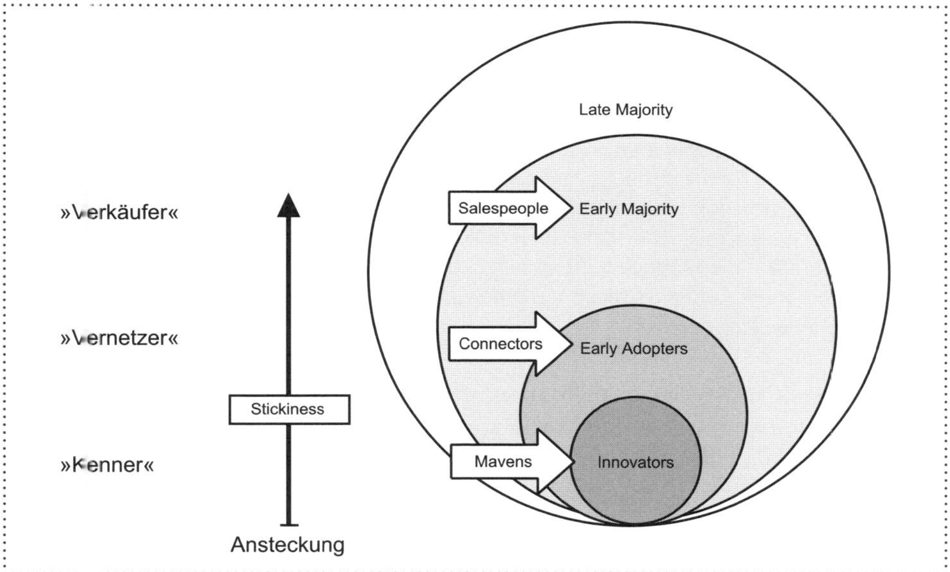

Abb. 7: Wie sich Ideen verbreiten (Amstrong et al. 2011 nach Gladwell 2002)

Ein Gegenbeispiel ist – jedenfalls zurzeit noch in Deutschland – die Idee einer »Schule für alle«. Sie stagniert, da mächtige Interessen dagegenstehen. Die Lage ist unübersichtlich: Einige Bundesländer experimentieren mit einer Ausweitung der gemeinsamen Lernzeit, andere leisten Widerstand oder verschärfen gar den Selektionscharakter.

Insofern bleibt die Frage, wie weit Gladwells populäre Beispiele reichen. Zur Illustration der Wirkung von »Ansteckung« bringt er ein simples Beispiel. So schlägt er vor, wir sollten einmal übers Gähnen nachdenken. Die bloße Erwähnung des Wortes in diesem Text würde einige von Ihnen, liebe Leser/innen, dazu bringen zu gähnen. Was lehrt uns das? »Gähnen«, sagt Gladwell, »ist unglaublich ansteckend. Indem ich das Wort erwähne, kann ich Sie emotional anstecken«, und schlussfolgert: »Ansteckung ist also eine Eigenschaft, die in den unerwartetsten Dingen liegen kann« (Gladwell 2002, S. 16). Auch der zweite Gesichtspunkt, den er anführt, nämlich die Einsicht, dass kleine Veränderungen große Wirkungen haben können, kann einen wichtigen Entwicklungsimpuls geben. Gladwell (2002, S. 18) schreibt:

> »Ich gebe Ihnen ein großes Stück Papier, und ich fordere Sie auf, es einmal zu falten, dann das gefaltete Stück zu nehmen und es nochmals zu falten, und dann noch einmal und noch einmal und noch einmal, bis Sie das ursprüngliche Papier fünfzig Mal gefaltet haben. Wie dick, glauben Sie, wird der zusammengefaltete Papierstapel schließlich sein?«

Die meisten Leute vermuten, so dick wie ein Telefonbuch oder so hoch wie ein Kühlschrank. »Aber die richtige Antwort lautet, dass der Papierstapel so hoch wäre wie die Entfernung zur Sonne. Es handelt sich mathematisch gesprochen um eine geometrische Progression.« Genauso verhält es sich bei dem Phänomen der Ansteckung:

> »Wenn ein Virus sich in einer Bevölkerungsgruppe ausbreitet, verdoppelt er sich und verdoppelt sich wieder, bis er (bildlich gesprochen) in fünfzig Schritten auf die Distanz zwischen Erde und Sonne angewachsen ist. Unsere menschliche Vorstellungskraft hat es schwer mit dieser Art von Progression, weil das Ergebnis – die Wirkung – so außerhalb jeder Proportion von Ursache und Wirkung zu stehen scheint. Um die Macht von Epidemien zu erfassen, müssen wir also unsere Vorstellung von Proportionalität aufgeben. Wir müssen uns auf die Möglichkeit einstellen, dass kleine Ereignisse große Veränderungen auslösen können und dass diese Veränderungen manchmal sehr schnell eintreten können.« (Gladwell 2002, S. 18)

Vielleicht ist es also doch möglich, dass Schulen sich sehr viel schneller als Kirchen wandeln – vorausgesetzt, wir identifizieren die geeignete Idee und schaffen ein förderliches Umfeld. Eine neuere Untersuchung von McKinsey (2010), die die Entwicklung von 20 Schulsystemen weltweit verglich, legt in diesem Sinne nahe, dass sich jedes Schulsystem innerhalb von sechs Jahren deutlich verbessern kann, vorausgesetzt, die Schulen bekommen mehr Autonomie, die Lehrerausbildung werde ebenso wie die Schul- und Unterrichtskultur grundsätzlich verändert.

Im dritten Teil dieses Buches werden wir sehen: In der Valentin-Traudt-Schule begann der Wandel der Unterrichtskultur – trotz anfänglicher Skepsis – mit einer Pionierklasse, in der engagierte Kollegen unterrichteten, die Freude daran hatten, mit neuen Unterrichtsformen zu experimentieren. Mit diesen ersten kleinen Schritten legten sie einen entscheidenden Grundstein für den später erfolgten schrittweisen Wandel der Schulkultur insgesamt, der bis heute – fünf Jahre nach dem Start – zwar schon sehr weit fortgeschritten, aber noch nicht abgeschlossen ist.

In diesem Sinne heben wir in unseren Schulentwicklungswerkstätten, in denen wir beginnend bei Diagnose bzw. Wertschätzung über die Entwicklung von Zukunftsvisionen konkrete Umsetzungsschritte erarbeiten, die Bedeutung der kleinen Schritte hervor: Große Veränderungen beginnen mit kleinen Schritten! Auch der Weg zu einer Pädagogik des Glücks bzw. zu einer Glücksschule beginnt mit kleinen Schritten, die – wenn es gut geht – schließlich den Tipping Point erreichen.

Ist Schulglück – angesichts der Marktzwänge – nur eine Illusion?

In Zeiten eines vor allem angst- und druckgetriebenen Umbaus unseres Erziehungs- und Bildungswesens, in dem der Einzelne immer mehr mit engmaschigen Kontrollen und vorgefertigten Lernmodulen überzogen wird, scheint eine Positive Pädagogik, die auf die Lust am Lernen und freie, unverschulte Räume der Selbstentwicklung setzt, auf verlorenem Posten zu stehen. Im verschärften Konkurrenzkampf einer globalisierten Weltgesellschaft heißt es vielmehr, die Zähne zusammenzubeißen, sich selbst zu überwinden und schon möglichst früh die Kinder auf den verschärften Druck der Leistungsgesellschaft einzustimmen. Während Kinder aus benachteiligten sozialen Schichten diesen Wettkampf zu oft verlieren, geben viele bildungsorientierte Eltern den gesellschaftlich vermittelten Druck an ihre Kinder weiter und überziehen sie mit einem Programm, das bei überzogener Frühförderung beginnt und nicht selten in eine fast völlig verplante Schulzeit mündet. So geht der Leistungswahn für viele nach Schulschluss erst richtig los.

Wie eine 2010 erschienene Studie des renommierten Bildungsforschers Klaus Klemm gezeigt hat, ist Deutschland nicht nur Spitzenreiter bei der Zahl seiner Sitzenbleiber, sondern auch bezüglich der Ausgaben für nachmittägliche Nachhilfe. Anders als in Finnland, Kanada oder den Niederlanden, wo dieses Phänomen fast gänzlich unbekannt ist, befürchten deutsche Eltern, dass ihre Kinder durch die öffentliche Schule zu wenig gefördert werden, und setzen deshalb auf Selbsthilfe, die nebenbei dazu führt, so die Autoren der Studie, dass gute Bildung zum Privileg wird.

Zweifellos leidet das Schulglück beider Schülergruppen unter diesen Zuständen. Hier stellt sich die Frage, ob es wirklich – in der Hoffnung auf Leistungssteigerung – Sinn macht, Schule und Hochschule immer mehr zu verschulen, auf standardisierte Kompetenzen zu verengen und durch den Bau vermeintlicher »Schnellstraßen des Lernens« die fremdbestimmte Lernzeit der Heranwachsenden auszuweiten.

Wird die Welt flach?

Stellvertretend für viele Propagandisten der »schönen neuen« globalisierten Bildungswelt und einer anpassungsgetriebenen Bildungsvision steht Thomas L. Friedman, der in seinem Bestseller »Die Welt ist flach« (Friedman 2006) die These vertritt, wir würden schon bald weit abgeschlagen zurückliegen, wenn wir nicht den Leistungsdruck drastisch erhöhten. Drei Entwicklungen seien es, die unser zukünftiges Leben bestimmten und denen wir uns – bei Strafe von sozialem Abstieg und Wohlstandverlust – zu stellen hätten:

- die Möglichkeit komplexer Datenverarbeitung durch den PC,
- die Möglichkeit rasanten Datenaustauschs durch das Glasfaserkabel,
- die Möglichkeit der globalen Standardisierung und Kontrolle von Arbeitsvorgängen durch optimierte Workflow-Software.

Diese drei scheinbar nur technologischen Weiterentwicklungen bewirkten eine völlig neue Organisation von Arbeit und Bildung. Immer mehr Arbeits- bzw. Produktionsprozesse können normiert und standardisiert werden mit der Folge, dass Unternehmen Arbeit dort anfordern, wo sie am billigsten ist: Amerikanische Ärzte diktieren ihre Diagnosen direkt vom Krankenbett aus per Glasfaserkabel nach Indien, wo Datenverarbeitungskräfte die Berichte über Nacht fertigstellen, sodass sie schnell und kostengünstig zur Verfügung stehen. Mehr als zehn Prozent der Amerikaner lassen ihre Steuererklärungen bereits in Indien machen, wo sich immer mehr Call- und Dienstleistungscenter aus aller Welt ansiedeln. Aber längst geht es nicht mehr nur um einfache Krankenberichte oder Steuererklärungen, auch komplexere Arbeiten wie Ingenieurleistungen werden global outgesourct. Alle Arbeitsprozesse und Leistungen können aufgrund der Workflow-Software überprüft und verglichen werden. Wal-Mart, die größte Supermarktkette der Welt, kontrolliert seine sämtlichen Geschäftsprozesse inklusive der Leistungen seiner Mitarbeiter/innen auf allen Kontinenten »just in time« von einem Provinznest der USA aus.

»Die Welt ist flach« bedeutet, dass Distanzen zusammenschmelzen, Barrieren verschwinden und wir alle Teil von zentral gesteuerten Produktions-, Informations-, Standardisierungs- und Kontrollketten werden, die Nationalstaaten kaum noch beeinflussen können. Der Einzelne, ob er es will oder nicht, wird zum Objekt von Benchmarkern, die überprüfen, ob er mit seiner Leistung im internationalen Vergleich sein Geld wert ist. In diesem rasanten Entwicklungsprozess geraten auch Bildung und Erziehung auf den Prüfstand. Aus der Wirtschaft stammende Verfahren des Qualitätsmanagements, der Zielvereinbarung und des Controllings werden auf den Bildungsbereich übertragen. Glück ist dabei kein Erfolgskriterium. Aber mehr noch: Unternehmen erkennen und erschließen zunehmend das Potenzial *vermarktungsfähiger Bildungsdienstleistungen*. Informationen, aber auch Bildungsangebote werden in digitalisierter und kommerzialisierter Form weltweit abrufbar. Friedman sieht diese Entwicklung positiv: Durch Standardisierung, Vernetzung sowie entsprechende Software werden wir alle Teil eines globalen Spielfeldes. Dies erfordert, dass wir uns alle mehr anstrengen müssen: »Die Latte hängt jetzt höher« (Friedman 2006, S. 366).

Als Schlüssel, um in einer globalisierten »flachen« Welt seine Chancen zu sichern, sieht er Bildung, aber in spezifischer Form: Gefragt ist eine permanente Weiterbildung, die sich an der Marktgängigkeit orientiert. Bei näherer Betrachtung erzwingt der von Friedman begrüßte globale Markt eine Standardisierung der Lernbiografien. Wir alle drohen zu Getriebenen im Hamsterrad zu werden. Denn in Friedmans flacher Welt lauert der Konkurrent stets hinter der nächsten Ecke. Wie im Hase-Igel-Spiel geht es darum, immer einen Schritt schneller zu sein. Aus seiner Perspektive geht es um eine totale Mobilmachung des Bildungssystems:

> »Bildung ist ein Prozess, kein Zustand. Bildung kann und muss überall und zu jeder Zeit stattfinden, in Schulen, in Büros, online, im Klassenzimmer, über den iPod, mit Hilfe von Lehrern, durch Selbststudium und mittels Online-Spielen – mit allem, was funktioniert. Man darf niemals rasten, weil irgendwo da draußen ein Konkurrent ist, der nicht rastet.« (Friedman 2006, S. 456)

Der flexible Mensch – ein sinnvolles Bildungsideal?

Diese Bildungsvision einer schönen neuen Welt sieht der Soziologe Richard Sennett äußerst kritisch. In seinen Essays »Der flexible Mensch« (1998) und »Die Kultur des neuen Kapitalismus« (2005) stellt er eine übergreifende Tendenz zur Fragmentierung fest, die als Nebenfolge der Zerschlagung von tradierten Lebenszusammenhängen und Organisationen bzw. Institutionen immer mehr Menschen verunsichert. So ordne »die Kultur des neuen Kapitalismus« fast alles dem ökonomischen Wachstum unter, wobei, so Sennett, wachsende ökonomische Ungleichheit und zunehmende soziale Instabilität in Kauf genommen werden. Dieser »neue Kapitalismus« braucht »neue Menschen«, die Sennett zufolge drei Herausforderungen meistern müssen:

- Ein veränderter Umgang mit Zeit: Der an die schnell sich wandelnden Marktbedingungen angepasste Mensch muss flexibel soziale und örtliche Beziehungen sowie seine Werteinstellungen verändern können, um den Preis einer permanenten Improvisation der eigenen Biografie – möglicherweise bis hin zum Verlust eines konstanten Ich-Gefühls.
- Ein veränderter Umgang mit Qualifikationen: Da sich der Wandel in der Wirtschaft permanent beschleunigt, verliert die handwerkliche Einstellung an Wert. Die moderne Kultur orientiert sich – so Sennett – an der Idee einer Meritokratie, die nicht auf vergangene Leistungen, sondern auf potenzielle Fähigkeiten blickt.
- Die Bereitschaft, Gewohnheiten aufzugeben: Wer an bewährten Werten, Fähigkeiten, Haltungen etc. festhält, ist zu wenig flexibel, gilt schnell als zu langsam, als veraltet und wird aussortiert.

Die Bewertung dieses Sozialisationstypus des »neuen Kapitalismus«, die Sennett vornimmt, fällt eindeutig aus. Er schreibt:

> »Ein kurzfristig orientiertes, auf mögliche Fähigkeiten konzentriertes Ich, das vergangene Erfahrungen bereitwillig aufgibt, ist – freundlich ausgedrückt – eine ungewöhnliche Sorte Mensch. Die meisten Menschen sind nicht von dieser Art. Sie brauchen eine durchgängige Biographie, sind stolz darauf, bestimmte Dinge gut zu können, und legen Wert auf Erfahrungen, die sie in ihrem Leben gemacht haben. Das von den neuen Institutionen erhobene Ideal verletzt viele der in ihnen lebenden Menschen.« (Sennett 2005, S. 10)

Der globalisierte Mensch: Glücksritter oder Sklave?

Diese kritische Sicht kann ein begeisterter Befürworter der Globalisierung wie Thomas L. Friedman überhaupt nicht teilen. Ganz im Gegenteil: In »Die Welt ist flach« liest er dem alten Europa gehörig die Leviten und stellt uns als Vorbild einen Prototyp des neuen Menschen in Gestalt der alleinerziehenden Mutter Marcia Loughry vor:

Die 48-Jährige hat früh erkannt, dass es für sie keine Aussicht auf lebenslange Beschäftigung mehr gibt. Ihre einzige Chance besteht darin, durch unablässige Arbeit an der Erhaltung ihrer »employability« zur neuen »Kaste der Unantastbaren« aufzusteigen, jener beneidenswerten Elite, die aufgrund ihrer unablässig erweiterten Qualifikationen, zu den Gewinnern der Restrukturierungsprozesse gehört. Begeistert beschreibt Friedman die Karriere Loughrys, die – als Buchhalterin gestartet – immer wieder erleben muss, dass ihre Arbeitskraft aufgrund von Reorganisationsprozessen der Firmen, in denen sie arbeitet, überflüssig wird. Doch statt zu resignieren, reagiert sie auf jede Niederlage mit intensivierter Bildungsbereitschaft. Selbst an Wochenenden schont sie sich nicht und ist bereit, sich jeglichen betrieblichen Erfordernissen zu unterwerfen. Fast jeder Job, den sie macht, wird automatisiert, doch sie schafft es stets, einen Schritt weiter zu sein, und so gelingt es ihr – nach Jahren stets sich steigernder Anpassungsleistungen – schließlich sogar, in die Führungsspitze ihrer Firma aufzusteigen. Friedman sieht in ihr ein Vorbild für den neuen Menschen, der sich selbst konsequent an den äußeren Anforderungen orientiert:

> »[...] sie verkörpert für mich auch idealtypisch einen Menschen, der es geschafft hat, sich durch Anpassung und Flexibilität einen Platz in der neuen Mitte zu erobern, der ihr ein gehöriges Maß an Unantastbarkeit sichert. Wie hat sie das gemacht? Indem sie der Automatisierung und der Auslagerung stets einen Schritt voraus war.« (Friedman 2006, S. 355)

Über die Kosten dieses bedingungslosen Anpassungsprozesses für ihre Persönlichkeitsentwicklung, ihr Privatleben und ihre Rolle als alleinerziehende Mutter schweigt sich Friedman indes aus. Stattdessen dreht er die Schraube noch drei Windungen weiter, indem er uns ebenso begeistert den Alltag chinesischer und indischer Schüler als Vorbild anpreist.

Vorbilder China und Indien: Lernstress statt Schulglück?

Müssen wir nicht mit Friedman den rasanten Wandel vorbehaltlos bejahen, bietet er doch denen, die sich wie Loughry beherzt auf den Weg machen, unbegrenzte Chancen? Ja, schädigen wir unsere Kinder vielleicht sogar, wenn wir sie nicht schon früh auf den gnadenlosen Wettkampf in einer globalisierten Konkurrenzgesellschaft einstimmen? Und repräsentiert Sennett nicht nur das überholte Denken eines alten Herrn, der nicht in der Lage ist, sich auf die neuen Herausforderungen einzustellen? Schließlich gelten die Chancen, die die Anpassung an die Globalisierung bietet, nicht nur für einzelne Individuen, sondern auch für ganze Staaten – wie der fulminante Aufstieg etwa Chinas oder Indiens beweist. Und haben aus dieser Perspektive nicht unsere Politiker/innen recht, die – mit internationalen Vergleichsstudien der Bildungssysteme im Rücken – die unflexiblen und langsamen Lehrer/innen und insbesondere Hochschullehrer/innen dazu auffordern, sich von ihren intellektuellen Spielwiesen zu verabschieden, um endlich zur Ausbildung des neuen Menschen beizutragen? Mit Bachelor und Master, Modularisierung und Credit-Point-System sind wir ja auf dem besten Weg, ein flexibles, permanent evaluiertes System der effizienten Steuerung von Bildungskarrieren zu entwickeln. Aber reicht das wirklich? Muss nicht die Heranbildung des neuen, an den globalen Kapitalismus angepassten Menschen viel früher beginnen, so wie es die amerikanische Professorin chinesischer Abstammung Amy L. Chua (2011a) jüngst in ihrem weltweiten Beststeller propagierte? Unter dem reißerischen Titel »Die Mutter des Erfolgs – Wie ich meinen Kindern das Siegen beibrachte« kritisiert sie ganz im Sinne Friedmans das westliche Erziehungsmodell: Demnach unterschätzten wir die Bedeutung von Zwang und kontinuierlichem Üben und überschätzten die Bedeutung von Lernfreude oder gar Spaß.

Auch hier weist uns Friedman den Weg: Begeistert stellt er den Alltag chinesischer Grundschüler vor, die von 8 bis 16 Uhr die Schulbank drücken, um nach kurzer Rast zu Hause bis abends 22 Uhr weitere Kurse zu besuchen. In einer flachen Welt müssten wir uns alle mehr anstrengen, sonst würden wir schon bald abgehängt, so seine bedrohliche Botschaft. Amerikas Schüler/innen und Studenten mit ihrer verwöhnten Anspruchshaltung und ihrer gering ausgeprägten Anstrengungsbereitschaft müssten sich gewaltig umstellen, ganz zu schweigen von den eher chancenlosen Europäern mit ihren Versorgungsstaatsillusionen. Damit wir diesem Druck standhalten können, sollten wir alle Möglichkeiten, insbesondere auch die der neuen Informations- und Kommunikationstechnologien nutzen. Als nachahmenswertes Beispiel zitiert Friedman einen Artikel der amerikanischen Lehrerzeitung »Education Week«, in der am 30.11.2005 Folgendes zu lesen war:

> »In einer der unzähligen Nachhilfeschulen in Chennai (Indien) drängen sich rund 100 Zwölftklässler in einem rot gestrichenen Raum, der ungefähr neun Meter lang und siebeneinhalb Meter breit ist. Obwohl an der Decke unablässig Ventilatoren laufen, liegt die Temperatur bei schweißtreibenden 40 Grad. Auf einem hölzernen Podest zeichnet Mathukrishnan Arulshelvan ein Dreieck auf eine Tafel, markiert darin den Winkel und erläutert über sein Mikrophon eine bestimmte geometrische Formel. Die Schüler hören gebannt zu, obwohl es schon fast 22 Uhr ist. Als Mister Arulshelvan eine Frage stellt, antworten die Schüler wie aus der Pistole geschossen – im Chor. Als er ihnen eine Aufgabe stellt, senken sie die Köpfe über ihre Hefte, kauen an Bleistiften herum und bemühen sich, schneller fertig zu sein als der Nachbar. Dieser intensive Unterricht an sieben Tagen pro Woche ist ganz normaler Alltag für diese indischen Schüler, die darauf hoffen, an einem der Colleges in Chennai einen Studienplatz in den Ingenieurwissenschaften zu ergattern. [...] Wenn sie nach Hause kommen, werden die meisten von ihnen eine Tasse starken, süßen Kaffee hinunterstürzen, um dann noch ein paar Stunden länger zu lernen [...]. Viele dieser neuen globalen Akteure haben einen solchen Hunger danach, vorwärtszukommen und ihre Konkurrenten zu überflügeln, dass sie die Herausforderung alles andere als gemächlich angehen.« (zit. nach Friedman 2006, S. 265)

Glück und Spitzenleistungen durch Energie, Leidenschaft und die 10 000-Stunden-Regel

Zwar überzeichnet Friedman die aktuellen Entwicklungen, doch treffen viele seiner Beobachtungen durchaus zu. Und dennoch sind seine Thesen nicht geeignet, einer zukunftsorientierten Pädagogik den Weg zu weisen, denn er unterliegt einem grundlegenden Irrtum.

Zahlreiche Untersuchungen aus unterschiedlichsten Bereichen belegen, dass Spitzenleistungen gerade nicht aufgrund von Druck und einer Anpassung an fremdbestimmte Anforderungen entstehen. Im Gegenteil: Erfüllung, Glück, Spaß und Spitzenleistung sind keine Gegensätze, sondern bedingen einander. Gerade in Zeiten der Globalisierung, in denen Kreativität und Originalität immer wichtiger werden, da einfache Tätigkeiten immer häufiger ausgelagert werden, kommt es darauf an, Schüler/innen vor allem darin zu fördern, ihre »innere Berufung« zu entdecken, ihre Fähigkeiten zu kreativer Kollaboration zu fördern und damit ihre Freude am selbstbestimmten Lernen in der Gemeinschaft zu wecken.

Auch Amy L. Chuas dramatische Schilderung, wie sie ihre beiden Töchter zum Erfolg treibt, erweist sich bei näherer Betrachtung als Widerlegung einer druckgetriebenen Zwangspädagogik: Als sie mit ihren Töchtern in einem Moskauer Restaurant sitzt, wird sie unvermittelt von ihrer zum Geigenspiel zwangsverpflichteten Tochter angeschrien: »Ich hasse dich; du bist eine schreckliche Mutter; ich hasse mein Leben; ich hasse die Geige« (Chua 2011b). Erst jetzt befallen die ehrgeizige Mutter Zweifel, ob sie mit ihrer Methode nicht überzogen hat.

Und auch die fast zeitgleich mit dem Buch erschienene Erfolgsmeldung des absoluten Spitzenplatzes Shanghaier Schüler/innen im neuerlichen PISA-Ranking wurde konterkariert durch die Zweifel des Vizeschuldirektors der Pekinger Universität, Jiang Xueqin (2010): In einem Artikel des Wall Street Journals bezeichnet er die überragenden Ergebnisse im PISA-Test als Symptom eines grundlegenden Problems chinesischer Schulbildung: die Orientierung auf Testwissen. Viel wichtiger seien die Fähigkeiten zu Kreativität und problemorientiertem Denken.

Nur wenigen Personen in unserem Kulturkreis wird es wie Friedmans Heldin gelingen, sich vorbehaltlos fremdbestimmten Anforderungen zu unterwerfen, und dies aus gutem Grund. Immer mehr Menschen bezahlen diesen Versuch mit der Gefährdung ihrer Gesundheit, wie das Anwachsen von somatischen und psychosomatischen Krankheitsbildern, insbesondere von Depressionen, in der beschleunigten Ressourcenausbeutungsgesellschaft zeigt. Und wie sich die Bereitschaft zu Überstunden auf die Gesundheit auswirkt, hat eine finnische Langzeitstudie (Vogli et al. 2007) nachgewiesen: Bei fremdbestimmt arbeitenden Workaholics nimmt die Rate der Herzerkrankungen dramatisch zu! Statt dem eindimensionalen Bild einer flachen Welt zu folgen, sollten wir uns eher an Hüthers Zukunftsbild einer Potenzialentwicklungsgesellschaft orientieren.

Dies ist keine weltferne Utopie: Nicht äußerer Druck, sondern das Erleben von Schulglück erweist sich als wichtige Grundlage für die Entwicklung einer leistungsorientierten Haltung. »Gleichheit ist Glück« – verstanden als Gleichheit der Entwicklungschancen – lautete ja die These, die Wilkinson und Pickett (2009) aufgrund ihrer vergleichenden Gesellschaftsanalysen belegt haben.

Eine inklusive Schule, also eine Schule für alle, sucht das Glück ihrer Schüler/innen nicht durch Auslese und Druck zu beschädigen, sondern setzt im Gegenteil auf *breitenwirksame Begabtenförderung.* Jede Schülerin und jeder Schüler, der früh entdeckt, was seine besondere Befähigung ist, und darin gefördert wird, hat auch die Chance, zu Spitzenleistungen vorzudringen. Insofern kann fast jeder – in seinem Gebiet – zur Leistungselite aufschließen, und zwar nicht durch Auslese, sondern durch frühe, neigungsorientierte, durchaus auch herausfordernde individuelle Förderung!

Wie man zum Überflieger wird

Sind meine Thesen zur glücksförderlichen Schule nur ein frommer pädagogischer Wunsch oder gibt es für sie wissenschaftliche Belege? Eine Untersuchung an meiner alten Hochschule, der Berliner Hochschule der Künste, an der ich zehn Jahre tätig war, stützt meine These der prinzipiellen Förderfähigkeit. In seiner Untersuchung »Überflieger« referiert Gladwell (2009) die erstaunlichen Ergebnisse dieser Studie. So gingen Ericsson, Krampe und Römer der Frage nach, wie man eine Weltklasseviolinistin bzw. eine Weltklasseviolinist wird. Sie teilten die Studierenden in drei Gruppen ein: Stars, die das Zeug zu Weltklassesolisten hatten, »gute« Violinisten und solche, die vermutlich nie als professionelle Konzertmusiker auftreten, sondern eher als Musiklehrer in die Schule gehen würden. Sämtlichen Studierenden stellten die Forscher die gleiche Frage: »Wenn Sie Ihre gesamte Laufbahn zusammennehmen, beginnend mit dem Tag, an dem Sie das erste Mal eine Geige in die Hand genommen haben – wie viele Stunden haben Sie dann insgesamt etwa geübt?« Das Ergebnis ist verblüffend:

> »Die Angehörigen aller drei Gruppen hatten mehr oder weniger im gleichen Alter begonnen – nämlich mit etwa fünf Jahren. Anfangs hatten alle mit rund zwei oder drei Stunden pro Woche etwa gleich viel geübt.
> Doch im Alter von acht Jahren ergaben sich die ersten erkennbaren Unterschiede. Die Studenten, die heute zur Gruppe der Besten gehörten, begannen intensiver zu üben als die anderen; im Alter von neun Jahren etwa sechs Stunden, im Alter von zwölf etwa acht, im Alter von 14 rund 16 Stunden pro Woche und so weiter, bis sie im Alter von 20 Jahren mehr als 30 Stunden pro Woche übten mit dem erklärten Ziel, ihr Spiel zu verbessern.
> Im Alter von 20 Jahren hatten diese Elitemusiker/innen insgesamt rund 10 000 Stunden geübt. Im Gegensatz dazu kamen die ›guten Studierenden‹ nur auf etwa 8 000 Stunden Spielpraxis und die künftigen Musiklehrer/innen auf knapp über 4 000.« (Gladwell 2009, S. 39)

Auch der Vergleich von Amateur- und Profipianist(inn)en ergab das gleiche Muster: Amateure übten in ihrer Kindheit nie öfter als dreimal pro Woche und hatten im Alter von 20 Jahren rund 2000 Stunden Übungspraxis. Die Profis hatten dagegen Jahr für Jahr mehr geübt und kamen – genauso wie die Geiger – im Alter von 20 Jahren auf etwa 10000 Stunden. Das Erstaunliche ist, dass Ericsson und seine Kollegen nirgends auf »Naturtalente« stießen, die mühelos und mit einem Bruchteil der Übungszeit an die Weltspitze vorgestoßen wären.

Fazit: »Die Untersuchung lässt den Schluss zu, dass Musiker, die den Aufnahmeanforderungen eines renommierten Konservatoriums genügen, sich lediglich darin unterscheiden, wie viel sie arbeiten. Das ist alles« (Gladwell 2009, S. 39). Die Spitzenmusiker übten nicht mehr, sie übten sehr viel mehr!

Diese These wird – wie Gladwell anführt – durch den Neurologen Daniel Levitin unterstützt, der Experten untersucht hat und zu einem ähnlichen Schluss kommt: »Diese Untersuchungen zeigen, dass 10000 Übungsstunden erforderlich sind, um sich dieses hohe Maß an Kompetenz zu erarbeiten, das man von Experten von Weltrang erwartet, und zwar auf jedem Gebiet. [...] Egal ob es sich um Komponisten, Basketballspieler, Romanautoren, Schlittschuhläufer, Konzertpianisten, Schachspieler oder Verbrechergenies handelt, sämtliche Untersuchungen kommen immer wieder auf diese Zahl. [...] Das trifft übrigens auch auf Menschen zu, die wir – wie z. B. Mozart – für Wunderkinder halten« (Gladwell 2009, S. 40).

Nur zwei Einschränkungen müssen gemacht werden: Es gibt den Unterschied, dass manche Menschen mehr von Übung profitieren als andere und dass manche Menschen mehr Lust haben zu üben. Die Ursachen sind noch unklar. Was bedeutet das für Erziehung und Unterricht?

Energie, Leidenschaft und Liebe zur Sache

Wir brauchen weniger Lehrer/innen, die auf äußerliche Disziplin setzen und ihre Schüler/innen darauf trimmen, fremdbestimmte Anforderungen zu erfüllen, sondern eher solche, die in den Kindern die Liebe zu einer Sache, die sie wirklich begeistert, fördern. In Übereinstimmung mit vielen Forschern kommt Gladwell in seiner Analyse von »Überfliegern« zum Schluss, dass Talent letztlich eine Erscheinungsform von Liebe sei – Liebe zu einem Gegenstand.

Erneut scheint hier Deweys Glücksformel auf: Lern- bzw. Schulglück besteht – wie wir gesehen haben – darin, einen persönlich bedeutsamen Gegenstand zu finden und die damit verbundenen Tätigkeiten ausüben und entwickeln zu können. Bestätigt wird diese Formel übrigens auch durch die Interviews, die Mathias Köthe in seiner Untersuchung »Leidenschaft siegt« (2006) vorstellt: Er hat Prominente aus unterschiedlichsten Bereichen zu den Quellen ihrer Leistung befragt und bestätigt Gladwells Thesen ebenso wie die Dewey'sche Glücksformel: »Jede großartige Leistung beginnt damit, dass jemand erkannt hat, was er tatsächlich will. [...] Nur so kann eine Berufung zum Beruf werden« (Köthe 2006, S. 65). »Erfolgreiche Menschen«, so zieht er die Quintessenz seiner Interviews, »haben ihren zentralen Lebenstraum zum Beruf gemacht« (Köthe 2006, S. 15).

Statt Heranwachsende an äußerliche Anforderungen anzupassen, müsste es also darum gehen, sie darin zu unterstützen, ihren Lebenstraum zu entdecken und zu formulieren. Dies betrifft nicht nur Schüler/innen, sondern auch Studierende, weswegen wir mit unserem weiter unten vorgestellten »Art-Coaching« ein Verfahren zur Entdeckung der eigenen Berufung entwickelt haben. Wer die Berufung zum Lehrersein nicht verspürt, sollte sich eine andere Aufgabe suchen, denn sonst wird er unglücklich oder endet – wie zu viele – im Burnout. Einer von Köthes Interviewpartnern, der Bergsteiger Reinhold Messner, hatte das Glück, seinen Irrtum rechtzeitig zu erkennen:

> »Nur war mein Weg des geringsten emotionalen Widerstandes die Bergsteigerei und nicht ein ereignisarmes bürgerliches Leben in meinem ursprünglichen Beruf als Lehrer. Schon während des Studiums war ich völlig unglücklich, weil ich stets das Gefühl hatte, ich versäumte mein Leben.« (zit. nach Köthe 2006, S. 23)

Und noch etwas muss dazukommen, worauf der Topsportler Christian Keller im Interview hinweist:

> »Um richtig erfolgreich zu sein, ist Leidenschaft nötig – und zwar wörtlich: weil Leidenschaft ›Leiden schafft‹. [...] Aber das ist es eben: Wenn das Feuer da ist, wenn die Flamme noch brennt, dann zieht man sein Vorhaben auch konsequent durch.« (zit. nach Köthe 2006, S. 27)

Jenen – letztlich gescheiterten – Pädagogen die das populäre Lob der Disziplin singen, setzt Köthe (2006, S. 28) die Einsicht entgegen: »Wer Selbstdisziplin üben muss, ist (noch) nicht richtig motiviert. Denn Disziplin ist lediglich die Antwort auf die Frage: Wie wichtig ist mir das, was ich erreichen will?«

Entscheidend sei der Grad der Emotion, wenn man so will, der »somatische Marker«, der mit einem Wunsch verbunden ist. Je intensiver unser Gefühl mit einem Ereignis verbunden ist, desto leichter greifen wir darauf zurück. Offenbar haben einige Personen – wie der von mir bereits zitierte John Lennon – das Glück, dass sie früh erkennen, wohin es sie zieht. Auch dem Popmusiker Udo Lindenberg erging es so. Er sagt: »Im Alter von elf Jahren habe ich meine musikalische Passion entdeckt. [...] Das Schlagzeug war meine erste große Liebe« (Köthe 2006, S. 32).

Schule reagiert bislang zu unflexibel auf die Erkenntnis der zentralen Bedeutung von »Neigungen« und drangsaliert viel zu viele Schüler/innen mit einem Standardprogramm, das ihnen nicht nur nichts bringt, sondern sie auch an der Verfolgung ihrer Berufung hindert. Weder verfügt die Mehrzahl unserer Schulen über Verfahren zur Neigungs- bzw. Begabungserkennung noch über ein systematisches Programm, »Begabungen« und Leidenschaften zu fördern. Im Rahmen eines Projektes zur Hochbegabtenförderung in Zusammenarbeit mit der Karg-Stiftung haben wir deshalb im Rahmen unserer Schulentwicklungswerkstätten einen Begabungs- bzw. Neigungsfragebogen für alle Schüler/innen eingesetzt. Denn bei der Begabungsförderung geht es vor allem darum, früh ein Gespür für »somatische Marker« zu entwickeln, für anziehende innere Bilder und Gefühle, die einem den Weg weisen. Personen, die gelernt haben, darauf zu achten, und die für sie optimale Tätigkeit ausüben, sind in der Lage, selbst noch aus einem 16-Stunden-Tag Kraft zu ziehen. In diesem Sinne zitiert Köthe Louis Pasteur, der rückblickend sagte: »Ich käme mir vor, wie ein Dieb, wenn ich einen Tag verlebt hätte, ohne zu arbeiten.« Und Manfred Lautenschläger, der Gründer des Finanzdienstleisters MLP, sagt:

> »Meine Arbeitstage haben durchaus 16 Stunden betragen. Aber das waren für mich 16 Stunden Spaß. [...] Meine Unternehmensidee, MLP, ist rein spaßgetrieben. [...] Persönliche Spitzenleistungen sind nur möglich, wenn Arbeit Spaß macht.« (zit. nach Köthe 2006, S. 44)

Diese Einsichten sind nicht neu, und es fragt sich, warum sie in unserem Bildungssystem so wenig Berücksichtigung finden. Schließlich wusste schon Aristoteles: »Glück ist die Folge einer Tätigkeit.« »Arbeitsbelastung«, sagt der Politikberater Bernd Rürup, »spüren wir nur, wenn wir Arbeitsleid empfinden. Und ich empfinde nicht Arbeitslast, sondern Arbeitslust« (zit. nach Köthe 2006, S. 46).

Diese ausgewählten Zitate genügen für unseren Zusammenhang. Wer mehr Belege benötigt, der findet bei Köthe reichhaltiges Material. Ich wende mich jetzt einem weiteren Aspekt zu, der sich aus dem Bisherigen ergibt:

> Wenn das Erkennen der eigenen Berufung ein Schlüssel zum Glück ist, warum entdecken dann so wenige Kinder ihre Berufung in der Schule?

Äußerliche Belohnungssysteme verhindern Glück

Mit der Schule beginnt – nach Meinung des Volksmunds – nicht von ungefähr der Ernst des Lebens. Zunächst freuen sich die meisten Kinder noch auf den Schulbeginn, was sich allerdings für viele schnell ändert, wenn sie bemerken, wie sie permanent bewertet und oft auch abgewertet werden. Auf die Kritik an der Notengebung entgegnen viele Lehrer/innen und Eltern, dass Kinder ja Noten haben wollten. Das stimmt mit einer Einschränkung: Kinder nehmen sehr genau wahr, was die Normen der Leistungsgesellschaft sind, und deshalb wollen sie auch in der Währung bezahlt werden, die gesellschaftlich zählt: Noten. Allerdings gehen sie davon aus, dass sie gute Noten bekommen, denn bisher haben ja ihre Eltern meist ihre Leistungen bewundert – jedenfalls in unterstützenden Elternhäusern.

Dass in der Schule andere Spielregeln gelten, lernen sie – wie Untersuchungen zeigen – schnell. So haben bis zur dritten Klasse – laut einer Befragung von Christina Krause (Krause/Wiesemann/Hannich 2004) – bis zu einem Viertel aller Grundschüler/innen ein »negatives Schulselbst« ausgebildet, weil sie erfahren haben, dass ihre Leistungen nichts zählen. Aber auch den anderen, besser angepassten Schüler/innen, ergeht es nicht viel besser, denn sie haben früh gelernt, sich an äußerlichen Belohnungen zu orientieren. Viele verlieren dadurch das Interesse an der Sache, werden inhaltsgleichgültig und bemühen sich, den Anforderungen ihrer Lehrer nachzukommen.

Die Spitze dieses Eisberges erleben wir zurzeit an der Universität, wo sich immer mehr Studierende aufgrund der zunehmenden Verschulung durchaus clever daran orientieren, wo sie am einfachsten die geforderten Credit Points erringen können. Viele merken gar nicht, dass sie sich damit selbst schädigen, weil ihre Interessen verkümmern und sie sich eine schon in der Schule angelegte Strategie der oberflächlichen Anpassung zulegen. Was Bernfeld schon in den 1920er-Jahren beschrieben und Jürgen Zinnecker 1975 als »heimlichen Lehrplan« der Schule bezeichnet hatte, taucht im Gefolge des PISA-Drucks und der Bologna-Reformen in verschärfter Form wieder auf.

Es gibt durchaus Lehrer/innen, die gegen diese bildungsfeindliche Verbiegung schulischen Lernens angehen und auf dem Schulglück ihrer Schüler/innen beharren. So ging unlängst der Fall der bayerische Grundschullehrerin Sabine Czerny durch die Presse, die sich weigerte, das leistungs- und motivationsfeindliche Bewertungsspiel mitzumachen und zum Befremden der Schulbehörde allen ihren Schülerinnen gute Zensuren gab. Noten, sagt sie, seien ein Übel, denn sie verführten Eltern und Lehrer/innen dazu, Druck auszuüben, und behinderten damit das Lernen vieler Schüler/innen.

Wie reagierten die bayerischen Schulbehörden auf diese engagierte Pädagogin, die nach Aussage von Gutachtern einen exzellenten Unterricht abhielt und ihren Schüler/innen nur gute bis sehr gute Noten gab? Sie wurde strafversetzt mit der Begründung, sie haben den Schulfrieden gestört. Czerny scherte mutig aus einem System aus, das der Bildungsjournalist Christian Füller treffend charakterisiert:

> »Der Notenschnitt ist im Lehrerkollegium das Maß der Dinge. Geht ein normal begabtes Kind mit ein paar Mathe-Überfliegern in eine Klasse, hat es schlechte Karten. Die Arbeit kippt eher in Richtung Vier als hinauf zur Drei. Sitzen aber in den Bänken links und rechts nur Rechen-Luschen, kann derselbe mittelprächtige Grundschüler schon mal mit einer Zwei glänzen. Es gilt: Der Schnitt muss stimmen. Gerecht ist das nicht, aber das System ist unerbittlich. Und wehe, jemand versucht auszuscheren.« (Czerny 2009)

Anders als in den anderen Klassen hatten Czernys Schüler/innen einen Notendurchschnitt von 1,8, was die Schulbehörde beunruhigte – im Gegensatz zu den Eltern, von denen viele sagten: »Wegen Sabine Czerny geht mein Kind wieder gern in die Schule!« Füller fragt Czerny, was sie anders mache. Ihre Antwort benennt zugleich Elemente, die unverzichtbar sind für die Ermöglichung von Schulglück:

> »Ich mache nicht so viel anders. Alles, was ich tue, ist, Kindern Sicherheit zu geben. Das ist das Allerwichtigste. Sie trauen sich dann schnell selbst etwas zu, wollen mehr wissen und lernen viel leichter. Erfolgserlebnisse motivieren Kinder – und sie strengen sich weiter an. In der Schule kommen aber bald viele Prüfungen und Tests auf sie zu. Dafür brauchen sie Sicherheit.« (Czerny 2009)

Ihre weiteren Ausführungen zeigen, dass die Schulbehörde besser daran getan hätte, diese sensible Pädagogin zur Leiterin einer Modellschule zu befördern, die zeigen könnte, was Lehrer/innen und Schulen leisten können, die ihre Schüler/innen ermutigen statt abwerten. Wie ihre Ausführungen zeigen, ist Czerny mit ihrem Vorgehen auf der Spur einer Positiven Pädagogik, die Kinder – gleich welcher sozialen Herkunft – einen Zipfel des seltenen Schulglücks erhaschen lässt. Dabei wehrt sie sich gegen eine simple Lehrerschelte und verweist darauf, dass die wenigsten Lehrer/innen beabsichtigen, ihre Schüler/innen zu verunsichern:

> »Nein, die Lehrer tun das auch nicht. Aber die Bewertungen und Noten, die sie erteilen müssen, schaffen viel Unsicherheit bei den Kindern. Eine schlechte Note trifft ein Kind ins Mark. Es verletzt sein Selbstbewusstsein. Wissen Sie, für Kinder ist es nicht so schlimm, wenn sie etwas nicht verstehen. Kinder sind von einer Welt umgeben, die sie noch kaum durchschauen. Aber das schaffen sie Schritt für Schritt, durch Neugier – und Sicherheit. Nur was Kinder gar nicht wollen, ist, etwas falsch zu machen. Das verunsichert sie zutiefst. Das Bewerten und Fehlersuchen, das Bloßstellen und Herabwürdigen macht sie schwach. Das Prinzip ist klar.« (Czerny 2009)

Füller fragt weiter, was diese Einsichten für die Gestaltung des Unterrichts bedeuteten. Ihre Antwort bestätigt nicht nur Einsichten der Gestaltpädagogik, sondern auch Aussagen, die ich in den letzten 20 Jahren in einer Vielzahl von Schulentwicklungswerkstätten von Lehrern, Eltern und Schülern zu Prinzipien einer »guten Schule« gehört habe:

> »Für kleine Kinder muss Schule im Prinzip erst einmal nur schön sein. Ich will mit den Kindern eine Gemeinschaft leben. Ich will genug Zeit haben, um eine Beziehung zu ihnen aufzubauen. Jedes Kind soll seinen Platz bekommen. Wir dürfen nicht vergessen, dass wir es mit Sechsjährigen zu tun haben, die teilweise ihren Hosenstall nicht allein aufbekommen. Wenn ein Kind aus welchem Grund auch immer weint, würde ich die Atmosphäre völlig vergiften, wenn ich einfach weiter Unterricht machen würde. Wenn etwas nicht stimmt, muss ich mich darum kümmern.« (Czerny 2009)

Füller: »Lernen geht eher nebenbei.«

> »Ja, aber es kommt wie von alleine, wenn die Kinder sicher sind. Jeder Schüler, jeder Mensch braucht die Überzeugung ›Ich kann das!‹ Also werde ich jedem Kind sein Selbstwertgefühl geben. Und wenn ich weiß, dass ein Kind etwas nicht kann, dann werde ich einen Teufel tun, ihm die Frage danach zu stellen. Dann nehme ich eben ein anderes Kind dran. Kinder lernen durch das Nachahmen und das Beobachten. Wenn ein Kind etwas nicht verstanden hat, hat es das noch nicht oft genug gesehen. Daher mache ich viel vor.

Ich mache viel Stationenlernen und Werkstätten. Dennoch sieht mein Unterricht generell nicht viel anders aus als der an Regelschulen. Ich finde, dass sich das Lernen schrittweise öffnen muss – je älter das Kind wird. In alternativen Schulen, die keine so strenge Leistungsbeurteilung betreiben müssen, ist das einfacher. Aber wenn wir – wie es in Bayern der Fall ist – so früh Leistung bewerten, hat für mich Sicherheit den Vorrang.« (Czerny 2009)

Füller: »Soll das heißen, dass Noten in Ihren Augen das zentrale Problem der Schule darstellen?«

»Ja, sie sind ein Übel. Jeder, der sich einmal mit Noten beschäftigt hat, weiß, dass Noten fast nichts über ein Kind aussagen. Sie haben nichts mit seinen Kompetenzen zu tun, sie stehen mit seinen Leistungen in keinem Zusammenhang. Sie sagen lediglich etwas über ein bestimmtes Kriterium, das wir relativ willkürlich wählen. Im Grunde behindern Noten das Lernen. Wir geben Kindern also schlechte Noten – obwohl sie es könnten. Das System zwingt uns, Schüler zu demotivieren.« (Czerny 2009)

Ohne Noten zum Schulglück?

Ist diese engagierte Lehrerin ein Utopistin, die anders als Friedman nicht verstanden hat, wie unsere Leistungsgesellschaft funktioniert, und hat die bayerische Schulbehörde sie deshalb zu Recht in die Schranken gewiesen? Schließlich zielt doch die gesamte Notengebung darauf ab, Schüler/innen Anreize zu geben und eine Bestenauslese vorzunehmen, auf die eine moderne Gesellschaft nun mal angewiesen ist.

Wissenschaftliche Einsichten sprechen gegen diese These. Wie bereits erwähnt hat schon in den 1970er-Jahren Karlheinz Ingenkamp in seinem Klassiker »Die Fragwürdigkeit der Zensurengebung« (1974) nachgewiesen, dass Ziffernzensuren nur eine sehr begrenzte Aussagekraft haben und häufig die Leistungen von Schüler/innen nicht angemessen wiedergeben. Seitdem sind seine Erkenntnisse in unterschiedlichen Studien immer wieder bestätigt worden, ohne freilich zu bewirken, dass sich an der überkommenen Notenvergabepraxis Grundlegendes geändert hätte. Die pädagogische Leiterin der Laborschule Bielefeld, Heide Bambach, hat schon vor Jahren in ihrem Buch mit dem programmatischen Titel »Ermutigungen. Nicht Zensuren« (1994) Argumente für die Abschaffung von Ziffernzensuren aufgelistet und Alternativen, etwa in Form von verbalen Lernstandsberichten, vorgestellt. Zuletzt hat eine Forschungsgruppe um den Siegener Grundschulforscher Hans Brügelmann 2006 für den Grundschulverband eine wissenschaftliche Expertise zur Problematik der Notengebung erstellt.

Das Fazit der Forscher ist eindeutig. Sie schreiben:

»Ziffernoten sind immer noch die häufigste Form formeller Leistungsbewertung in der Schule. Aber die Forschung zeigt seit Langem: Noten sind nicht in der behaupteten Weise für das Lernen nützlich und sie sind erst recht nicht nötig. Sie betonen einseitig die Bewertungsfunktion – können aber auch diese wegen ihrer mangelnden Aussagekraft, Vergleichbarkeit und Objektivität nicht angemessen erfüllen. Es gibt deshalb keinen Grund, auf ihnen zu beharren, zumal sie darüber hinaus etliche unerwünschte Nebenwirkungen haben. [...] Zu diesen unerwünschten Nebenwirkungen gehört, dass sie die Lernfreude und das Schulglück vieler Schüler zerstören.« (Brügelmann 2006, S. 2)

Die Empfehlung der Forscher ist denn auch eindeutig:

»Eine demokratische Schule hat die Persönlichkeit der SchülerInnen durch Formen der Dokumentation und der Bewertung von Leistung zu achten, die ihre Selbstständigkeit fördern, statt Abhängigkeiten zu verstärken. Einem solchen Verständnis von Schule sind Noten als Belohnungs-/Bestrafungssystem nicht mehr angemessen. Vielmehr ist die Fähigkeit zur Selbsteinschätzung und zum konstruktiven Umgang mit Kritik zu fördern. Hierfür ist eine sachliche Information der SchülerInnen über den individuellen Stand ihrer Lern- und Leistungsentwicklung unerlässlich.« (Brügelmann 2006, S. 2)

Eine veränderte Beurteilungspraxis – das betonen die Forscher – setzt eine veränderte Schulverfassung voraus. So schreiben sie:

»Ziffernnoten sind zu ersetzen durch differenziertere Formen der Dokumentation und der Bewertung von Leistungen. Rückmeldung und Bewertung sind klar zu trennen. Beschreibungen sollen den Leistungsstand bezogen auf konkrete Lernziele und die individuelle Entwicklung darstellen. Das lernförderliche Potenzial differenzierter Rückmeldungen wird in der Praxis aber nur dann zur Geltung gebracht werden können, wenn die entsprechenden Rahmenbedingungen geschaffen werden: vor allem durch eine Verringerung des Selektionsdrucks im Bildungssystem und durch eine fachliche Qualifizierung der LehrerInnen.« (Brügelmann 2006, S. 2)

Wie aber kann der Selektionsdruck in einem nach wie vor hierarchisch organisierten, gegliederten Schulsystem verringert werden, das zudem in einem gesellschaftlichen Umfeld verortet ist, in dem verkürzte Vorstellungen von Möglichkeiten der Leistungssteigerung durch Zielvereinbarungen und leistungsorientierte Bezahlung dominieren? Soziale Netze, das soziale und kulturelle Umfeld, das haben wir bereits gesehen, bestimmen in hohem Maße auch das, was Wirtschaft und Politik, aber auch Eltern, Lehrer/innen und Schüler/innen von Schule erwarten. Die Ermöglichung von Schulglück setzt daher voraus, dass wir – nicht nur die Pädagogen, sondern die Gesellschaft insgesamt – eine neue Vorstellung der Ziele bzw. Werte, denen Schule dienen soll, und neue Formen der förderlichen Leistungsbeurteilung entwickeln.

Leistung und Lohn

Ralf Grötker hat sich mit dem »Lohn-Dilemma«, so der Titel seines Essays von 2008, auseinandergesetzt und stellt die Frage: Was bewirken eigentlich unterschiedlich hohe Gehälter? Bekämen wir bessere Pfleger und Erzieher, wenn wir sie besser bezahlten? Was den Bereich der Lehrertätigkeit betrifft, so legt die PISA-Studie – am Beispiel

Finnlands – nahe, dass Lehrer/innen, die geringer besoldet werden, dennoch überragendes Engagement und überdurchschnittliche Leistungen zeigen können. Aber hohe Bezahlung, darauf weist Grötker hin, kann sogar negative Effekte haben. Bessere Bezahlung könnte dazu führen, dass der Beruf des Krankenpflegers für Menschen attraktiv würde, die nicht die nötige Motivation dafür mitbringen. Geld kann also demotivieren. Margit Osterloh von der ETH Zürich argumentiert in ähnlicher Richtung und warnt vor negativen Folgen von leistungsorientierter Bezahlung und Zielvereinbarungen:

> »Institutionen können sich selbst erfüllende Prophezeiungen in Gang setzen. Wenn Mitarbeiter so behandelt werden, als ob sie nur dann einen Finger krumm machten, wenn andernfalls eine Strafe droht – dann verhalten sie sich auf lange Sicht dementsprechend: Leistungsorientierte Bezahlung kann zum Rückgang von Leistung führen.« (zit. nach Grötker 2008)

Entsprechende Phänomene beobachte ich seit einiger Zeit bei nicht wenigen meiner »bolognaisierten« und modularisierten Studierenden: Auf die Frage, warum sie eine so schlecht gemachte Examensarbeit abgegeben habe, entgegnete mir eine Studentin unlängst: »Die zählt doch nur 10 Prozent.« Hier zeigen sich zwei mögliche Wirkungen äußerlicher Belohnungssysteme: kalkulierter Dienst nach Vorschrift verbunden mit Inhaltsgleichgültigkeit oder gar umfassende Demotivierung. Forscher sprechen vom »Crowding-out-Effekt«, der darin besteht, dass eine zusätzliche Belohnung die ursprünglich vorhandene Motivation zerstören kann. Grötker führt ein eindrucksvolles Beispiel an: In Wolfenschiessen in der Schweiz befürworteten mehr als die Hälfte der Einwohner die Lagerung von Atommüll. Als man den Bürgern eine Entschädigung bot, war es nur noch ein Viertel.

Trotz solcher Einsichten hält sich hartnäckig die in der Bankenkrise auf die Spitze getriebene Ideologie, dass exorbitante Belohnungen nötig seien, um Spitzenleistungen zu ermöglichen. Zu welchen »Spitzenleistungen« die überhöhten Boni führen, haben wir Bürger/innen drastisch erfahren, die wir nun die durch die Krise entstandenen astronomischen Staatsdefizite werden bezahlen müssen. Dabei hätten wir alle klüger sein können. Die von der Mehrzahl der Wirtschaftswissenschaftler vorgetragene These »Wer mehr leistet, soll auch mehr verdienen« erweist sich nämlich bei näherer Analyse als geschickte Interessenverschleierung einer weitgehend unkontrollierten Managerkaste. Grötker (2008) schreibt:

> »In der Theorie bekommt der Vorstandsvorsitzende seine Millionenbezüge auch deshalb, damit sich die anderen anstrengen. Große Unterschiede zwischen den Gehältern sollen einen Wettbewerb entfachen und die Einzelnen zu Höchstleistungen anspornen. Leuchtet ein, oder?«

Lucian A. Bebchuk von der Harvard University und Jesse Fried von der Berkeley University kommen in ihrem Buch »Pay Without Performance«, dem Standardwerk zur variablen Belohnung, zu einem anderen Schluss: »Empirische Untersuchungen haben keinen starken und dauerhaften Zusammenhang zwischen geldwerter Vergütung und der Performance von Managern feststellen können« (Bebchuk/Fried 2004, zit. nach Grötker 2008, S. 62).

Fazit: Was den Zusammenhang zwischen Leistung und Lohn betrifft, haben mehrere Studien nachgewiesen, dass der behauptete Zusammenhang zwischen leistungsorientierter Bezahlung und besseren Ergebnissen reine Ideologie ist – jedenfalls soweit er nicht anstrengende körperliche, sondern komplexere geistige Tätigkeiten betrifft. Ein Grund dafür ist, dass Letztere – worauf ja auch Csíkszentmihályis Flow-Konzept verweist – die Belohnung zu weiten Teilen in sich selbst tragen.

Spitzenlohn ohne Leistung

Was eine Vielzahl von Untersuchungen belegt, hat die Finanzkrise unfreiwillig offenbart: Spitzenlohn ohne Leistung! Entgegen der Behauptung marktradikaler Ideologen, dass Spitzenleistungen nur durch entsprechend besoldete Spitzenkräfte zu erwarten seien, zerstört ein aus dem Ruder gelaufenes Besoldungs- und Boni-System jeglichen Zusammenhang zwischen Lohn und Leistung. So haben in Amerika Bankenchefs das 1 000-Fache des durchschnittlichen Einkommens ihrer Angestellten erhalten, mit dem Ergebnis, dass viele der Beschäftigten arbeitslos wurden, die Manager hingegen gigantomanische Abfindungen kassierten und der Steuerzahler für die durch ihre Inkompetenz entstandenen Schäden in Milliardenhöhe aufkommen musste. Während noch vor einer Generation ein Vorstandschef in Amerika das 30- bis 40-Fache eines Arbeiters verdient hatte, stieg dieser Wert im New-Economy-Boom auf über 500. Doch selbst dieses astronomische Verhältnis genügte nicht. Im Finanzsektor lag und liegt der Wert nach wie vor deutlich darüber.

Diese Fehlentwicklungen haben mindestens zwei Wirkungen: Zum einen werden die Leistungen arbeitender Menschen, etwa in den helfenden Berufen, die oft zu Minilöhnen arbeiten, entwertet, und auf der anderen Seite breitet sich bei vielen Führungskräften ein geldgetriebener Zynismus aus. Ein weiterer Effekt ist, dass das Gerechtigkeitsempfinden in der Gesellschaft und das Ansehen der Führungselite aus Wirtschaft und Politik derart abnehmen, dass letztlich sogar unsere Demokratie gefährdet ist. Nicht wenige, wie der englische Soziologe Colin Crouch, meinen denn auch, wir lebten längst in einer »Postdemokratie«, in der die Bürger/innen ihren Einfluss verloren hätten, da alle wichtigen Entscheidungen durch eine kleine, untereinander vernetzte Oligarchie von wenigen Spitzenkräften aus Politik und Wirtschaft getroffen würden (Crouch 2008). In der Tat: Wie machtlos die Politik gegenüber den Finanzeliten ist, hat der Bankencrash eindrücklich gezeigt.

Für unseren Zusammenhang, nämlich die Beantwortung der Frage, wie ein Lernen organisiert werden kann, das zur Entfaltung eigener Potenziale und damit zum Glück beiträgt, sind die Erscheinungen und Folgen der Finanzkrise insofern wichtig, als sie Einfluss haben sowohl auf die gesellschaftlichen Rahmenbedingungen (Ausgaben für Banken statt für Bildung, gesellschaftlicher Werteverfall und Ähnliches) als auch auf die Vorstellungen davon, was Leistung ausmacht und wie sie gefördert werden kann.

Immerhin hat der dramatische Absturz der Banken im Rahmen der Finanzkrise gezeigt, dass – entgegen den Behauptungen von exorbitanten Leistungssteigerungen – variable Belohnungen gefährliche Nebenwirkungen zeitigen, die mittelfristig nicht nur ein Unternehmen, sondern sogar den Wohlstand und Zusammenhalt der gesamten Gesellschaft gefährden können: Viele ausschließlich geldgetriebene Manager lösen sich nämlich nicht nur von der Realwirtschaft, sondern auch vom Gemeinwohl – indem sie im Bestreben, hohe Leistungen in Form von exorbitanten Gewinnen vorzuweisen, um ihre unverhältnismäßigen Gehälter zu rechtfertigen, Potemkinsche Dörfer in Form von geschönten Bilanzen und verdeckten Risiken bauen. Dass einige nicht einmal mehr bereit sind, Steuern auf ihre ohnehin überhöhten Bezüge zu leisten, indem sie ihr Vermögen auf undurchsichtige Konten in Steueroasen transferieren, wirft ein erschreckendes Licht auf eine moralische Verkommenheit, die nicht ohne Folgen bleibt für das Vertrauen der Bürger/innen und vor allem der heranwachsenden Generation in einen Staat, der ganz offenkundig immer weniger in der Lage ist, für gerechte Verhältnisse zu sorgen.

Inzwischen hat die Tendenz zur Schaffung Potemkinscher Dörfer auch den Bildungsbereich erreicht. Die Übernahme entsprechender Vergütungssysteme hat dazu geführt, dass viele Studierende, aber auch Hochschullehrer/innen, weniger an den Inhalten orientiert sind, sondern dazu getrieben werden, die geforderten Credit Points oder Drittmitteleinwerbungen zu erringen. In einer *außengesteuerten Leistungsgesellschaft* lernt man schnell seine Lektion. So kursieren Vermutungen, die durch erste Stichproben gestützt werden, dass mittlerweile bis zu einem Drittel der Studierendenarbeiten teilweise oder komplett auf Grundlage von aus dem Internet geladenen Texten erstellt werden – Potemkinsche Dörfer auch hier. Was zählt, ist die Anpassung an die Bedingungen des Marktes und die Fähigkeit zur Erzeugung des schönen Scheins, freilich mit unabsehbaren Nebenfolgen:

> Viele Anzeichen deuten darauf hin, dass die neue Form scheinbar effizienten Lehrens und Lernens durch verstärkte Outputsteuerung aufgrund der Zunahme permanenter Prüfungen und des Drucks, überall Punkte zu sammeln, nur oberflächliche Anpassung fördert und nebenbei mehr echte Leistung und Kreativität zerstört als fördert.

Ungelöstes Zurechnungsproblem

Im Wirtschaftsbereich hat sich jedenfalls gezeigt, dass eine Eselspädagogik, die auf Leistung durch immer mehr vorgehängte Karotten setzt, nicht zu besseren Leistungen führt. Margit Osterloh bilanziert im Interview mit Grötker (2008) die Ergebnisse ihrer Forschungen: »Höhere Gehälter von Managern in der Schweiz lassen sich nur in geringem Maße durch die Komplexität der zu bewältigenden Führungsaufgaben und den unternehmerischen Erfolg erklären.« Grötker bilanziert: »Ein Drittel Markt, zwei Drittel Macht – das ist der Kern Ihrer Studie.«

Im Mythos herausragender, von ihrem Umfeld unabhängiger Spitzenleister, das habe ich in meiner Theorie des Kreativen Feldes gezeigt, feiert der überholte Geniemythos fröhlich Urständ. Dabei hat sich längst gezeigt, dass in einer arbeitsteilig organisierten Wissensgesellschaft überragende Leistungen immer auch Ausdruck gelingender synergetischer Zusammenarbeit und Ergebnis der Wirkungen vernetzter sozialer Gruppen sind. Wenn dies zutrifft, dann sind Motivations- und Belohnungssysteme, die Einzelne derart herausheben, kontraproduktiv.

Osterloh verweist denn auch zu Recht auf das ungelöste »Zurechnungsproblem«: Auf wessen Konto eine Leistung oder ein Schaden geht, lässt sich, zumal in unserer fortgeschrittenen Gesellschaft, nur in den seltensten Fällen objektiv bemessen – eine Lücke, die sich zynischerweise einige Bankmanager nun erneut zunutze machen, indem sie jede Schuld am Zustandekommen des Desasters weit von sich weisen. Aber das Problem der Zurechnung greift weiter.

Leistungsbezogene Bezahlung verhindert Innovation

»Vor allem dort, wo es um radikale Innovation geht«, sagt Osterloh, »versagt die leistungsbezogene Bezahlung« – weshalb sie die gegenwärtigen Bemühungen um leistungsorientierte Entlohnung, wie sie sie selbst gerade im von der »Evaluitis« geplagten Wissenschaftsbetrieb erlebt, für kontraproduktiv hält (Grötker 2008).

In Teams wird es besonders kniffelig. Gehaltsdifferenzen, die als Ansporn eingesetzt werden, können nur allzu leicht den Neid beflügeln und so in der Gesamt-Teambilanz negativ zu Buche schlagen. Eine Bedingung für erfolgreiche Arbeit in kreativen Teams, das habe ich in meinen Büchern »Die Individualisierungsfalle« (Burow 1999) und »Ich bin gut – wir sind besser!« (Burow 2000) gezeigt, ist das Prinzip gleicher oder zumindest gerechter Belohnung. Stars vergessen oft, dass sie nicht nur eine Mannschaft brauchen, sondern auch ein Netzwerk, eine soziale Umgebung, die sie anregt, unterstützt und ihre Ergebnisse schätzt. Besonders anschaulich ist dieser Zusammenhang im Fußball.

So hat der Ökonometrie-Experte Frey (Ökonometrie meint die Untersuchung menschlichen Verhaltens aufgrund statistischer Daten) anhand der Leistungen von 1 040 Bundesligaspielern herauszufinden versucht, wie sich Gehaltsunterschiede auswirken. Ergebnis: Die individuelle Leistungsbereitschaft hing stark davon ab, wie viel der einzelne Spieler im Vergleich zu seinen Kollegen verdiente. Jene Spieler, die ein geringeres Einkommen hatten als der Durchschnitt ihrer Mannschaft, erbrachten deutlich weniger Leistung als solche, die mit dem gleichen absoluten Gehalt in anderen Mannschaftskonstellationen spielten (Frey/Frey-Marti 2010).

Darüber hinaus ließ sich beobachten, dass selbst die Leistung von Stars mit überdurchschnittlichem Einkommen durch hohe Differenzen im Team gemindert wurde –

vermutlich durch die schlechten Vorlagen der demotivierten Kollegen. (Hier werden meine Thesen bestätigt: Das Kreative Feld funktioniert nur mit einem gewissen Maß an Gleichberechtigung. Der Star braucht seine Mannschaft!)

Freys Fazit: Ein im Vergleich zu den Kollegen geringeres Einkommen bewirkt verminderte Leistung – und spornt nicht an. Konsequenz: Zumindest in Unternehmen mit einer breiten Palette von Produkten und Dienstleistungen führt ein geringeres Ausmaß an Lohnunterschieden zu besserer Teamleistung – und umgekehrt eine steilere Gehaltsleiter zu schlechterer Kooperation.

Man kann es also drehen, wie man will: Erfolgsorientierte Bezahlung führt offenbar auf unterschiedliche Weise dazu, dass Leistungsbereitschaft sinkt, die Innovationen abnehmen und die Kooperation leidet. Überträgt man diese Erkenntnisse auf den Schulbereich und die verfehlte Praxis der Notengebung, dann wird deutlich, dass es vor allem darum gehen müsste, statt einzelne Spitzenleister einseitig hervorzuheben, intrinsische Motivation und Teamleistungen zu fördern. Eine Schulklasse ist wie eine Mannschaft: Nur gemeinsam kann sie zum Erfolg kommen. Je mehr es den Lehrer/innen gelingt, sie in ein Kreatives Feld gegenseitiger Anregung und Herausforderung zu verwandeln, desto besser werden die Leistungsergebnisse von allen sein.

Glück durch Wertschätzung

Freys Untersuchungen haben gezeigt, dass wir uns mit Belohnungssystemen, die einseitig auf Anerkennung durch Geld setzen, auf dem Holzweg befinden (Frey/Frey-Marti 2010). Erfolgversprechender ist es aus seiner Sicht, wenn wir die Bedeutung des Geldes im Vergleich zu anderen Formen der Wertschätzung verstehen lernten. Offensichtlich überschätzen wir dessen Bedeutung. Die sozialwissenschaftliche Glücksforschung hat ja gezeigt, dass ab einem gewissen Grundeinkommen mehr Geld nicht mehr Zufriedenheit bringt, weil der Neuigkeitswert sehr schnell verpufft und wir auf einem nunmehr erhöhten Niveau – gefangen in einer hedonistischen Tretmühle – weiter den vorgehängten Karotten nachjagen. Doch es scheint andere, vergleichsweise einfache Möglichkeiten der Belohnung zu geben, die uns nicht zu einer Eselskarriere zwingen oder erneut ins Hamsterrad treiben. So verweist Frey auf die erstaunliche Erkenntnis, dass bei Menschen mit hohem wie niedrigem Einkommen Auszeichnungen, Medaillen und Preise eine große Rolle spielen. Studien zeigten: Wer eine Auszeichnung erhält, der arbeitet hinterher besser. Wer leer ausgeht, der arbeitet nicht schlechter.

Hier wird eine Erfahrung bestätigt, die ich in einer Vielzahl von Schulentwicklungswerkstätten immer wieder gemacht habe: Der wichtigste Faktor, um Höchstleistungen zu fördern, ist Wertschätzung. Wertschätzung ist gleichzeitig die Grundlage für die Erfahrung von Glück und sozialem Wohlbefinden am Arbeitsplatz wie in der Schule, denn wer Anerkennung für seine Leistung durch die Gemeinschaft erhält, ist zufrieden und motiviert. Mehr noch, auch wir, die wir nur Zuschauer sind, profitieren davon, insbesondere wenn es sich um eine auch für die Gemeinschaft nützliche Leistung handelt, die ausgezeichnet wird. In diesem Fall gönnen wir den Preis nicht nur den Preisträgern, sondern wir freuen uns mit ihnen. Denn offenbar geht es hier nicht um sinnlose Gier, sondern darum, dass uns jemand beispielhaft zeigt, was man durch eigene Anstrengung erreichen kann. Solche Beispiele lösen unsere Bewunderung aus, ermutigen sie doch zur eigenen Potenzialentwicklung.

Osterloh erläutert im Interview mit Grötker (2008): »Wir behaupten nicht, Geld spielt keine Rolle, aber Märkte können – wie man am Problem der leistungsorientierten Entlohnung sieht – in aller Regel keine sozialen Dilemmata lösen.«

Ein zentrales soziales Dilemma der gegenwärtigen Schule besteht aus meiner Sicht in einer fehlenden Kultur der Anerkennung. Diese Einsicht war ein Grund dafür, dass ich in Modifikation der Zukunftswerkstatt das Verfahren der »Wertschätzenden Schulentwicklung« entwickelt habe. Wie wir im Praxisteil (S. 137) sehen werden, hat sich die Analyse und Wertschätzung dessen, was in einer Schule bereits gelingt, als ein ausgezeichneter Ausgangspunkt für wirksame Schulentwicklung erwiesen.

Ein neuer Leistungsbegriff

Ein Schlüssel für die Ermöglichung des Schulglücks von Lehrer/innen und Schüler/innen besteht in einer Neudefinierung des Leistungsbegriffs. Der Vormarsch der Kreativwirtschaft und die Ausbreitung der globalisierten Wissensgesellschaft erzeugen die Notwendigkeit einer disziplinen- und kulturenübergreifenden Kooperation. Die gleichzeitig fortschreitende Arbeitsteilung und Spezialisierung verschärfen aber die Tendenz zur Fragmentierung, die sich in der schulischen Fächerkultur wie auch in manchen Modularisierungskonzepten an der Universität zeigt.

Mehr denn je stehen wir in der Gefahr, alle unter das Regime eines standardisierten und formalisierten Wissenskanons zu zwingen und damit sowohl die Potenziale des Einzelnen zu übersehen als auch die Motivation zum gemeinsamen schöpferischen Tun zu zerstören. Die entscheidende Frage lautet, wie wir die Leistung des Einzelnen fördern und würdigen und ihn zugleich in ein Team integrieren können. Beides verlangt einen neuen Blick auf Leistung. Wolf Lotter (2008, S. 50–57), der sich mit dieser Frage intensiv auseinandergesetzt hat, fragt uns: »Wie bemessen wir die Leistung von Ideen und Wissen? Was leisten wir da eigentlich? Und wer kann das wie beurteilen?« Er gibt zu bedenken:

> »Obwohl sich die Bedingungen der Leistungserbringung in der Wissensgesellschaft grundlegend gewandelt haben, benutzen wir noch immer die alten Leistungsmessverfahren: Stunde, Menge, Output. Die Kriterien sind Messbarkeit, Kalkulierbarkeit, Berechenbarkeit ohne jede Art von Interpretation. Das funktioniert aber nur, wenn menschliche Leistung wie bei Taylor im Vergleich zur Maschine bemessen wird. In der Physik gilt Arbeit als die Energiemenge, die bei einem Vorgang umgesetzt wird. Die neue Leistung ist nicht einfach über den Kamm zu scheren und durch eine Kraftnorm zu beschreiben. Die neue Leistung verlangt nach exakter Differenzierung.« (Lotter 2008)

Exakte Differenzierung meint aber nicht eine schlichte Quantifizierung, sondern eine auf die konkrete, einmalige Leistung des Individuums zugeschnittene Anerkennung. Im Gefolge der internationalen Schulleistungsvergleichsstudien entsteht aufgrund der quantifizierenden – immer häufiger an Standards orientierten – Vergleichslogik genau die gegenteilige Tendenz: Die besondere Qualität individueller Bildungsprozesse kann durch solche Verfahren nur begrenzt erfasst werden, und ihr Wert wird unterschätzt.

Lotter setzt dem die These entgegen, dass weite Bereiche der in einer Kreativ- bzw. Wissenswirtschaft geforderten Leistungen gar nicht quantifizierbar seien, weil sie einer ganz anderen Logik als der der alten Industriegesellschaft unterlägen:

> »Reine Masse und Kraft führen nicht zwangsläufig zum besseren Ergebnis. Die Idee zu einer genialen Software kann jemand in ein paar Minuten haben, auch wenn die Ausführung einiges an Arbeit abverlangen wird. Doch die Kernleistung liegt ohne Zweifel in der Idee. Nur Schuften: Das ist die Leistungslüge. Wir akzeptieren nicht, dass Wissen viel schneller und viel einfacher zum Ziel führen kann als Schuften und Rackern. Wer schnell zum Ziel kommt, weil er die richtige Idee hatte, ist uns suspekt.« (Lotter 2008)

Wenn Organisationen am alten Leistungsbegriff festhalten – und Schulen, ja sogar Hochschulen, tun genau das –, dann führt das laut Lotter zu den bekannten kontraproduktiven Effekten:

> »Zu Zeitschinden, Bürokratisieren, aber auch zu einem reinen Mengendruck, der den Leistungsbegriff weiter diskreditiert und zu keinem vernünftigen Ziel führt: Man hat von neun bis fünf im Büro zu sitzen. Wer das Problem schneller löst, ist suspekt. Das führt zur der Haltung: ›Wer die Arbeit kennt und sich nicht drückt, der ist verrückt.‹« (Lotter 2008)

In der Tat reagieren Individuen und Organisationen auf solche Formen undifferenzierten Außendrucks mit »innerer Kündigung« oder »institutionellen Abwehrroutinen« wie Chris Argyris detailliert beschrieben hat (vgl. Argyris 1997), ganz zu schweigen von den gesundheitsschädigenden Wirkungen. Genau dies ist die Haltung vieler Schüler/innen und Studierender, die sich Referate komplett aus dem Internet herunterladen und sich nicht selbst mit dem Stoff auseinandersetzen.

Ein Bildungssystem, das sich zu sehr dem *Paradigma des messenden Vergleichs* ausliefert und zu wenig auf individuelle, einzigartige, unverwechselbare Bildungsprozesse setzt, die zunehmend auch im Team entwickelt werden, erzeugt oberflächlich angepasste Absolventen, die den Zugang zu den Quellen ihrer Kreativität verloren haben und zu Leistungserbringern standardisierter Wissensbruchstücke degenerieren – womit wir wieder beim fehlenden Lern- bzw. Schulglück wären, denn eine entscheidende Ursache für diese Degeneration ist die *Trennung von Leistung und Lust*.

Abschied von der Eselskarriere

Echte Leistungsträger verbinden dagegen Leistung und Lust, wie Csíkszentmihályi mit seinen Untersuchungen zum Flow belegt und Köthe mit seinen Interviews illustriert. Sie tun, was sie tun, so gern, dass es ihnen gar nicht auffällt, wie sehr sie sich dafür anstrengen. Zielvereinbarungen – das haben Osterloh und Frey belegt – verzerren dagegen oft den Charakter der erwünschten Leistung. Die Folgen einer solchen Zielverschiebung hat Rüdiger Hossiep von der Universität Bochum für den Unternehmensbereich untersucht:

> »Die Energien der Mitarbeiter kreisen oft nur noch darum, zu dokumentieren, welche Leistungen sie erfüllt haben: dass sie in einer Woche 200 Telefonate geführt oder 20 Staubsauger verkauft haben. Man konzentriert sich auf die Dokumentation von Leistungen und nicht auf die Leistung selbst.« (Hossiep 2009, S. 71)

Auf den Einwand, die Mitarbeiter könnten doch Prioritäten setzen, erwidert er:

> »Ja, aber das System der Zielvereinbarungen spült tendenziell die falschen Leute nach oben: die im System besonders gut funktionieren. Letztlich ist das eine Eselskarriere: Vorn wird die ›System-Rübe‹ hingehalten und hinten die Peitsche. Mit Malus-Systemen wird das Ganze übrigens noch schlimmer. Belohnungs- und Sanktionssysteme zielen auf extrinsische Anreize. Nicht die Aufgabe steht im Zentrum, sondern die Jagd nach Belohnungen.« (Hossiep 2009, S. 71)

Auf die Frage, was nach seinen Untersuchungen die Alternativen seien, gibt er eine Antwort, die sich mit den Einsichten aus unseren Schulentwicklungswerkstätten deckt: »Dinge wie Verständnis, Glaubwürdigkeit und Vertrauen sind der Schlüssel zur Führung. Die kann ich nicht als Technik einführen und im Crashkurs lernen« (Hossiep 2009, S. 71). Die auch auf Schule und Unterricht übertragbare Quintessenz seiner und unserer Überlegungen bringt Hossiep in unübertrefflicher Weise auf den Punkt, in Sätzen, die in jedem Lehrerzimmer hängen sollten:

- ➜ Gute Führung fängt da an, wo Zählen, Wiegen und Messen aufhört.
- ➜ Wenn die innere Motivation erst einmal zerstört ist, lässt sich das nur sehr schwer umkehren. Sie können aus einer Fischsuppe kein Aquarium machen!

Schulglück durch den Aufbau einer »salutogenen Organisation«

»Das Gras wächst auch nicht schneller, wenn man dran zieht«, lautet eine alte Einsicht, die wir auf die Organisation von Lehr- und Lernprozessen sowie auf Konzepte von Führung übertragen sollten. Die Hirnforschung hat mit ihren bildgebenden Verfahren gezeigt, was im Gehirn geschieht, wenn wir den Druck erhöhen: Die Frontallappen, in denen die höheren Hirnfunktionen lokalisiert sind, werden rot – was Blockierung anzeigt. Unter Angst und Stress bei Überforderung oder drohendem Kontrollverlust greifen wir, so der Göttinger Hirnforscher Gerald Hüther, auf unsere archaischen Notfallprogramme zur Abwehr drohender Gefahren zurück: Flucht, Angriff oder Totstellreflex. Während Flucht oder Angriff immerhin noch geeignet sind, unsere Spannungen zu kanalisieren, erweist sich der Totstellreflex, jedenfalls wenn er über längere Zeit anhält, als extrem gesundheitsschädigend.

Zu viele Lehrer/innen und Schüler/innen – das wissen wir inzwischen – sind durch die Art unseres gegenwärtigen Schulemachens in gesundheitsgefährdendem Ausmaß belastet, nicht wenige permanent auf der Flucht, und zu viele haben das Gefühl, die Kontrolle verloren zu haben. Wenn Lehrer/innen und Schüler/innen die Schule zu selten als Ort des Wohlbefindens erfahren, dann sind vergleichsweise schlechte Leistungsergebnisse keine Wunder. Hier zeigt sich: Mit unserer einseitigen Fixierung auf Leistungsmessung wählen wir den falschen Ansatz, um Schule zu entwickeln. Viel wichtiger wäre es, die Frage zu stellen, wie wir eine Schule entwickeln können, in der sich Lehrer/innen und Schüler/innen gleichermaßen wohlfühlen und das Glück gemeinsamen Lernens und Entwickelns erfahren. Wenn wir solche Bedingungen schaffen, dann – davon bin ich überzeugt – werden sich Spitzenleistungen quasi als Nebeneffekt einstellen. Darauf deuten auch die bereits erwähnten Forschungen Csíkszentmihályis zum Flow und Köthes Interviews hin.

Meine These: Bedeutender als das vergleichsweise mittelmäßige Abschneiden deutscher Schulen im Rahmen internationaler Schulleistungsvergleichsstudien sind die immer wieder bestätigten Befunde zum bedenklichen Gesundheitszustand von Lehrer/innen *und* Schüler/innen (!), die darauf hindeuten, dass Schule Lehrer/innen und Schüler/innen einseitig belastet und so viel zu oft zu einem Ort subjektiv erfahrenen Missbehagens oder gar Unglücks wird.

Warum sind 60 Prozent der Lehrer/innen gesundheitlich belastet?

So hat die viel zitierte »Potsdamer Lehrerstudie« von Uwe Schaarschmidt (2005) zutage gefördert, dass ca. 60 Prozent aller Lehrer/innen gesundheitlich gefährdet sind, weil sie den in der Studie herausgefunden Risikomustern »Verausgabung« und »Resignation« unterliegen. Von Überengagement bei verminderter Widerstandskraft, geringer Distanzierung und schwachem Lebensgefühl bis hin zu Resignation, verminderter Belastbarkeit bei reduziertem Engagement reichen die erhobenen Muster selbstschädigenden Verhaltens. Unüblich hohe Erkrankungszahlen und Frühpensionierungsraten zeichnen den Berufsstand aus. Hans-Günter Rolff, Gründer und langjähriger Leiter des Dortmunder Instituts für Schulentwicklungsforschung, resümiert: »Lehrer stellen die größte akademisch ausgebildete Berufsgruppe in Deutschland dar. Keine andere Berufsgruppe des öffentlichen Dienstes weist so hohe Frühpensionierungsquoten auf wie die der Lehrer« (Rolff 2009). Wer lässt sich schon freiwillig frühpensionieren, wenn er einen Arbeitsplatz hat, an dem er Glück und Erfüllung erlebt? Offenbar ist für viele das Gegenteil der Fall.

Doch nicht nur viele Lehrer/innen leiden unter der Schule, vielen Schüler/innen geht es ähnlich. Wie Christina Krause von der Universität Göttingen herausgearbeitet hat (Krause/Wiesemann/Hannich 2004), entwickelt bis zu einem Viertel aller Grundschüler/innen bis zum dritten Schuljahr ein »negatives Schulselbst«. Sie haben erfahren, dass ihre Leistungen abgewertet werden. Die Freiburger Schulstudie von Joachim Bauer (2004b) gab Hinweise, dass darüber hinaus bis zu 49 Prozent der untersuchten Schüler/innen gesundheitlich belastet sind, wobei Leistungsdruck und Bewegungsmangel neben unzureichender individueller Förderung zu den Hauptbelastungspunkten gehören. Was aber sind Kernpunkte schulischen Wohlbefindens und Glücks?

Was ist Glück?

Philipp Mayring, der eine umfassende Übersicht über Glücksdefinitionen vorgelegt hat, kommt in seiner Analyse (Mayring 2007) zu dem Schluss, dass die Kategorie »subjektives Wohlbefinden« als übergeordneter Begriff am besten geeignet sei, Glück zu messen. In der psychologisch-sozialwissenschaftlichen »Wohlbefindensforschung« konzentriert man sich demnach auf vier entscheidende Faktoren:

- ➜ Glück als intensives, emotional positives Erlebnis, die ganze Person erfassend, überdauernd, sich im Lebenslauf entwickelnd;
- ➜ Zufriedenheit als eher kognitive Einschätzung des eigenen Lebens als positiv, auf diversen Vergleichsprozessen (eigene Ansprüche, sozialer Vergleich) beruhend;
- ➜ Freude als emotionaler Zustand des Sich-gut-Fühlens, eher kurzfristig, an konkrete Situationen gebunden;
- ➜ Belastungsfreiheit als angenehmer Zustand der Unbeschwertheit und Entspannung, auf der Einschätzung der Abwesenheit von negativen Befindensfaktoren beruhend (Mayring 2007, S. 190).

Die Frage stellt sich: Wie können wir Rahmenbedingungen schaffen, die das Auftreten dieser Formen des Glückserlebens auch in der Schule wahrscheinlicher machen?

Warum macht Stress manche Personen krank und warum bleiben andere gesund?

Hilfreiche Hinweise über das bisher Gesagte hinaus kann uns das von dem israelischen Soziologen Aaron Antonovsky entwickelte Konzept der »Salutogenese« geben. Ausgangspunkt war eine medizinsoziologische Untersuchung, die sich 1970 eigent-

lich mit der Adaption von Frauen an das Klimakterium befassen sollte. Im Nachhinein löste diese Studie Antonovskys Wende von der pathogenetischen zur salutogenetischen Perspektive aus, und dieser Paradigmenwechsel entstand – wie so oft in der Forschung – durch einen Zufall.
Aus einem Grund, an den sich Antonovsky nicht mehr erinnern konnte, enthielt der Fragebogen eine simple Ja/Nein-Frage zum Aufenthalt in Konzentrationslagern. Die Auswertung der erhobenen Daten ergab ein überraschendes Ergebnis: 29 Prozent einer Gruppe von Überlebenden des Konzentrationslagers wurde eine »gute psychische Gesundheit« (Antonovsky 1997, S. 15) zuerkannt. Wie konnte es sein, dass die Personen dieser Gruppe den absolut unvorstellbaren Horror des Lagers so unbeschadet überstanden hatten? Andererseits zeigten Daten, »dass sich zu jedem beliebigen Zeitpunkt wenigstens ein Drittel und mit einer guten Wahrscheinlichkeit die Mehrheit der Bevölkerung einer jeden modernen Industriegesellschaft in einem – nach diversen vernünftigen Definitionen – morbiden pathologischen Zustand befindet. Krankheit ist somit keine relativ seltene Abweichung« (ebd.).

Der springende Punkt ist nun, dass sich Antonovsky angesichts solcher Daten nicht mit der traditionellen pathologischen Orientierung zufriedengab, die ihre Energie darauf richtet zu erklären, warum Menschen krank werden – er wählte eine andere Perspektive und eine andere Frage: »Warum befinden sich Menschen auf der positiven Seite des Gesundheits-Krankheits-Kontinuums oder warum bewegen sie sich auf den positiven Pol zu, unabhängig von ihrer aktuellen Position?« (ebd.). Mit anderen Worten: Warum macht Stress manche Personen krank und warum bleiben andere gesund oder empfinden die Belastung gar als zu bewältigende Herausforderung?

Als Ergebnis seiner jahrzehntelangen Forschungen definierte Antonovsky das Konzept der Salutogenese. Demnach zeichnen sich Personen, die Stress positiv bewältigen, dadurch aus, dass sie über einen besonderen »sense of coherence« (SOC), ein Gefühl der Kohärenz verfügen. Dank dieses Kohärenzgefühls gelingt es ihnen, belastende Situationen in einer Art und Weise zu sehen, die sie vom Stress, den andere in der gleichen Situation empfinden, befreit. Ihre besondere Sicht zeichnet sich durch drei Elemente aus, die Antonovsky mit den Begriffen »Verstehbarkeit«, »Handhabbarkeit« und »Bedeutsamkeit« charakterisiert. Antonovskys Definition lautet:

> »Das SOC (›Sense of Coherence‹) ist eine globale Orientierung, die ausdrückt, in welchem Ausmaß man ein durchdringendes, andauerndes und dennoch dynamisches Gefühl des Vertrauens hat, dass
> 1. die Stimuli, die sich im Verlauf des Lebens aus der inneren und äußeren Umgebung ergeben, strukturiert, vorhersehbar und erklärbar sind;
> 2. einem die Ressourcen zur Verfügung stehen, um den Anforderungen, die diese Stimuli stellen, zu begegnen;
> 3. diese Anforderungen Herausforderungen sind, die Anstrengung und Engagement lohnen.« (Antonovsky 1997, S. 36)

Kennzeichen einer salutogenen Organisation

Eine salutogene Organisation – in unserem Fall eine gesunde Schule – zeichnet sich demnach dadurch aus, dass sie Schüler/innen und Lehrer/innen vor Anforderungen stellt, die verstehbar, bedeutsam und handhabbar sind. Deutliche Parallelen zu Csikszentmihályis Konzept des Flow-Kanals drängen sich auf. Er hatte ja gezeigt, dass erfüllendes Lernen immer dann stattfindet, wenn es sich um eine persönlich bedeutsame Herausforderung handelt, die nur so weit über dem aktuellen Fähigkeitsniveau der Person liegt, dass sie noch bewältigbar bzw. handhabbar ist und für die Person Sinn macht.

Salutogenes Lehrerhandeln ist also ein Handeln, das diese Dimensionen für *jede* Schülerin und *jeden* Schüler erreichbar macht. Die bayerische Grundschullehrerin Czerny (siehe S. 89) versuchte mit ihrer veränderten Notengebung, ihren Schüler/innen Sicherheit zu geben, und realisierte damit intuitiv Merkmale einer salutogenen Umgebung.

Die Zukunftswerkstätten zur gesunden Schule, die wir (Burow und Rolff) mit mehreren Hundert Schulleiter/innen durchgeführt haben, basieren auf der These, dass eine *gute* Schule eine *gesunde* Schule ist. Mit unserem Dreischritt Diagnose (Verstehbarkeit), Vision (Bedeutsamkeit) und Realisierung (Handhabbarkeit) eröffnen wir Zugänge zum Aufbau einer salutogenen Schulkultur (siehe S. 172). Antonovskys Untersuchungen belegen, dass Lehrer- und Schulleiterhandeln an diesen drei Prüfkriterien (Verstehbarkeit, Bedeutsamkeit und Handhabbarkeit) orientiert sein sollte. Der »sense of coherence« ist letztlich nichts anderes als die Rückkehr zum »Lernziel Menschlichkeit« (Burow/Scherpp 1981), wie wir das damals aus Sicht der Humanistischen Psychologie nannten, oder zum »Prinzip Menschlichkeit« wie es 25 Jahre später Joachim Bauer (2006) mit Erkenntnissen der Hirnforschung untermauerte.

In diesem Sinne fehlt uns eine Wiedergewinnung unseres gesunden Menschenverstandes, den wir nicht durch isoliert erhobene Daten erhalten, sondern vor allem durch Kontakt zu unseren elementaren Bedürfnissen und gemeinsame Selbstreflexion im Kreis von Lehrer/innen, Eltern und Schüler/innen.

Die salutogene Organisation, das wissen wir aus vielen unserer Schulentwicklungswerkstätten, entsteht dann, wenn wir gemeinsam Fragmentierung überwinden und schrittweise kohärente Umgebungen in sozialer, räumlicher und schulkultureller Dimension schaffen. Wie wir weiter unten sehen werden, besteht eine Ursache der Wirkung von Schulentwicklungswerkstätten, die auf der Theorie des Kreativen Feldes beruhen, ja gerade darin, dass sie das fragmentierte Wissen der Vielen (das heißt von Lehrer/innen, Schüler/innen. Eltern und anderen an Schule engagierten Personen) so organisieren sowie die zersplitterten Kräfte des Feldes so fokussieren, dass ein »gemeinsamer Grund« (Weisbord 1992), ein gemeinsam geteiltes Kohärenzgefühl, entsteht. Eine Schule, die ein entsprechendes Kohärenzgefühl im Alltagshandeln ihrer Mitglieder realisiert, ist eine gesundheits- und letztlich auch glücksförderliche Schule.

Glück durch die Berücksichtigung multipler Intelligenzen

Ein Schlüssel zum Aufbau einer salutogenen Schule besteht darin, Umgebungen zu schaffen, die individuelle Neigungen und Fähigkeiten berücksichtigen und vielfältige Möglichkeiten schaffen, diese zu nutzen. Schulglück wird ermöglicht, wenn Schule sich von einem zu engen Lehr- bzw. Unterrichtsverständnis verabschiedet und sich stärker auf die vielfältigen Bedürfnisse der Personen einlässt, die nicht einer engen Fachlogik folgen. In einer Umgebung, die an die »multiplen Intelligenzen« ihrer Schüler/innen anknüpft, wächst die Wahrscheinlichkeit, dass Bedeutsamkeit, Verstehbarkeit und Handhabbarkeit erfahren werden.

In seinem Buch »Abschied vom IQ« hat der amerikanische Sozialpsychologe Howard Gardner 1991 eine »Rahmentheorie der vielfachen Intelligenzen« vorgelegt, mit der er deutlich zu machen sucht, wie vielfältig die menschlichen Begabungen sind. Auf dem Münsteraner ICBF-Kongress zur Begabtenförderung im September 2009 erläuterte er diese Theorie und kritisierte insbesondere die einseitige Ausrichtung der Schule an der sprachlichen und logisch-mathematischen Intelligenz. Dies sei ein effektiver Weg, um zukünftige Jura-Professoren auszubilden und alle anderen Talente zu unterdrücken. Die hier nur pointiert wiedergegebene Übersicht der von ihm

8½ multiple Intelligenzen nach Howard Gardner (2009)
1. *Sprachliche Intelligenz:* Sensibilität für Sprache und die Fähigkeit, sie für bestimmte Zwecke zu gebrauchen
2. *Logisch-mathematische Intelligenz:* Probleme logisch artikulieren und wissenschaftlich untersuchen
3. *Musikalisch-rhythmische Intelligenz:* Begabung zum Musizieren, Komponieren; musikalische Prinzipien
4. *Bildlich-räumliche Intelligenz:* Piloten, Architekten, Grafiker
5. *Körperlich-kinästhetische Intelligenz:* Potenzial Körper bzw. Körperteile
6. *Naturalistische Intelligenz:* Darwin, Newton, Einstein
7. *Interpersonelle Intelligenz:* Wünsche anderer Menschen verstehen und erfolgreich kooperieren (soziale Intelligenz)
8. *Intrapersonelle Intelligenz:* Sich selbst verstehen, ein realistisches Bild der eigenen Persönlichkeit zur Umsetzung von Wünschen nutzen
9. *Existenzielle Intelligenz:* religiöse und geistige Führer

postulierten Intelligenzen soll dazu anregen, nach Wegen zu suchen, wie man dieser Vielfalt im Rahmen schulischer Lehr-Lern-Prozesse besser gerecht werden kann. Gardner sprach ironisch von 8½ Intelligenzen, um deutlich zu machen, dass es sich bislang um keine exakte Bestimmung handelt. Auf jeden Fall macht seine Übersicht aber deutlich, dass wir sowohl neuartig gestaltete offene Lehr-Lern-Umgebungen als auch neue Formen des Lehrens und Lernens benötigen, um ein möglichst breites Spektrum von Neigungen zu berücksichtigen.

Der springende Punkt ist nun, dass diese Intelligenzen in unterschiedlichen Kombinationen vorkommen und dass das Verfügen über diese Intelligenzen noch keinesfalls den Lernerfolg garantiert. Entscheidender als der IQ scheinen – wie wir mit Gladwell und Christakis (siehe S. 68) gesehen haben – sowohl das Üben als auch die Verfasstheit des uns beeinflussenden sozialen Netzes zu sein. Demnach kann man selbst mit einer durchschnittlichen Begabung und Intelligenz in fast jedem Gebiet zum Experten werden. Hier gilt nicht nur die bereits benannte 10 000-Stunden-Regel. Ein schwedisches Experiment hat jüngst gezeigt, wie wichtig ein gezieltes Training durch einen engagierten Spitzenlehrer ist, der von der Leistungsfähigkeit aller (!) seiner Schüler/innen – ungeachtet bisheriger negativer Zuschreibungen – ausgeht. So behauptete Stavros Louca, innerhalb eines halben Jahres eine Klasse, die als zu schlecht, zu faul und zu dumm galt, zu einer der besten Mathematikklassen Schwedens machen zu können. Dieses Experiment, das vom schwedischen Fernsehen begleitet wurde, führte tatsächlich zum Erfolg:

> »Die 9a hat sich tatsächlich zur drittbesten Klasse des Landes emporgekämpft. Stavros Louca hat sie gar mit Abstand zur besten Mathematik-Truppe Schwedens gemacht. Die Schüler liegen sich in den Armen, sie heulen, sie tanzen. Fast alle dürfen nun die Oberstufe besuchen. ›Es ist wie eine Geburt‹, sagt eine der Lehrinnen.« (Kucklick 2011, S. 32).

Worin bestand der Schlüssel zu diesem erstaunlichen Erfolg? Louca kombinierte einen wertschätzenden, die individuellen Fähigkeiten seiner Schüler/innen würdigenden Zugang mit hohen Anforderungen und einem systematischen Training.

Fazit: In Schulen, die ihr Unterrichtskonzept so ändern, dass sie den individuell ausgeprägten Intelligenzen ihrer Schüler/innen Entfaltungs- und Entwicklungsmöglichkeiten bieten, und dies mit klaren Anforderungen und unterstützenden Förderangeboten verbinden, wächst die Wahrscheinlichkeit, dass gute Leistungen mit der Erfahrung von Schulglück verbunden sind. Die Erfahrung von Lernfreude bzw. Schulglück und Spitzenleistung schließen sich nicht aus, sondern bedingen einander!

Wie kommen Wissen und das Glück ins Gehirn?

Das Prinzip der Förderung von Vielfalt erweist sich nicht nur bei der Berücksichtigung multipler Intelligenzen als Schlüssel. Schulen, die der Grammatik der Traditionsschule unterliegen und einseitig auf verbal zentriertes Instruktionslernen setzen, übersehen, dass der Mensch ein multisensuales Wesen ist, das darauf angewiesen ist, Lernstoff auf unterschiedlichste Weisen dargeboten zu bekommen und zu verarbeiten. Nur wenn Schule vielfältig gestaltete Lehr-Lern-Umgebungen bzw. entsprechende Arrangements anbietet, besteht auch die Chance, dass Schüler/innen ihre unterschiedlichen Neigungen entdecken und entwickeln können. Dabei ist zu beachten, dass nur ein vergleichsweise geringer Bruchteil dessen, was wir sekündlich aufnehmen, dem Bewusstsein zugänglich ist. Wie uns die Hirnforschung gezeigt hat, macht die verbale Instruktion nur einen geringen Anteil möglicher Wirkungen aus. Entscheidend sind die vielfältigen Informationen, die aufgrund der jeweiligen Situation insgesamt auf uns wirken. Abbildung 8 gibt eine grobe Übersicht über einige der Dimensionen, die zu berücksichtigen sind.

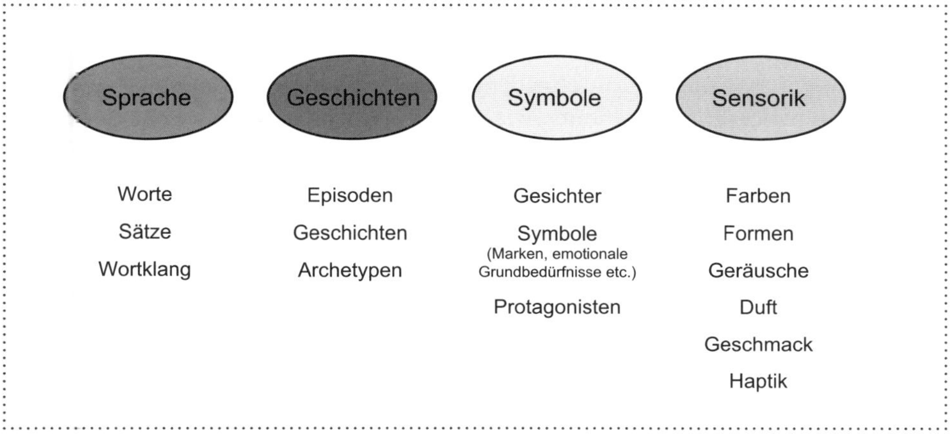

Abb. 8: Informationsverarbeitung

Wenn wir diese Übersicht auf die Gestaltung von Schule und Unterricht anwenden, dann wird schnell klar, wie anregungsarm viele der Lehr-Lern-Umgebungen sind, die wir geschaffen haben. Wissen, das zeigt die Hirnforschung, wird nur zu einem geringen Teil über Worte und kognitive Informationen vermittelt. Hinzu kommt, dass wir nur einen verschwindend geringen Teil bewusst verarbeiten. Der Wortklang, die persönliche Ausstrahlung der Lehrkraft, anrührende Geschichten, Symbole, Farben, Formen, Geräusche, der Geruch, der Geschmack, die Haptik, die räumliche und soziale Umgebung und vieles mehr versorgen uns mit Sinnesinformationen, die darüber entscheiden, was wir von dem, was uns dargeboten wird, auch tatsächlich auf- bzw. annehmen.

Die Wirtschaft, die existenziell darauf angewiesen ist, dass ihre Botschaften ankommen, hat dies längst erkannt und Strategien eines »multisensual enhancement« entwickelt: Von der Hintergrundmusik über das Beleuchtungskonzept, ein gezieltes Duftmanagement bis hin zum Design werden Umgebungen so gestaltet, dass sie uns durch das Zusammenspiel aller Sinneskanäle ein Wohlgefühl vermitteln und zum Kauf ermuntern. Wenn Hüther etwas überzeichnet fordert, dass wir Schulen bräuchten, in denen die Schüler weinen, wenn der Unterricht ausfällt, hebt er genau auf diesen Umstand ab: Wo ist die Wohlfühlumgebung, die Lernen zum Vergnügen macht? Schulen sind es offenbar zu selten.

Wenn wir uns im fortgeschrittenen Alter an unsere Schulzeit erinnern, dann erscheint ein komplexes, emotional besetztes Bild vor unserem inneren Auge, zu dem auch Gerüche gehören. Viele empfinden den Geruch von Bohnerwachs und Kreidestaub. Ganz anders sind die Empfindungen, wenn wir beispielsweise an Weihnachten oder unseren Urlaub am Meer denken. Jede dieser Erinnerungen verdichtet die Eindrücke unserer verschiedenen Sinneskanäle, die wir in inneren Bildern abgespeichert haben, die bis auf die Ebene unserer Körperspannung reichen können und als somatische Marker wirken, die unser Handeln steuern.

Schule und auch die Lehrerbildung berücksichtigen diese Zusammenhänge viel zu wenig. Nach wie vor liegt unser Hauptaugenmerk auf der gesprochenen Sprache in Form von Lehrervorträgen – oft ohne Unterstützung durch Medien –, wobei die Bedeutung zusätzlicher Informationen wie etwa des Wortklangs, inspirierender Bilder, anregender Umgebungen etc. nur selten bewusst beachtet oder gar gesteuert wird.

> Die Qualität der Sinneseindrücke entscheidet darüber, was wir aufnehmen. Wissen wird sehr viel wirksamer verankert, wenn wir es in Form von Geschichten kleiden, mit Musik und mit aussagekräftigen Bildern und/oder Symbolen verbinden, wenn wir im wahrsten Sinne des Wortes wieder »Farbe ins System bringen«. Auch die Atmosphäre der Umgebung ist entscheidend, weswegen der Begründer der Reggio-Pädagogik, Loris Malaguzzi, von den »100 Sinnen der Kinder«, die es zu beachten gelte, und vom »Raum als dritten Pädagogen« gesprochen hat.

Drei Formen des Wissens

Wenn wir uns fragen, wie es möglich ist, Umgebungen zu schaffen, in denen mehr lern- und entwicklungsförderliche Dimensionen berücksichtigt werden, dann können uns die Einsichten des Münchener Hirnforschers Ernst Pöppel (2006) weiterhelfen. Sie geben uns zugleich Hinweise auf Möglichkeiten zur Förderung von Schulglück. So verweist er auf die zentrale Bedeutung von Geschichten, Symbolen und inneren Bildern. Durch die Auseinandersetzung mit seinen Erkenntnissen und Thesen wurde mir klar, warum unsere Schul- und Organisationsentwicklungswerkstätten, in denen wir – seit vielen Jahren – mit dem Ausdruck und Austausch von Erfolgserlebnissen und Zukunftsvisionen in Form von Geschichten, Bildern, Symbolen und szenischen Inszenierungen arbeiteten, oft so große Wirkungen erzielten und dazu beitrugen, bei den Beteiligten individuell und gemeinsam ein Kohärenzgefühl zu entwickeln: Offenbar gelang es uns, mit unseren kreativen Verfahren, die ich im dritten Teil dieses Buches detailliert vorstelle, einen Zugang zu verschüttetem Wissen zu schaffen, das bei den Beteiligten zwar vorhanden war, aber bislang keinen Raum zum Ausdruck gefunden hatte.

Der Begründer der von uns modifizierten und weiterentwickelten Methode der Zukunftswerkstatt, Robert Jungk, formulierte gegen Ende seines Lebens in einem Interview mit mir seine Mission bzw. Vision in Form einer Kernerkenntnis, die seitdem auch mein Handeln leitet und axiomatische Grundlage unserer Entwicklungswerkstätten ist. Auf den Punkt gebracht lautete sie: *In jedem Menschen steckt sehr viel mehr, als er selber weiß.* Jungk im Jahre 1991 wörtlich:

> »So meine ich, dass die Gesellschaft keineswegs fertig ist, sondern dass eben die Gesellschaft, das ist meine größte Sehnsucht, dass diese vielen unterdrückten, nie ins Spiel gekommenen Kräfte der vielen Menschen, die an viel zu frühen Momenten abschalten, ausschalten, nur noch mitmachen, mitlaufen, dass dieser enorme Schatz, der in Milliarden Menschen steckt, dass der gehoben wird. Das ist meine große Sehnsucht und ich glaube, dass das möglich ist.« (zit. nach Burow/Neumann-Schönwetter 1995, S. 104)

Inzwischen *glauben* wir dies nicht mehr nur, sondern wir *wissen* und können aufgrund von Evaluationen und sich daraus ableitenden Theorien, etwa der »Weisheit der Vielen« oder des »Kreativen Feldes«, nachweisen, dass dies möglich ist. Ja, aufgrund unserer Erfahrungen mit einer Vielzahl von Entwicklungswerkstätten können wir Jungks Kernaussage erweitern: *Nicht nur in jedem Menschen steckt sehr viel mehr, als er selber weiß – in jedem sozialen System steckt mehr, als dessen Mitglieder wissen!*

Im Anschluss an Hüthers Idee einer Potenzialerschließungsgesellschaft lautet die entscheidende Frage: Wie können wir unsere ungehobenen Schätze heben? Auf welche Weise erhalten wir einen Zugang zu den inneren Quellen unserer Energie, Leidenschaft und Kreativität – ja zu den Quellen von Wohlbefinden und Glück? Hier setzen die Einsichten Ernst Pöppels an. Seine Unterscheidung dreier Formen des Wissens, die er in seinem Buch »Der Rahmen« (2006) vornimmt, macht deutlich, dass wir bislang einen für unser Handeln entscheidenden Wissenstyp vernachlässigt haben, das »pictorial knowledge«.

Handlungsfähig, sagt Pöppel, wird der Mensch erst durch das komplementäre Zusammenwirken dreier unterschiedlicher Formen des Wissens:

1. Begriffliches oder explizites Wissen (Nennen, Sagen)
2. Implizites oder Handlungswissen (Schaffen, Tun)
3. Bildliches oder Anschauungswissen (Sehen, Erkennen)

Explizites Wissen wirkt kaum auf unsere Handlungsmotivation

Schulen und Universitäten zeichnen sich aus durch eine Konzentration auf kognitiv-rationale Zugangsweisen, also auf das explizite (semantische, begriffliche) Wissen. Explizites Wissen zeichnet sich Pöppel (2006, S.321) zufolge dadurch aus, dass wir über Sachverhalte Bescheid wissen und Auskunft geben können, also in der Lage sind, Informationen mit Bedeutung zu versehen. Dieses Wissen, das wir durch bisweilen mühsame Lernprozesse erwerben, ist ausgezeichnet geeignet, klare begriffliche Unterscheidungen vorzunehmen und komplexe Sachverhalte zu beschreiben. Es hat allerdings einen entscheidenden Nachteil, der sich immer dann zeigt, wenn die Hoffnung enttäuscht wird, wir könnten durch Wissensvermittlung allein Verhalten ändern. Wie zum Beispiel unser Umgang mit Klimakatastrophe und Artensterben zeigt, reichen Informationen allein nicht aus, um den notwendigen Verhaltenswandel zu bewirken, denn obwohl wir immer mehr wissen, ändern wir unser Verhalten kaum. Der Bremer Hirnforscher Gerhard Roth (2008), der sich intensiv mit der Diskrepanz zwischen Wissen und Handeln auseinandergesetzt hat, bringt im Interview eine Kerneinsicht seiner Untersuchungen auf den Punkt:

> »Verstand und Intellekt haben für sich genommen keine Verhaltensrelevanz. Ausschlaggebend ist das Gefühl.« (Roth 2010, S.161)

Deswegen überschätzen wir die Bedeutung rationaler Diskurse und unterschätzen die handlungssteuernde Bedeutung innerer Bilder, deren Analyse Hüther (2004) eine eigene Untersuchung gewidmet hat. Insbesondere auch in den Bereichen von Erziehung und Lehrerbildung zeigt sich: Verhalten ändern wir weniger aufgrund von Belehrung, sondern eher aufgrund von veränderten Erfahrungen und den daraus resultierenden emotional verankerten »belief systems«, die auch in somatischen Markern spürbar sind. Ein Grund für das Beharrungsvermögen überkommener Schul- und Unterrichtsmodelle liegt aus dieser Perspektive auch darin, dass wir in der Lehreraus- und -fortbildung noch immer zu sehr auf Wissensvermittlung allein setzen. So gut wie nie oder zu selten geraten die Glaubenssysteme bzw. mentalen Modelle der Studierenden in den Fokus und überdies wird das Erfahrungslernen fast völlig vernachlässigt. Dabei wissen wir aus vielen Untersuchungen, dass die Vermittlung von Forschungsergebnissen in anregungsarmen Hörsälen weitgehend ungeeignet ist, um die nötigen Lehr- und Persönlichkeitskompetenzen zu entwickeln. Deshalb setzen wir in unseren Schul- und Organisationsentwicklungsverfahren am Austausch von Geschichten und der Herausarbeitung von persönlich bedeutsamen inneren Bildern an.

Die Vertreter einer Schulentwicklungsrichtung, die all ihre Hoffnungen auf datenbasierte Entwicklungsvorhaben setzen, übersehen, dass das explizite, »wissenschaftliche« Wissen, das zur »objektiven« Beschreibung komplexer Sachverhalte und zum Aufdecken von allgemeingültigen Gesetzen ausgezeichnet geeignet ist, nur einen kleinen Bereich unseres menschlichen Vermögens ausmacht. Die Begrenzung dieses Wissens zeigt sich an einem merkwürdigen Umstand, auf den Ernst Pöppel (2006, S.319) hingewiesen hat: Obwohl sich unser Wissen in rasantem Tempo so sehr vermehrt, dass es niemand mehr überblicken kann, hat man den Eindruck, dass unsere Probleme nicht nur nicht geringer werden, sondern ganz im Gegenteil sogar zunehmen. Obwohl wir aus vielen Studien wissen, was wir tun müssten, um für mehr Wohlbefinden in der Schule zu sorgen, erreichen wir mit vielen unserer in bester Absicht vorgenommenen Maßnahmen nur das Gegenteil – eine Zunahme von Stress.

Eine Ursache liegt, so Pöppel, in unserem mangelnden Verständnis der eingeschränkten Reichweite expliziten Wissens: Wir erwarten, dass dessen Vermehrung der Problembewältigung dient. Doch eine kritische Bilanz der Leistungen moderner Wissenschaft erbringt ein ernüchterndes Ergebnis: Nur selten erhalten wir – jedenfalls bei komplexen sozialen Herausforderungen – für die Lösung der uns betreffenden Probleme eindeutige Handlungsanleitungen, und zudem wirkt dieses Wissen nur schwach, da es »ich-fern« ist. Damit unser Wissen wirksam wird, muss es »ich-nah« sein und – wie wir gleich sehen werden – mit einem dritten Wissenstyp verbunden sein. Doch vorher werfen wir noch einen kurzen Blick auf Typ 2, das implizite Wissen.

Implizites Wissen ist direkt handlungsrelevant

Ein großer Teil unseres Alltagshandelns wird – wie wir alle täglich erfahren – durch implizites Wissen gesteuert, etwa wenn wir in komplexen Situationen unter Zeitdruck schnell handeln müssen. Hier entscheiden wir »aus dem Bauch heraus« oder handeln nach Routinen, die wir im Moment des Handelns nicht durchdenken, etwa wenn wir mit dem Auto einparken oder auf dem Fahrrad das Gleichgewicht halten. Implizites Wissen deckt den Bereich des Könnens ab, etwa die Fähigkeit, ein Musikinstrument zu spielen, den Füller zu halten oder eine Treppe hinunterzugehen. Die Hirnforschung bezeichnet solche Fähigkeiten als Ausdruck impliziten motorischen Wissens, das wir als Kind erlernt haben und über das wir später nicht mehr nachdenken, weil wir es als selbstverständlich erleben.

Daneben gibt es eine zweite Form, das »Gewohnheitswissen des Tages«, etwa wenn wir unseren Schlüssel suchen, wenn wir kochen oder uns anziehen. Pöppel spricht von »implizitem heuristischem Wissen«, das sich in automatisierten Handlungsabläufen zeigt. Schließlich verweist er noch auf eine dritte Form des impliziten Wissens, das sich in unseren Intuitionen ausdrückt, ohne die weder Künstler noch Wissenschaftler, weder Handwerker noch Politiker, Unternehmer oder Hausfrau etwas bewirken könnten: »Intuition kennzeichnet den Experten, der ohne notwendige Reflexion handelt und dennoch richtig handelt« (Pöppel 2006, S. 325).

Bildwissen als Schlüssel zu unserem Selbst und zum Glück

Neben explizitem und implizitem Wissen gibt es noch eine dritte Form des Wissens, die Pöppel als »bildliches Wissen« bezeichnet und die uns hier besonders interessiert, weil sie in besonderem Maße handlungsleitend ist. In unseren inneren Bildern sind die für uns bedeutsamen Antriebe und Neigungen verborgen, deren Ausdruck und Beachtung auch Wege zu Wohlbefinden und Glück weisen. Das Bildwissen gliedert Pöppel in drei Unterbereiche auf:

- Anschauungswissen
- Erinnerungswissen (episodisches Wissen)
- abstrahierendes Wissen

Anschauungswissen

Das sinnliche Anschauungswissen bietet sich uns, so Pöppel (2006, S. 325) so selbstverständlich dar, dass wir es erst erkennen, wenn es verloren gegangen ist. Während wir es als selbstverständlich annehmen, dass sich uns die Welt in klaren Formen, ruhenden und bewegten Gegenständen darbietet, können Patienten mit Agnosien zwar etwas erkennen, wissen aber nicht mehr, *was* es ist. Sie haben die Formgesetze verloren, die uns beispielsweise sagen, dass es sich bei einem Gegenstand mit vier Beinen und einer Lehne um einen Stuhl handelt. Wir »Gesunden« dagegen nehmen es als selbstverständlich hin, dass die Welt sich uns in Formen und Gestalten darstellt, die wir ohne Nachdenken direkt entschlüsseln können. Was die Gestaltpsychologie mit ihren Gestaltgesetzen behauptet hat, bestätigt die neuere Hirnforschung: Die Architektur unseres Gehirns übt beim Aufbau unseres visuellen Wissens einen kategorialen Zwang aus, der gestaltend wirkt und dafür sorgt, dass wir immer etwas Bestimmtes sehen. Unsere Fähigkeit, den »Sehraum«, so Pöppel (2006, S. 326) als durch Gegenstände gestaltet wahrzunehmen, ist Ausdruck unseres impliziten bildlichen Anschauungswissens.

Erinnerungswissen

Die zweite Form des bildlichen Wissens, das Erinnerungswissen, spiegelt sich nach Pöppel »in den sinnlichen Erfahrungen und den Episoden wider, also in den Erinnerungen, die wir in uns tragen«. Erinnerungswissen speichert bleibend beglückende oder verletzende Episoden unserer Lebensgeschichte und bestimmt damit unser Selbst: »Wenn wir uns fragen, welches unsere erste Erinnerung ist, dann tritt ein Bild in das Bewusstsein, und dieses Bild bezieht sich auf einen bestimmten Ort und ein bedeutsames Ereignis, das uns nicht mehr loslässt« (Pöppel 2006, S. 326).

Diese Einsicht ist für unseren Zusammenhang, also für das Verständnis und die Gestaltung von Bildungs- und Persönlichkeitsentwicklungsprozessen mindestens in zweierlei Hinsicht von zentraler Bedeutung:

- Emotional berührende Erfahrungen in den frühen Phasen unserer Entwicklung werden im episodischen Gedächtnis dauerhaft in einer Weise abgespeichert, die unser Erleben bis ins hohe Alter prägt. Mit diesen persönlich bedeutsamen Erfahrungen (Burow 1993) wird ein Erlebnisrahmen vorstrukturiert, der darüber bestimmt, was wir wahrnehmen und wie wir handeln, und der sich im fortgeschrittenen Alter nur noch schwer verändern lässt. Zumindest geben diese abgespeicherten Bilder unserem Erleben bleibend eine persönliche Tönung und sind im Sinne Antonovskys entscheidend dafür, ob wir ein Kohärenzgefühl entwickeln können.
- Der springende Punkt ist nun: Wenn wir im Prozess lebenslangen Lernens mehr über unsere Identität und unsere Handlungsstrategien erfahren und uns vielleicht auch ein Stück weit aus Vorprägungen befreien möchten, müssen wir Wege finden, um einen Zugang zu diesem Erinnerungswissen zu erhalten, indem wir die zugrundeliegenden »inneren Bilder« – soweit möglich – ans Licht bringen, gestalten und gegebenenfalls analysieren.

Bildliches Wissen als Erinnerungswissen gestaltet also einen persönlichen Rahmen, in dem wir unser Selbstwissen fassen und das unser Handeln zu großen Teilen leitet – eine Einsicht, die uns im Rahmen von Lehrerbildung und Schulentwicklung dazu geführt hat, kreative Verfahren zu entwickeln, die uns durch den Ausdruck von inneren Bildern, etwa in Form von Symbolen oder Inszenierungen, darin unterstützen, mehr darüber zu erfahren, wie wir die Welt sehen und was unser Handeln leitet. »Pictorial knowledge« ist ausgezeichnet geeignet, um einen Zugang zu den »belief systems« bzw. mentalen Modellen zu erhalten, die auf der Hintergrundbühne unser (pädagogisches) Verhalten und Handeln in hohem Maße steuern.

Die Kenntnis unserer »persönlichen Paradigmen« (Burow 1993) bzw. unseres »Rahmens« (Pöppel 2006) ist aber nicht nur eine Voraussetzung für Selbsterkenntnis, sondern bietet auch die Chance, bislang ungenutzte kreative Potenziale zu erkennen und ausschöpfen zu können. Darüber hinaus bietet die Arbeit mit dem in Bildern und Symbolen gebundenen Erinnerungswissen – wie wir weiter unten sehen werden – bislang kaum genutzte Möglichkeiten, pädagogisches Tiefenwissen, den »sense of coherence« und den »gemeinsamen Grund« zu erschließen. Der Ausdruck der inneren Bilder ermöglicht es uns, mehr über unsere Antriebe, unser »wahres Wollen« zu erfahren, führt deshalb zu intensiven persönlichen Begegnungen, erzeugt Resonanz und schafft damit die Grundlage für nachhaltig wirksamen Wandel. Die Arbeit mit dieser bislang unterschätzten Form des Wissens hat sich als äußerst produktiv bei der Entwicklung von Schulkollegien und Organisationen erwiesen, weil nicht nur individuelle Erfahrungen, sondern ganz im Gegenteil auch erstaunlich viele verbindende Bilder ausgedrückt werden.

Abstrahierendes Wissen

Pöppel führt noch eine dritte Form des bildlichen Wissens ein, die er als abstrahierendes Wissen bezeichnet:

> »Während das Erinnerungswissen aus der persönlichen Vergangenheit durch Ich-Nähe und individuelle Bedeutung geprägt ist, das sich durch jeweils nur ein einziges Ereignis, ein einmaliges Erleben, in uns einprägt, bezieht sich bildliches Wissen als abstrahierendes Wissen auf Strukturen, topologische Anordnungen, die wir aus der Distanz betrachten.« (Pöppel 2006, S. 325 f.)

Beispiele für dieses Wissen sind die Darstellungen der Geometrie, Diagramme, mathematische Kurven, Schaubilder und Ähnliches. Diese Form des Bildwissens prägt weite Bereiche unserer Vorstellungswelt und hat einen größeren Einfluss als rein sprachliche Darstellungsweisen. Durch die Neuen Medien (Internet, iPad etc.) wächst seine Bedeutung.

Unterschiedliche Ich-Nähe der drei Wissensformen

Die drei Wissenssysteme explizites, implizites und bildliches Wissen sind, wie Pöppel betont, nicht getrennt, sondern bilden ein gemeinsames Wirkungsgefüge, das verschiedene Orientierungen bzw. Zugänge zur Welt der Erfahrungen ermöglicht. Sie sind durch unterschiedliche Grade der Ich-Nähe oder Ich-Ferne charakterisiert. Dieser Punkt ist für unseren Zusammenhang deshalb wichtig, weil der Grad der Ich-Nähe des Wissens darüber bestimmt, inwiefern Handeln beeinflusst werden kann.

So zeichnet sich *explizites Wissen*, das Wissen über Sachverhalte, mit dem wir andere informieren, durch Ich-Ferne aus. Ich-Ferne ermöglicht Distanzierung und unverfälschten Austausch wie etwa im Wissensmanagement. Dem sachlich-rationalen emotionsfreien Austausch steht aber ein entscheidender Nachteil entgegen: Die größte Menge menschlichen Wissens bleibt unberücksichtigt. Die Konzentration auf explizites Wissen eignet sich – jedenfalls wenn es unverbunden mit persönlichen Bedeutungen bleibt – kaum dazu, grundlegende mentale Modelle zu verändern und neue Beziehungen zu knüpfen. Wie Brafman und Brafman (2011) herausgearbeitet haben, sind solche Beziehungen aber entscheidend für nachhaltig wirksames, persönlich bedeutsames Lernen und damit für Verhaltensänderungen.

Implizites Wissen dagegen erweist sich als ich-nahe Wissensform. Die routinierten bzw. automatisierten Handlungsabläufe, derer wir uns bedienen, sind Ausdruck unserer persönlich geprägten Lerngeschichte und werden als integraler Bestandteil unserer Persönlichkeit erlebt. Besonders eindrücklich zeigt sich der ich-nahe Charakter impliziten Wissens in unseren Ausdrucksbewegungen, etwa wenn wir spontan unsere Gefühle ausdrücken, wofür wir über 21 Gesichtsmuskeln verfügen. Das implizite Wissen steht uns lebenslang quasi reflexhaft zur Verfügung.

Bildliches Wissen zeigt in seinen drei Unterformen eine unterschiedliche Ich-Nähe. Für unsere Fragestellung, nämlich wie wir dazu kommen könnten, personengemäßer zu unterrichten sowie mehr Lehr- und Lernfreude zu ermöglichen, ist die Unterform des Erinnerungswissens von zentraler Bedeutung, zeichnet es sich doch durch Unmittelbarkeit und größte Ich-Nähe aus, weswegen Erfahrungen, die in dieser Form gespeichert sind, unsere Persönlichkeit, unser Denken, Fühlen und Handeln in besonderer Weise prägen. Pöppel schreibt:

> »Das Wissen um unsere Identität, das auf Bildern unserer Lebensgeschichte beruht, begründet sich in jenen Bildern, die wir mit niemandem teilen können; sie sind in höchstem Maße subjektiv.« (Pöppel 2006, S. 329)

Diese subjektiv geprägten inneren Bilder enthalten unsere »Berufung«, die »Antriebe«, die in weiten Bereichen unser Denken, Fühlen und Handeln steuern, ohne dass uns dies bewusst ist. Wenn wir also unsere eigene Berufung erkennen und ihr folgen wollen, dann brauchen wir einen Zugang zu den Schlüsselerlebnissen, die in Form innerer Bilder in unserem Erinnerungswissen gespeichert sind. »Ich-Nähe« bedeutet, dass dieses Wissen nicht nur Ausdruck unserer wichtigsten Erfahrungen ist, sondern auch direkt in unserer Identität, unserem Denken, Fühlen und Handeln verankert ist, also unser »Wesen« charakterisiert – was bei explizitem Wissen, das äußerlich und austauschbar bleibt, nicht der Fall ist. Indem wir unser Erinnerungswissen mithilfe kreativer Verfahren ans Licht bringen und ausdrücken, können wir durch die von uns gestalteten Symbole, Gesten, Inszenierungen etc. gewissermaßen unser Inneres nach außen projizieren und mit den dadurch entstehenden Artefakten kommunizieren. Damit erhalten wir nicht nur einen Zugang zu bislang unerschlossenen Potenzialen, sondern wir werden zugleich sensibilisiert für die Wahrnehmung entsprechender Bilder, die das Handeln unserer Schüler/innen bzw. Klienten bestimmen. Wenn uns dies gelingt, entsteht eine besonders intensive Form der Begegnung, die Resonanz erzeugt und zu nachhaltig wirksamem Lernen führen kann.

Pöppels Theorie der drei Wissensformen macht deutlich, dass wir die zu enge Begrenzung auf explizites Wissen, die unsere Bildungseinrichtungen charakterisiert, überwinden müssen und eine neue Synthese von explizitem, implizitem und Bildwissen anstreben sollten. Wir können so die Vorteile ich-fernen Wissens mit denen von ich-nahem Wissen verbinden und eine größere Wirksamkeit erzielen. Wie das geht, werden wir im Praxisteil sehen.

Auch abstrahierendes Bildwissen kann Ich-Nähe aufweisen, denn unser Gehirn folgt einem fundamentalen Prinzip unseres Wahrnehmens und Erkennens: dem *Gesetz der Schönheit* oder dem *ästhetischen Prinzip*. Wie in den Naturwissenschaften die Schönheit einer Lösung als Kriterium für deren Richtigkeit gelte, so werden laut Pöppel (2006, S. 331) die Inhalte der drei Wissensformen nur dann in uns verankert, wenn sie dem ästhetischen Prinzip gehorchen. Schönheit – hier bietet sich eine Verbindung zu Antonovsky und seinem schlichten 3-Faktoren-Konzept der Salutogenese an – löst bei uns ein Kohärenzgefühl aus: Der jeweilige Gegenstand ist uns nah.

Der innere Zusammenhang der drei Formen des Wissens

Wenn es stimmt, was Pöppel behauptet, dass nämlich *bildliches Wissen* und hier insbesondere das *Erinnerungswissen* unsere Sicht der Wirklichkeit und unser Handeln entscheidend bestimmt, dann sind Strategien von Schul- bzw. Organisationsentwicklung, die vor allem auf explizites Wissen setzen, nur begrenzt wirksam oder gar zum Scheitern verurteilt. So behauptete Pöppel (2006 im persönlichen Gespräch mit mir), dass wir über circa 800 innere Bilder verfügen, die unser Denken, Fühlen und Handeln strukturieren. Sie sind Reflex besonders berührender Erfahrungen in unserer Biografie, wobei wir mit Hüther (2004) zwischen inneren Bildern unterscheiden müssen, die öffnen und inspirieren, und solchen, die Angst machen und verschließen. In diesem Sinne sollten Lehrer/innen mehr darüber wissen, was die bestimmenden inneren Bilder ihrer Schüler/innen sind, insbesondere derer, die Schwierigkeiten haben. Lerntagebücher, Entwicklungsjournale, Portfolios, Selbsteinschätzungsbögen und Leitfäden wie der unten aufgeführte von McAdams (1996) ermöglichen entsprechende Zugänge.

Nicht nur für Lehrer/innen, sondern auch für Lehreraus- und -fortbilder ist das Wissen um die zentrale Bedeutung innerer Bilder für grundlegende Handlungsorientierungen wichtig, denn nur, wenn Wissensvermittlungsstrategien die »belief systems« der Adressaten berücksichtigen, besteht auch eine Chance, die beabsichtigten Wirkungen zu erzielen. Schulen ändern sich auch deshalb so wenig, weil dieser Zusammenhang bisher weitgehend unberücksichtigt ist. Bestätigt werde ich in dieser These durch eine Untersuchung von Terhart und Czerwenka (1994, S. 189 ff.), die mehreren Hundert Lehrer/innen Fragen nach der eigenen Orientierung bei bewussten pädagogischen Entscheidungen vorlegten: »Woran orientieren Sie Ihr pädagogisches Handeln?« Das Ergebnis müsste alle, die mit Lehreraus- und -fortbildung befasst sind, schockieren. So orientieren sich von allen befragten Lehrer/innen

- ➜ 6 Prozent am eigenen Studium,
- ➜ 7 Prozent an einer bestimmten pädagogischen Theorie,
- ➜ 15 Prozent an der zweiten Ausbildungsphase,
- ➜ 21 Prozent an Fortbildungsveranstaltungen,
- ➜ 37 Prozent an der eigenen Intuition,
- ➜ 45 Prozent an der Erfahrung mit eigenen Kindern und Verwandten.

Die Untersuchung bestätigt die desillusionierende Erfahrung, dass ein Großteil traditioneller Wissensvermittlungskonzepte (Instruktionen, Vorträge und Ähnliches) nicht das hält, was wir uns davon versprechen, und zu oft wirkungslos ist – jedenfalls was die Beeinflussung fixierter mentaler Modelle und der daraus resultierenden Handlungsorientierung betrifft. Übrigens kam Sigrid Blömeke mithilfe einer Literaturreview 2003 zu einer ähnlichen Erkenntnis und belegte, dass die Lehrerbildung lediglich ein »low-impact-Faktor« sei. Ihr Einfluss auf späteres Lehrerhandeln ist erschreckend gering. Was ist der bedeutendste Faktor, der Handeln steuert?

→ 82 Prozent geben an, sie orientierten sich an den eigenen Erfahrungen!

Fazit: Die wichtigste die eigene Handlungsorientierung prägende Wissensform sind die eigenen Erfahrungen! Schulbehörden, aber auch Lehrerausbildungseinrichtungen ignorieren diese Einsicht bislang fast völlig und bieten unbeirrt Aus- und Weiterbildungskonzepte an, die so gut wie nicht auf handlungssteuernde »belief systems« eingehen und deshalb weitgehend wirkungslos bleiben. Man könnte zu der Schlussfolgerung kommen, es handele sich bei vielen dieser Veranstaltungen um wirkungslose Alibi- oder Als-ob-Veranstaltungen.

Auf persönlich bedeutsames Lernen kommt es an

Weiterhin ist zu beachten, dass die von uns gespeicherten Bilder einem *Konsistenzzwang* unterliegen, der der Sicherung unserer personalen Identität dient: Wir sind darauf orientiert, mit unseren inneren Bildern eine in sich stimmige Lebensgeschichte zu konturieren. Hieraus ergibt sich, dass jedes Individuum einzigartig ist und durch den messenden Vergleich nur unzulänglich erfasst werden kann! Ganz im Gegenteil besteht aus unserer Sicht die Herausforderung darin, die Einmaligkeit von Personen und Organisationen durch die Herausarbeitung des in inneren Bildern verdichteten Wissens, des »pictorial knowledge«, zu erschließen.

Um einem möglichen Missverständnis vorzubeugen: Diese veränderte Akzentsetzung auf Bildwissen darf keinesfalls mit einer Vernachlässigung von implizitem und explizitem Wissen einhergehen, denn sie bilden – gerade durch die Unterschiedlichkeit ihrer Zugänge – ein sich gegenseitig ergänzendes Ganzes, das Grundlage unserer Erkenntnisprozesse ist. Außerdem unterliegen sie alle, wie ich oben gezeigt habe, dem gleichen ästhetischen Prinzip. Wenn explizites Wissen nach Ordnung strebt, dann geht es auch beim Bildwissen um Stimmigkeit, Einfachheit und Klarheit. »Aisthesis«, verstanden als Einheit von Wahrnehmung, Gefühl und Erkenntnis, bestimmt auch unser Anschauungswissen.

Zentral für alle Formen des Wissens ist das Kriterium der *persönlichen Bedeutsamkeit*, das in der Gestaltpädagogik (vgl. Burow/Scherpp 1981; Burow 1988 und 1993) schon früh erkannt und definiert wurde und dessen Analyse der Gestaltpädagoge Jörg Bürmann 1992 eine eigene Untersuchung gewidmet hat. Nur das, was für uns persönlich von Bedeutung, also »ich-nah« ist, nehmen wir auf und machen es zu einem integrierten Bestandteil unseres Denkens, Fühlens und Handelns. Ein Großteil des Wissens, das wir an Schulen und Hochschulen vermittelt bekommen, zeichnet sich durch das Gegenteil aus: Es ist ich-fern und hat keinerlei Bedeutung für unser Leben, ist deshalb im Sinne Antonovskys weder bedeutsam, verstehbar noch handhabbar.

Auch Robert Jungk kritisierte schon dieses »Fremdwissen«, das – wie Untersuchungen belegen – schon kurz nach dem Schul- bzw. Hochschulbesuch vergessen wird oder zu »trägem Wissen« degeneriert, das keinerlei Handlungsrelevanz besitzt. So hat der renommierte Lehr-Lern-Forscher Heinz Mandl, der dem Phänomen des trägen Wissens intensiv nachgegangen ist, in Studien herausgearbeitet: Gleich ob es sich um angehende Wirtschaftswissenschaftler, Mediziner oder Pädagogen handelt, sie alle verfügen zwar über ein gutes Detailwissen, das in Klausuren mit guten Ergebnissen abgeprüft werden kann. Doch wenn sie in der Praxis stehen, versagen viele bei der Umsetzung, etwa wenn sie eine Firma führen oder einen Patienten behandeln sollen.

Im Bereich der Schule zeigt sich: Angehende Lehrer *kennen* zwar die Kriterien für guten Unterricht, der neuesten Erkenntnissen entspricht, entsprechend unterrichten aber *können* sie nur selten. Umso interessanter sind für uns die Ausführungen Pöppels, die bestätigen, was wir für den Bereich der Lehrens und Lernens sowie der Persönlichkeitsentwicklung schon in den 1980er-Jahren anhand eigener Untersuchungen in Form von Fallstudien belegt haben: Unser Denken, Fühlen und Handeln wird durch »persönliche Paradigmen« gesteuert, innere Bilder, die sich im Verlaufe der Biografie herausbilden und die dafür sorgen, dass wir nur das sehen, was für uns persönlich Sinn macht (vgl. Burow 1993). Verhaltensänderung ist also nur durch ich-nahes, persönlich bedeutsames Wissen möglich. Pöppel bestätigt:

> »Ein Kennzeichen des inneren Theaters (Anschauungswissen) oder des inneren Museums (Erinnerungswissen) ist der Rahmen. Bildliches Wissen ist immer begrenzt, und in dem Rahmen, der durch die Begrenzung vorgegeben ist, repräsentiert sich eine vergangene oder gegenwärtige Wirklichkeit. Für diese Repräsentation gilt nicht das Kriterium der Schönheit, sondern das Kriterium der Bedeutung. Wie in einem Bild eines Künstlers muss diese Bedeutung erkennbar sein, und sei sie durch Verzerrungen oder Symmetriebrüche noch so verfremdet. In unserem inneren Museum wird nichts aufbewahrt, was langweilig ist, in unserem inneren Theater wird nichts aufgeführt, was nicht unsere Aufmerksamkeit auf sich zieht.« (Pöppel 2006, S. 330 f.)

Pöppel bestätigt meine Theorie der Wahrnehmungsprägung durch »persönliche Paradigmen« aus Sicht der Hirnforschung:

> »Jedes Sehen, jedes Bild, das im Wahrnehmen entsteht, ist eingetaucht in unsere Gefühlswelt, in unsere Vergangenheit mit unseren Erinnerungen und auch in die Zukunft mit unseren Absichten. [...] Das ›nackte Bild‹ unserer Wahrnehmung kann es nicht geben, vielmehr erzeugt ein individueller Rahmen immer schon Bilder mit Bedeutung, die in der Lebensgeschichte des Einzelnen eingebettet sind. Insofern sind die Bilder der Vergangenheit, die Bilder in unserem episodischen Gedächtnis, bereits im Hinblick auf unsere personale Identität ausgewählt.« (Pöppel 2006, S. 18 f.)

Mit anderen Worten: Wir sehen, was wir – in Anknüpfung an unsere biografischen Muster – für uns als »passend« empfinden; was sich als anschlussfähig für unsere persönlichen Wahrnehmungs- und Interpretationsmuster erweist. Auf diese Weise arbeiten wir lebenslang an der Ausarbeitung einer Heldengeschichte, des »persönlichen Mythos«, der unserem Leben Sinn und Kohärenz vermittelt. Wie wir diesen Mythos erschließen können, werde ich im Praxisteil (S. 137) zeigen.

Angesichts der Bedeutung von Bildwissen für die Entwicklung individueller und kollektiver Handlungsstrategien stellt sich die Frage nach möglichen Konsequenzen für den uns hier interessierenden Bereich der Schul- und Unterrichtsentwicklung.
Meine These: Bildwissen ist hierfür eine bislang unterschätzte Quelle, die auch für Personal- und Organisationsentwicklung in unterschiedlichsten Bereichen neue Perspektiven für die Freisetzung von Energie und Leidenschaft bzw. wirkungsvollen Wandel weist.

Theorie U: Glück durch neue Formen gemeinschaftlichen Sehens

Die Einsicht der zentralen Bedeutung innerer Bilder und persönlicher Bedeutsamkeit für wirksames (Führungs-)Handeln ist nicht neu: Spätestens seit Peter M. Senges wegweisender Darstellung der »lernenden Organisation« (Senge 1996) ist klar, dass kompetentes Handeln in Organisationen nicht einfach durch die Übernahme von Methoden und Techniken möglich ist, sondern die Arbeit an der eigenen Person (»personal mastery«), an den eigenen mentalen Modellen, die Entwicklung einer gemeinsam getragenen Vision sowie die Fähigkeiten zu Teamlernen und Systemdenken voraussetzt.

Auf unserer Suche nach Möglichkeiten, das Glück zurück in die Schule zu holen und durch entsprechend gestaltete Umgebungen bessere Lehr-Lern-Ergebnisse zu erzielen, haben wir nun ein so breites Spektrum unterschiedlicher Zugänge erörtert, dass angesichts der Vielfalt von Perspektiven und der Differenziertheit der Modelle Gefühle von Verwirrung und Überforderung entstehen könnten. Wie ich im Praxisteil zeigen werde, ist das Gegenteil der Fall: Alle hier vorgestellten Zugänge münden – trotz der dahinterstehenden Komplexität – in einige wenige handlungsleitende Prinzipien bzw. klar strukturierte Modelle zur Schul-, Personal- und Organisationsentwicklung.

Ob es sich um den Flow-Kanal Csíkszentmihályis, die vier Stufen gelingender Kontaktprozesse der Gestaltpädagogik, die drei Schritte der Zukunftswerkstatt oder die drei Faktoren einer salutogenen, gesundheitsförderlichen Organisation handelt – stets genügt die Beachtung vergleichsweise weniger Aspekte, um die notwendigen Kurskorrekturen vorzunehmen. Aber damit nicht genug. Weiter unten werden wir erkennen, dass all diese Modelle zugleich Ausdruck von *archetypischen Grundbedürfnissen* bzw. einer verschütteten Form »pädagogischen Tiefenwissens« sind, das in uns allen schlummert und auf seine Freisetzung wartet. So unterschiedlich die Zugänge auch sein mögen, so zielen sie doch alle darauf ab, eine Rückbesinnung auf unseren gesunden Menschenverstand einzuleiten, eine Überwindung von Fragmentierung und die Rückkehr zu den wirklich wirksamen Quellen von Energie, Leidenschaft und Glück, die wir im Prozess der Zivilisation (Elias 1976) durch den Aufbau einer uns selbst entfremdenden »Selbstzwangsapparatur« aus den Augen verloren haben. Allen hier vorgestellten Ansätzen ist gemeinsam, dass sie die Bedeutung der Person hervorheben.

Ein weiteres verblüffend einfaches Modell für gemeinsames Lernen und Handeln in Organisationen, das die Entwicklung personaler Kompetenzen als Schlüssel sieht, hat der MIT-Führungsforscher Claus Otto Scharmer (2009) mit seiner »Theorie U« vorgelegt. Mit den drei Schritten »open mind«, «open heart« und »open will« bestätigt er viele der bisher angesprochenen Einsichten und Thesen, und dies nicht von ungefähr, wählt er doch – wie wir – einen erfahrungswissenschaftlichen Ansatz. Basis seiner Theorie bildet die Auswertung von Tiefeninterviews mit international erfolgreichen Führungskräften, in denen er gemeinsam mit diesen herauszufinden versuchte, was ihre Wirksamkeit ausmacht. In gewisser Weise sind ja Lehrer/innen auch »Führungskräfte« – was also entscheidet nach Scharmer über die Wirksamkeit von Führungskräften?

Was entscheidet über die Wirksamkeit von Führungskräften und Lehrer/innen?

Scharmers Kernthese lautet: »Der Erfolg einer Intervention hängt von dem inneren Ort ab, aus dem heraus der Intervenierende handelt« (Scharmer 2009, S. 33). Er bestätigt damit meine Thesen zur Kritik an einem verengten Typ empirischer Bildungsforschung, der derzeit die Debatte dominiert: Es reicht nicht aus, äußerliche Daten zu erheben, sondern sie müssen auf die handelnden Personen bezogen werden – mehr noch: mit den handelnden Personen interaktiv entwickelt werden. Wir müssen uns sehr viel stärker mit den Wahrnehmungs- und Glaubenssystemen der im Bildungsbereich tätigen Personen befassen. Letztlich bestätigt Scharmer mit seinem Ansatz das Konzept einer personenzentrierten Pädagogik. Oder anders gesagt:

Scharmer zeigt: Die gleichen Handlungen führen zu radikal unterschiedlichen Ergebnissen – in Abhängigkeit von der (bewusst oder unbewusst gewählten) Aufmerksam-

> Weniger Methoden, Didaktik, Techniken etc. sind entscheidend für erfolgreiches Führungs- und Unterrichtshandeln, sondern vielmehr die Beachtung der inneren Verfasstheit einer Person, ihrer Aufmerksamkeitsstruktur, ihrer mentalen Modelle oder »belief systems« – gemäß dem Grundsatz: »What you see is what you get.«

keitsstruktur der handelnden Person. Insofern gibt es keine Führungsrezepte, die unabhängig von der Person und der Situation wirken. Die Mehrzahl bisheriger Führungskonzepte weist nach Scharmer einen »blinden Fleck« auf, weil sie diesen Aspekt zu wenig beachtet hätten. Für unsere Fragestellung bedeutet dies: Erst wenn wir die (inneren) Quellen ihres Führungshandelns erschließen, verstehen wir, *wodurch* und *wie* erfolgreiche Führer – also auch gute Lehrer/innen – etwas erfolgreich tun:

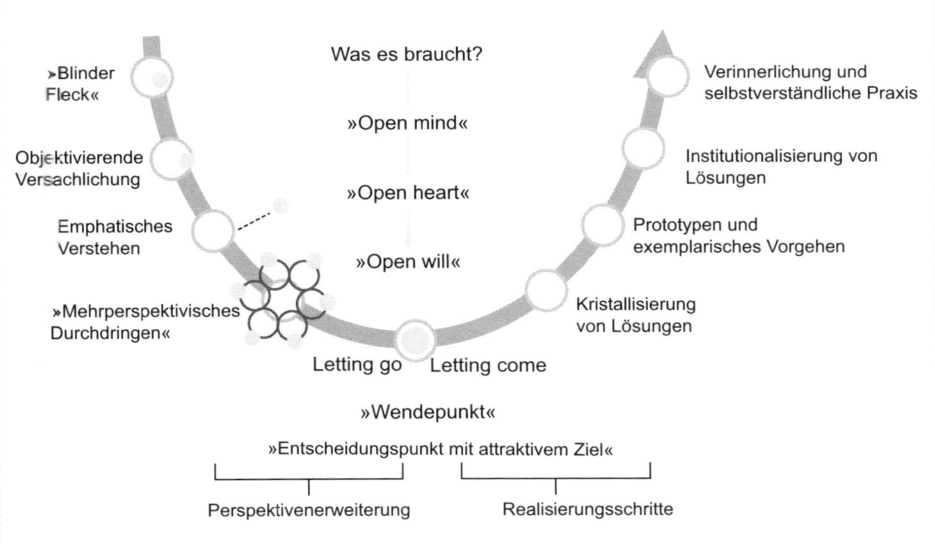

Abb. 9: Durch Überwindung des blinden Flecks zu neuen Lösungen (nach Scharmer 2009, S. 28 und Schratz/Hartmann/Schley 2010, S. 18)

Presencing als Schlüssel zur persönlichen Wirksamkeit

Der Schlüssel zur Überwindung des blinden Flecks besteht in der Entwicklung einer neuen Aufmerksamkeitsstruktur, die Scharmer als »presencing« bezeichnet. Presencing charakterisiert er als Fähigkeit, die »höchste Zukunftsmöglichkeit« von Personen und Organisationen zu erspüren. Wie ich anhand der kleinen Übung, die ich meinen Vorträgen voranstelle, bereits gezeigt habe, ist dies ein springender Punkt: Die Mehrzahl der Zuhörer/innen meiner Vorträge, die sich meiner Eingangsfrage stellten (»Ist Ihre besondere Begabung von der Schule bzw. einem Lehrer/einer Lehrerin erkannt worden?«), hatte die Erfahrung machen müssen, dass die Schule wenig dazu beitrug, ihre höchste Zukunftsmöglichkeit zu erkennen. Mit seiner »Theorie U« verspricht Scharmer zu zeigen, wie dies erreicht werden kann.

Presencing setzt sich aus den Wörtern »presence« (Gegenwart bzw. Anwesenheit) und »sensing« (hinspüren) zusammen. Presencing zielt darauf ab, den »inneren Ort« zu erspüren, von dem aus wir, aber auch unsere Gegenüber handeln, um Chancen gemeinsamer Potenzialentwicklung und Zukunftsgestaltung zu erspüren. Dabei geht es in der ersten Phase, die Scharmer als »open mind« bezeichnet, darum, eine neue Art des individuellen und gemeinsamen Zuhörens bzw. Sehens zu entwickeln. Insgesamt unterscheidet er vier Weisen bzw. Stufen des Zuhörens. Lernen und Wandel würden vor allem dadurch verhindert, dass wir uns zu oft im Modus von Typ I, dem »Downloading«, befänden, dessen Wesen darin besteht, dass wir nur unsere bereits vorhandenen Urteile bestätigt sehen wollen.

Downloaden

- Das Zuhören dient der Bestätigung bereits vorhandener Urteile
- Wir sehen nur, was unseren gewohnheitsmäßigen Urteilen entspricht:

»Was ich schon immer wusste ...«

Abb. 10: Downloading

Den Modus des Downloading, in dem wir nicht wirklich zuhören, was der andere sagt, sondern nur unsere bereits vorhandenen Urteile zu bestätigen suchen, können wir verlassen, wenn wir Typ II, das *gegenständlich-unterscheidende Zuhören*, realisieren und dadurch unseren Geist öffnen (»open mind«). Anstatt vorschnell zu bewerten, sollten wir darauf achten, was anders ist, was von unseren Vorstellungen abweicht. Es handelt sich dabei um den Grundmodus guter Wissenschaft: Fragen stellen, beobachten, Unterschiede akzeptieren.

Mit Typ III, dem *empathischen Zuhören*, eröffnen wir die Chance für kollektive Kreativität bzw. – in meiner Terminologie – für die Schaffung eines Kreativen Feldes. Indem wir versuchen, die Welt mit den Augen des anderen als Folge eines echten Dialogs zu sehen, verschiebt sich unsere Wahrnehmung hin zum anderen. Im gelingenden Dialog entwickeln wir ein unmittelbares Gespür für das, was der andere sagen will. Scharmer spricht von einer Verbindung »von Herz zu Herz«, also letztlich von Liebe (»open heart«).

Damit ist die Grundlage geschaffen für Typ IV, den Scharmer als »schöpferisches Zuhören« bezeichnet. Es handelt sich um ein »Zuhören aus dem im Entstehen begriffenen Feld der Zukunft«. Ein Kennzeichen dafür sei, dass wir tiefe Resonanz verspürten und direkten Kontakt zu unserer höchsten Zukunftsmöglichkeit erhielten. Es entstehe ein Raum zeitloser Stille und des Werdens. Am Ende solcher Gespräche würden wir erkennen, dass wir nicht mehr die gleiche Person seien, weil wir mit der tiefsten Quelle unseres authentischen und zukünftigen Selbst in Berührung gekommen seien. Durch diese Erfahrung befänden wir uns in einem gänzlich »veränderten Aggregatzustand« des jeweiligen sozialen Feldes.

Gemeinsames Sehen: Vom Downloading zum Dialog

Typ IV, *schöpferisches Zuhören*, entsteht in unseren Entwicklungswerkstätten oft im Anschluss an eine Zeitreise in die von allen gewünschte Zukunft der Schule bzw. Organisation. Der veränderte Aggregatzustand des Feldes zeigt sich zum Beispiel darin, dass die Lehrer/innen, aber auch Eltern, Schüler/innen und sonstige Personen entdecken, dass sie über erstaunlich kohärente gemeinsame Zukunftsbilder verfügen – eine Erfahrung die Marvin Weisbord in seinem gleichnamigen Buch als »Die Entdeckung des gemeinsamen Grundes« (1992) bezeichnet hat. Der gemeinsame Blick auf die bislang übersehenen Entwicklungschancen führt zu einer veränderten Aufmerksamkeitsstruktur, zu einer neuen Form gemeinsamen Sehens im Hier und Jetzt, die eine entscheidende Voraussetzung für wirkungsvolle Schul- bzw. Organisationsentwicklung ist. Mit Brafman und Brafman (2011) würde ich sogar sagen, dass in gelingenden Entwicklungswerkstätten aufgrund des schöpferischen Zuhörens »magische Momente« entstehen, die Resonanz erzeugen und neue Formen der Begegnung ermöglichen.

Letztlich zielen die verschiedenen Verfahren der prozessorientierten Zukunftsmoderation wie Zukunftswerkstatt, Zukunftskonferenz, Open Space, Wertschätzende Schulentwicklung, Art-Coaching (vgl. Burow 2000; Burow/Schratz 2009) darauf ab, das soziale Feld der Schule bzw. Organisation in einen *veränderten Aggregatzustand* zu bringen, in dem – etwa im Rahmen eines pädagogischen Tages – ein Raum geschaffen wird, in dem wir (Lehrer/innen, Schüler/innen, Eltern etc.) einander zuhören und eine neue Form gemeinsamen Sehens entwickeln.

Warum erweist sich eine veränderte Aufmerksamkeitsstruktur als Schlüssel zu wirkungsvoller Schulentwicklung, die darüber hinaus auch Wege zur Wohlfühl- bzw. Glücksschule weist? Die Antwort auf diese Frage erhalten wir, wenn wir analysieren, was die gewohnten Muster des Zuhörens bewirken. Downloading – als nach wie vor dominierender Typ I – führt dazu, dass das Gespräch in alten Mustern der Vergangenheit erfriert. Auf Ebene II stelle ich mich den anderen diskursiv gegenüber, was eher Unterschiede verstärkt und nur selten in gemeinsam getragenen Problemlösungen mündet. Erst auf Ebene III, dem dialogischen Zuhören, evoziere ich ein *dialogisches Feld*, in dem ich eine unmittelbare Berührung, Verbindung, Einheit etc. mit den anderen erlebe und sich die trennenden Grenzen auflösen. Nur so kann – auch im Sinne der drei Formen des Wissens von Pöppel – »ich-nahes Wissen« entstehen, das handlungsstimulierend wirkt. Diesen Prozess hat der Physiker David Bohm in seinem Buch »Der Dialog – das offene Gespräch am Ende der Diskussionen« (1998) detailliert beschrieben, in dem er mit der Bildung von Dialoggruppen mit ergebnisoffenen Gesprächen ein universales Instrument zur Lösung unser gegenwärtigen Probleme in vielen Bereichen vorstellt.

Zentrale Bedeutung des inneren Ortes, von dem aus wir handeln

Scharmer steht mit seiner Erkenntnis der zentralen Bedeutung des »inneren Ortes« nicht allein. So argumentiert der Bestsellerautor und Managementexperte Stephen R. Covey ganz ähnlich: In seinem Buch »Der 8. Weg« (2006) setzt er die Analyse der »inneren Stimme« bzw. innerer Bilder ins Zentrum seiner Anregungen für effektive Führung. Ein systematisches Übungs- und Analyseprogramm soll dazu dienen, die eigene Aufmerksamkeitsstruktur zu entwickeln. Zentral sei die Fähigkeit, sich selbst und anderen »zuhören« zu können, die eigenen Handlungsmotive und die anderer entschlüsseln zu können. Die Bezüge zu den bereits benannten Einsichten der Hirnforschung wie Hüthers Untersuchung »Die Macht der inneren Bilder« (2004) und Pöppels Theorie eines prägenden Rahmens (2006) sind verblüffend. Auch nach Scharmer besteht eine entscheidende Voraussetzung für erfolgreiche Führung und die Freisetzung von Kreativität darin, in Kontakt zu der eigenen inneren Stimme, zu den das Handeln steuernden Bildern, zum verborgenen »pictorial knowledge« zu kommen. Doch Scharmer bleibt nicht bei der Analyse stehen. Mit seiner »Theorie U« unternimmt er den Versuch, einen Weg zu weisen, wie man dieses verborgene Wissen im systematischen Durchlaufen der Phasen »open mind« – »open heart« – »open will« freisetzen und zur Entwicklung von »Prototypen« nutzen kann. Abbildung 11 beschreibt den idealtypischen Phasenverlauf:

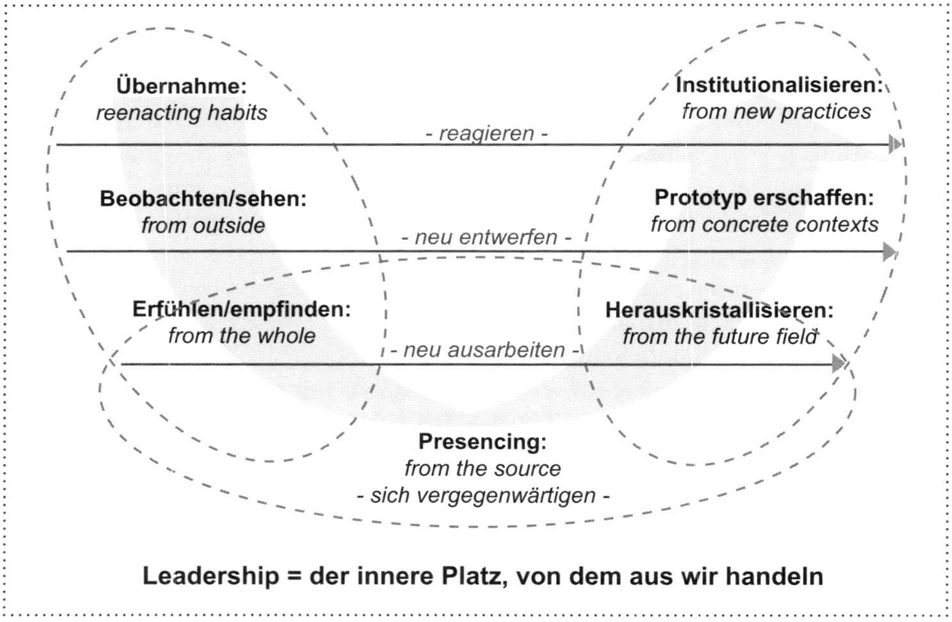

Abb. 11: Presencing I (nach Jaworski/Scharmer 2000; Scharmer 2009)

Wie ist diese Abbildung zu lesen? Nachdem wir uns vom Downloading gelöst haben, werden wir offen für die im Feld vorhandenen unterschiedlichen Sichten, die wir nicht nur kognitiv analysieren, sondern auch emotional erspüren. Auf diese Weise bewegen wir uns vom »geöffneten Geist« zum »geöffneten Herzen« – eine Bewegung, die bei der Arbeit mit großen Gruppen durch die veränderte Stimmung, die konzentrierte Energie und die Resonanz der Beteiligten im Raum direkt sinnlich erfahrbar ist.

In Schulentwicklungsprozessen ist dieser »magische Moment« insbesondere im Anschluss an die Visionenphase deutlich spürbar: Haben wir eben noch Missstände analysiert und einschränkende Umstände benannt, werden jetzt vielfältige neue Entwicklungsperspektiven entdeckt, und es entsteht ein Aufbruchsgefühl. Die Schwierigkeit besteht nun darin, diese freigesetzte »Gestaltungslust« zu halten und in konkret umsetzbare Projekte und Umsetzungsschritte zu überführen. Abbildung 12 beleuchtet, wie der Veränderungsprozess im Rahmen eines Schul- bzw. Organisationsentwicklungsprozesses konkret ablaufen kann:

Abb. 12: Presencing II (nach Jaworski/Scharmer 2000; Scharmer 2009)

Im Anschluss an eine Vorbereitungs- bzw. Kontraktphase geht es darum, möglichst vielfältige neue Sichtweisen zu erschließen. Als besonders wirksam hat sich hier das Prinzip »Schulen lernen von Schulen«, »Lehrer lernen von Lehrern«, »Organisationen lernen von Organisationen« erwiesen. Vieles von dem, was wir auf dem Weg zur Wohlfühlschule bzw. Wohlfühlorganisation umsetzen wollen, ist nämlich – zumindest in Teilen – in einigen Pionierschulen im In- und Ausland, aber auch in innovativen Organisationen bereits umgesetzt. Nichts ist überzeugender als ein erfahrbares Beispiel. Doch Beispiele können nicht einfach übernommen werden, sondern müssen den besonderen Bedingungen der eigenen Schule angepasst werden. Entscheidend ist, was die Kolleginnen und Kollegen für sinnvoll halten und übernehmen. Es kommt darauf an, dass sie einen gemeinsamen »inneren Ort« finden, von dem aus sie kohärent handeln. Wandel kann nicht verordnet werden.

Evolutionäre Personal- und Organisationsentwicklung (EPOS)

Deshalb haben wir – um ein Beispiel zu geben – zu Beginn eines mehrjährigen erfolgreichen Schulentwicklungsprozesses des Schulzentrums/Akademie Silberburg – einer Erzieherfachschule und Führungsakademie in Stuttgart – Freiwilligkeit zum Prinzip erhoben: Die Teilnahme an Selbstreflexionsseminaren und Methodenworkshops zum selbstorganisierten Lernen war freiwillig, wurde aber belohnt. Die »Open-Mind-Phase« zielt ja darauf ab, Offenheit zu erzeugen und die Bereitschaft, sich mit Neuem auseinanderzusetzen, zu fördern. Hier geht es darum, sich von der Konvention, der Grammatik der alten Schule zu befreien und Entwicklungsmöglichkeiten von der gewandelten Funktion her neu zu denken.

»Funktion statt Konvention« lautet die neue Perspektive, die wir durch eine Begegnung mit vielfältigen Schul- und Unterrichtsmodellen, das Durchspielen von Szenarien zu erreichen suchen. Wir (Burow/Hinz 2005) sprechen von »evolutionärer Personal- und Schul-/Organisationsentwicklung« (EPOS) weil wir, wie bei der Evolution, im ersten Schritt die Zahl der Handlungsmöglichkeiten – der Variationen – ausweiten und es dem Prozess selbst, den erfahrungsbasierten Entscheidungen der Kolleginnen und Kollegen überlassen, was sich im Alltag durchsetzt. Hier wird nichts »implementiert«, sondern es wird ein Prozess gemeinsamer Entwicklung, gemeinsamer Perspektivenerweiterung, gemeinsamer »Evolution« angestoßen.

Im Fall der Akademie Silberburg (www.schulzentrum-silberburg.de) hat sich dieser Weg im Verlaufe eines mehrjährigen Prozesses als überaus erfolgreich erwiesen: Innerhalb von vier Jahren wurde aus einer stagnierenden, von Schließung bedrohten Bildungseinrichtung ein erfolgreicher Anbieter innovativer Ausbildungskonzepte. Darüber hinaus gab der gemeinsame Prozess den Anstoß für den Neubau eines beispielgebenden Lehr-Lern-Zentrums, in dem eine neue Lernkultur entwickelt wurde. Intuitiv realisierten wir damit ein Vorgehen, das Scharmers U-Prozess entspricht, obwohl dieser damals (im Jahr 2000) noch gar nicht publiziert war. Ähnlich wie er es beschreibt, durchliefen wir die Phase des Rückzugs (»open heart«), in der wir uns mit einem Kernteam an inspirierende Orte zurückzogen, um die auftauchenden Bilder möglicher Zukünfte zu präzisieren und erste Prototypen zu entwerfen, von denen einige, aber nicht alle später realisiert wurden. Eine Idee, die damals entstand, harrt noch immer der Verwirklichung: »Wellness integrierende Lernlandschaften«.

Glück durch die Wahl unterschiedlicher Zukunftsbrillen

Während Scharmers »Theorie U« mit der Fokussierung auf den inneren Ort des Führungshandelns darauf abzielt, eine erweiterte Aufmerksamkeitsstruktur anzubahnen, um Zugang zu alternativen Zukünften zu gewinnen, bietet Pero Mićićs Konzept »Die fünf Zukunftsbrillen« (2009) einen eher nach außen gerichteten Zugang zu Möglichkeiten praktischen »Zukunfts-« und auch »Wohlfühlmanagements«, der sich ausgezeichnet zur Ergänzung eignet. Wie nachfolgende Übersicht zeigt, beleuchtet er fünf unterschiedliche Weisen, wie man gemeinsam auf die Zukunft blicken kann:

Durch welche Brille schauen Sie auf die Zukunft?

1.	Die wahrscheinliche Zukunft:	*Annahmen*	(blau)
2.	Die gestaltbare Zukunft:	*Chancen*	(grün)
3.	Die angestrebte Zukunft:	*Vision*	(gelb)
4.	Die überraschende Zukunft:	*Überraschungen*	(rot)
5.	Die geplante Zukunft:	*Strategie*	(violett)

Untersuchen wir kurz die Vor- und Nachteile dieser unterschiedlichen, durch die verschiedenfarbigen Brillen symbolisierten Blickwinkel. Mit der blauen Brille schauen wir auf die *wahrscheinliche* Zukunft. Typisch dafür sind mit wissenschaftlichen Methoden erhobene Zukunftsvoraussagen, basierend auf Fragen folgender Art:

- ➜ Wie viele Schüler werden im Jahr 2020 das öffentliche Bildungssystem besuchen?
- ➜ Wie wird sich die Geburtenrate entwickeln?
- ➜ Was müssen Schüler/innen lernen, wollen sie in der globalisierten Wissensgesellschaft bestehen?

Die löbliche Absicht hinter Trendstudien dieser Art, die versuchen, Zukunftsentwicklungen vorauszusagen, besteht in der Gewinnung von Planungssicherheit. Doch damit ist es – trotz oder wegen solcher Studien – oft schlecht bestellt: Weder wurden von der Mehrzahl der Experten der Fall der Berliner Mauer und der Zusammenbruch des sozialistischen Staatensystems vorausgesagt noch die jüngste Finanzkrise. Auch bei der Voraussage des Lehrerbedarfs scheitern Prognostiker immer wieder. Eine Vielzahl von weiteren Beispielen, von denen James Surowiecki (2005) einige aufgelistet hat, zeigt:

Experten irren oft dramatisch. In der Zukunftsforschung gibt es nur eine Gewissheit: Der Zeitgeist irrt immer!

Der Blick durch die Chancenbrille bringt weiter

Diese Erkenntnis, die sich langsam herumgesprochen hat, führt dazu, dass man es vermeidet, *eine* Zukunft vorauszusagen, und stattdessen den Versuch unternimmt, die Wahrscheinlichkeit alternativer »Zukünfte« – etwa mit der Szenariotechnik – zu berechnen.

Die mangelnde Vorhersagbarkeit der Zukunft kann man aber auch positiv sehen: Sie macht uns deutlich, dass Zukunft nicht so festgelegt ist, wie wir es im Alltag oft meinen. Im Gegenteil: Zu jeder Zeit gibt es mehr Chancen und offene Entwicklungsfenster, als uns bewusst ist! Wie man das in der Schulentwicklung nutzen kann, werden wir weiter unten am Beispiel einer erfolgreichen Schulgründung sowie eines gelungenen Schulumbaus sehen: Hier waren zwei engagierte Kolleg/innen am Werk, die die blaue Brille der wahrscheinlichen Annahmen ausgewechselt hatten zugunsten eines Blicks durch die grüne Brille der Chancen. Was bedeutet das für die Entwicklung einer Schule, die Lernfreude und bisweilen sogar Schulglück ermöglicht?

Jahrelang hing ich dem Mythos an, man müsse am Start eines Schulentwicklungsprozesses differenziert die Mängel erheben und analysieren. Das kann zweifellos wichtig sein – zu oft aber verstärkt diese Blickrichtung nur die eigenen Ohnmachtsgefühle. So erklären mir zu Beginn eines Entwicklungsprozesses Lehrer/innen immer wieder, wenn nur erst die Rahmenbedingungen verändert wären, könnten sie eine »gute Schule« machen. Bedauerlicherweise hätten sie aber keinen Einfluss auf diese: Ungenügende politische Vorgaben, fehlende Finanzen und die falschen Schüler/innen verhinderten den Wandel. Ich stelle dann regelmäßig eine Frage, die Irritation auslöst und mir nicht nur Zustimmung einbringt:

> »Wie erklären Sie sich, dass es unter den identischen Rahmenbedingungen Schulen gibt, die sehr gut sind, und Schulen die – obwohl sie in einem günstigen sozialen Umfeld liegen und über ausreichende Mittel verfügen – vergleichsweise schlecht abschneiden?«

Die Rahmenbedingungen allein reichen zur Erklärung nicht aus. Es muss noch andere Faktoren geben. Und einer dieser Faktoren besteht in Schulleitungen und/oder engagierten Kollegien, die sich für den Blick durch die Chancenbrille entschieden haben. Sie sind – im Sinne Scharmers – offenbar in Verbindung mit ihren inneren Bildern, ihren Wünschen und Sehnsüchten, ihren pädagogischen Vorstellungen und entwickeln auf diese Weise eine besondere, proaktive Aufmerksamkeitsstruktur, die sie befähigt, selbst unter ungünstigen Rahmenbedingungen, angesichts derer andere längst resigniert haben, Veränderungsmöglichkeiten zu sehen. Wirksame Schulentwicklungswerkstätten müssen deshalb solche Personen unterstützen und dazu beitragen, dass möglichst viele Lehrer/innen, Schüler/innen und Eltern angeregt werden, einen Blick durch die Chancenbrille zu werfen.

Hier geht es darum, gemeinsam alternative Szenarien zu entwerfen, die *alle* möglichen Entwicklungschancen beleuchten. Dieses Vorgehen löst zwangsläufig von den Hier-und-jetzt-Bedingungen und macht deutlich, dass es vielfältige Pfade gibt, die

Konvention des Schulemachens zu überwinden. Leitend ist die Frage: Was ist meine bzw. unsere höchste Zukunftsmöglichkeit? Der Blick durch die Chancenbrille ermöglichte auch den oben (S. 106) beschriebenen Erfolg Stavros Loucas, der eine als »abgeschrieben« geltende Klasse zur Spitze schwedischer Schüler/innen führte, indem er mit den Konventionen brach.

Die Bedeutung gemeinsamer Zukunftsbilder wird unterschätzt

Die Erkenntnis bislang übersehener oder unterschätzter Chancen kann in die Formulierung eines gemeinsam getragenen, attraktiven Zukunftsbildes münden, welches das Ziel eines möglichen Entwicklungsprozesses anschaulich ausdrückt. So unterstützen wir in Zukunftswerkstätten und Zukunftskonferenzen – mit der gesamten Schulgemeinde, der Bildungsregion bzw. den Schlüsselpersonen des Systems – die Teilnehmer/innen darin, einen Blick durch die gelbe Brille der Visionen, also auf gewünschte, erträumte, ersehnte Zukünfte zu werfen und so eine veränderte Aufmerksamkeitsrichtung, ein verändertes gemeinsames Sehen anzubahnen. Für viele ist dieser Blickwinkel ungewohnt, einige sind dazu nicht in der Lage, und nicht wenige fragen sich, was dabei herauskommen soll. Dabei vergessen wir, dass am Anfang fast aller großen Entwicklungen, Umbrüche und Wandlungsprozesse eine Vision, ein prägnantes Bild der gewünschten Zukunft stand.

Nelson Mandela, um ein Beispiel zu geben, konnte 27 Jahre in einer winzigen Zelle auf der Gefängnisinsel Robben Island nur dadurch überleben, dass er in sich das Bild eines befreiten Landes trug, in dem die Apartheid abgeschafft sein würde. Angesichts seiner aussichtslosen Lage hätte ein dem Realitätsblick verhafteter Beobachter zu dem Schluss kommen können, dass Mandela geistig gestört sei: Wie konnte er nur glauben, sich gegen seine übermächtigen Bewacher, gegen ein verkrustetes System durchsetzen zu können, und das ohne eigene Machtmittel, isoliert in einer Gefängniszelle sitzend?

Wir sind da inzwischen besser informiert, wir haben das Gesetz der Wenigen kennengelernt. Wir wissen, dass sich einleuchtende Ideen über den Weg der emotionalen Ansteckung in sozialen Netzen rasend schnell ausbreiten können. Wir wissen, dass es – auch in scheinbar ausweglosen Situationen – Tipping Points gibt, die immer dann entstehen, wenn es »Kristallisationskernen im Feld« gelingt, nicht nur ein ansteckendes Zukunftsbild zu formulieren, sondern auch im Sinne des Obama'schen »Yes we can« Ermutigung zu verbreiten und Selbstwirksamkeitsüberzeugungen zu stärken.

Das Bild einer Wohlfühl- oder Glücksschule ist so eine starke Vision, die – wie wir gesehen haben – schon 1780 formuliert wurde und seitdem in nicht wenigen Reformschulen sogar in ersten Schritten realisiert wurde. Heute haben wir, auch aufgrund wissenschaftlicher Erkenntnisse, gute Argumente, an der Entwicklung solcher Schulen zu arbeiten. Auch im Bereich der Wirtschaft erkennt man immer mehr die zentrale Bedeutung einer Wohlfühlumgebung bzw. von Work-Life-Balance für die Erbringung von Spitzenleistungen.

Überraschungen einplanen und eine Strategie entwickeln

Gegen den immer wieder vorgebrachten Einwand, dies sei eine naive Weltsicht, hilft die Beachtung der von Mićić vorgestellten Überraschungs- und Strategiebrillen. So macht uns die rote Brille der überraschenden Zukunft klar, dass Planungen nur selten zu den erwarteten Ergebnissen führen: Die Hamburger Elbphilharmonie zum Beispiel wird erheblich teurer werden als vorausgesagt (zurzeit haben sich die prognostizierten Baukosten verdreifacht!), und die Fertigstellung wird sich auch verschieben. Die Bologna-Reform sollte die Studierbarkeit verbessern, die Studienzeiten verkürzen und die Mobilität erhöhen. Zunächst ist in vielen Bereichen das Gegenteil der geplanten Ziele eingetreten. Dies ist kein Argument gegen Visionen und Strategien, im Gegenteil: Wir müssen uns von naiven Planungs- und Steuerungsfantasien befreien und stattdessen lernen, mit Überraschungen zu rechnen. Der Zeitgeist irrt vor allem auch deswegen, weil wir die Überraschungswahrscheinlichkeit und die Eigendynamik von Menschen und Systemen unterschätzen und weil wir uns – statt das Wissen der Vielen einzubeziehen – zu sehr von verkürzter Expertenlogik abhängig machen.

Wenn wir dies erkannt haben, dann werden wir mit einem differenzierteren Blick durch die violette Strategiebrille schauen, die die Schritte angibt, die wir gehen müssen, um in Richtung einer Umsetzung unserer Zukunftsvision voranzukommen. Im Sinne Scharmers müssen die entwickelten »Prototypen« erst noch ihre Bewährung bestehen. Hier zeigt sich:

> Es ist eine Illusion zu glauben, man könne Schule durch Implementierung von isolierten Konzepten, seien sie auch wissenschaftlich fundiert, entwickeln. Erfolgreiche Schul- und Organisationsentwicklung unterliegt dem Paradigma umfassender prozessorientierter Partizipation und kann nicht mit Programmen der linearen »Implementation« allein vorangetrieben werden (vgl. Burow 2008b).

Die Theorie des Kreativen Feldes und das Programm einer Positiven Pädagogik

Nachdem wir nun nachvollzogen haben, wie das Glück aus der Schule verschwand, und einige Quellen einer Pädagogik des Schulglücks kennengelernt haben, ist es Zeit, ein erstes Fazit zu ziehen:

> Der entscheidende Dreh- und Angelpunkt einer Pädagogik, die Schüler/innen und Lehrer/innen darin unterstützt, ihre besonderen Neigungen zu entdecken, zu entwickeln und in einen gemeinsamen Lehr-Lern-Prozess einzubringen, besteht darin, dass wir Schule nicht länger auf die Funktion einer zu verwaltenden Qualifizierungs- und Selektionsanstalt reduzieren, sondern sie als einen offenen Möglichkeits- und Entfaltungsraum, als »Open Space«, als ein »Kreatives Feld« begreifen. In einer globalisierten Wissensgesellschaft, in der möglicherweise schon bald die »kreative Klasse« (Florida 2002) zur neuen Führungsschicht wird, kommt es weniger auf die Erfüllung äußerer Standards und Normen an, sondern vielmehr auf die Freisetzung persönlicher und kollektiver kreativer Potenziale, auf die Entwicklung proaktiver Haltungen und die Fähigkeit zur Bildung unterstützender sozialer Netze.
>
> Zukunftsfähige Schulen, die zu einem Wohlfühlort werden und das Glück ihrer Schüler/innen befördern wollen, müssen *Orte freien Lernens und Entwickelns* sein. Sie sollten sich darauf konzentrieren, die »innere Berufung« ihrer Schüler/innen zu erkennen und vielfältig gestaltete Lehr-Lern-Umgebungen zur Verfügung stellen, die schrittweise zu selbstorganisiertem und selbstbestimmtem Lernen befähigen. Von besonderer Bedeutung ist dabei der Abschied von einer Konzentration auf separat benotete Einzelleistungen hin zu einer verstärkten *Förderung gemeinschaftlicher Leistungen* etwa in Synergieteams.

Wie bereits oben angedeutet, habe ich in meinen Büchern »Die Individualisierungsfalle – Kreativität gibt es nur im Plural« (Burow 1999) sowie »Ich bin gut – wir sind besser. Erfolgsmodelle kreativer Gruppen« (Burow 2000) einen neuen Typ der Kreativität vorgestellt, der sich nicht im herausragend begabten Individuum gründet, sondern aus dem Zusammenspiel von »normal« begabten Personen entsteht, denen es gelingt, ihre jeweiligen Stärken und Schwächen so zu kombinieren, dass sie als Gruppe über sich hinauswachsen und zu überragenden kreativen Leistungen in der Lage sind. Um an eines meiner Beispiele zu erinnern: Der »verhaltensauffällige« John Lennon, Schrecken mancher seiner Lehrer, konnte nicht einmal Gitarre spielen, als er in Paul McCartney seinen kongenialen Partner fand. Was beide und die Bandmitglieder George Harrison und Ringo Starr verband, war eine größenwahnsinnige Vision, wie sie nur in der Pubertät entstehen konnte: »Wir werden die beste Band der Welt.«

Brafman und Brafman (2011, S. 65 f.) zeigen anhand des Aufstiegs eines Baseballteams – bestehend aus vier »normalen« Studenten, die sich aufgrund räumlicher Nähe in einem Studentenheim finden –, dass die Wahrscheinlichkeit überragender Leistungen und persönlicher Erfüllung steigt, wenn es gelingt, den »magischen Moment« zu fördern, der in der Begegnung passender Synergiepartner besteht, die sich gegenseitig stützen und herausfordern und so ein Kreatives Feld bilden.

Lehrer/innen müssten in diesem Sinne Schüler/innen stärker darin unterstützen, ihre »Glücksträume«, ihre Visionen zu entdecken, und das Entstehen kreativer synergetischer Beziehungen fördern. Dazu bedarf es allerdings Lehrer/innen und Schulleiter/innen, die den Kontakt zu ihren eigenen Träumen nicht verloren haben und die begeisterungsfähig sind.

Was ist ein Kreatives Feld?

In meiner Theorie des Kreativen Feldes kritisiere ich die einseitige Ausrichtung auf den Geniemythos und zeige anhand von Fallstudien, dass Kreativität und überragende Leistungen oft ein Effekt besonders strukturierter sozialer und kultureller Felder sind, die ich als »Kreative Felder« bezeichne. Meine damalige Definition lautete:

> »Ein Kreatives Feld wäre demnach eine in sozialer und materieller Hinsicht spezifisch konstruierte Umgebung, die einen besonderen Aufforderungscharakter für die synergetische Entfaltung des kreativen Potenzials der zueinander in Beziehung stehenden Personen ausübt. So zeichnet sich ein Kreatives Feld durch den Zusammenschluss von zwei oder mehr Personen mit stark ausgeprägten unterschiedlichen Fähigkeiten aus, die versuchen, in dialogischer Weise ihren Gemeinsamen Grund sowie ihre Unterschiede zu erforschen, mit dem Ziel, in einem auf Gegenseitigkeit beruhenden Lernprozess ihr kreatives Potenzial gegenseitig hervorzulocken, zu erweitern und zu entfalten.« (Burow 1999, S. 123 ff.)

Die wesentlichen Elemente des kreativen Schaffens, nämlich die begabte Persönlichkeit, ein kreativer Schaffensprozess und das Produkt, werden durch die Struktur des Felds in besonderer Weise organisiert. Kreative Felder sind durch eine dialogische Beziehungsstruktur (Dialog), durch ein gemeinsames Interesse (Produktorientierung bzw. gemeinsame Vision), durch eine Vielfalt unterschiedlicher Fähigkeitsprofile (Vielfalt und Personenzentrierung), durch eine Konzentration auf die Entfaltung der gemeinsamen Kreativität (Synergieprozess), durch eine gleichberechtigte Teilhabe ohne Bevormundung durch »Experten« (Partizipation) sowie durch ein kreativitätsförderndes soziales und ökologisches Umfeld (Nachhaltigkeit) charakterisiert. Mit diesen Begriffen sind zentrale Schlüsselkonzepte benannt, die zur Ausbildung eines Kreativen Feldes beitragen (vgl. Burow 1999):

Schlüsselkonzepte zur Schaffung eines Kreativen Feldes

1. Dialog
2. Vision und Produktorientierung
3. Vielfalt
4. Personenzentrierung
5. Synergieprozess
6. Partizipation
7. Nachhaltigkeit

Meine These, die ich aufgrund meiner Arbeit mit einer Vielzahl von Schulkollegien in den letzten 20 Jahren überprüft habe, lautet:

Große Teile des nötigen Wissens zur Entwicklung einer »guten Schule« sind bei allen Beteiligten vorhanden. Dieses Wissen ist aber fragmentiert und führt nur selten zu einer in sich stimmigen »kohärenten« Schulpraxis. Was fehlt, sind geeignete Begegnungsräume und Verfahren, um dieses Wissen, das auf die Vielen verteilt ist, zu vernetzen, den »gemeinsamen Grund« herauszuarbeiten und in konkrete Gestaltungsprojekte einzubringen.

Hierbei helfen uns mehr Daten der traditionellen Art kaum, etwa wenn sie – wie zum Beispiel bei der von Karlheinz Ingenkamp schon in den 1970er-Jahren festgestellten »Fragwürdigkeit der Zensurengebung« – immer nur das bestätigen, was wir ohnehin schon wissen. Auch die immer wieder neu belegte Erkenntnis, dass das deutsche Schulsystem in weiten Bereichen eher ein Selektions- als ein Fördersystem ist, erweist sich bei näherer Betrachtung als alter Hut. Schon in meinem Studium in den 1970er-Jahren gehörte dies zum Standardwissen. Hier zeigt sich: Kontextunabhängiges Theoriewissen, das zudem lediglich kognitiv und damit ich-fern vermittelt wird – meist auch noch in frontalunterrichtlicher Form (etwa in überfüllten Klassenzimmern und Hörsälen) –, leistet nur selten einen Beitrag zur notwendigen Schulentwicklung. Was uns wirklich fehlt, ist ein neuer Typ von Aktions- bzw. Handlungsforschung, der im Sinne eingreifender Zukunftsgestaltung Lehrer/innen, Schüler/innen, Eltern und die anderen an Schule beteiligten Personen befähigt, Schule im Hier und Jetzt zu erforschen und damit zugleich zu verändern!

So verdienstvoll etwa Untersuchungen zur Schüler- und Lehrergesundheit sind, die uns immerhin bewusst machen, dass Schule – so wie sie im Moment organisiert ist – zu viele Beteiligte krank macht, so hilft uns doch die immer differenziertere Bestätigung dieser Missstände wenig, um sie abzustellen.

Was wir in Ergänzung zu Defizituntersuchungen brauchen, ist ein Wechsel der Blickrichtung: Anstatt ständig zu schauen, was in Schulen schlecht läuft, sollten wir untersuchen und weiterentwickeln, was gut läuft. Wir brauchen das Programm einer »Positiven Pädagogik«, die den Wandel von der pathogenen zur salutogenen Perspektive vollzieht. Die Konzentration auf die Beantwortung der Frage, wie Schule ein soziales Netz aufbauen kann, das die allseitige Entwicklung der Anlagen und Fähigkeiten von Schüler/innen und Lehrer/innen fördert, und über welche erfolgreichen Beispiele wir schon jetzt verfügen, ist der Schlüssel zum Schulglück.

Glück durch Freisetzung der Weisheit der Vielen

Im Anschluss werde ich konkrete Beispiele dafür geben und Verfahren beschreiben, wie das verborgene, meist unterschätzte und bislang ungenutzte Wissen der Vielen so genutzt und vernetzt werden kann, dass das Glück wieder in die Schule kommen kann. Meine These:

Der beste Schulentwicklungsexperte ist nicht ein spezialistisch verengter Forscher, sondern eine vielfältig gemischte Gruppe aus Lehrer/innen, Eltern, Schüler/innen, Verwaltung, anderen Dienstkräften sowie Forscherinnen und Forschern, die sich gemeinsam auf die Suche nach Lösungen begeben, die für die eigene Situation vor Ort optimal sind. Nachhaltig wirksamer Ansatzpunkt ist die Verständigung über gemeinsam geteilte Normen, Werte und Zukunftsbilder.

Nach einer Phase der Entmachtung durch Experten mit zum Teil desaströsen Folgen brauchen wir eine Rückbesinnung auf den eigenen Menschenverstand und dessen Umsetzung durch Formen und Inhalte echter Partizipation. Die von Schule essenziell Betroffenen müssen das Recht erhalten, ohne Gängelung durch Politik, Bürokratie und Vertreter einseitiger Wissenschaftsschulen, bei denen es sich bei näherer Betrachtung nicht selten um verbrämte Ideologien und Glaubenssysteme handelt, ihr (Schul-) Glück selbst in die Hand zu nehmen.

»Bediene dich deines Verstandes ohne Leitung durch andere« lautete die Kant'sche Formel für eine Befreiung des entmündigten Bürgers. In diesem Sinne geht es darum, die in Teilen selbst verschuldete Unmündigkeit vieler Schulen und der an ihnen beteiligten Personen zu überwinden. Der Bildungsökonom Ludger Wößmann (2007) sieht neben Wettbewerb und Feedback die Ermöglichung umfassender Autonomie als Schlüssel zur »guten Schule«. Welche Veränderungsenergie frei werden kann, wenn Kollegien sich auf den Weg machen, Freiheitsspielräume nutzen oder gar schaffen, belegen meine Beispiele von Schulumbau, Schulgründung und gemeinschaftlich getragener Schulentwicklung im Praxisteil dieses Buches.

Zunächst jedoch möchte ich festhalten: Für Glück in der Schule scheint in Zeiten eines Glaubens an die Heilkraft standardisierter Messverfahren kein Raum mehr zu sein. Die renommierte Publizistin Katharina Rutschky stellt in ihrem Artikel »Messen ohne Sinn und Verstand« zusammen mit der Novo-Redakteurin Sabine Beppler-Spahl fest: »Messen, zählen, vergleichen: Die Zahlenspiele der OECD dienen einer Pädagogik der Hitliste, des nationalen und globalen Konkurrierens, ohne dass dadurch irgendetwas besser würde« (Rutschky/Beppler-Spahl 2009, S. 33). Beide warnen vor den »Lobbyisten des pädagogisch-sozialen Komplexes«, die mit ihren Zahlenspielen dabei sind, unser pädagogisches Denken zu vernebeln, indem sie von den Grundfragen ablenken. Und der bereits erwähnte Kritiker des PISA-Diskurses, der Soziologe Richard Münch, ergänzt: »Was wir unter Bildung verstehen wollen, ist keine mit wissenschaftlichen Mitteln zu beantwortende Frage. Es ist eine normative Frage, über die öffentlich debattiert werden muss« (Münch 2009b, S. 40).

Den deutschen Bildungspolitikern rät er:

> »Statt Kontroll- und Testapparaturen grenzenlos wuchern zu lassen, sollten die Bildungspolitiker ihr Augenmerk auf die Gestaltung eines Bildungssystems richten, das allen nachfolgenden Generationen einen Zugang zur höheren Bildung ermöglicht. Das in der Welt fast einmalige dreigliedrige Schulsystem ist dafür nicht geeignet. Es muss realisiert werden, dass Eltern und bessergestellte Schichten mit teuer bezahlter Nachhilfe nicht länger das Versagen der Schule kompensieren können. Eine darauf eingerichtete Ganztagsschule muss ein Lebensraum für Lernen, Spiel, Sport, Musizieren und soziales Engagement sein und weit über das reine Unterrichten hinausgehen. Dem pädagogischen Verhältnis zwischen Lehrer und Schüler gilt der Vorrang vor wuchernden Kontrollapparaten. Statt Schüler zu indoktrinieren und auszusortieren, sollte der Ansporn zum Lernen, ihre Förderung und breite Einbeziehung in den Lernprozess in den Vordergrund treten.« (Münch 2009b, S. 41)

Ich stimme Münch zu: Statt Schule zu einem Kreativen Feld weiterzuentwickeln, werden in weiten Teilen des Bildungsbereiches Mittel benutzt – angetrieben durch eine überforderte Bildungsbürokratie –, die das verfolgen, was im Finanzsektor dramatisch gescheitert ist. Auf die Frage eines Journalisten, wie es zum totalen Versagen der Finanzexperten gekommen sei, gibt der oberste Bankenaufseher der Republik, Jochen Sanio, eine aufschlussreiche Antwort:

> »Wir haben zu lange mathematischen Modellen vertraut und unseren gesunden Menschenverstand vernachlässigt.« (zit. nach Blick Log 2010)

3. Teil

Sieben Wege zu Lernfreude und Schulglück

Sieben Wege zur Lernfreude und Schulglück

Nach dieser kurzen Geschichte des verlorenen Schulglücks und der ausführlichen Darstellung von Quellen einer zu entwickelnden Positiven Pädagogik der Lernfreude und des Schulglücks möchte ich nun im dritten Teil sieben Möglichkeiten vorstellen, wie mehr Lernfreude und Glück auch in Ihre Schule bzw. Ihre Organisation zurückkehren kann. Die »sieben Wege« basieren auf Erfahrungen unserer langjährigen Schulentwicklungsarbeit und der Analyse von erfolgreichen Umsetzungsbeispielen. Während die Wege eins und zwei, der Umbau einer bestehenden Schule und die Gründung einer völlig neuen Schule, ein besonderes Engagement und langfristige Umsetzungsstrategien erfordern, können Sie die Wege drei bis sieben sofort beschreiten, etwa mit die Initiierung einer Schulentwicklungswerkstatt im Rahmen eines oder mehrerer pädagogischer Tage. Die Wege eins und zwei zeigen, was auch unter schwierigen Bedingungen innerhalb vergleichsweise kurzer Zeit möglich ist, wenn sich ein engagiertes Schulteam auf den Weg macht.

Bei den Wegen drei bis sieben stelle ich konkrete Umsetzungsschritte und Ablaufpläne vor, die als Anregung für die Gestaltung des eigenen Schulentwicklungsprozesses dienen und für die Durchführung von pädagogischen Tagen und/oder Workshops benutzt werden können. Meine Darstellung erfolgt von einer konzeptionellen Basis her, die ich mir in den letzten 30 Jahren im Austausch mit Kolleginnen und Kollegen, Lehrer/innen, Eltern, Schüler/innen und Schulentwicklern sowie durch eigene Praxisforschung und die Sichtung anwendungsbezogener Theorien erarbeitet habe. Die Grundzüge meiner konzeptionellen Basis kennen Sie nun nach der Lektüre der ersten beiden Teile. Was jetzt noch für den dritten Teil, das Praxiskapitel, fehlt, ist eine knappe Definition, die als Orientierung für den eigenen Schulentwicklungsprozess dienen kann: Was verstehe ich im pragmatischen Sinn unter Schulglück?

Schulglück: Eine pragmatische Definition

Auf meinem Schreibtisch stapeln sich Bücher verschiedenster Glücksautoren, deren wichtigste Titel Sie dem Literaturverzeichnis entnehmen können. Das Angebot ist erschlagend und belegt, dass das Thema eine ungebrochene Konjunktur erfährt, was nicht nur darauf hinweist, dass wir alle nach Glück suchen, sondern auch darauf, wie sehr es uns fehlt. Die Vielzahl der angebotenen Definitionen ist verwirrend.

Mayrings zusammenfassende Definition im Sinne des kleinsten gemeinsamen Nenners als »subjektives Wohlbefinden« haben wir bereits kennengelernt (siehe S. 102). Der Philosoph und Glücksexperte Wilhelm Schmid urteilt kurz und bündig:

> »Die Wahrheit ist: Es gibt keine einheitliche, verbindliche Definition des Glücks. Was darunter zu verstehen ist, legen letztlich Sie selbst für sich fest.« (Schmid 2007, S. 9)

Timo Hoyers umfassende Zusammenstellung sozial- und geisteswissenschaftlicher Zugänge »Vom Glück und glücklichen Leben« (Hoyer 2007) lässt zwar ein breites Spektrum unterschiedlichster Facetten aufscheinen, die unseren Horizont erweitern, ist aber für den Praktiker zu wenig alltagstauglich. Verlieren sich die Sozial- und Geisteswissenschaften in Detailaspekten, so bleibt Schmids Definition zu unbestimmt. Was wir brauchen, ist eine pragmatische Definition, die zweierlei ermöglichen muss:

- ➜ eine Zielorientierung für die Entwicklung einer Lehr-Lern-Umgebung bzw. einer Schule, die Lernfreude, Wohlbefinden und Glück ermöglicht;
- ➜ einen Maßstab zur Beurteilung, inwieweit die jeweilige Schule bzw. Organisation sich diesen Zielen annähert.

Glück, da hat Schmid recht, hängt natürlich vom subjektiven Maßstab ab, und doch meine ich, gibt es, was das Schulglück betrifft, eine allgemeine Minimalformel, die sowohl als Zielorientierung wie auch als Maßstab geeignet ist. Vor einigen Jahren (vgl. Burow 1999) bin ich auf die bereits mehrfach angeführte Definition des amerikanischen Philosophen und Pädagogen John Dewey gestoßen, die ich in ihrer genialen Schlichtheit – je mehr ich mich mit dem Thema befasst habe – für immer wegweisender halte. Nicht von ungefähr habe ich sie diesem Buch vorangestellt:

> »Herauszufinden, wozu man sich eignet, und eine Gelegenheit zu finden, dies zu tun, ist der Schlüssel zum Glücklichsein.« (Dewey 1930, S. 360)

So schlicht diese Formel auf den ersten Blick wirken mag, so erweist sich doch bei intensiver Befassung, dass sie in konzentrierter Form die wesentlichen Bedingungen und Orientierungen für die Entwicklung einer Schule enthält, die das Wohlbefinden und das Potenzial ihrer Schüler/innen fördern will.

Kennzeichen der Schule als Ort des Lernglücks

»Gute Schule« erweist sich in diesem Sinne darin, dass sie einen herausfordernden Rahmen individuumsbezogener Förderung für *alle* Schüler/innen bietet: Es geht darum, *jeden* Einzelnen in seinen individuellen Begabungen und Begrenzungen zu erkennen, zu würdigen und zu fördern und ihm die Möglichkeit zu geben, die für seine Neigungen geeignete Umgebung zu finden bzw. zu schaffen, gewissermaßen das auf die jeweilige Person zugeschnittene Kreative Feld, in dem man sowohl zu persönlichen Höchstleistungen in der Lage ist als auch subjektives Wohlbefinden erfährt.

Diese Formel beschreibt zugleich den Kern einer *inklusiven Schule* bzw. *Positiven Pädagogik*. In Zeiten einer verkürzten Standardisierung und vergleichenden Messung von Schulleistungen sollte sich Schule auf ihren pädagogischen Auftrag besinnen und viele der Zumutungen von außen zurückweisen, um sich auf ihre eigentliche Bestimmung zu konzentrieren:

> Die vordringlichste Aufgabe der Schule besteht darin, Schüler/innen und Lehrer/innen dabei zu unterstützen herauszufinden, was ihre besondere, eigenständige, einmalige Eignung bzw. Begabung ist, und Angebote bereitzustellen, die jeweilige Neigung zu verfolgen. Wer eine solche Förderung – durch Pädagoginnen und Pädagogen, die das Besondere jeder Person hervorzulocken suchen – in anregender, wertschätzender Umgebung erfährt, der wird auch Schulglück erleben.

Übersicht über die sieben Wege

Ich beginne die Darstellung meiner sieben Wege zum Schulglück mit zwei Praxisbeispielen, auf die ich im Rahmen meiner Schulberatungen zufällig gestoßen bin: Der Schulleiter der *Valentin-Traudt-Gesamtschule in Großalmerode*, Hartmut Diegel, lud mich anlässlich der Eröffnung einer Ausstellung über sein innovatives Schulmodell ein, den Eröffnungsvortrag zu halten. Zur Vorbereitung besuchte ich seine Schule und war beeindruckt davon, was ein fähiger Schulleiter zusammen mit seinem Kollegium erreichen kann, wenn sie sich – selbst unter ungünstigen Rahmenbedingungen – gemeinsam auf den Weg machen.

Ein Einwand gegen mein Konzept einer Wohlfühlschule könnte ja sein, dass dies eine typische Professorenidee sei – erdacht am Schreibtisch, fern jeder Praxis. Das Gegenteil ist der Fall: Diese Idee ist sowohl aus meinen eigenen (negativen) Erfahrungen als Schüler wie auch aus der langjährigen (überwiegend positiven) Arbeit mit Schulen erwachsen, aus der Beobachtung der geäußerten Wünsche bzw. Zukunftsvorstellungen, und anschließend durch einschlägige Literatur untermauert worden. Das Beispiel der Valentin-Traudt-Schule eignet sich besonders zur Darstellung des ersten Zugangs zum Schulglück, liegt sie doch in einem der ärmsten Landkreise Hessens. Ungünstige Rahmenbedingungen, Geldmangel, dramatischer demografischer Wandel mit zurückgehenden Schülerzahlen – wie sollen ausgerechnet in so einer Umgebung Chancen für den wegweisenden Umbau einer öffentlichen Regelschule (sic!) bestehen? Anders gesagt: Wenn der Wandel selbst dort möglich war, warum sollte er dann anderswo nicht funktionieren?

Ebenso beeindruckend ist mein zweites Beispiel: die *Werkstattschule in Rostock*. Hier ging eine – zunächst vom Burnout bedrohte Lehrerin – einen Weg, den ich weiter oben (S. 150) theoretisch beschrieben habe: Statt zu resignieren, hielt sie an ihrer pädagogischen Vision fest und überlegte sich, welche Umgebung sie brauchte, um ihre Vision umzusetzen. Als Konsequenz beschritt sie den Weg der Schulgründung und schuf sich damit ihr eigenes Kreatives Feld. Ihr Vorgehen belegt, dass Gladwells »Gesetz der Wenigen« (siehe S. 71) auch im Schulbereich funktioniert. Entscheidend war, dass sie nicht nur ihre eigene Berufung erkannte, sondern auch das Zutrauen entwickelte, ihr zu folgen.

Beide Beispiele zeigen, dass es keiner komplizierten Schulentwicklungsverfahren bedarf, um innovative Schulen zu entwickeln. Oft kommt es lediglich darauf an, den Blick durch die Chancenbrille zu wagen und so den Blick für Gelegenheiten zu schärfen. Dabei ist der persönliche Faktor entscheidend: Ohne Personen, die sich ihrer »inneren Berufung« bewusst sind und die ihr Ziel mit Energie und Leidenschaft angehen, ist Wandel nur schwer möglich. Die wichtigste Fähigkeit solcher Personen besteht darin, den Mechanismus der emotionalen Ansteckung zu nutzen: Ihre Begeisterung und ihre Fähigkeit, soziale Netze zu knüpfen, sind entscheidend.

Hier zeigt sich: Das Schulglück fällt nicht vom Himmel, sondern ist das Ergebnis der Arbeit engagierter Persönlichkeiten, denen es nach dem »Gesetz der Wenigen« gelingt, die Kräfte so zu bündeln, dass – beginnend mit kleinen Schritten – in einem längeren Prozess gemeinsamer Weiterentwicklung schließlich ein Tipping Point erreicht wird und die Schule zum Kreativen Feld wird.

Meine Beispiele belegen: Es ist kein unumstößliches Gesetz, dass Schulen sich langsamer wandeln als Kirchen. Schulen können sich in vergleichsweise kurzen Zeiträumen verändern, wie auch die bereits erwähnte McKinsey-Studie gezeigt hat (vgl. S. 78). Dabei gilt: Man muss nicht gleich eine neue Schule gründen, sondern oft genügt es, etwa eine anstehende Renovierung als Chance für einen konsequenten Gesamtumbau zu nutzen.

Diese Beispiele beschreiben keine seltenen Ausnahmen, sondern stehen für viele ähnliche Fälle. Da ich im letzten Jahr in Zusammenarbeit mit der Karg-Stiftung für Begabtenförderung 15 »normale« Regelschulen in ganz Deutschland kennengelernt habe, die sich aus eigenem Antrieb besonders bei der Entwicklung neuer Schul- und Unterrichtskonzepte engagieren und dabei beeindruckende Schulprofile entwickelt haben (Steenbuck/Quitmann/Esser 2011), weiß ich, dass sich jede Schule auf den Weg machen kann.

Auch die in unserem Verein »Freie Lernorte« (www.freie-lernorte.de) zusammengeschlossenen Reformschulen, bei denen es sich ausnahmslos um staatliche Regelschulen handelt, liefern ermutigende Beispiele, die meine Thesen belegen. Ja, ich bin überzeugt, dass beide Wege, der des Umbaus einer bestehenden Schule und der der Schulneugründung, fast überall gangbar sind.

Dennoch bleiben es bislang vereinzelte Beispiele, die nur begrenzt übertragbar sind, da nur wenige Kolleginnen und Kollegen so viel Leidenschaft aufbringen, all ihre Energien auf die Entwicklung der eigenen Schule zu konzentrieren. Hinzu kommt, dass in diesen Erfolgsbeispielen auch günstige personelle Konstellationen und besondere Umstände eine Rolle spielten. Dennoch: Entscheidend war zweifellos, dass es sich um beherzte Lehrer/innen handelte, die es wagten, sich von den Konventionen zu befreien und einen Blick durch die Chancen- bzw. Visionenbrille zu werfen, um darauf aufbauend eine realistische Umsetzungsstrategie zu entwickeln. Der Erfolg wurde auch dadurch möglich, dass diese Innovatoren – im Sinne Scharmers (vgl. S. 119) – bei ihren Kolleginnen und Kollegen eine veränderte Aufmerksamkeitsstruktur anregten, eine neue Weise gemeinschaftlichen Sehens, orientiert auf das Erkennen ihrer höchsten Zukunftsmöglichkeit.

So beeindruckend der Wandel der Valentin-Traudt-Schule und die Gründung der Werkstattschule Rostock auch sein mögen, so könnten diese Erfolgsbeispiele auch ein Gefühl der Überforderung auslösen. Doch man muss nicht gleich eine Schule gründen oder einen radikalen Umbau beginnen, um Schritte in Richtung auf mehr Freude im Schulalltag einzuleiten. Meine Wege drei bis sieben können einem möglichen Überforderungsgefühl entgegenwirken, zeigen sie doch, dass der Beginn des Wandels nicht immer spektakulär sein muss, sondern mit vergleichsweise unaufwendigen Schritten beginnen kann, etwa mit einem pädagogischen Tag – einem pädagogischen Tag, der schon in seiner Ablaufgestaltung neue Wege geht, indem er weniger auf Belehrung, sondern stärker auf die wertschätzende Herausarbeitung vorhandener Stärken und die Entdeckung des »gemeinsamen Grundes« setzt.

Mit der Skizzierung meines dritten Weges hänge ich die Latte in diesem Sinne deutlich niedriger: So können Sie das – mittlerweile an einer Vielzahl von Schulen und Bildungsinstitutionen erprobte – Verfahren der »Wertschätzenden Schulentwicklung« an Ihrer eigenen Schule sofort und ohne große Vorbereitung mit oder ohne externe Moderation durchführen, und ich garantiere Ihnen, dass Sie nicht nur darüber erstaunt sein werden, wie viel gute Schul- und Unterrichtspraxis an Ihrer Schule vorhanden ist, über die Sie bisher nichts erfahren haben, sondern auch darüber, dass Ihr Kollegium, Ihre Schüler/innen und deren Eltern über ein bislang verborgenes »pädagogisches Tiefenwissen«, einen »gemeinsamen Grund« verfügen, das bzw. der ihnen den Weg zu produktiver gemeinsamer Schulentwicklung und zum Fernziel der gemeinsamen Realisierung einer Wohlfühlschule weist.

Der Ansatz der Positiven Pädagogik, die bislang ungenügend erschlossene »Weisheit der Vielen« zu nutzen, prägt auch meinen vierten Zugang: die Entwicklung einer *gesundheitsförderlichen Schule* mit der Methode der *Zukunftswerkstatt*. Zusammen mit dem führenden Begründer der Schulentwicklungsforschung, Hans-Günter Rolff, habe ich diese Werkstatt mittlerweile mit mehreren Hundert Schulleiter/innen unterschiedlicher Schultypen durchgeführt. Im Anschluss an Antonovskys oben (S. 102) skizziertes Modell der Salutogenese sind wir der Auffassung, dass sich gute Schulen dadurch auszeichnen, dass sie gesunde Schulen sind. Wenn aber laut den Studien Schaarschmidts (2005) bis zu 60 Prozent der Lehrer/innen gesundheitlich belastet sind, dann läuft in unseren Schulen etwas grundsätzlich falsch. Wenn wir also mit der Methode Zukunftswerkstatt darüber nachdenken, was die Belastungspunkte sind und wie wir eine gesundheitsförderliche Schule entwickeln können, dann weisen wir auch gleichzeitig Wege zu einer Wohlfühlschule, die bessere Leistungsergebnisse mit der Erfahrung von Lernfreude und bisweilen sogar Schulglück verbinden kann.

Mein fünfter Weg reicht über die Veränderung der Einzelschule hinaus und bezieht mit dem Programm einer *inklusiven Schule* eine bildungspolitische Position, um deren Umsetzung seit vielen Jahren gekämpft wird. Leisten vor allem konservative Kreise bisweilen noch heftigen Widerstand gegen die gemeinsame Schule für alle, so stellt sie doch den Königsweg zur Wohlfühlschule dar: Eine Schule, in der alle Schüler/innen, gleich welcher sozialen und kulturellen Herkunft, die Möglichkeit haben, Lernglück zu erfahren, kann keine Selektionsschule, sondern muss eine Förderschule sein – das wusste schon vor über 200 Jahren Ernst Christian Trapp (vgl. S. 15). Dieser zwischenzeitlich in Vergessenheit geratene Zusammenhang drängt mit der internationalen Diskussion um die Entwicklung der »inklusiven Schule« wieder in den Vordergrund. Mit dem von Christina Schenz (2009) in Zusammenarbeit mit der Karg-Stiftung entwickelten *Index für Inklusion* liegt ein handhabbares Instrument vor, mit dessen Hilfe Sie Hinweise erhalten, wie Sie sich auch an Ihrer Schule auf den Weg zu einer inklusiven Schule mit dem Ziel einer optimierten Begabungsförderung für alle machen können.

Der sechste Weg, nämlich die Schaffung von temporären »Oasen« künstlerisch-kreativ-meditativer Art, von *»Open Art Spaces«*, hat sich insbesondere im Rahmen des mehrjährigen Schulentwicklungsprozesses an der Akademie/Schulzentrum Silberburg als äußerst wirksam erwiesen. Als eine negative Konsequenz der internationalen Schulleistungsvergleichsstudien und des Trends zur Vermessung von Schülerleistungen hat sich eine einseitige Konzentration auf messbare Kernfächer herausgebildet; musisch-ästhetische Fächer werden an den Rand gedrängt. Viele Schulen sind so zu »kulturellen Wüsten« geworden in dem Sinne, dass sie sich einem kognitiv-rational verengten Wissensbegriff ausliefern. Um dieser Vereinseitigung entgegenzuwirken und das kreative Potenzial von Lehrer/innen und Schüler/innen auszuschöpfen, brauchen wir mehr denn je freie Lernorte, in denen kreativ-gestalterische und meditative Besinnungsräume geschaffen werden.

Das von uns entwickelte Verfahren *»Art-Coaching«* zeigt eine Möglichkeit, wie so etwas gelingen kann. Insbesondere in der Lehreraus- und -fortbildung haben wir damit sowohl in Kleingruppen wie auch in der Großgruppenarbeit mit der gesamten Schulgemeinde (bis zu 200 Personen an zwei Tagen) ausgezeichnete Erfahrungen gemacht: Das Verfahren zielt darauf ab, durch Selbstbesinnung, Meditation und kreatives Gestalten den Teilnehmer/innen dazu zu verhelfen, sich ihre »innere Berufung«, ihre Vision, den inneren Ort ihrer Wirksamkeit bewusst zu machen und dies als Ausgangspunkt für die Bildung von Teams zu nehmen, die gemeinsame Projekte realisieren. In Zeiten eines verkürzten Bildungsbegriffes und Unterrichtsverständnisses kann ein temporäres »Open Art Space« Schulen dazu verhelfen, wieder Farbe in den Alltag zu bringen und Kohärenzgefühle zu fördern. Das »Open Art Space« ist die Garage, die jede Schule braucht, um Kraft zu schöpfen und Neues zu generieren.

Womit wir beim siebten und letzten Weg zur Glücksschule wären, dem Wandel von der Unterrichtsanstalt tradierten Typs zum *Kreativen Feld*. Ich leiste mir hier zum Abschluss einen visionären Ausflug in mögliche Zukünfte des Lehrens und Lernens, der an die Vorstellungen von Lehrer/innen, Eltern und Schüler/innen in unseren Zukunftswerkstätten anknüpft. So visionär dieser Ausflug auch erscheinen mag, so basiert er doch auf harten Fakten:

In einer Gesellschaft, in der es nicht mehr genügt, immer nur alte Problemlösungen nachzulernen, sondern in der es darum geht, proaktiv Neues zu schaffen, muss Schule zu einem Kreativen Feld werden. Dies kann nur gelingen, wenn wir den Mut haben, uns von der Grammatik der alten Schule zu verabschieden.

1. Renovierung als Chance: Die Valentin-Traudt-Gesamtschule

Wer durch das malerische Werratal zur Valentin-Traudt-Gesamtschule fährt, der weiß in der Regel nicht, dass es sich beim Werra-Meißner-Kreis um einen der ärmsten Landkreise Hessens handelt. Die meisten Kennziffern sind negativ: Wirtschaftlich schwach aufgestellt, massiv vom demografischen Wandel durch Überalterung und Abwanderung betroffen, stellt sich die Lage als äußerst schwierig dar. Als der Prozess des Wandels begann, war die Valentin-Traudt-Schule in sanierungsbedürftigem Zustand und litt unter massivem Schülerrückgang. Angesichts dieser Situation schien das Ende der Schule absehbar. Warum die Schule noch renovieren, wenn man sie doch sowieso bald schließen könnte? Damit wollte sich der Schulleiter, Hartmut Diegel, jedoch nicht abfinden. Zusammen mit Kolleginnen und Kollegen suchte er nach Auswegen. Eine zentrale Erkenntnis bestand darin, dass ein neues Lehr-Lern-Konzept gefordert war, um den veränderten Anforderungen gerecht zu werden und das Angebot der Schule – auch in Konkurrenz zu den umliegenden Schulen – attraktiv zu gestalten. Vier Bausteine bildeten die Grundlage für den Wandel:

- ➜ die Entwicklung eines ganztägigen Erziehungs- und Bildungsangebotes (Qualitätssicherung, Unterrichtsentwicklung, Schulprogramm, Beratung, Konzeptentwicklung);
- ➜ der Aufbau neuer Formen von Öffentlichkeitsarbeit (Öffnung der Schule, Pressearbeit in der Region, Elternarbeit, Entwicklung einer Wanderausstellung);
- ➜ eine systematische institutionelle Entwicklung (Optimierung der Abläufe, bauliche Umgestaltung, Aufbau eines Projektmanagements, Finanz- und Gebäudemanagement, neue Konferenzformen, Neugestaltung der Kurs- und Klasseneinteilungen und Ähnliches);
- ➜ gezielte Personalentwicklung (insbesondere Fort- und Weiterbildung).

Als Start wurde eine Fortbildungsveranstaltung zum Selbstorganisierten Lernen (SOL) gewählt, die so gut ankam, dass das Kollegium in einem längeren Prozess schließlich beschloss, schrittweise den Abschied vom traditionellen Frontalunterricht hin zu offenen, selbstorganisierten Lehr-Lern-Formen einzuleiten. Grundlage waren gemeinsam vereinbarte Eckpunkte wie:

- Schule als Lebensmittelpunkt,
- Begegnung auf Augenhöhe,
- emotional ansprechende Lernumgebung,
- Berücksichtigung neurowissenschaftlicher Erkenntnisse,
- Förderung eigenverantwortlicher Lernprozesse,
- Methodenvielfalt,
- Wertevermittlung und Vorbildwirkung.

Angeregt durch das SOL-Konzept von Herold/Landherr (2001) sowie Ausführungen des Ulmer Hirnforschers Manfred Spitzer (2002) einigte sich das Kollegium auf folgende Prämissen:

- »Das Gehirn muss in einer guten Atmosphäre lernen.«
- »Lernprozesse müssen selbstgesteuert ablaufen.«
- »Üben ist von zentraler Bedeutung.«
- »Emotionen sind für Lernvorgänge ganz wichtig.«

Ziel beim Aufbau der neuen Lernkultur war es, die vorherrschende Lehreraktivität im Sinne der Instruktion immer mehr zu reduzieren, damit die Schüler/innen eine erweiterte Lernkompetenz in zunehmender Selbststeuerung realisieren können. Wie Diegel im Januar 2010 vor meinen Studenten ausführte, sind Lehrer/innen und Schüler/innen noch mitten im Prozess und haben erst ein Drittel der Strecke zurückgelegt, was den Umbau der Lernkultur betrifft. Das klingt bescheiden. Als ich jedoch vor einiger Zeit die Schule besuchte, war ich überrascht, in wie kurzer Zeit es den Kolleginnen und Kollegen aus eigener Kraft (!) gelungen war, eine von der Schließung bedrohte 08/15-Schule in eine pädagogische Einrichtung zu verwandeln, die nach modernsten Gesichtspunkten gestaltet ist.

So hatte der Schulleiter die Notwendigkeit der Renovierung zum Anlass genommen, dem überraschten Schulträger eine ausgefeilte Umbauanforderung vorzulegen, die auf dem SOL-Konzept beruhte. Selbstgesteuertes Lernen, so versuchte er zu vermitteln, benötigt eine veränderte räumliche und atmosphärische Struktur. Als Voraussetzung für einen gelingenden Wandel sollten aus traditionellen Klassenzimmern Lernwerkstätten werden. Hierfür waren PC-Stationen mit geeigneter Software und Internetanbindung notwendig, interaktive Tafeln, eine dynamische Raumgestaltung, die einen flexiblen Wechsel von Methoden, Medien und Arbeitsformen erlaubte. Mit Rollen versehene Dreieckstische sollten die schnelle Bildung von wechselnden Arbeitsgruppen ermöglichen. Präsentationsleisten, Pinnwände, Ablagesysteme, Freiarbeitsmaterial, Karteien, Regale, Lexika, Sachbücher und Ähnliches – die Liste war beachtlich.

Aber Diegel ging noch weiter: Entscheidend sei eine *Wohlfühlatmosphäre*, wozu er zusammen mit aufgeschlossenen Architekten ein Farbkonzept zur Raumgestaltung entwickelte. Wände sollten aufgebrochen und durch Glasfronten ersetzt werden, sodass transparente Großräume entstünden und die früher nutzlosen Gänge für Arbeitsgruppenplätze genutzt werden könnten. Natürlich müsste eine solche »Selbstlernschule« attraktive Ruhezonen und ein Restaurant bzw. Bistro haben, das ein ansprechendes Interieur benötigt. Spätestens hier werden viele Leser/innen, die mit den Begrenzungen des Schulalltags vertraut sind, aussteigen und sich fragen: Wie kann man einen unter Finanznöten leidenden Schulträger von einem solch illusionären Konzept einer Traumschule überzeugen?

Wie man einen Schulträger überzeugen kann

Und in der Tat erwies sich dies als schwer zu meisternde Hürde – war der Schulträger es doch gewohnt, die Renovierung der Bauabteilung zu überlassen, die nach Standardprogrammen eine kostengünstige Minimalrenovierung durchführen würde, die an der Grundstruktur der vor über 30 Jahren gebauten Schule nichts ändern würde.

Diegels Vorgehen ist durchaus typisch für erfolgreiche Schulreformer, die von einer mit Leidenschaft besetzten Vision getrieben werden: Er war von seinen Zielen überzeugt und wurde so zum Kristallisationskern eines entstehenden und sich ausweitenden Kreativen Feldes. Indem er seine Zielvorstellungen klar und überzeugend formulierte, gelang es ihm, nach und nach Widerstände zu überwinden und geeignete Partner zu finden. Malcolm Gladwells »Gesetz der Wenigen« wird hier ebenso bestätigt wie Scharmers Idee der veränderten Aufmerksamkeitsstruktur: Personen, die wie Diegel und seine Kolleginnen und Kollegen eine mit Energie und Leidenschaft besetzte Vision vertreten, können selbst in scheinbar aussichtslosen Situationen den »Tipping Point«, den Umschlagpunkt, bewirken. Die Kraft ihrer gemeinsam vorgetragenen Idee kann zur »sozialen Ansteckung« und zu einer neuen Form gemeinschaftlichen Sehens auf mögliche Zukünfte führen. Statt durch die blaue Prognosebrille der absehbaren Trends wagten sie den Blick durch die grüne Chancenbrille, und auch die Visionen kamen nicht zu kurz.

Wie funktionierte das im Werra-Meißner-Kreis konkret? Diegel schlug den zunächst skeptischen Entscheidern einen Ausflug nach Herford vor. In Herford hatten nämlich eine aufgeschlossene Stadtverwaltung und ihr Schulträger erkannt, dass der Aufbau einer attraktiven Bildungslandschaft ein Schlüssel zur Zukunftsfähigkeit der Stadt ist. In Zusammenarbeit mit dem Pädagogen Wilfried Buddensiek wurde dort das Modell der »fraktalen Schule« entwickelt, einer offenen, transparenten Schule, die auch durch bauliche Gestaltung attraktive Selbstlernumgebungen schuf (siehe S. 204). Hier war fast alles zu besichtigen, wovon Diegel und seine Kolleginnen und Kollegen träumten: lichtdurchflutete, transparente, offene Lernlandschaften, mit flexiblem Mobiliar ausgestattet, die es erlaubten, die einseitige frontale Unterrichtskultur aufzubrechen und Schüler/innen vielfältige Gelegenheiten zum Selbstlernen zu bieten.

Die Wirkung dieser beeindruckenden Besichtigungsreise war durchschlagend: Der Umbau der Valentin-Traudt-Schule nach Gesichtspunkten einer modernen Pädagogik konnte beginnen, denn der Schulträger wurde durch die Besichtigung des konkreten Beispiels überzeugt. Natürlich gab es immer noch Hürden – so etwa, als aufgrund der Beteiligung der Schüler/innen an der Planung des Umbaus neue Wünsche aufkamen: Die Schülertoiletten sollten hundertwassermäßig mit bunten Mosaiken und großen Spiegeln ausgestattet werden – Wohnstandard in der Schule, das ging nun wirklich zu weit! Doch Diegels Beharrlichkeit bewirkte, dass der Träger schließlich einsah, dass es eine lohnende Investition ist, der zukünftigen Generation eine attraktive Umgebung zu bieten.

Übrigens: Um dies zu begründen, benötigt man keineswegs blumige pädagogische Argumente, sondern kann sich auf knallharte Fakten berufen – etwa solche, die der Bildungsökonom Ludger Wößmann (2007) im Auftrag des ifo-Instituts erarbeitet hat: Demnach gibt es kaum ein Investment, das sich mehr rechnet als die Investition in Bildung und Schule. Die Bildungsrendite schlägt jedes andere Investment! Und noch etwas ist erstaunlich: Aufgrund der überlegten Planung unter Beteiligung des Kollegiums und der Schüler/innen war die »Renovierung« nur unwesentlich teurer als bei einer Standardmaßnahme. Dies ist eine Lektion für eine Mehrzahl von Schulträgern, die erst noch die Chancen der Beteiligung erkennen und nutzen müssen.

Gesunde Schulernährung – kein Problem

Was ein engagiertes Schulentwicklungsteam mit einer ausgearbeiteten Vision erreichen kann, zeigt sich noch an einem anderen Durchbruch: Diegel und seine Kolleginnen und Kollegen wollten auch bei der Schulernährung keine Kompromisse eingehen. Ihnen schwebte eine Frischküche vor, die mit regionalen Produkten unter Beachtung ökologischer und ernährungswissenschaftlicher Erkenntnisse kocht. Der Schulträger schmetterte dieses Vorhaben zunächst mit dem einleuchtenden Kostenargument ab und bestand auf der üblichen Verteilerküche, bei der vorgefertigtes Essen aufgewärmt wird. Viele Schulleiter/innen hätten hier aufgegeben. Doch Diegel suchte mit seinen Kolleginnen und Kollegen nach einem Ausweg.

Die rettende Idee: In der Schulküche sollte Personal mit Behinderungen beschäftigt werden. Dieser Gedanke überzeugte den Landeswohlfahrtsverband, der 40 000 Euro zuschoss, sodass die Schule heute über die gewünschte Frischküche verfügt und den Schüler/innen ein ausgewogenes Essensangebot auf Basis regionaler Produkte anbieten kann. Hierdurch wird gleichzeitig ein Entwicklungsimpuls für die lokale Wirtschaft gegeben. Das Beispiel der Valentin-Traudt-Schule belegt, dass – jedenfalls in baulicher Hinsicht – auch bei begrenzten Mitteln sehr viel mehr möglich ist, als viele glauben.

Aufbau einer neuen Lern- und Teamkultur

Doch wie beginnt man einen so radikalen Umbau der Unterrichtskultur, wo es doch als sicher gilt, dass sich Schulen langsamer wandeln als Kirchen? In vielen Schulen erscheint es in der Tat als eine kaum zu überwindende Hürde, die »Grammatik« der

Schule und die damit zusammenhängenden Unterrichtsroutinen zu ändern. In Großalmerode schien auch das erstaunlich einfach zu sein: Diegel begann in kleinen Schritten. Zunächst bildete sich ein »Pionierteam« im Jahrgang 7, das sich verpflichtete, schrittweise nach Prinzipien selbstorganisierten Lernens zu unterrichten. Wichtig war hier, die kritische Wahrnehmung des Kollegiums zuzulassen und zu beobachten, was funktioniert.

Obwohl er es nicht kannte, ging Diegel ähnlich wie wir mit dem von uns entwickelten Konzept der evolutionären Schul- und Organisationsentwicklung (Burow/Hinz 2005) vor. Allerdings gab es eine merkwürdige Parallele: Den Durchbruch brachte nach der Pionierphase Diegel zufolge ein pädagogischer Tag im Frühjahr 2005 mit Dr. Martin Herold – einem der führenden Entwickler von praxisorientierten Konzepten der Realisierung von SOL. Und ebenjenes Team, Herold und Landherr, hatten auch wir wenige Jahre zuvor im Rahmen eines Schulentwicklungsprojektes eingesetzt, um die Lehrer/innen des Schulzentrums/Akademie Silberburg Stuttgart (www.schulzentrum-silberburg.de) mit den neuen Verfahren bekannt zu machen – mit durchschlagendem Erfolg, und offenbar nicht nur dort. Hilfreich war bei dieser SOL-Fortbildung laut Diegel die systematische Darstellung und einleuchtende Begründung des Konzepts, die zu einer breiten Akzeptanz aufseiten des Kollegiums führte. In unseren eigenen Schulentwicklungsprojekten bezeichnen wir diesen ersten wichtigen Schritt als »Schaffung eines für alle bedeutungsvollen Rahmens bzw. Kontextes«. Diegel berücksichtigte in seinem Vorgehen intuitiv auch die Kriterien, die Antonovsky für »salutogene« Führung herausgefunden hatte: Bedeutsamkeit, Verstehbarkeit und Handhabbarkeit.

Konsequent leitete Diegel einen – wie er sagt – »steinigen, kleinschrittigen Weg« ein, der an der Leitfrage orientiert war: »Wie kommen die Kolleginnen und Kollegen vom ›trägen Wissen‹ zum ›kompetenten Handeln‹?« Es folgten die üblichen Schritte wie die Einrichtung einer SOL-Steuergruppe und ein Beschluss der Gesamtkonferenz, SOL nicht nur im Jahrgang 7, sondern auch im Jahrgang 5 anzubieten. Entscheidend war, dass sich die Pioniere aus Jahrgang 7 bereit erklärten, als Coaches den Neuanfängern beratend zur Seite zu stehen.

Hier zeigen sich weitere wichtige Prinzipien erfolgreicher Schulentwicklung: Nach dem »Gesetz der Wenigen« begeben sich engagierte Kolleginnen und Kollegen auf den Weg, sammeln Erfahrungen und entwickeln ein Konzept, das zu ihrer spezifischen Situation passt. Nachhaltig wirksame Verhaltensänderung ist – wie ich oben (S. 106) mit Bezug auf die Hirnforschung ausgeführt habe – weniger durch kognitive Anweisung als vielmehr durch emotional berührende Erfahrungen zu erwarten.

An der Valentin-Traudt-Schule bildete sich aufgrund der positiven Erfahrungen schrittweise eine Lern- und Teamkultur heraus, die so attraktiv war, dass sie andere Kolleginnen und Kollegen anzog und zum Mitmachen animierte. Als evolutionär bezeichne ich dieses Vorgehen, weil es im ersten Schritt darum geht, den Rahmen der Handlungen und Konzepte eines bestehenden Systems so auszuweiten, dass mehr Variationen und vielfältige Angebote zur Überwindung des Gewohnten entstehen. Wichtig hierfür ist die Schaffung eines bedeutungsvollen, Sinn gebenden Kontextes, den bei der Valentin-Traudt-Schule der Input Dr. Herolds schuf. Entscheidend ist dabei, dass der Wandel nicht vorgeschrieben werden kann, sondern dass die Kolleginnen und Kollegen selbst herausfinden müssen, was zu ihren persönlichen Voraussetzungen passt und unter ihren spezifischen Bedingungen optimal funktioniert.

Lehrer lernen von Lehrern

Der nächste Schritt – nachdem *Schulen von Schulen* gelernt haben (Besuch in Herford!) – besteht nun darin, dass *Lehrer von Lehrern* lernen. Im vorliegenden Fall fungierten die Pionierteams, die die neuen Lehr-Lern-Formate entwickelt hatten, als Coaches. Nichts ist überzeugender als das Erlebnis, dass eine neue Lehr-Lern-Form an der Schule funktioniert. Entscheidend war hier auch die Aufgeschlossenheit des Schulamtes, das sechs Entlastungsstunden für die SOL-Coaches bewilligte. Die Attraktivität und Funktionsfähigkeit des neuen Konzepts erwies sich auch darin, dass die Kolleginnen und Kollegen bereit waren, die letzte Ferienwoche dafür zu opfern, die Einführung von SOL in ihrem Jahrgang unter Leitung des »Pionierteams« vorzubereiten.

Eine zweite Fortbildung mit Dr. Herold im Jahr 2006 half dabei, den Ansatz zu verbreitern. In der Zwischenzeit wurde die bisherige Entwicklung evaluiert, um »Stolpersteine« und »Meilensteine« herauszuarbeiten – als Grundlage für den Entwurf eines »Aktionsplanes SOL«, zu dem ein Reader mit Methodenbausteinen ebenso gehörte wie die Aufnahme von SOL ins Schulprogramm.

Neben der Einführung von drei Methodentrainingstagen zu Beginn jedes Schuljahres und festen Werkstattstunden zur Methodenreflexion wurden Wochenplan, Stationen- und Projektarbeit, die verstärkte Nutzung von PCs und vieles mehr entwickelt. Entscheidend war auch die Zurverfügungstellung eines persönlichen Schulplaners für jede Schülerin und jeden Schüler, mit dem der individuelle Selbstlernprozess geplant, dokumentiert und evaluiert werden konnte.

Ganztagsschule als Lern- und Lebensraum

Der konsequente nächste Schritt bestand in der Verzahnung der neuen Lernkultur mit der Weiterentwicklung der Schule als Lern- und Lebensraum im Rahmen eines offenen Ganztagsprogramms mit vielfältigen Wahlangeboten und einer ganztägig geöffneten, gut ausgestatteten Spielothek. Im Jahr 2008 wurde darüber hinaus der erste Gebäudetrakt für die Jahrgänge 8–10 nach dem Prinzip der neuen Lernkultur umgestaltet und eine neue Schulmensa angeschlossen. Der umgestaltete Gebäudeteil für die Jahrgänge 5–7 soll in Kürze in Betrieb genommen werden.

Schrittweise übernahmen »Schülerexperten« Assistenzfunktionen zum Beispiel bei der Aufgabenbetreuung. Im Rahmen vorgeschalteter Jahrgangsveranstaltungen wurden die Eltern in die Schulentwicklung miteinbezogen. Der schrittweise, aber radikale Wandel der Lernkultur führte auch zu neuen Formen der Kooperation zwischen den Kolleginnen und Kollegen, die sich bei der Entwicklung der neuen Lehr-Lern-Arrangements gegenseitig unterstützten. Neben kollegialer Evaluation und Hospitationen wurden auch Fortbildungswerkstätten zu spezifischen Themen wie zum Beispiel zur Leistungsbewertung im Unterricht nach SOL-Prinzipien durchgeführt.

Innerhalb von fünf Jahren ist es dem Schulleiter und seinen Kolleginnen und Kollegen – aus Anlass der Renovierung und des Drucks, schwindenden Schülerzahlen entgegenzuwirken – gelungen, zu einer zukunftsweisenden Modellschule zu werden, die zeigt, was selbst in einer auf den ersten Blick aussichtslosen Lage erreicht werden kann, wenn die Mitglieder der Schulgemeinde ihre Energie und Leidenschaft nutzen und ihre Kreativität freisetzen. Beeindruckend ist die Entwicklung der Schülerzahlen: Im Schuljahr 2010/2011 hat die Schule eine Steigerung der Anmeldezahlen für die Klassen 5 um 36 Prozent gegenüber dem Vorjahr erreicht und wird 121 neue Schüler aufnehmen – und das vor dem Hintergrund, dass im Werra-Meißner-Kreis die Schülerzahlen jährlich im Schnitt um 9 Prozent zurückgehen.

Die Ergebnisse der 2009 durchgeführten Schulinspektion bestätigen diesen Kurs: Der wertschätzende Umgang und das positive Schulklima werden im Inspektionsbericht ebenso hervorgehoben wie die beeindruckende Unterrichtsqualität, die sich nicht zuletzt in der individualisierten Lernorganisation sowie der gesteigerten Fähigkeit der Schüler/innen zu selbstständigem und eigenverantwortlichem Lernen gezeigt habe. Die Schüler/innen seien in hohem Maße dazu in der Lage, ihr Lernen selbst zu überprüfen, hätten einen überfachlichen Blick entwickelt und wiesen auch Pluspunkte in der Persönlichkeitsentwicklung auf. Was Wunder, dass diese Schule als nächsten Schritt neue Wege einer aktiven Öffentlichkeitsarbeit in der Region beschreitet, indem sie ihre Fortschritte in einer zusammen mit den Schüler/innen erarbeiteten Wanderausstellung in den Kundenräumen verschiedener Filialen der Kreissparkasse stolz präsentiert.

2. Schulgründung statt Burnout: Die Werkstattschule Rostock

Dietlind Hentschel, Grundschullehrerin, war beflügelt von der Aufbruchsstimmung, die im Osten nach dem Fall der Mauer 1989 herrschte. Endlich sah sie die Chance, ihren Traum von einer anderen Schule zu verwirklichen. So machte sie sich 1992 daran, an ihrer Schule den Unterricht offener zu gestalten und die Schüler/innen in den Mittelpunkt zu stellen. Sie informierte sich über reformpädagogische Konzepte und versuchte, sie an ihrer Grundschule umzusetzen. Doch ihr Elan wurde schnell gestoppt, denn sie machte die Erfahrung, dass Veränderungen an ihrer Schule nicht oder nur begrenzt erwünscht waren. Der Widerstand gegen den Wandel frustrierte sie und drohte sie in den Burnout zu führen. Die Lage schien aussichtslos, und sie erwog schon einen Berufswechsel. Da stellte ihr Partner, der Rechtsanwalt Rainer Pahl, eine entscheidende Frage: Warum gründen *wir* nicht eine Schule – eine Schule, die unseren Vorstellungen entspricht?

Als ich meinen Studenten an der Universität Kassel diese Geschichte erzählte, kam schnell Widerspruch: »Warum stellen Sie uns immer solche Ausnahmefälle und nicht ›normale‹ Schulen vor? Für die meisten von uns ist es doch unmöglich, eine Schule zu gründen!« Meine nachfolgende Skizze wird zeigen, dass meine skeptischen Studierenden vorschnell resignierten: Schulgründung in Deutschland ist schwierig, aber keineswegs unmöglich. Und das Ergebnis rechtfertigt die Anstrengung allemal.

So berichtet Hentschel zum zehnjährigen Jubiläum der mittlerweile erfolgreichen Werkstattschule in der Schülerzeitung »Scorpion« auf die Frage, wie sie die Schule gründen konnte: »Die Mitstreiter kamen – so wie ich – aus Schulen, in denen sie ihre Ideale nicht verwirklichen konnten. Sie waren durch ihre eigenen Erfahrungen oder durch die Erfahrungen ihrer Kinder entschlossen, eine andere Schule zu gründen.« Der weitere, rasante Verlauf der Schulgründung zeigt – ganz im Sinne Scharmers – welche Energien freigesetzt werden können, wenn es Pädagogen gelingt, in Kontakt mit ihren inneren Bildern, mit ihrer pädagogische Vision zu sein und den Blick auf die höchste Zukunftsmöglichkeit des Gründerteams zu richten. Allerdings gehörte natürlich auch Glück dazu. »Wir waren zur richtigen Zeit, am richtigen Ort«, sagt Hentschel der Schülerzeitung:

> »Ich rief im August 1997 beim Bundesverband der Alternativschulen an und bekam etwa zwei Wochen später einen Rückruf von Frau Maja Meister, die sich für eine begabungsfördernde Schule engagierte. Wir schlossen uns zusammen und gründeten mit weiteren fünf Mitgliedern am 3. Oktober 1997 unseren Schulverein. Vier Wochen später stellten wir im Rostocker Innovations- und Gründerzentrum (RIGZ) unsere Schulidee vor.«

Der weitere temporeiche Gründungsprozess ist durch das charakterisiert, was ich als »Kreatives Feld« (Burow 1999) bezeichnet habe: Eine Gruppe von Personen mit unterschiedlichen Begabungen bzw. Neigungen einigt sich auf ein gemeinsam geteiltes Ziel und bringt unterschiedliche Fähigkeiten zur Realisierung ein. Dabei ist es wichtig, dass jeder in seinem Bereich akzeptiert wird und eine synergetische Ergänzung entsteht. Wie in einer Jazzband »improvisieren« alle über ein gemeinsam vereinbartes Ziel, wobei es wichtig ist, dass die Mischung stimmt, dass jeder auf die anderen hört und sich flexibel zurückhält, wenn ein »Instrument« den Führungspart übernimmt.

Im Interview sieht Rainer Pahl, der heute als Geschäftsführer der staatlich anerkannten Schule in freier Trägerschaft fungiert, diese Charakterisierung als treffend an. Ein Grund für den Erfolg sei der, dass jeder sich auf das konzentriere, was er besonders gut könne. Inzwischen hat er seine Anwaltsstelle aufgegeben und widmet sich ganz der Geschäftsführung der neuen Schule. Doch wie ging es nach der ersten Präsentation der Idee weiter? Hentschel berichtet: »Regine Strieso und Bärbel Lichtmess entwarfen das Konzept für unseren Hort, Karen Kleemann, Asja Garling und ich (Hentschel) schrieben das Grundschulkonzept, und Anne Rössel und Maja Meister erarbeiteten das Konzept für die Sekundarstufe.«

»Das Glück ist mit dem Tüchtigen«, lautet ein alter Spruch, den ich abwandeln möchte: Das Glück ist mit dem, der ein klares Bild seiner inneren Bestimmung hat, denn er erkennt günstige Umstände zur Realisierung seiner Ziele und kann sie nutzen. So führt Hentschel aus:

> »Die Frage, ob wir 1998 oder 1999 mit dem Schulbetrieb beginnen, war angesichts des progressiven Schulgesetzes und des frei werdenden Gebäudes in der Augustenstraße schnell entschieden. Im Winter 98 reichten wir im Bildungsministerium das Konzept ein; im Juni 1998, genau einen Abend vor unserer ›Kennenlernrunde‹ mit Schülern und Eltern in der Augustenstraße, erhielten wir die Zusage. So konnten wir noch nicht einmal ein Jahr nach der Vereinsgründung die Freie Schule eröffnen.« (a. a. O.)

Diese Gründungsgeschichte ist wirklich erstaunlich, und sicher hätten mich Zweifel und skeptische Einwände befangen gemacht, wenn ich nicht im November 2009 das Glück gehabt hätte, mit Schüler/innen, Eltern und dem Kollegium der Werkstattschule einen pädagogischen Tag zur Weiterentwicklung durchführen zu dürfen. Das Zentrum der zweigeschossigen Schule besteht aus einem runden Atrium, von dem drei Flügel mit den Klassenzimmern abgehen. Zu meiner Überraschung war das Gebäude nach Prinzipien gestaltet, wie sie Lehrer/innen, Schüler/innen und Eltern seit über 20 Jahren in der Visionenphase unserer Zukunftswerkstätten entwerfen: offen und transparent, ansprechende Lehrer- und Schülerarbeitsplätze, eine Mensa, die eher den Charakter eines Restaurants trägt, ein attraktives Freigelände und vieles mehr.

Aber nicht nur der bauliche Rahmen beeindruckte mich: In dieser Schule war trotz all der Anstrengungen, die mit einer Schulgründung zwangsläufig verbunden sind, ein ungebrochener Aufbruchsgeist zu spüren, den wir an so vielen Schule bräuchten. Den Grund erläutert Rainer Pahl im Interview:

> »Wir haben mit fünf Lehrern angefangen und wurden dann immer mehr. Ich denke, die meisten Lehrer sind aus Überzeugung hier gelandet und wollten einfach ihren Traum von einer guten Schule verwirklichen.« (a. a.O.)

Obwohl die Lehrer/innen an dieser Schule weniger verdienen und mehr Zeit investieren müssen als an einer vergleichbaren staatlichen Schule, waren Engagement und Begeisterung noch nach zehn Jahren harter Aufbauarbeit beeindruckend. Aber was hatten die Kolleginnen und Kollegen nicht alles erreicht: Ihr pädagogisches Konzept war so überzeugend, dass sie die Mittel für einen sieben Millionen Euro teuren Neubau aufbringen konnten, der gemeinsam nach pädagogischen Prinzipien gestaltet wurde und das realisierte, wovon viele Schulen bzw. ihre Mitglieder träumen – eine integrierte Gesamtschule mit gymnasialer Oberstufe, die beginnend bei der Kinderkrippe bis zum Abitur Lehrer/innen und Schüler/innen ermöglicht, ihren Schultraum zu leben. Und damit nicht genug: Die Gründung einer Fachschule für Erzieher/innen ist ebenso in Planung wie die Erweiterung durch eine Außenstelle. Ihr Konzept beschreiben die Schulgründer auf ihrer Homepage wie folgt:

»Das Konzept der Werkstattschule führt verschiedene Reformansätze von Schule zu einem ganzheitlichen Ansatz zusammen. Integrative Unterrichtsformen, Altersmischungen, Modelle für Individualisierung und Binnendifferenzierung, die Orientierung am Gemeinwesen Schule oder die Öffnung zur Umgebung innerhalb eines Ganztagsbetriebs stehen hier nicht vereinzelt nebeneinander, sondern entfalten in ihrer Summe neue Möglichkeiten für eine zeitgemäße Bildung und Erziehung.
Die Werkstattschule versteht sich als ein lebendiges Haus des Lernens, das von kultureller Toleranz und friedlichem Miteinander geprägt ist. Übergeordnetes Ziel der schulischen Arbeit ist es, die Schülerinnen und Schüler zu eigenverantwortlichem Lernen, solidarischem Handeln und sinnvollen Formen der Verständigung zu befähigen.« (www.werkstattschule-in-rostock.de, Abruf 14.2.2011)

Woran liegt der Erfolg dieser Schulgründung, die offenbar für Lehrer/innen und Schüler/innen ein Ort der Erfüllung ist? Auf die Frage, ob ihm die Arbeit Freude bereite, antwortet der Geschäftsführer: »Ja! Es ist einfach toll, wenn man eine Idee hat und diese mit vielen Kollegen besprechen kann, und wenn die Idee nachher auch noch verwirklicht wird, ist das natürlich noch schöner.«

Nun könnte man kritisch einwenden, dass ein Geschäftsführer einen hohen Gestaltungsspielraum und damit Grund zu Zufriedenheit hat. Doch auch die Lehrerurteile, stellvertretend für andere, gehen in die gleiche Richtung.

➜ »Ja, es macht einfach Spaß, weil ich das Gefühl habe, sehr selbstbestimmt arbeiten zu können, und weil ich Kollegen um mich habe, die Lust haben, immer wieder neu über pädagogische Ideen zu diskutieren und bei der Umsetzung mitzuarbeiten.« (Schmidt)
➜ »Ich bin so dankbar, dieser Berufung als Lehrer folgen zu können – egal an welcher Schule. An der freien Schule Rostock konnte ich viele meiner Ideale verwirklichen, habe sozusagen meinen Baum pflanzen können, aber oft ist es notwendig, dass die Pflege und Ernte des Baumes andere übernehmen, weil ich woanders wieder einen Baum pflanzen will.« (Striesow)
➜ »Ja, weil ich mir so Schule als Schüler gewünscht habe und nun wenigstens als Lehrerin erleben darf.« (Striesow)

Ausnahmefall oder Vorbild zur Nachahmung?

Liebe Leser/innen, vielleicht sind Sie angesichts dieses erschlagenden Erfolgsbeispiels längst ausgestiegen – was ich nicht hoffe –, etwa weil die Falle des Downloadings zugeschnappt hat und Sie für sich geurteilt haben: Dieses Beispiel mag zwar beeindruckend sein, aber leider ist es auf meine Situation nicht übertragbar. In der Tat stellt sich die Frage, ob diese kurze Skizze einer erfolgreichen Schulgründung verallgemeinerbar ist, indem sie etwa Anhaltspunkte für einen Weg zur Wohlfühl- bzw. Glücksschule gibt. Handelt es sich hier nicht nur um eine der seltenen Ausnahmen, deren Realisierung einmalig günstigen, nicht wiederholbaren Fügungen geschuldet ist?

Häufig werde ich mit solchen Einwänden konfrontiert, die in Teilen zutreffen. Und doch bin ich davon überzeugt, dass diese Schulgründung ebenso wie die erfolgreiche »Renovierung« der Valentin-Traudt-Schule einige erstaunlich einfache Grundprinzipien aufweist, die auf die Schulentwicklung an vielen Schulen übertragbar sind. Die Bedeutung dieser Grundprinzipien wird übrigens auch durch Studien belegt. So hat der renommierte englische Schulentwicklungsforscher Michael Barber im Auftrag von McKinsey untersucht, wie die besten Schulen der Welt es geschafft haben, an die Spitze zu kommen. Die drei wichtigsten Ergebnisse der Studie »How the World's Best Performing School-Systems Come out on Top« (Barber/Mourshed 2007) lesen sich wie eine Illustration des Vorgehens von Hartmut Diegel und Dietlind Hentschel sowie ihrer Teams:

- gute Lehrer-Schüler-Beziehung,
- engagierte und visionäre Führungskräfte,
- eine Kultur kooperativen, inklusiven Lernens und die Konzentration auf wenige große Ziele (»big goals«).

Aber mehr noch: Auch der Umbau bzw. die Neugestaltung der beiden Schulen folgt Prinzipien und Vorstellungen, die Lehrer/innen, Eltern und Schüler/innen auch an Ihrer Schule äußern werden, wenn Sie einen offenen Raum, einen Denk- und Spielplatz schaffen – etwa im Rahmen eines pädagogischen Tages –, um mit der gesamten Schulgemeinde durch die »Chancen-« bzw. »Visionenbrille« auf mögliche Zukünfte bzw. Ihre höchste Zukunftsmöglichkeit zu schauen. Das, was auf den ersten Blick als folgenloses Spiel erscheinen mag, offenbart eindrucksvoll, dass wir unter dem Druck der Alltagsanforderungen unseren »gemeinsamen Grund« aus den Augen verloren haben.

Schulentwicklung durch die Freisetzung »pädagogischen Tiefenwissens«

Wenn Sie das Experiment einer offenen Zukunftswerkstatt mit den Mitgliedern Ihrer Schule wagen, werden Sie erleben, dass das gesamte Feld – im Sinne von Scharmers »Presencing« (siehe S. 119) – in einen veränderten Aggregatzustand kommt und in der Lage ist, neue Formen gemeinschaftlichen Sehens zu entwickeln, die ein hohes Maß an gemeinsamer Übereinstimmung bezogen auf die ersehnten Zukunftsbilder aufweisen werden – eine immer wieder neu bestätigte Erfahrung. Für den Bereich von Unternehmen hat der New Yorker Managementforscher und Begründer der »Future Search Conference«, Marvin Weisbord, diese Erfahrung als »Entdeckung des gemeinsamen Grundes« beschrieben. In seinem gleichnamigen Buch »Discovering Common Ground« (1992) gibt er viele Beispiele dafür. Wir können seine Erfahrungen bestätigen: In den Zukunftswerkstätten und Zukunftskonferenzen, die wir mittlerweile mit einer Vielzahl von Lehrer/innen, Schüler/innen und Eltern an unterschiedlichsten Schulen, Hochschulen und sonstigen Bildungseinrichtungen erlebt haben, wurden verblüffend ähnliche Vorstellungen einer erträumten Schule der Zukunft benannt (vgl. Burow 2009c) – eine Erfahrung, die mich, wie bereits mehrfach erwähnt, zur These eines verborgenen »pädagogischen Tiefenwissens« führte.

So haben sich seit der Durchführung meiner ersten Zukunftswerkstatt zur Zukunft von Schule im Jahr 1986 mit Erstsemesterstudierenden der Hochschule der Künste in Berlin (dargestellt in Burow/Neumann-Schönwetter 1995/1998) sowohl die individuellen Bilder wie auch die gemeinsam gestalteten Zukunftsentwürfe unterschiedlichster Gruppen nicht wesentlich verändert, sondern sie weisen ganz im Gegenteil eine erstaunliche Konstanz auf. Das für mich Verblüffende ist, dass die Werkstattschule Rostock über zwanzig Jahre später – in einem partizipativen Prozess – eine Schule gebaut und gestaltet hat, die weitgehend den damals erhobenen und seitdem immer wieder bestätigten Grundprinzipien entspricht.

Wie die »Glücksschule« aussehen könnte

So entwarfen die Studierenden einen Grundtyp, der regelmäßig auftaucht: Im Zentrum des runden Schulgebäudes liegt eine Art Agora, ein Marktplatz, auf dem sich die gesamte Schulgemeinde versammeln kann. Dieser Rundbau als Begegnungszentrum, von dem aus sternförmig die Lernräume abgehen, stellt offenbar das Wunschbild einer Mehrzahl dar. Häufig gruppiert sich um den runden Zentralbau auch ein Lerndorf mit unterschiedlichen Pavillons. Ob es sich um die Kolleginnen und Kollegen einer Gesamtschule wie zum Beispiel der innovativen Helene-Lange-Schule in Wiesbaden handelt oder um Lehrer/innen und Eltern einer Grundschule wie zum Beispiel der Overbergschule in Hagen – stets werden solche architektonischen Archetypen gewählt. Kaum jemand sieht traditionelle Klassenräume vor. Stattdessen werden vielfältig gestaltete Funktionsräume entworfen, die von den Lernaufgaben her als Anregungsräume definiert und materialreich gestaltet sind und nichts gemein haben mit den uniformen Klassenzimmern, die wir noch allzu oft in Schulen antreffen. Das Gebäude weist helle, freundliche Farben auf, ist lichtdurchflutet und eingepasst in einen nach ökologischen Prinzipien gestalteten Naturraum, mit Bach, vielfältigen Pflanzen, einem kleinen Zoo sowie verschlungenen Pfaden, die zum Verweilen einladen.

Die Zukunftsschule meiner Studierenden ist – wie auch in vielen der nachfolgenden Entwürfe der letzten Jahre – geöffnet zum Stadtteil bzw. Dorf. In ihr unterrichten nicht nur Lehrer/innen, sondern auch Künstler und Handwerker. Elternmitarbeit ist tragender Bestandteil. Die Fachstruktur ist zugunsten projektartiger bzw. themenbezogener Angebote aufgehoben. Es handelt sich um eine Ganztagsschule, die zugleich auch Bildungszentrum für die Gemeinde ist. Traditionelles Unterrichten findet nur noch selten statt, die Schüler/innen weisen ein hohes Maß an Eigentätigkeit auf und arbeiten auch an Projekten, die die soziale Umwelt verändern. Die Trennung von Schule und Gesellschaft ist tendenziell aufgehoben.

Analysiert man diese Visionen nach erziehungswissenschaftlichen Prinzipien, so entdeckt man Elemente, die von der Reformpädagogik, der Konzeption einer Schule als Lebens- und Erfahrungsraum über Konzepte partizipativer Architektur und nachhaltiger Lebensraumgestaltung wie etwa des Service Learning (Sliwka/Frank 2004; Edelstein/Frank/Sliwka 2009) bis hin zu modernen Formen selbstorganisierten Lernens reichen. Schon damals fragten wir uns: Wie ist es möglich, dass pädagogisch nicht vorgebildete Anfänger/innen ebenso wie sonstige »Laien« in der Lage sind, ein zukunftsweisendes Schulmodell zu entwerfen, das viele Einsichten der Forschung berücksichtigt und sogar innovative Konzepte partizipativer Schularchitekturgestaltung, die erst in den letzten Jahren vereinzelt umgesetzt werden (z. B. »fraktale Schule«, vgl. Buddensiek 2003; Evangelische Schule Gelsenkirchen, vgl. Hübner 2005), vorwegnimmt.

Gibt es Archetypen guter Lehr-Lern-Umgebungen?

Mit diesem Grundtyp, ja »Archetyp« von Schule bin ich seither in einer Vielzahl von Werkstätten konfrontiert worden: Egal ob es sich um Grundschüler/innen, Gymnasiallehrer/innen oder Verwaltungsbeamte handelt – immer wird ein eng umrissener Kanon von Vorstellungen zu den Rahmenbedingungen gelingenden Lernens ausgedrückt, der darauf hinweist, dass wir alle über ein bislang unerschlossenes pädagogisch-psychologisches Tiefenwissen verfügen, über eine relativ klare Vorstellung davon, welche Lernumgebung wir brauchen. Und in den meisten dieser Visionen spielt das vergessene Schulglück eine zentrale Rolle, so zum Beispiel jüngst als Ergebnis einer Zukunftskonferenz hessischer Studienseminarleiter/innen.

Besonders bemerkenswert ist für mich: Noch nie wurde in einer unserer Werkstätten eine Schule entworfen, wie sie noch allzu oft fantasielose Architekten und Planer Lehrer/innen und Schüler/innen zumuten: rechteckige Kästen mit von langen Behördenfluren abgehenden rechteckigen »Lernzellen«, die unter dem Begriff »Klassenraum« firmieren. Ungenutzte Verkehrsflächen und öde, betonierte Schulhöfe entwirft niemand. Vielmehr werden pavillonartige, überschaubare, sinnvoll gegliederte, nach Aufgaben differenzierte Schuldörfer entworfen, die sozialen, demokratischen und ökologischen Gesichtspunkten Rechnung tragen und die seit einigen Jahren – freilich bislang nur in seltenen Ausnahmen – von innovativen Architekten und Schulträgern realisiert werden.

Der notwendige Abschied vom Klassenzimmer: Pädagogik 4.0

Wer sich mit den neuesten Überlegungen innovativer Büromöbelhersteller (Bene, Steelcase) zur Zukunft von Arbeitsumgebungen in der »Wissensgesellschaft« auseinandersetzt, die Trendforschern (Horx 2010; Florida 2010) zufolge durch das Vordringen einer »kreativen Ökonomie« charakterisiert sind, der wird dort Vorstellungen finden, wie sie unsere Teilnehmer/innen der Schulentwicklungswerkstätten äußern: So wandelt sich Trendforschern zufolge das Büro von der traditionellen Schreibstube

(Büro 1.0), über das Zellenbüro als Ausdruck tayloristischer Arbeitsprozesse (Büro 2.0) und das Großraumbüro im Zeitalter der Massenproduktion (Büro 3.0) derzeit zum »creative office« (Büro 4.0).

> Es zeichnet sich der Abschied von einer hierarchischen Struktur hin zu einer vielfältig vernetzten Struktur ab, in der die Grundanforderungen wie Konzentrieren, Austauschen, Präsentieren, Relaxen und Lernen neue Raumstrukturen und Möblierungen nötig machen. Räume sollen Infrastrukturen für Begegnung schaffen und Kommunikation und Kreativität fördern. Präsentations- und Informationstechnologien werden immer wichtiger. Der Raum muss so gestaltet sein, dass er individuellen und gemeinschaftlichen Bedürfnissen gerecht wird.

Während weite Teile der Öffentlichkeit das antiquierte »Lob der Disziplin« (Bueb 2008a) beklatschen und sich über Auswüchse einer »Kuschelpädagogik« beklagen, sehen die neuen Büros der Zukunftsindustrien wie Wohlfühllandschaften aus, in denen es natürlich auch »Kuschelecken« und Relaxliegen gibt. Anders als viele Schulträger haben innovative Firmen längst erkannt, dass kreatives Arbeiten anregende, abwechslungsreiche und gesundheitsförderliche Umgebungen braucht.

Die meisten Schulträger und ihre Planer haben noch gar nicht verstanden, dass längst der Abschied vom traditionellen Klassenzimmer ansteht und es stattdessen vielfältig gestalteter Raumzonen bedarf. In der Pädagogik beginnt gerade erst die Debatte um den »Raum als dritten Pädagogen«, obwohl dies seit Montessori, Freinet und Malaguzzi eigentlich ein bekanntes Thema ist. Jetzt allerdings scheint die Entwicklung der veränderten Produktionsprozesse auch den Druck für einen solchen Wandel zu erhöhen.

Peter Fratton, der erfolgreiche Schweizer Schulgründer, hat längst die Konsequenzen gezogen und setzt mit seinen faszinierenden »Lernhäusern« (www.sbw.edu) entsprechende Vorstellungen um – einstweilen allerdings nur in Privatschulen mit vergleichsweise hohem Schulgeld. Die Beispiele der Valentin-Traudt-Schule, aber auch der Werkstattschule Rostock zeigen aber, dass man auch unter »normalen« oder ungünstigen Bedingungen den notwendigen Wandel einleiten kann.

Auf Energie und Leidenschaft kommt es an!

Was Bruch/Vogel (2009, S. 41) für den Unternehmensbereich in ihrem Buch »Organisationale Energie« gezeigt haben, gilt auch für die Schule. So unterscheiden sie vier Typen von Energie in Organisationen:

- ➜ korrosive Energie
- ➜ resignative Energie
- ➜ angenehme Trägheit
- ➜ produktive Energie

Während die ersten drei Typen Wandel verhindern und mittelfristig Unzufriedenheit erzeugen, ist nur der letzte Typ geeignet, Organisationen und auch Schulen voranzubringen. Wie man zu produktiver Energie gelangen kann, haben die Innovatoren der Valentin-Traudt-Schule und der Werkstattschule eindrucksvoll demonstriert. Diese Beispiele zeigen: Fast alles ist möglich, wenn die richtige Mischung zusammenkommt – eine engagierte, kompetente und visionäre Schulleitung sowie ein Kollegium, das den Wandel als lohnende Herausforderung begreift und – anstatt zu resignieren – den Blick durch die Chancenbrille wagt, seine Bedürfnisse ernst nimmt und neue Wege geht.

Mein Fazit: Weniger das Abarbeiten endloser Listen differenzierter Qualitätsmanuale bringt Schulen voran und auf den Weg zu besseren Leistungen oder gar zum Glück. Viel wichtiger ist es, die Energie und Leidenschaft der Beteiligten, ihre gemeinsam geteilten Zukunftsbilder freizusetzen.

3. Durch Wertschätzende Schulentwicklung zum Wesentlichen

Meine Studie, in der ich ja eine Vielzahl empirischer Untersuchungen angeführt habe, soll zeigen, dass Daten der traditionellen Art zwar wichtige und hilfreiche Orientierungspunkte liefern können, aber nicht ausreichen. Wirksame Schulentwicklung bedarf ergänzender Strategien, die die »Weisheit der Vielen«, das heißt das Wissen von Lehrer/innen, Eltern, Schüler/innen und den anderen an Unterricht und Erziehung beteiligten Personen sowie ihre Energie und Leidenschaft einbeziehen und zur Grundlage einer *partizipativen Strategie* des Wandels machen. Die Rückbesinnung auf, das was uns wirklich wichtig ist, und das Anknüpfen an unsere Erfahrungen gelingenden Unterrichts erweisen sich als wichtige Schlüssel für den Wandel. Die von uns entwickelte »Wertschätzende Schulentwicklung« zielt in diese Richtung. Sie ist ein vergleichsweise einfaches, sofort an jeder Schule umsetzbares Instrument, um bei allen Beteiligten einen nachhaltig wirksamen Perspektivenwechsel einzuleiten. Mit diesem Verfahren können alle an Schule beteiligten Personen – im Rahmen eines pädagogischen Tages – ihr verborgenes Wissen darstellen, austauschen und zur Grundlage längerfristiger Schulentwicklungsprozesse machen, die nicht von außen oktroyiert oder »implementiert«, sondern von den Beteiligten selbst initiiert und getragen werden.

Wertschätzung als Schlüssel

Wertschätzende Schulentwicklung gründet sich auf die Erkenntnis, dass – ungeachtet der messbaren Defizite – bei den Mitgliedern jeder Schule (Lehrer/innen, Eltern, Schüler/innen, sonstige Dienstkräfte) ein verborgenes Wissen darüber vorhanden ist, was »gute Schule« und insbesondere »guten Unterricht« ausmacht. Fast jeder von uns hat – sei es als Lehrende/r oder als »beschulte« Person – die Erfahrung von »Sternstunden« bzw. »Sternepisoden« gemacht. Dabei handelt es sich um »magische Momente« der intensiven Begegnung mit dem Unterrichtsstoff und den Schüler/innen, um Situationen, in denen Schule so war, wie wir sie uns wünschen. Nicht selten haben solche Sternstunden weitreichende Wirkungen, die über das Hier und Jetzt hinausgehen, weil sie in besonderer Weise die Beteiligten berühren. Fast jeder von uns kann bei Befragungen solche herausragenden Ereignisse erinnern.

Hier zeigt sich: Offenbar gibt es an Schulen mehr gute Praxis, als viele der Untersuchungen nahelegen, doch ist diese gute Praxis zu wenig verbreitet und wertgeschätzt. Anders gesagt: Vieles von dem, was wir im Unterricht praktizieren und für wichtig halten, erweist sich bei genauerer Überprüfung als wirkungslos. Nur das, was in den Sinnen war, was uns Sinn machte, wird auch erinnert und führt zu Verhaltensänderungen. Die entscheidende Frage zielt deshalb darauf ab, wie man das Wissen, das in den »best practices« liegt, erschließen und zur Entwicklung von Schule und Unterricht nutzen kann.

Skeptiker werden erneut einwenden, dass dies die falsche Frage sei, weil es sich bei solchen Ereignissen um Sondersituationen handle, die man nicht verallgemeinern könne. Wie unsere Auswertung einer Vielzahl solcher Erfolgsgeschichten nahelegt, scheint das Gegenteil der Fall zu sein: In den berichteten Sternstunden bzw. »Sternepisoden« scheint ein verallgemeinerbares Wissen von relativ einfachen Grundprinzipien davon auf, wie Schule sein muss, damit sie Lehren und Lernen zu einer wirksamen Veranstaltung macht. Es handelt sich um Situationen, die dem nahekommen, was wir oben (S. 63) – mit Bezug auf den Glücksforscher Mihály Csíkszentmihályi (1992; 2004) – als ideale Lernsituation bezeichnet haben: Lernen im »Flow«.

Anstoß für die Entwicklung der Wertschätzenden Schulentwicklung war das von Cooperrider/Srivastava (1987) in den 1980er-Jahren zunächst für den Unternehmensbereich entwickelte Verfahren der *wertschätzenden Befragung* (»appreciative inquiry«). Mithilfe *wertschätzender Interviews* befragten sich Unternehmensmitglieder gegenseitig nach dem »wertvollen Kern«, auf dem ihrer Meinung nach der Erfolg ihres Unternehmens beruhte. Die Analyse unternehmerischer Erfolge der Vergangenheit sollte den Weg in die Zukunft weisen. Der Grundgedanke besteht darin, dass Menschen und Organisationen zu dem werden, worauf sie ihre Aufmerksamkeit richten: Statt auf die Defizite sollte deshalb der Blick darauf trainiert werden, Gelungenes wahrzunehmen und wertzuschätzen – gemäß der Hypothese »What you see is what you get«.

Neuere Forschungen zur Wirkung sozialer Netze (Christakis/Fowler 2010), die ich oben (S. 68) kurz angerissen habe, zeigen noch einen weiteren Effekt: Positive Gefühle in Gruppen sind ansteckend. Sie tragen zur Entwicklung eines Klimas gegenseitiger Wertschätzung bei – eines Klimas, das auch förderlich für die gemeinsame Weiterentwicklung ist.

Diese Einsichten erklären auch, warum Strategien, die schwerpunktmäßig auf die Aufdeckung von Fehlern und Schwächen abzielen, oft das Gegenteil der erwünschten

Veränderungen erreichen: Individuen, aber auch Organisationen räumen nur ungern Fehler ein und reagieren auf Kontrolle und Druck – wie Argyris (1997) eindrucksvoll gezeigt hat – mit der Entwicklung persönlicher und institutioneller Abwehrroutinen. Ein Grund dafür ist, dass sie auch gut gemeintes Feedback zu oft als Abwertung interpretieren, der sie hilflos gegenüberstehen.

Aber selbst wenn sie bereit wären, aus dem datenbasierten Feedback Konsequenzen zu ziehen, stehen sie im Bereich von Unterricht und Erziehung oft vor unüberwindlichen Hindernissen: Zum einen sind die Daten aufgrund der Komplexität zu vielfältig interpretierbar und beziehen sich auf spezifische, nicht wiederholbare Situationen, sodass die Konsequenzen oft uneindeutig sind. Zum anderen unterliegen Schulentwickler, die zu sehr auf Daten setzen, einer schon in den Reformbemühungen der 1970er-Jahre gescheiterten Steuerungsillusion, die einer Überschätzung der Reichweite von isolierten Erkenntnissen der Bildungsforschung geschuldet ist, wie wir eingangs (S. 27) mit Bezug auf Giesecke und Münch festgestellt hatten: Rahmenbedingungen, aber vor allem auch personale Faktoren und verdeckte Systemlogiken (»heimlicher Lehrplan«, Belohnungssysteme, die »Grammatik« der Schule, Behördenlogiken, die Eigenlogik der Praxis etc.) erschweren den notwendigen Wandel und überfordern den Einzelnen.

Ein weiteres Hindernis, das wir besonders eindrücklich aus dem Umweltbereich kennen und auf das ich oben (S. 108) mit Bezug auf die Erkenntnisse Ernst Pöppels hingewiesen habe, besteht in unserer Art des Umgangs mit Daten: Explizites Wissen ist ich-fern und führt nur selten zu grundlegenden Verhaltensänderungen. Überinformation macht uns sogar handlungsunfähig. Hirnforscher (Pöppel 2006; Hüther 2004) belegen – wie wir gesehen haben –, dass unser Handeln vor allem durch innere Bilder gesteuert wird, die auf emotional berührende Situationen in unserer Biografie zurückgehen und über »somatische Marker« wirken. Erfahrene Wertschätzung erweist sich bezogen auf proaktive Handlungsmotivierung als einer der wichtigsten somatischen Marker.

Wenn wir nachhaltig wirksamen Wandel erreichen wollen, dann müssen wir auch die Ebene des Bildwissens (»pictorial knowledge«) und der somatischen Marker miteinbeziehen. Menschen setzen nur das um, was für sie persönlich bedeutsam ist und was sie innerlich berührt. Aus Sicht der Positiven Pädagogik ist deshalb eine Strategie der Wertschätzung ein Schlüssel zu wirksamer Schulentwicklung.

Erkennen, worauf es ankommt

Wertschätzende Schulentwicklung, die auf den hier skizzierten Überlegungen beruht, kann nach unseren Erfahrungen im Rahmen eines pädagogischen Tages mit 20 bis 400 an Schule beteiligten Personen durchgeführt werden. Als Auftaktveranstaltung für einen längerfristigen beteiligungsorientierten Schulentwicklungsprozess geht es vor allem darum, das im Feld der Schule vorhandene Wissen, die »Weisheit der Vielen«, freizusetzen und als Grundlage für die Konzipierung konkreter Entwicklungsprojekte zu nutzen.

Wie ist ein pädagogischer Tag zur Wertschätzenden Schulentwicklung aufgebaut? Anknüpfend an einen einführenden Vortrag zur Methode, der einen bedeutungsvollen Rahmen schaffen soll, erhalten die Beteiligten, die in der Regel in einem – gegebenenfalls doppelreihigen – Kreis sitzen (alternativ in Sechser- oder Achtergruppen an Gruppentischen), ein vorbereitetes Arbeitsblatt (siehe Abb. 13).

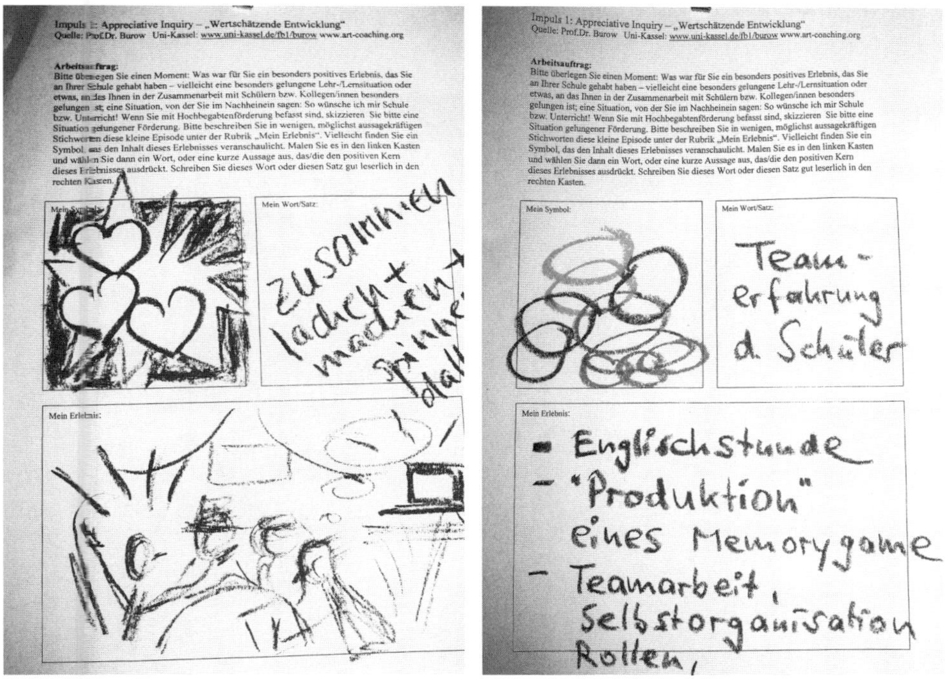

Abb. 13: Zwei Arbeitsblätter zur Wertschätzenden Schulentwicklung

Sie werden aufgefordert, sich an ein besonders positives Erlebnis an ihrer Schule und/ oder in ihrem Unterricht zu erinnern; vielleicht eine besonders gelungene Lehr-Lern-Situation oder eine Begegnung mit Schüler/innen oder Kolleginnen und Kollegen, von der sie im Nachhinein sagen: »So wünsche ich mir Schule bzw. Unterricht!« Für diese Situation sollen sie – gemäß unserer Erkenntnis zur zentralen Bedeutung von Bildwissen – ein Symbol finden, das den Kern bzw. die Botschaft dieses Erlebnisses anschaulich macht. Hierzu stehen bunte Ölkreiden bereit. Nachdem die Teilnehmer/ innen ihr Symbol in den linken Kasten eingetragen haben, sollen sie ein Wort oder einen Slogan in den rechten Kasten schreiben, der den Kern des Ereignisses sprachlich auf den Punkt bringt. Im unten stehenden Kasten sollen sie dann das Erlebnis in

Form einer prägnanten Erzählung darstellen. Diese Phase beansprucht in der Regel circa 15 Minuten, in denen zunächst jeder für sich allein arbeitet. Durch die Kombination von Symbol, Slogan und Geschichte soll ein verdichteter Zugang zu persönlich bedeutsamen Erfahrungen erreicht werden, der – neben seinem expliziten Gehalt – auch die emotionale Dimension sicht- und kommunizierbar macht.

Danach findet der »Marktplatz« statt: Alle Beteiligten nehmen ihre ausgefüllten Arbeitsblätter, laufen durch den Raum und zeigen sie den anderen. In der Regel findet hier schon ein angeregter, lebhafter und freudiger Austausch statt. Zur Überraschung der Teilnehmer/innen gibt es eine beachtliche Anzahl ähnlicher Symbole bzw. Situationen. Nach einiger Zeit erfolgt die Aufforderung, Gruppen aus circa acht Personen zu bilden, die sich nach Ähnlichkeit und/oder Interesse finden.

Abb. 14: Marktplatz

Hieran schließt sich eine circa 90-minütige Gruppenarbeit an, mit folgenden Aufgaben an:

1. Stellen Sie Ihr Symbol und Ihr Erlebnis vor. Jeder hat circa fünf Minuten Zeit. Konzentrieren Sie sich darauf zu verstehen, was der Kern des vorgestellten Erlebnisses ist.
2. Versuchen Sie, drei pädagogische Prinzipien herauszufinden, die den von den Gruppenmitgliedern vorgestellten Erlebnissen gemeinsam sind und deren Über-

setzung in den Schulalltag die Qualität Ihrer Schule deutlich verbessern würde. Schreiben Sie diese Prinzipien auf Karten.
3. Suchen Sie eine Geschichte aus, die Sie im Plenum vortragen möchten.
4. Klären Sie, wer die Prinzipien im Plenum erläutert und wer die Geschichte vorträgt.

Natürlich sind einige Teilnehmer/innen zunächst skeptisch, doch wenn sie die ersten Geschichten gehört haben, wechselt die Stimmung hin zu konzentrierter Achtsamkeit:

- Ein Sozialpädagoge erzählt, wie er mit einem Schüler, den alle aufgegeben hatten, über ein Jahr lang gearbeitet hat, bis er plötzlich und völlig überraschend den entscheidenden Durchbruch errang.
- Schüler/innen berichten von einer Lehrerin, der es im Mathematikunterricht durch ihre einfühlsame Art und originelle Unterrichtsführung gelang, auch schwachen Schüler/innen die Angst zu nehmen und alle zum Ziel zu führen.
- Eine Lehrerin erzählt sichtlich berührt, wie zu ihrer Überraschung ihre Schüler/innen, die sie als eher mittelmäßig eingeschätzt hatte, einen perfekten Balladenabend organisiert haben. Ihre Einsicht: »Wenn man Schülern eine motivierende Aufgabe stellt, kann man sich als Lehrer zurückziehen. Wir unterschätzen zu oft die Fähigkeiten unserer Schüler.«
- Ein Lehrer berichtet – und die Begeisterung ist ihm anzusehen –, wie es seinen Schüler/innen trotz seiner anfänglichen Skepsis gelang, eine Debatte mit Landtagsabgeordneten zu initiieren, die sogar zur Einführung eines »Schoko-Tickets« für Schüler im Nahverkehr führte.

Im Rahmen dieses Textes kann ich die emotionale Intensität und die tiefe Berührtheit nur unzureichend wiedergeben, die die Beteiligten ergreift, wenn sie unterschiedlichste Erfolgsgeschichten mitteilen und hören. Entscheidend ist dabei, dass viele Kollegien zum ersten Mal seit Jahren wieder wahrnehmen, wie viel gute Arbeit sie leisten und wie viel an Wissen über effektives Lernen bei allen vorhanden ist. Entscheidende Wirkungsdimensionen Wertschätzender Schulentwicklung bestehen aus meiner Sicht in folgenden Kernbotschaften:

- Jeder von uns leistet oft gute Arbeit.
- Es gibt vielfältige Wege, die zum Erfolg führen.
- Unseren Kolleginnen und Kollegen gelingen oft faszinierende pädagogische Prozesse, von denen wir nichts erfahren, weil es keine Kultur des Austausches gibt.
- Das, was wir entwickeln wollen, ist in Teilen bereits vorhanden.

Die anschließende Zusammenfassung der herausgefundenen »Erfolgsprinzipien« zeigt, dass es häufig sehr einfache Dinge sind, die zu gutem Unterricht bzw. zu guten Lernergebnissen und förderlichen Beziehungen beitragen. Genannt werden Punkte wie Freude am Lerngegenstand, Identifikation mit dem Thema, klare Ziele, gute Kommunikation, gute Lehrer-Schüler-Beziehung, hohe emotionale Beteiligung, Freude und Spaß, Raum für Selbstverantwortung der Schüler/innen, Öffnung der Schule, freie Lernorte, Methodenvielfalt, Individualisierung und Ähnliches.

Erfolgsgeschichten inspirieren

Das alles ist nicht neu, aber der entscheidende Unterschied zu lehrgangsmäßig vermitteltem Wissen besteht darin, dass die pädagogisch-didaktischen Leitgedanken hier von den Mitgliedern der Schule selbst kommen, dass es sich um eigene Erfahrungen handelt, die in faszinierenden, motivierenden Geschichten und inspirierenden Symbolen verdichtet sind.

Erinnern wir uns: Oben (S. 116) hatte ich die Lehrerbefragung von Czerwenka und Terhart angeführt, die zum Ergebnis hatte, dass die wichtigste Orientierungsgrundlage für Lehrerhandeln laut Selbstauskunft in den eigenen Erfahrungen liegt. Und Ernst Pöppel hat gezeigt, dass sich Handeln am wirkungsvollsten über veränderte Erfahrungen, den Austausch innerer Bilder und Geschichten verändern lässt. Unsere Organisations- oder Schulkultur ist letztlich nichts anderes als die Summe der Geschichten, die man sich über sie erzählt. Bislang handelt es sich in vielen Schulen um zu viele schlechte Geschichten, was zu einem entsprechenden Echo in der Öffentlichkeit führt, mit dem Resultat eines vergleichsweise schlechten Images im Sinne negativer Gefühlsansteckung.

In unseren Workshops zur Wertschätzenden Schulentwicklung konzentrieren sich alle Beteiligten darauf, die besten selbst erlebten (!) Geschichten zu erinnern und einprägsam darzustellen. Allein diese Aktion kann schon einen veränderten Blick auf die positiven Leistungen von Schule bewirken und einen entscheidenden Stimmungsumschwung im Sinne positiver Gefühlsansteckung anbahnen. Gelingende Workshops Wertschätzender Schulentwicklung sorgen durch den Austausch und die Einigung auf wenige gemeinsam geteilte Werte und Normen für den Aufbau eines ansteckenden sozialen Netzes gemeinsamer Schulentwicklung. Die Beteiligten erleben die Aufhebung von Fragmentierung und entdecken im Sinne Weisbords ihren »gemeinsamen Grund« bzw. – im Sinne Antonovskys – ihren »sense of coherence«.

Nichts ist motivierender als der Austausch über Gelungenes. Schnell wird sichtbar, dass das, was wir uns wünschen, schon im Hier und Jetzt vorhanden ist, freilich bisher als seltene Ausnahmeerscheinung. Doch hieran schließt sich die Frage an: Wie können wir mehr von diesen Erfolgsbeispielen in den Schul- bzw. Unterrichtsalltag transferieren? Wovon wollen wir mehr?

Unsere Erfahrungen zeigen: Nichts ist so motivierend wie eine *Kultur der guten Geschichten*. Die Entwicklung guter Geschichten, im Unternehmensbereich als »Storytelling« bezeichnet, ist eine Hauptaufgabe von Schulleiter/innen und Schulentwicklern und das wichtigste Instrument wirkungsvoller Schulentwicklung, setzt es doch eine positive, sich selbst verstärkende Spirale in Gang: Die guten Geschichten werden von besseren verdrängt.

Der visionäre Weg

Für den weiteren Verlauf gibt es zwei alternative Möglichkeiten: Entweder schließt sich an die Wertschätzungsphase – gemäß dem bewährten Dreischritt der Zukunftswerkstatt – eine »Visionenphase« an, in der wir uns, unterstützt durch eine gelenkte Fantasie- bzw. Zeitreise, in die ersehnte Zukunft begeben: Wie sieht unsere Schule im Jahr 2020 aus, wenn wir die gemeinsam erarbeiteten Erfolgsprinzipien flächendeckend umgesetzt und zum Umbau unserer Schule genutzt haben?

Mit dieser Vorgehensweise wird der Blick durch die »Chancen- und Visionenbrille« gestärkt – ein Weg, den manche Kollegien durchaus wünschen und der zu einer nachhaltigen Erhöhung der »organisationellen Energie« im Sinne der von Bruch und Vogel (2009) beschriebenen »produktiven Energie« führen kann. So bestanden, um ein Beispiel zu nennen, die Mitglieder der Gesamtschule Schinkel in Osnabrück darauf, einen ganzen Tag lang zu visionieren. Die dadurch entstandene Aufbruchsstimmung breitete sich wellenförmig aus. Das Kollegium kam in einen Zustand produktiver Energie – mit ansteckender Wirkung, wie sich bald zeigen sollte.

Kurz darauf beschwerten sich nämlich die Schülervertreter/innen, dass sie nicht genügend einbezogen worden waren. Sie forderten einen »SchüWo«, einen visionären Schülerworkshop, den ich wenig später mit 150 Schüler/innen mit großem Erfolg durchführte: An einem Vormittag entwickelten altersgemischte Gruppen acht Vorschläge für Schulentwicklungsvorhaben. Nebenbei machten wir eine wichtige Entdeckung: Die Schüler/innen hatten ein großes Bedürfnis, in altersgemischten Gruppen zu arbeiten, Fünftklässler beispielsweise mit Zwölftklässlern. Die altersgemischten Gruppen erwiesen sich als besonders produktiv, weil sie gewissermaßen – durch ihre unterschiedlichen Zugänge – ein Kreatives Feld bildeten.

Eine ähnliche Erfahrung machte ich an der Peter-Ustinov-Gesamtschule Monheim, wo Lehrer/innen und Schüler/innen gemeinsam mit höchstem Engagement einen ganzen Tag lang visionierten.

> Bei solchen und ähnlichen Veranstaltungen ist sinnlich spürbar, wie sich – im Sinne Scharmers – der Aggregatzustand des Feldes, die kollektive Aufmerksamkeitsstruktur verändert und wie sich – im Sinne Antonovskys – ein gemeinsam geteiltes Kohärenzgefühl aufbaut. Schule kann durch diese konzentrierte Energie zum Kreativen Feld werden. Ich bin der Überzeugung, dass dies ein erster Schritt zum Aufbau einer »salutogenen«, einer gesundheits- und leistungsförderlichen Wohlfühlorganisation ist.

Der realitätsbezogene Weg

Für Kollegien, denen ein enger an der gegenwärtigen Realität orientiertes Vorgehen liegt, kann ein anderer Weg eingeschlagen werden: Gemäß der Open-Space-Methode (Owen 2001a) wählen einzelne Teilnehmer/innen im Anschluss an die Präsentation der Erfolgsgeschichten und die Zusammenstellung der Erfolgsprinzipien ein pädagogisches Prinzip bzw. ein Entwicklungsthema aus, für dessen Umsetzung an der eigenen Schule sie sich engagieren möchten. Die sich so bildenden Umsetzungsgruppen erarbeiten entsprechende Realisierungsprojekte bzw. Pläne, die sie auf Postern darstellen.

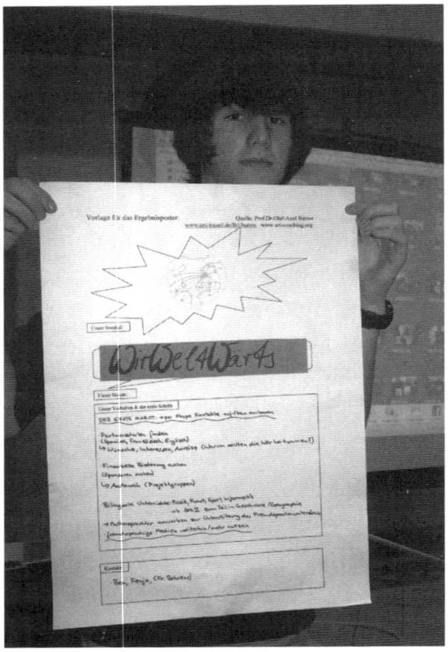

Zu diesem Zweck haben wir eine Vorlage erarbeitet (siehe Abb. 15) – DIN-A0-Poster, die folgendermaßen aufgebaut sind: eine Wolke, in die ein attraktives Symbol (Bildwissen!) für das jeweilige Projekt gemalt werden soll, darunter eine Sprechblase in die eine Überschrift, eine Formel, ein attraktiver Slogan oder Ähnliches geschrieben wird. Es folgt eine Stichpunktliste, in der die einzelnen Schritte zur Umsetzung des Projektes (kurz-, mittel- und langfristig) skizziert werden, und schließlich ein Feld, in dem die verantwortlichen Personen und gegebenenfalls ihre Kontaktadressen aufgeführt werden.

Abb. 15a und b: Ergebnisposter

Im Plenum werden dann die erarbeiteten Poster zu einer Ausstellung arrangiert, die in der Atmosphäre einer Vernissage eröffnet wird und zu der zum Beispiel Getränke gereicht werden. Die Teilnehmer/innen stehen vor den Postern, betrachten und diskutieren die Projekte. Anschließend stellen die Gruppen die Kernpunkte ihrer geplanten Vorhaben vor. In einer abschließenden Runde werden dann weitere Vereinbarungen getroffen und in einem Blitzlicht eine Rückmeldung über die Veranstaltung gegeben. Abschließend läuft eine Beamershow mit den Bildern von der Arbeit des Tages.

Ergebnisse der Evaluation

Das Verfahren der Wertschätzenden Schulentwicklung haben wir in den letzten Jahren an einer Vielzahl von Schulen – meist mit großem Erfolg – durchgeführt. Allerdings fehlte eine systematische Evaluation, sodass wir auf unsere Eindrücke und gelegentliche Rückmeldungen angewiesen waren. Etwa wenn mich die didaktische Leiterin der Peter-Ustinov-Gesamtschule in Monheim anrief, um einen weiteren Workshop zu vereinbaren, und ich sie fragte, was denn in den letzten zwei Jahren – im Anschluss an den pädagogischen Tag – geschehen sei. Ihre Auskunft war im wahrsten Sinne des Wortes umwerfend: Wenige Monate nach dieser Veranstaltung hatten die Schule die 45-Minuten-Stunde abgeschafft und eine neue Form der Rhythmisierung umgesetzt. Aus Teilen der Visionen war in vergleichsweise kurzer Zeit Wirklichkeit geworden. Und nicht nur das: Seit dieser Zeit tagt ein Innovationsteam kontinuierlich, das nun auch die Folgeveranstaltung plante, mit dem Ziel, die »Weisheit der Vielen«, hier vor allem die der Schüler/innen, besser zu nutzen.

Nun ist dieser Wandel natürlich nicht allein diesem Tag geschuldet. Vielmehr verfügt diese Schule über ein engagiertes Kollegium, eine ausgezeichnete Schulleitung und eine überdurchschnittlich engagierte und begabte didaktische Leiterin, die am Ende der Workshops für klare Vereinbarungen bezüglich der Umsetzungsschritte sorgte. Außerdem hatte sich die Schule schon seit Längerem auf den Weg gemacht.

Im Rahmen eines Modellprojektes zur Entwicklung begabungsförderlicher Schulen, das von der Karg-Stiftung getragen wurde, ergab sich die Gelegenheit, die Effekte unseres Vorgehens genauer zu untersuchen. So haben wir innerhalb eines Jahres bislang an zwölf »Impulsschulen« weitgehend identische »Wertschätzende pädagogische Tage« durchgeführt und in einem ersten Schritt die Teilnehmerzufriedenheit abgefragt. Die Auswertung (Burow/Steenbuck 2011) bestätigt unsere subjektiven Eindrücke. Weit über 80 Prozent der Teilnehmer/innen beurteilen die Didaktik der Veranstaltung als sehr gut bis gut, und eine überwältigende Mehrzahl sieht wichtige Impulse für die eigene Schulentwicklung. Zurzeit bereiten wir eine Nachbefragung vor, mit der wir erheben wollen, was sich über die Zufriedenheit mit diesem Veranstaltungstyp hinaus tatsächlich in der Schulwirklichkeit verändert hat bzw. welche Reformimpulse sich durchgesetzt haben.

Wertschätzende Schulentwicklung – und dies gilt für alle Verfahren der prozessorientierten, partizipativen Zukunftsmoderation – funktioniert nur, wenn es eine Bereitschaft zum Wandel gibt und wenn die Schulleitung diesen Prozess proaktiv vorantreibt. Sind diese Bedingungen nicht gegeben, kann das Verfahren auch scheitern oder gar auf Unverständnis stoßen, wie ich – wenn auch äußerst selten, aber doch auch – erleben musste. Meist stehen dahinter ungelöste Konflikte zwischen Schulleitung und Kollegen, deren Lösung anderer Interventionsformen bedarf.

Wege zur »wertschätzenden Schule«

Wertschätzung, das zeigen sozialpsychologische Untersuchungen und die neuesten Ergebnisse der Hirnforschung (Roth 2008; Bauer 2006; Spitzer 2002), ist der wichtigste Motivationsfaktor, denn unser Gehirn sucht aktiv Erfahrungen von Belohnung. Wertschätzende Interviews sind nicht nur geeignet, im Rahmen eines pädagogischen Tages – wie hier beschrieben – Anstöße zu geben, sondern können mehr noch ein erster Schritt auf dem Weg zur Entwicklung einer wertschätzenden Schule sein; einer Schule, die ihre wichtigste Aufgabe darin sieht, ein kreatives und herausforderndes Umfeld zu entwickeln, das es Lehrer/innen *und* Schüler/innen gemäß ihren spezifischen Voraussetzungen ermöglicht, ihr Potenzial optimal zu entfalten. Eine wertschätzende Schule, das ist nicht schwer vorauszusagen, wird eine Schule sein, die nicht nur zu guten Leistungen beiträgt, sondern zugleich das Wohlbefinden ihrer Mitglieder fördert und damit die Wahrscheinlichkeit des Erlebens von Schulglück erhöht.

Unsere Erfahrungen zeigen: Der schrittweise Aufbau eines *wertschätzenden Blicks* durch ein System regelmäßiger wertschätzender Befragungen und einer systematischen Dokumentation der »best practices« von Lehrer/innen, Eltern und Schüler/innen kann zum Schlüssel werden für das Entstehen eines innovationsförderlichen Klimas, in dem es möglich wird, die Grammatik der alten Schule kritisch zu hinterfragen und gemeinsam neue Wege eines zeitgemäßen Lehrens und Lernens zu entwickeln. Großgruppenverfahren die – wie die Wertschätzende Schulentwicklung – alle Beteiligten einbeziehen, können diesen Prozess befördern, weil sie die Schule nicht vorrangig durch von außen gesetzte, fremdbestimmte Ziele wandeln wollen, sondern auf die Kompetenz und das Wissen aller Beteiligten setzen und als Ermutigung (»empowerment«) wirken. Damit sind sie zugleich ein Stück praktizierter Demokratie (Burow 2008) – ein Bereich, in dem Schulen noch großen Nachholbedarf haben.

Nachfolgend dokumentiere ich zwei Verlaufspläne, die Sie im Sinne einer direkt umsetzbaren Anleitung befähigen sollen, einen wertschätzenden Prozess an der eigenen Schule oder Organisation zu starten. Als Alternativen stehen eine stärker realitätsbezogene Variante (Blick durch die »grüne Chancenbrille«) und eine visionäre Variante (Blick durch die »gelbe Visionenbrille«) zur Auswahl.

Beispielagenda und Materialien zur Durchführung eines »Wertschätzenden Tages«

1. Die realitätsbezogene Version

8:30–9:00 Uhr	1.	Ankunft, Begrüßung
9:00–9:45 Uhr	2.	Vortrag und Diskussion: Wertschätzung als Schlüssel zur »guten Schule«
9:45–10:15 Uhr		*Kaffeepause*
10:15–11:30 Uhr	3.	Übung zur »Wertschätzenden Unterrichts-/Methodenentwicklung« a) Skizzierung individueller Beispiele b) Marktplatz c) Austausch in Gruppen: Wahl einer Geschichte pro Gruppe für das Plenum und Einigung auf drei gemeinsame Kernprinzipien d) Vorstellung ausgewählter gelungener Lehr-Lern-Situationen e) Zusammenfassung der Kerneinsichten – Ausstellung
11:30–12:30 Uhr	4.	Umsetzung: »Wovon will ich mehr?« a) Skizzierung eines persönlichen Unterrichtsschwerpunkts bzw. einer Methode für selbstorganisiertes und kooperatives Lernen b) Bildung von Arbeitsgruppen nach dem Open-Space-Prinzip, Aufgabe: Entwicklung einer konkreten Umsetzungsmaßnahme Arbeitsgruppenthema an Pinnwand mit Raumangabe!
12:30–13:30 Uhr		*Mittagspause*
13:30–15:00 Uhr	5.	Arbeit in den AGs
15:00–15:45 Uhr	6.	Präsentation der Ergebnisse • Vernissage der Ergebnisposter • Erläuterung der vorgeschlagenen Maßnahmen
15:45–16:15 Uhr	7.	Abschluss • Vereinbarungen • Beamershow: Bilder des Tages • Abschlussblitzlicht

2. Die visionsbezogene Version

Zukunftswerkstatt: Vision Werkstattschule Rostock 2020

Zum Ziel der Zukunftswerkstatt
Die von Robert Jungk in den 1960er-Jahren entwickelte Zukunftswerkstatt hat sich in vielen Projekten als effektives Instrument partizipativer Schulentwicklung erwiesen. Ihre besondere Stärke liegt in der Freisetzung der »Weisheit der Vielen« sowie der Mobilisierung von Energie und Leidenschaft – zwei oft unterschätzte und doch unverzichtbare Voraussetzungen für erfolgreiche Schulentwicklungsprozesse. Im Zentrum steht die Überwin-

dung linearen Sachzwangdenkens durch die Entwicklung von Bildern einer von allen ersehnten Schule der Zukunft. Diese (visionären) Zukunftsbilder sind Ausdruck des »pictorial knowledge« – das heißt der Wissensform, die unser Handeln entscheidend bestimmt. Es sollen Kernaussagen erarbeitet werden als Grundlage für ein von allen getragenes Leitbild.

Ablauf

9:00–9:15 Uhr		*Ankunft, Begrüßung*
9:15–9:30 Uhr	1.	Einführung: Kurzvortrag zur Methode
9:30–11:00 Uhr	2.	Übung zur »Wertschätzenden Schulentwicklung«
		a) Jeder überlegt sich eine gelungene Situation in der Werkstattschule und füllt Arbeitshilfe 1 aus.
		b) Marktplatz: Gruppenbildung nach Symbolen
		c) Jeder stellt sein bestes Erlebnis vor.
		d) Eine Geschichte wird fürs Plenum ausgewählt.
		e) Einigung auf drei gemeinsame Prinzipien, die auf Karten geschrieben werden
		f) Vorstellung der besten Geschichten im Plenum und Sortierung der »Kernprinzipien«
11:00–11:15 Uhr		*Ausstellung und Kaffeepause*
11:15–13:00 Uhr	3.	Visionenphase für die Eltern und Lehrer
		a) Einführung in den Charakter der Visionenphase
		b) Reise in die gewünschte Zukunft der Werkstattschule 2020
		c) Skizzierung der individuellen Visionen
		d) Ausstellung der Visionen und Bildung von Visionengruppen
		e) Vorstellung der individuellen Visionen in den Gruppen
13:00–14:00 Uhr		*Mittagspause*
14:00–14:30 Uhr	4.	Präsentation der Visionen der Schüler/innen, der Lehrer/innen und Eltern (Schülervertreter kommen dazu, präsentieren ihre Kritik- und Visionenergebnisse und arbeiten dann an der Realisierungsphase mit.)
14:30–14:45 Uhr		*Kaffeepause*
14:45–16:15 Uhr	5.	Realisierungsphase
14:45–15:00 Uhr		a) Bildung von Umsetzungsgruppen nach dem Open-Space-Prinzip, Aufgabe: Entwicklung einer konkreten Umsetzungsmaßnahme (kurz-, mittel- und langfristig umzusetzende Ziele)
15:00–16:00 Uhr		b) Arbeit in den Umsetzungsgruppen
16:00–16:15 Uhr		c) Präsentation der Umsetzungsvorhaben: • kurzfristig – mittelfristig – langfristig • Wer, was, wann, wie, mit wem?
		Erweiterungsmöglichkeit – aus den Visionen wird ein Leitbild angebahnt:
16:15–16:35 Uhr		d) Jede Gruppe formuliert einen Aussagesatz als Grundlage für das Leitbild und schreibt ihn auf ein Blatt.
16:35–16:45 Uhr		e) Kommentarloses Verlesen der Kernsätze
16:45–17:00 Uhr	6.	Abschluss
		a) Bestimmung einer Gruppe, die aus den Kernsätzen ein Leitbild als Vorschlag für die Konferenz formuliert
		b) Abschlussblitzlicht mit Beamerpräsentation

3. Vorlaufphase in allen Schulklassen

Als besonders effektiv zur Steigerung der Wirksamkeit des pädagogischen Tages hat sich eine Vorlaufphase erwiesen: Eine Woche vorher finden zum gewählten Oberthema in allen Schulklassen Zukunftswerkstätten statt, in denen die Schüler/innen ihre Kritik formulieren (Diagnosephase), ihre Traumschule entwerfen (Visionenphase) und konkrete Umsetzungsmaßnahmen entwickeln (Realisierungsphase). Die Ergebnisse werden am pädagogischen Tag in Form einer Ausstellung präsentiert und Schülervertreter/innen erläutern die Details.

Möglicher Ablaufplan der Vorlaufphase zur Vorbereitung des pädagogischen Tages

In den Klassen wird eine Woche vor Beginn der Lehrer- und Elternwerkstatt eine Schülerwerkstatt nach folgendem Ablaufplan durchgeführt:

A. Meckerphase für die Kinder

a) Erklärung der Kritik-/ Diagnose-/»Meckerphase«
b) Kinder schreiben auf rote Karten, was ihnen an der Schule, am Unterricht etc. missfällt und was verbessert werden soll (gegebenenfalls starten sie mit einer Begehung der schulischen Einrichtungen und beurteilen sie anhand von selbst erarbeiteten Checklisten).
c) Kritikkarten werden sortiert.
d) Kritikkarten werden gewichtet (jeder erhält drei Punkte).
e) Klasse erarbeitet ein Kritikposter, das für die Eltern und Lehrer/innen veranschaulicht, wo die Kinder Verbesserungsbedarf sehen.

B. Visionenphase der Schüler

a) Kinder bekommen Zauberbrillen (Grundschule) und werden auf die Traumreise eingestimmt (Augen schließen, gegebenenfalls Kopf auf den Tisch oder bequem auf dem Boden liegen; entspannende Musik).
b) Fantasiereise in die Traumschule: Wie sieht die Schule aus, wenn sie so ist, wie sie sich die Kinder wünschen? Motto: Alles ist möglich! (altersgemäßer Anleitungstext)
c) Jeder erhält zwei Traumsterne und schreibt seinen Wunsch darauf.
d) Kinder entwickeln Sketche, Darstellungen etc. ihrer Traumschule.
e) Erarbeitung von Präsentationen der Kinder, die die Klassenvertreter der Schüler/innen in Phase 4 der Lehrer-/Elternwerkstatt vortragen
f) Eröffnung einer Ausstellung der Kritik, Visionen- und Umsetzungsposter der Schüler/innen

C. Realisierungsphase der Schüler/innen

a) Schülervertreter und Lehrer/innen berichten in den Klassen über die Ergebnisse der Zukunftswerkstatt.
b) Es werden konkrete Umsetzungsprojekte auf Klassenebene definiert.

4. Mit der Zukunftswerkstatt zur gesunden Schule

Der PISA-Schock lenkte vom bedrückendsten Problem deutscher Schulen ab: der vergleichsweise hohen gesundheitlichen Belastung von Lehrer/innen *und* Schüler/innen. Die mittlerweile berühmte Lehrerbelastungsstudie des Potsdamer Psychologen Uwe Schaarschmidt aus dem Jahr 2004 zeigte, dass erstaunlich viele der zwischenzeitlich auch mal als »faule Säcke« abgewerteten Lehrer/innen nicht unterfordert, sondern ganz im Gegenteil überfordert sind und – anders als in anderen akademischen Berufen – besorgniserregende gesundheitliche Überlastungserscheinungen zeigen. Hans-Günter Rolff führte im Eingangsvortrag unserer Zukunftswerkstatt »Umgang mit Belastungen – Wege zur gesunden Schule« denn auch aus, dass keine andere Berufsgruppe im öffentlichen Dienst so hohe Frühpensionierungsquoten aufweist wie Lehrer/innen, die nebenbei bemerkt die größte akademisch ausgebildete Berufsgruppe in Deutschland darstellen. Schaarschmidt (2005) unterscheidet vier arbeitsbezogene Verhaltens- und Erlebensmuster:

	**Gesundheit (G)** • hohes berufliches Engagement • ausgeprägte Widerstandsfähigkeit gegenüber Belastungen • positive Problembewältigung
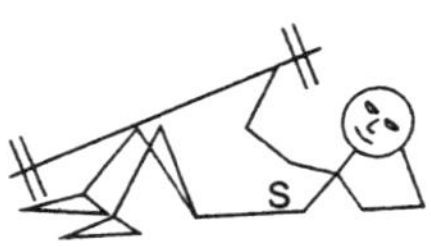	**Schonung (S)** • niedriges Engagement • hohe Distanzierung • Schonung gegenüber beruflichen Anforderungen
	**Verausgabung (Risiko A)** • Überengagement • verminderte Widerstandskraft • geringe Distanzierung • schwaches Lebensgefühl
	**Resignation (Risiko B)** • Resignation • verminderte Belastbarkeit • reduziertes Engagement • geringe Distanzierung

Abb. 16: Vier Belastungs-Bewältigungsmuster nach Schaarschmidt (2005)

Die besorgniserregende Erkenntnis seiner Studie besteht nun darin, dass die Risikomuster A und B über 60 Prozent der Lehrer/innen betreffen. Laut Lehrerumfrage des Instituts für Schulentwicklungsforschung (Rolff 2009) sind 40 Prozent der Lehrer/innen »mittel« und 14 Prozent »hoch« von Burnout betroffen. Besser sieht es bei den Schulleiter/innen aus, bei denen es 24 Prozent bzw. 6 Prozent sind. Im Jahr 2007 haben von den pensionierten Lehrer/innen nur 44 Prozent die Regelaltersgrenze von 65 Jahren erreicht, während 23 Prozent schon früher wegen dauernder Dienstunfähigkeit ausschieden und sich 37 Prozent früher pensionieren ließen (zumeist mit 62 Jahren).

Wachsende Belastung statt Glück

Rolff führt als objektive Belastungsfaktoren eine Zunahme von Aufgaben an, die – wenn auch in unterschiedlichem Ausmaß – Schulleitungen wie Lehrer/innen betreffen. Dabei handelt es sich auch um Anforderungen, von denen vor wenigen Jahren noch nicht einmal die Begriffe bekannt oder verbreitet waren, wie zum Beispiel Evaluation, Bildungsstandards, Vergleichsarbeiten und Lernstandserhebungen, Budgetverwaltung, Qualitätsmanagement, Steuergruppenarbeit, Gesundheitsmanagement und Ähnliches. An den objektiven Belastungsfaktoren kann der schlechte Gesundheitszustand aber nicht allein liegen, da es auch eine Reihe von Kolleginnen und Kollegen gibt, die unter den Anforderungen nicht nur nicht leiden, sondern sie ganz im Gegenteil als positiv besetzte Herausforderung nutzen. Hier bietet das bereits vorgestellte Modell der Salutogenese Antonovskys (siehe S. 102) nicht nur eine Erklärungsmöglichkeit, sondern zeigt mit dem Dreiklang von Verstehbarkeit, Bedeutsamkeit und Handhabbarkeit zugleich auch Handlungsperspektiven auf.

Verwendet man die drei Variablen nämlich als Analysekriterien, dann zeigt sich, dass Schule und auch weite Teile der Lehreraus- und -fortbildung derzeit wenig zur Gestaltung salutogener Umgebungen bzw. zur Ausbildung geeigneter Bewältigungsstrategien beitragen – im Gegenteil: Wenn fast zwei Drittel aller Lehrer/innen Schule als belastend erleben und laut Joachim Bauers Freiburger Schulbelastungsstudie auch 49 Prozent der Schüler/innen Belastungssymptome aufweisen (Bauer 2004b), dann stellt sich die Frage, ob sich unsere Veränderungsbemühungen nicht zu einseitig auf eine Optimierung der Leistungsseite konzentrieren. Wenn, wie Christina Krause herausgearbeitet hat (Krause/Wiesemann/Hannich 2004), bis zu 25 Prozent der Grundschüler/innen bis zum 3. Schuljahr ein »negatives Schulselbst« aufgrund von negativen Bewertungen und Versagenserfahrungen entwickelt haben, dann wird auch aus dieser Perspektive deutlich, dass es nicht darum gehen kann, Schulen mit noch mehr Anforderungen zu belasten, sondern dass es ganz im Gegenteil um Entlastung gehen muss.

Wie ich oben gezeigt habe, stand am Beginn der Erziehungswissenschaft die inzwischen vergessene Einsicht, dass oberstes Ziel von Erziehung und Bildung die Ermöglichung von Glückseligkeit sein sollte – eine Einsicht, die sich von Aristoteles über Hume bis Rousseau und Voltaire verfolgen lässt. Letzterer erkannte den Zusammenhang von Glück und Gesundheit und verband ihn mit einer Verhaltensempfehlung, die aktueller denn je ist: »Ich habe beschlossen, glücklich zu sein, weil es gut für die Gesundheit ist.«

Skeptiker werden sich fragen, ob Schule mit diesem Anspruch nicht überfordert ist, außerdem: Was haben Gesundheit und Glück mit Schul- oder gar Berufserfolg zu tun? Interviews mit erfolgreichen Persönlichkeiten, wie sie Matthias Köthe (2006) geführt hat, werden durch wissenschaftliche Untersuchungen bestätigt, die letztlich auch Voltaires Vermutung belegen: Glückliche Menschen sind gesünder, haben bessere Beziehungen, verdienen mehr, sind kreativer, lernen schneller, arbeiten besser mit anderen zusammen und vieles andere mehr – und wenn es genug von ihnen im schulischen Umfeld gibt, dann stecken sie andere an und können einen »Tipping Point« der Schulkultur bewirken. Schule kann zu einem salutogenen Umfeld werden, in dem beginnend bei der Führungskultur der Schulleitung über den Umgang von Lehrer/innen und Schüler/innen bis hin zum Unterricht die Prinzipien von Bedeutsamkeit, Verstehbarkeit und Handhabbarkeit die Kultur der Schule insgesamt prägen und damit schädigender Überforderung entgegenwirken.

Persönliche Paradigmen sind entscheidend für das Belastungsempfinden

Wie meine eigenen Studien (Burow 1993) gezeigt haben, die durch neuere Untersuchungen (Dauber/Döring-Seipel 2010) bestätigt werden, ist für das Belastungserleben die Ausrichtung unserer Aufmerksamkeitsstruktur entscheidend. So verfügt jeder von uns über einen persönlich geprägten Wahrnehmungsfilter, der durch »persönliche Paradigmen« (Burow 1993) und verinnerlichte »mentale Modelle« (Senge 1996) gesteuert wird. Persönliche Paradigmen zeigen sich in leitmotivischen Sätzen wie zum Beispiel: »Ich muss mich anstrengen, damit ich akzeptiert bin.«

Wenn solche unser Handeln und Wahrnehmen prägenden, aus der eigenen Biografie stammenden Muster nicht bewusst verarbeitet und reflektiert werden, können sie dazu führen, dass wir den Kontakt zu uns selbst, zu unseren eigenen Bedürfnissen und denen anderer verlieren. Auf Dauer kann das zu Verhaltensmustern führen, die uns selbst und andere schädigen. Offensichtlich begünstigt die Art und Weise, wie wir Schule und Unterricht derzeit überwiegend organisiert haben, den Aufbau und die Stabilisierung solcher schädigenden Muster.

Ein erster Schritt beim notwendigen Abschied von der Stressschule hin zur gesundheitsförderlichen Wohlfühlschule besteht daher darin, dass wir gemeinsam schädigende Muster und Faktoren identifizieren, um uns anschließend auf unsere geteilten Basisbedürfnisse zurückzubesinnen, die Grundlage sind für Veränderungsstrategien. Ein relativ leicht einzusetzendes Instrument hierfür ist eine modifizierte Form der bereits vorgestellten Zukunftswerkstatt, die ich zusammen mit Hans-Günter Rolff als »Gesundheitswerkstatt« entwickelt und mittlerweile mit mehreren Hundert Schulleiter/innen durchgeführt und evaluiert habe. Was ist ihr Hintergrund, wie läuft so eine Werkstatt ab und was bewirkt sie?

Ablauf der Zukunftswerkstatt »Gesundheit«

Folgt man dem Salutogenese-Konzept Antonovskys, dann zeichnet sich Schule als »gesundheitsförderliche« Umgebung dadurch aus, dass Situationen gestaltet werden, die von allen Beteiligten als bedeutungsvoll, verstehbar und handhabbar erlebt werden. Zwar entscheiden subjektive Verarbeitungsmuster über die Art der Belastungserfahrung und -verarbeitung, doch kann die gemeinsame Analyse über unterschiedlich erlebte Belastungssituationen dazu führen, dass die Betroffenen nicht nur Belastungsfaktoren und eigene einengende Muster erkennen, sondern auch im Austausch mit anderen (Peer-Beratung!) alternative Handlungsmöglichkeiten entwickeln. Unsere »Zukunftswerkstatt Gesundheit« soll genau dies leisten. Hierzu durchlaufen wir drei Phasen: die Diagnosephase, die Visionenphase und die Realisierungsphase.

1. Die Diagnosephase

Im Rahmen von Schulleiterfortbildungen versammeln wir an einem Tag bis zu 100 Schulleiter/innen der verschiedenen Schultypen in einem Raum, um anknüpfend an einführende Kurzvorträge zu Forschungsergebnissen bezüglich Lehrerbelastung und eine Einführung in die Methode Zukunftswerkstatt eine Diagnosephase zu starten: Die nach Schultypen an Sechser- bzw. Achtertischen sitzenden Schulleiter/innen erhalten den Auftrag, zunächst individuell ihre zwei wichtigsten Belastungspunkte zu skizzieren. Anschließend tauschen sie mit den anderen Kolleginnen und Kollegen ihres Schultyps die individuellen Belastungspunkte aus, suchen nach gemeinsam geteilten Faktoren und stellen diese in einem aussagekräftig gestalteten Diagnoseplakat dem Plenum vor.

Auf diese Weise erhalten wir innerhalb von 90 Minuten eine eindrucksvolle Ausstellung von Belastungsanalysen aus Sicht der Schulleiter/innen, die damit zugleich auch Kriterien Antonovskys bezüglich Bedeutsamkeit und Verstehbarkeit realisieren: Indem sie nämlich die für sie bedeutungsvollsten Belastungsfaktoren herausarbeiten und über die entsprechenden Zusammenhänge aus ihrer Alltagserfahrung diskutieren, unternehmen sie auch einen ersten Versuch, ihre Situation zu *verstehen*. Damit schaffen sie wichtige Voraussetzungen zur Entwicklung von *Handhabbarkeitsstrategien*.

Im Sinne der Theorie von der »Weisheit der Vielen« gehen wir hier davon aus, dass große Teile des nötigen Wissens zum Aufbau einer gesundheitsförderlichen Schule bei den Beteiligten vorhanden sind. Entscheidend für den Wandel ist aus dieser Perspektive, dass Räume geschaffen werden, in denen dieses Wissen ausgetauscht, analysiert, systematisiert und vernetzt wird und Betroffene – im Sinne des »empowerment« – »bevollmächtigt« werden, selbst ihre Situation zu verändern.

Im Austausch mit den Kolleginnen und Kollegen kann auch ein Gegenargument, das uns häufig entgegengehalten wird, zumindest partiell entkräftet werden: Immer wieder behaupten Lehrer/innen, sie könnten gar nichts tun, denn die schlechten Rahmenbedingungen machten jedes Umsteuern unmöglich. Nun haben wir ja eingangs selbst gezeigt, dass die Anforderungen gestiegen und einige Rahmenbedingungen ungünstig sind, doch zeigt die Schulqualitätsforschung, dass es unter gleichen Rahmenbedingungen Schulen gibt, die mit den Anforderungen so umgehen, dass sie diese nicht nur bewältigen, sondern auch ein angenehmes Schulklima schaffen.

Was machen diese Kollegien anders? Unsere Analysefragen, die wir den Teilnehmern für die Gestaltung ihres Diagnoseplakates geben, unterstützen bei der Erforschung dieser Frage. So sollen sie die erhobenen Belastungsfaktoren nach drei Ebenen ordnen:

- Was liegt an den Rahmenbedingungen?
- Was liegt an der Kommunikation im Kollegium?
- Was ist mein eigener Anteil?

Schnell wird deutlich, dass die Rahmenbedingungen zwar einen wichtigen Einfluss haben, dass nicht selten ein beachtlicher Teil der Probleme aber auch »hausgemacht« und deshalb veränderbar ist. Fragen folgenden Typs führen da weiter:

- Wie können wir durch eine optimierte Kommunikation im Kollegium für gesundheitsförderliche Strukturen sorgen?
- Was kann ich selbst tun, um mit mir und anderen entspannter umzugehen?

Hier bahnt sich eine entscheidende Erkenntnis an: Natürlich müssen wir auf bessere Rahmenbedingungen hinwirken, doch dies genügt nicht. Wenn wir immer nur die schlechten Rahmenbedingungen, unsere Vorgesetzten, die Kultusbehörden, die erziehungsschwachen Eltern, ungeeignete Kolleginnen und Kollegen etc. für die Missstände verantwortlich machen, steigern wir unsere eigene Ohnmacht und damit letztlich auch unsere Belastung, weil wir die Situation als noch weniger handhabbar erleben.

2. *Die Visionenphase*

Aus der Perspektive der Gestaltpädagogik geht es im Anschluss an die Diagnosephase deshalb vor allem darum, den »self-support«, das heißt die selbstunterstützenden Kräfte der Beteiligten wirksam zu mobilisieren, den Blick durch die Chancenbrille für Möglichkeiten »eingreifender Zukunftsgestaltung« zu schärfen, um im Sinne von Bruchs und Vogels Konzept der organisationellen Energie (siehe S. 157) die häufig vorherrschende »korrosive Energie« in »produktive Energie« zu verwandeln. Diesem Ziel dient die Visionenphase. Sie zielt auf die Ersetzung linearen Denkens durch transformatives Denken, Fühlen und Handeln. Abbildung 17 soll den damit verbundenen Perspektivenwechsel erläutern.

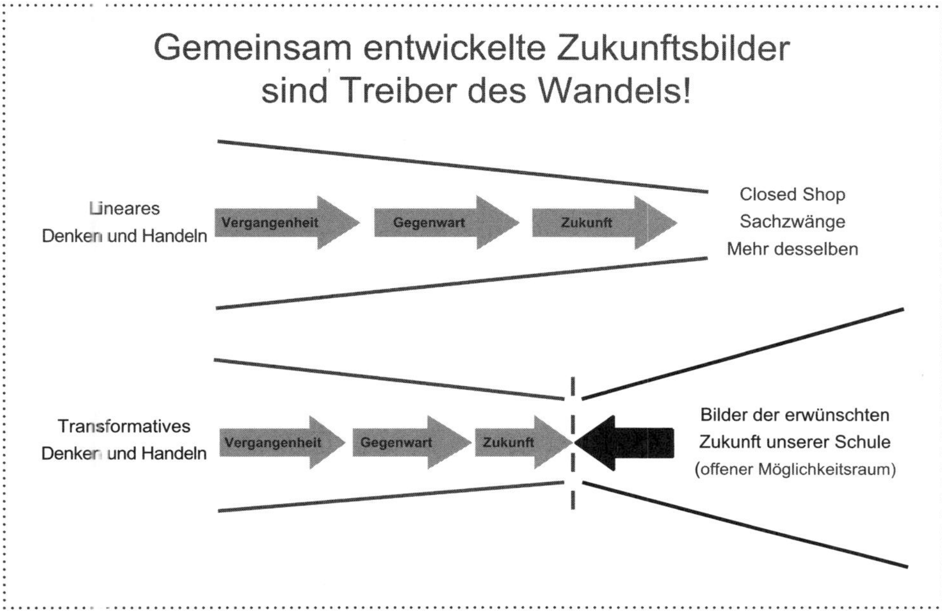

Abb. 17: Perspektivenwechsel nach Jungk (nach Burow/Neumann-Schönwetter 1995, S. 18)

Das dominierende Modell unseres Denkens, Fühlens und Handelns ist zu oft dadurch gekennzeichnet, dass wir Entwicklungen aus der Vergangenheit im Sinne einer Kausalität in die Gegenwart fortschreiben, um sie dann in die Zukunft zu verlängern. Auf diese Weise werden gemäß dem Mehr-desselben-Prinzip tradierte Lösungen aus der Vergangenheit in der Zukunft fortgeschrieben und ein qualitativer Wandel verhindert.

Um ein Beispiel zu geben: Eine einspurige Straße ist zur Rushhour jeden Nachmittag verstopft. Wie können wir das Problem lösen? Wir erweitern sie auf zwei Spuren. Wundersamerweise ist nach wenigen Jahren auch diese Straße überlastet. In Los Angeles können Sie in acht oder mehr Spuren im Stau stehen, weswegen man nicht nur dort über neue Mobilitätskonzepte nachdenkt. Hier zeigt sich: Lineares Denken bringt oft nur kurzfristig wirksame Lösungen, versagt aber bei der Entwicklung innovativer Konzepte. Mit der Fortschreibung des vermeintlich Bewährten engen wir unseren Handlungsspielraum sogar noch ein: Je mehr wir in ein veraltetes Mobilitätssystem investieren und damit im wahrsten Sinne des Wortes unsere Zukunft betonieren, desto mehr unserer begrenzten Ressourcen verbrauchen wir für überholte Lösungen. Ziel zukunftsorientierter, transformativer Vorgehensweisen muss es aber sein, unseren Handlungsspielraum zu erweitern.

Zu oft noch geschieht in unserer Gesellschaft, aber auch in unseren Bildungsinstitutionen das Gegenteil: Wir investieren nach dem Mehr-desselben-Prinzip in überkommene Strukturen und vermeiden ein radikales Neudenken. Anstatt die Lösungen aus der Vergangenheit im Lichte der neuen Anforderungen grundlegend zu überdenken, beschränken wir uns auf kosmetische Reparaturen, etwa indem wir die Grammatik der alten Schule fortschreiben.

Jungks genialer Kunstgriff besteht nun darin, dass er uns darauf hinweist, dass sich die Zukunft nicht zwangsläufig als lineare Fortschreibung von Vergangenheit und Gegenwart darstellen muss. Wer zwingt uns dazu, den Stress an Schulen immer mehr zu erhöhen? Wer sagt uns, dass wir mit den Methoden von gestern die Probleme von morgen lösen können? Warum können wir Schule nicht von ihrer gewandelten Funktion her neu denken und die Konventionen hinter uns lassen? Warum sollten wir uns nicht von den antiquierten Bildern einer nach dem obrigkeitsstaatlichen Bürokratiemodell des letzten Jahrhunderts und Elementen der Massenproduktion strukturierten Schule verabschieden und stattdessen eine Wohlfühlschule schaffen können?

Wenn wir uns auf das Experiment der Visionenphase einlassen und uns für eine begrenzte Zeit unseren Träumen und Wünschen hingeben, dann haben wir zumindest die Chance, überkommene Vorstellungen zu überwinden und zu transformativem Denken, Fühlen und Handeln vorzustoßen. Nebenbei bemerkt: In einer rasant sich entwickelnden globalisierten Wissensgesellschaft geht es genau um die Ausbildung von Fähigkeiten und Kompetenzen zum transformativen Denken. Wo werden diese gelehrt? Schulen und Hochschulen konzentrieren sich noch immer viel zu sehr auf das Nachlernen alter Lösungen.

In diesem Sinne zielt die Visionenphase darauf ab, dass wir uns gemeinsam von Denkroutinen und überkommenen Mustern verabschieden, um – im Sinne Scharmers – gemeinsam ein Gespür für die in diesem Prozess auftauchende neue Zukunft zu entwickeln. Es geht also darum, die Mitglieder der jeweiligen Organisation zu einer neuen Form *gemeinschaftlichen* Sehens zu befähigen. Wie läuft dieser Prozess konkret ab und was kommt dabei heraus?

2.1 Der Ablauf der Visionenphase

Anknüpfend an eine kurze Entspannungsphase, in der wir den Teilnehmer/innen vorschlagen, die Augen zu schließen und sich auf sich selbst zu konzentrieren, unternehmen wir gemeinsam eine Zeitreise in eine erwünschte Zukunft, die je nach Zielsetzung näher oder ferner an der Gegenwart liegen kann.

Begleitet durch wenige Worte (siehe Beispiel unten) und manchmal auch entspannende Musik werden die Teilnehmer/innen darin unterstützt, sich vorzustellen, wie ihre Schule und vor allem ihr Schul- und Unterrichtsalltag beispielsweise im Jahr 2020 aussehen könnten, wenn sie – angeregt durch diese Zukunftswerkstatt – Schritt für Schritt eine Wohlfühlschule realisiert hätten. Fragen folgenden Typs sollen zu einem Neudenken von Schule aus der Wohlfühl- bzw. Gesundheitsperspektive anregen:

- Wie ist der Tagesablauf in einer solchen Schule strukturiert?
- Wie sind Lernen und Unterricht organisiert, sodass sie Lust und Leistung miteinander verbinden?
- Wie wird für einen sinnvollen Rhythmus von An- und Entspannung gesorgt?
- Welche Maßnahmen sind getroffen worden, die für Entlastung sorgen?
- Wie sind Arbeits- und Ruhezonen gestaltet? Gibt es noch Klassenzimmer?
- Wie ist für ausreichende Bewegung und gesunde Ernährung gesorgt?
- Wie wird für Arbeitserleichterung durch Kooperation gesorgt?
- Wie werden Lehrer/innen, Eltern und Schüler/innen gleichermaßen in den Optimierungsprozess einbezogen?
- Welche baulichen bzw. innenarchitektonischen Veränderungen haben stattgefunden?
- Wie hat sich die Schulkultur verändert?

In der *Zukunftsreise* geht es darum, sich von Alltagszwängen und Denkroutinen frei zu machen, um zu den inneren Wünschen, den »inneren Bildern« zurückzukehren, die uns einen Zugang zu unseren vergessenen Bedürfnissen ermöglichen. Dahinter steht die Einsicht, dass der Kontakt zu unseren innersten Wünschen eine entscheidende Quelle zur Umorientierung unseres Handelns in Richtung auf die Ermöglichung von Selbstaktualisierung und damit auch Gesundheit und Glück ist. Da dieses Wissen weniger sprachlich als stärker körperlich, also in unserem Gesamterleben verankert ist, weswegen Joachim Bauer (2004a) in seinem gleichnamigen Buch ja auch vom »Gedächtnis des Körpers« bzw. »somatischen Markern« spricht, fokussieren wir hier zunächst auf die Ebene der inneren Bilder, des »pictorial knowledge«.

So fordern wir die Teilnehmer/innen nach Abschluss der Zeitreise dazu auf, ihre Vorstellungen einer »gesunden Wohlfühlschule« zunächst in Form eines Symbols mit bunten Ölkreiden auf die obere Hälfte eines in der Mitte gefalteten DIN-A4-Blattes zu skizzieren. Auf die untere Hälfte sollen sie ein Wort, eine Unterschrift, einen Slogan oder Ähnliches schreiben, der den Kern ihrer Vision umreißt. Schließlich soll das Zukunftsbild der erträumten Wohlfühlschule durch einige Stichwörter in den Kernelementen erläutert werden.

Im Anschluss findet der *Marktplatz* statt: Alle versammeln sich auf einer freien Fläche und stellen sich gegenseitig ihre Zukunftsbilder vor, bis ein Signal gegeben wird und sie nach ähnlichen und/oder sie interessierenden Symbolen Visionengruppen bilden, die die Aufgabe haben, sich zunächst auszutauschen und dann eine gemeinsame Vision zu entwickeln, die anschließend im Plenum präsentiert werden soll.

Beispieltext zur Anleitung einer Reise in die Zukunft

1. Erläuterung der Methode »Zukunftsreise«
2. Entspannung nach Jacobson
3. Patrick Ball: Celtic Harp als Hintergrundmusik
4. Text mit genügend Zeit zum Nachdenken:

- ➜ »Stellen Sie sich einen Tag im Jahr 2015 vor. Zusammen mit Ihren Kolleginnen und Kollegen haben Sie Ihre Schule, die Arbeitsplätze, den Unterricht, den Umgang mit Kollegen und Schülern so umgestaltet, dass Sie hohe Leistungen erzielen und trotzdem nicht überlastet sind, sondern die Schule als anregenden und erfüllenden Raum erfahren. Im Jahr 2015 sind Ihre Schule und Ihr Arbeitsplatz so, wie Sie es sich wünschen. Alles ist möglich!
- ➜ Sie frühstücken und freuen sich auf den Tag an Ihrer Schule.
- ➜ Wie gelangen Sie zu Ihrer Schule?
- ➜ Sie stehen jetzt vor dem Gebäude. Was sehen Sie? Hat sich etwas verändert? Wenn ja, was?
- ➜ Wann beginnt der Schultag?
- ➜ Sie gehen jetzt in die Schule und treffen Kollegen und Schüler. Wie ist der Morgen organisiert? Es ist so, wie Sie es sich wünschen.
- ➜ Wie sieht Ihr Arbeitsplatz aus? Er ist so gestaltet, wie Sie es sich wünschen. Sie haben ja zwei Arbeitsplätze: einmal als Lehrer/in und einmal als Schulleiter/in ...
- ➜ Jetzt beginnt der Schulvormittag. Wie ist der Tagesablauf organisiert? Wie der Unterricht und die Pausen?
- ➜ Arbeiten Sie allein oder im Team?
- ➜ Sie haben Ihre Vorstellungen einer gesundheitsförderlichen Schule und eines entsprechenden Arbeitsplatzes umgesetzt. Was haben Sie an Ihrer Art zu unterrichten und im Umgang mit Schülern verändert? An Ihrem Umgang mit Kollegen verändert? Durch welche Maßnahmen haben Sie dafür gesorgt, dass Ihre Belastungen und die Ihrer Kolleginnen und Kollegen reduziert sind?
- ➜ Der Vormittag geht zu Ende. Sie fühlen sich entspannt und angeregt. Es war eine Freude zu arbeiten. Wie ist es Ihnen gelungen, die Arbeit so angenehm zu gestalten?
- ➜ Jetzt beginnt der Mittag. Wie ist er organisiert? Was machen Sie am Arbeitsplatz? Sie können selber entscheiden, ob Sie in Zukunft Ganztagsschule sind oder nicht.
- ➜ Gibt es noch Konferenzen oder haben sich neue Formen des Austausches mit Kolleginnen und Kollegen entwickelt?
- ➜ Jetzt beginnt der Nachmittag. Wie ist er organisiert?
- ➜ Der Schultag geht jetzt zu Ende. Aber heute ist ein besonderer Tag: Fünf Jahre, nachdem Sie an einer Zukunftswerkstatt zur Gesundheitsförderung teilgenommen haben, sind viele Ziele erreicht, und Ihre Schule ist als eine der besten Schulen Deutschlands in puncto Gesundheitsförderung ausgezeichnet worden. Zusammen mit den Kolleginnen und Kollegen feiern Sie Ihren Erfolg und stellen die Kernpunkte vor, mit denen Sie dieses Ziel erreicht haben. Was sind die wichtigsten Kernpunkte?
- ➜ Und nun geht dieser Schultag im Jahr 2015 zu Ende. Versuchen Sie – zunächst vor Ihrem inneren Auge – ein Symbol zu finden, das den Wandel zum gesunden Arbeitsplatz ausdrückt. Ein Symbol muss nichts Besonderes sein, es kann eine Farbe sein oder aus ein paar Strichen bestehen.
- ➜ Wenn Sie so weit sind, kehren Sie mit Ihrer Aufmerksamkeit in den Raum zurück und seien Sie ganz da.

5. Rückführung und Aufgabenstellung:

- ➜ Behalten Sie Ihre Vision zunächst für sich und skizzieren Sie Ihr Symbol auf die obere Hälfte eines in der Mitte gefalteten DIN-A4-Blattes. Vielleicht gibt es ein Wort, einen Satz, der Ihre Vision ausdrückt. Skizzieren Sie dann auf der unteren Hälfte in Stichpunkten die wichtigsten Elemente der gesunden Schule der Zukunft, die Sie sich wünschen.

2.2 Ergebnisse der Visionenphase

Was kommt bei diesem Verfahren heraus? Zunächst herrscht – in Gruppen von 20 bis zu 400 Personen – eine Atmosphäre konzentrierter Stille. Nicht wenige denken zum ersten Mal in ihrem Leben systematisch über ihre innersten Wünsche für eine optimale Lehr-Lern-Umgebung bzw. einen idealen Arbeitsplatz nach. Ja, ich habe schon Kolleginnen und Kollegen erlebt, denen es dabei schwindlig wurde: »Mir ist bewusst geworden«, sagte mir ein etwa 50 Jahre alter Lehrer, »dass ich mir in den letzten Jahren das Träumen verboten habe.« Einige allerdings, eine kleine Minderheit, sind zu resigniert, als dass sie sich auf dieses Experiment einlassen könnten. Sie bleiben an den Rahmenbedingungen hängen: Solange die sich nicht änderten, so ihr Einwand, seien die Visionenphase ebenso wie die Veranstaltung insgesamt nur eine folgenlose Spielerei.

Dass dies nicht zutrifft, sondern häufig das Gegenteil der Fall ist, wissen wir aufgrund unserer Erfahrungen in der Arbeit mit Verfahren der prozessorientierten Zukunftsmoderation aus den letzten zwei Jahrzehnten: Wenn ein Kollegium sich auf den Prozess einlässt und ausgehend von der gemeinsamen Diagnose über die Visionenbildung zur Definition gemeinsam getragener Ziele und zur Einleitung konkreter Umsetzungsschritte vordringt, sind vergleichsweise wirkungsvolle Änderungen innerhalb kurzer Zeit möglich. Entscheidend dafür ist der veränderte Blick durch die »Chancen- bzw. Visionenbrille«, der in die Erkenntnis eines breiten Vorrats an gemeinsam geteilten Wünschen und Zielen für die Entwicklung einer gesunden Schule mündet. Eine gelingende Visionenphase führt im Sinne der Zentrierung zu einer Rückbesinnung auf das Wesentliche. Sie mündet meist in die Entdeckung des »gemeinsamen Grundes« (Weisbord 1992) bzw. eines »sense of coherence« (Antonovsky) und bewirkt damit zumindest punktuell die Aufhebung von Fragmentierung, die in vielen Schulen eine der Hauptursachen für Stagnation und Fehlentwicklungen ist.

Die Präsentation der in Gruppen erarbeiteten Visionen bzw. Zukunftsbilder ist meist begleitet von freudigen Gefühlen des Aufbruchs und der Befreiung: Ob es sich um Schulleiter/innen rheinland-pfälzischer Grundschulen handelt, die Direktoren Frankfurter Berufsschulen, das Kollegium einer Dresdner Grundschule, eines Essener Gymnasiums, einer Herforder Hauptschule oder hessische Studienseminarleiter/innen – stets entstehen lustvoll gestaltete Inszenierungen einer gewünschten Zukunft von Schule und/oder Lehrerbildung. Die Gestaltung möglicher Zukünfte belebt und unterstützt die Entwicklung produktiver Energie. Außerdem werden oftmals bislang unerkannte Talente von Kolleginnen und Kollegen, Eltern und Schüler/innen sichtbar, etwa wenn sie in origineller Weise in Form eines Sketches oder einer Aktion erträumte Situationen der Wohlfühlschule der Zukunft inszenieren.

Im Abschnitt zur Wertschätzenden Schulentwicklung (siehe S. 158) haben wir bereits die These kennengelernt, der zufolge die Kultur einer Organisation die Summe der Geschichten ist, die man sich über sie erzählt. Dabei gilt die Regel: Gute Geschichten werden von besseren verdrängt. In gelingenden Visionenphasen werden »gute Geschichten« entwickelt, die geeignet sind, die alten zu verdrängen und damit die Entwicklung eines Kulturwandels anzubahnen. Gute Geschichten verdichten sich zu klar strukturierten und emotional positiv besetzten Bildern, die wir in unserem Inneren dauerhaft abspeichern und die sich leicht abrufen lassen.

Abb. 18: Bildungsglück

So inszenierten – um ein Beispiel zu nennen – hessische Studienseminarleiter/innen eine Sitzung des Amtes für Lehrerbildung im Jahr 2020, die darin mündete, dass alle Beteiligten zunächst einen »Tanz des Wandels« aufführten, sich anschließend in einem Kreis versammelten und sich gegenseitig unterhakten, um in dieser fokussierten Aufstellung im Sinne eines Brainstormings weitere Ideen des Wandels vorzutragen. Ein Mitglied verdichtete diese Performance in einem Bild, das einige der Elemente enthält, die immer wieder in unseren Zukunftswerkstätten auftauchenund die nicht nur auf geteilte Grundbedürfnisse, sondern auch auf Prinzipien erfolgreicher Schulentwicklung hindeuten (vgl. Abb. 18).

Hier zeigen sich drei Dimensionen pädagogischen Tiefenwissens:

- Individuelle Förderung: In allen Visionen ist Schule so organisiert, dass Lehrer/innen und Schüler/innen Raum für die Entwicklung ihrer persönlichen Begabungen haben.
- Demokratie: In allen Visionen wird Demokratie in der Gemeinschaft gelebt.
- Glück: In allen Visionen tauchen Bilder energiegeladener Bildungsprozesse und harmonisch gestalteter Umgebungen gemeinsamen Lernens und Lebens auf. Die Teilnehmer/innen sind im Flow – Lernen ist eine lustvolle Aktivität, und Schule bzw. die jeweilige Organisation sind Orte der Freude und des persönlichen Wachstums.

Ich verfüge mittlerweile über Hunderte solcher Zukunftsbilder aus unterschiedlichsten Werkstätten mit verschiedensten Teilnehmerkreisen, die in diese Richtung weisen.

Analysen dieser Zukunftsbilder führen zu der These, dass in allen Organisationen, auch in unseren Schulen, unter der Oberfläche des Alltagshandelns ein verborgenes »pädagogisches Tiefenwissen« schlummert, dessen Freisetzung in der Gemeinschaft eines der wirkungsvollsten Mittel ist, um korrosive Energie in produktive Energie zu verwandeln. Und das Beste: Diese Energie wird im Hier und Jetzt der Präsentationsphase von den Beteiligten erfahren. Wenn wir über gestaltbare Zukünfte nachdenken und sie inszenieren, erleben wir im Hier und Jetzt das, was wir erreichen wollen: die Kraft kreativer Kollaboration, Lernen im Flow, Resonanz und eine Wohlfühlumgebung.

2.3 Was sind die Hauptbelastungspunkte?

Wie sehen nun die Vorstellungen einer gesundheitsförderlichen Schule aus, die eine Pädagogik des Glücks realisiert? Ich beginne mit einer Darstellung der Vorstellungen von Schulleiter/innen bezüglich der gesunden Schule und ergänze sie dann um die weitergehenden Vorstellungen, die in Werkstätten mit Lehrer/innen, Eltern, Schüler/innen, Studierenden, Wissenschaftlern, Personen aus der Schulaufsicht etc. entstanden sind.

Die entwickelten Zukunftsbilder erweisen sich in weiten Teilen als Umkehrbilder zu den in der Diagnosephase erhobenen und weitgehend geteilten Belastungsfaktoren. Dabei handelt es sich vor allem um Faktoren wie

- zu geringe Entscheidungsspielräume bezüglich Finanzen, Mitarbeiterauswahl;
- Überforderung durch bürokratische Abläufe und wachsende Aufgabenfülle;
- Zeitmangel durch zu viele Termine, Fremdbestimmung, Vielfalt der Anforderungen;
- Überforderung durch Kolleginnen und Kollegen und ungünstige Kommunikationsstrukturen;
- Überforderung durch Gleichzeitigkeit von Management- und Unterrichtsaufgaben
- Überforderung durch hohe Erwartungshaltungen von Eltern, Schüler/innen, Kollegium, Schulaufsicht, eigene Ansprüche, Öffentlichkeit etc.;
- Schwierigkeiten, für sich zu sorgen, aufgrund objektiver Anforderungen, aber auch eines übersteigerten eigenen Anspruchs und fehlender Bewältigungskompetenzen;
- Überforderung durch Konfliktmanagement;
- Überforderung durch ständig neue Aufgaben, ohne dafür eine entsprechende Anleitung und/oder Mittel zu erhalten;
- erstarrte Rollenbilder, fehlende Freiräume und unzureichende Autonomie;
- fehlende bzw. ungeeignete Anreizsysteme;
- zu wenig Rückzugs-, Ruheräume, fehlende Work-Life-Balance;

- mangelnde Ausbildung von spezifischen Schulleiterkompetenzen wie zum Beispiel der Fähigkeit zur Delegation;
- fehlende Entlastung durch kollegiale Unterstützungssysteme und geeignete Teamstrukturen;
- fehlende Hilfen beim Umgang mit »verhaltensoriginellen« Schülern.

Ergänzt wird diese Liste von Überforderungspunkten durch eindrückliche Gestaltungen der Diagnoseplakate, die Überforderung auch emotional sinnfällig machen (Abb. 19). So sitzen Schulleiter/innen im Kochtopf und werden gekocht; sie sind mutierte, mehrarmige Geschöpfe, die verzweifelt versuchen, den unterschiedlichen Anforderungen gerecht zu werden; sie stellen sich als Jongleure dar, die zu viele Bälle unter Kontrolle halten müssen; sie sind Artisten auf dem Seil oder einer Wippe und bemühen sich verzweifelt, nicht abzustürzen bzw. die Balance nicht zu verlieren; sie werden in einer Presse zerquetscht; sie hantieren mit sechs Telefonhörern gleichzeitig. Nach solchen und ähnlichen Bildern herrscht eine Stimmung der Betroffenheit, die die Frage entstehen lässt, worin mögliche Auswege bestehen könnten.

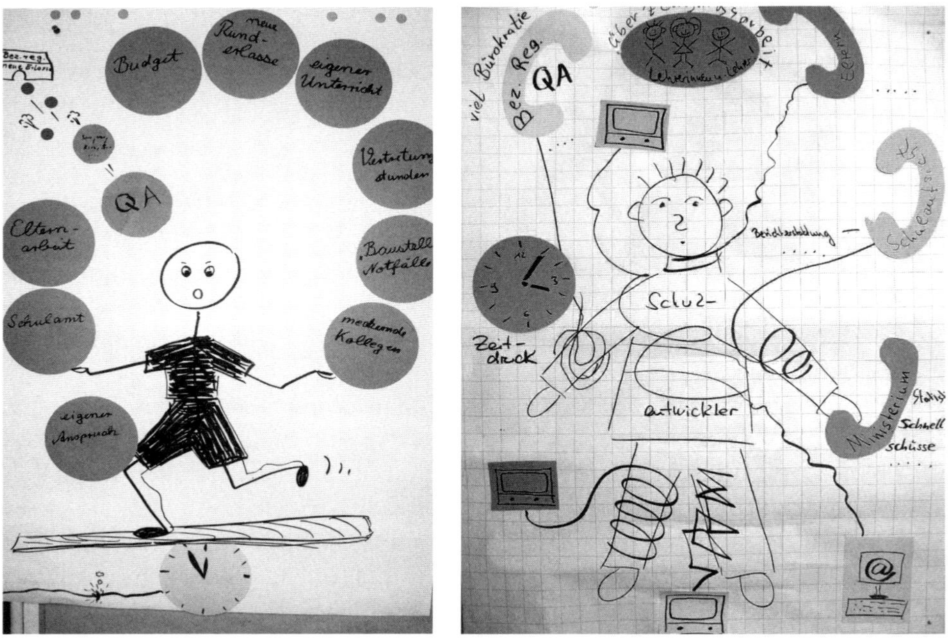

Abb. 19a und b: Plakate aus der Diagnosephase »Belastung«

2.4 Wie sieht die »gesunde Schule« aus?

Ganz anders ist die Situation in der Visionenphase. Die Teilnehmer/innen sind entspannt, fröhlich, ja manchmal verbreitet sich auch Begeisterung. Die Visionenpräsentationen der Arbeitsgruppen sind energiereich, sprühen vor Produktivität, es wird gelacht, und Aufbruchsgefühle machen sich breit. Schulleiter/innen – so unsere Erkenntnis – unterscheiden sich in ihren Vorstellungen der optimalen, gesunden Schule der Zukunft nicht oder nur geringfügig von denen anderer Gruppen.

Schule ist meist ein Ort, an dem das Leben und Lernen in der Gemeinschaft dem Ziel gemeinsamen Wohlfühlens und Entwickelns gewidmet ist. Neue Lehr-Lern-Formen und eine »ganzheitliche«, an menschlichen Grundbedürfnissen und der Ökologie orientierte Architektur sowie die Einbettung in die Natur sollen dies ermöglichen. Da wir uns in dieser Zukunftswerkstatt auf das Thema Gesundheit konzentrieren, stehen bei den Schulleiter/innen vor allem Überlegungen zu diesem Bereich im Vordergrund, während in unseren offeneren Schulentwicklungswerkstätten immer wieder innovative Schulgebäude und Schuldörfer entwickelt werden. In den individuellen Visionen beeindruckt die kraftvolle Energie, die sie ausstrahlen: Überforderung und Fragmentierung sind einer Zentrierung auf das Wesentliche gewichen. Durch Kreise, runde Tische, blühende Blumensträuße, Regenbögen, bunte Farben, wärmende Sonnen und Ähnliches wird die Vorstellung einer Schule ausgedrückt, die Vielfalt als Chance zur Bereicherung der Gemeinschaft nutzt (Abb. 20).

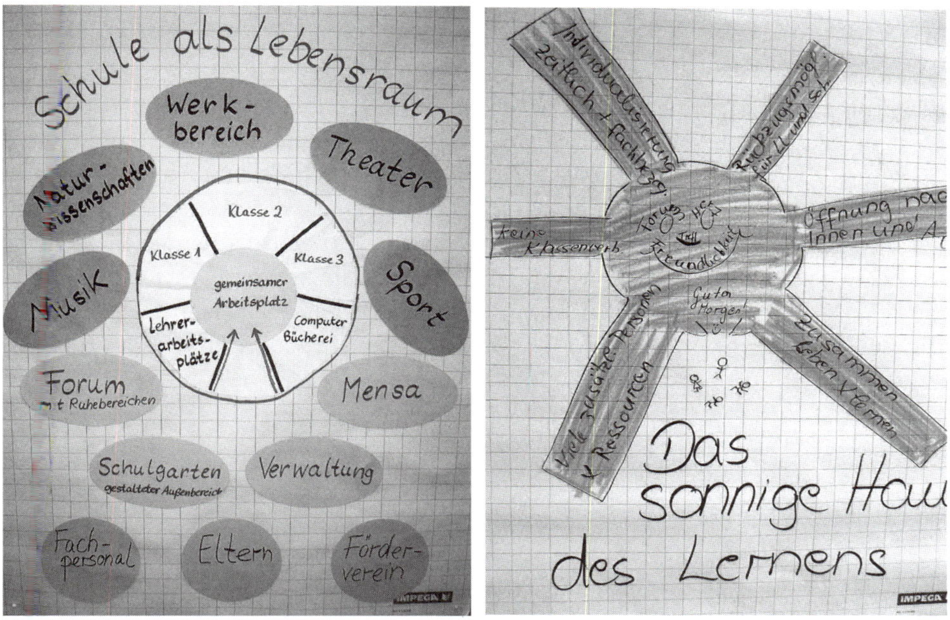

Abb. 20a und b: Darstellungen aus der Visionenphase

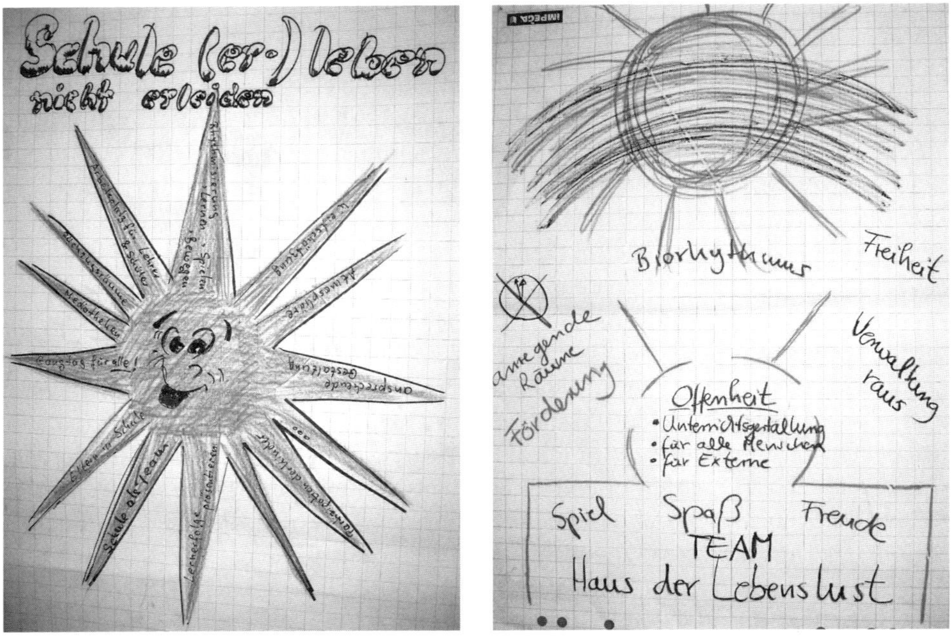

Abb. 20c und d: Darstellungen aus der Visionenphase

»Die Schule mit Herz, wo alle gern arbeiten«, betitelt eine Rektorin ihre Herzskizze; »gebündelte Vielfalt« benennt eine Kollegin ihren bunten Kreis, in dem sich verschiedenfarbige und unterschiedliche Figuren versammelt haben; »Alles fließt!« steht unter dem Bild blauer Wellen. Vierblättrige Glückskleeblätter, strahlende Sonnen, sich begegnende Hände – unmöglich, die Vielfalt der kreativen Gestaltungen (Abb. 21) in dürren Worten wiederzugeben, zumal ich hier nur einen unzureichenden Eindruck der meist emotional berührenden Situationen wiedergeben kann. Nur so viel: Offenbar eignet sich die Visionenphase – unterstützt durch die Arbeit mit Symbolen – dazu, das »Prinzip Menschlichkeit« (Burow/Scherpp 1981; Bauer 2006) in die Schule zurückzuholen und sie – zunächst in der Freisetzung vergessener Grundbedürfnisse – zu einem »Haus der Lebenslust« zu machen.

Abb. 21a und b: Darstellungen aus der Visionenphase

Die Visionen der Schulleiter/innen münden in die Benennung einiger Kernprinzipien, die auch von Eltern und Schüler/innen als besonders wichtig hervorgehoben werden. Dabei handelt es sich um einige wenige gemeinsam geteilte Kernprinzipien wie

- selbstbestimmtes Lernen und Autonomie;
- Gemeinschaft, Wir-Gefühl;
- Vertrauen, Wertschätzung und echte Akzeptanz;
- gegenseitiger Respekt, Gleichberechtigung, Demokratie;
- Individualisierung, freie Themenwahl, selbstorganisiertes Lernen;
- Öffnung von Schule und freie Lernorte;
- Lust am Lernen, intrinsische Motivation, Leidenschaft;
- Freude/Glück;
- Begegnung und Zeit;
- ausgewogenes Verhältnis von Geben und Nehmen.

2.5 Gestaltungsmerkmale der gesunden Schule

Der Austausch der Schulleiter/innen über ihre Diagnosen sowie die Entwürfe wünschenswerter Zukunftsbilder sind als erster Schritt der Besinnung wichtig. Effektiv wirksam wird die Zukunftswerkstatt, wenn die neue Sicht durch die »Chancen- bzw. Visionenbrille« gemeinsam mit der gesamten Schulgemeinde fortgeführt wird, wenn also Lehrer/innen, Eltern und Schüler/innen sich auf den Weg machen, ihre »Traumschule« zu entwickeln. In gemeinsamen Werkstätten der Schulgemeinde werden die von den Schulleiter/innen entdeckten Prinzipien durch Kritiken und Veränderungsvorschläge von Schulklassen, mit denen wir in einem Schulentwicklungsprojekt gearbeitet haben (Burow/Steenbuck 2011) bestätigt. Hier nur die wichtigsten Punkte:

- *Architektur:* fröhliche, farbig eingerichtete Klassenräume, Klingel mit schönem Ton, gemütliche Sitzecken, Pflanzen und Tiere im Klassenraum;
- *Bewegungsangebote:* mehr Bewegung, Hügel zum Klettern und Rodeln, besser gestaltete Schulhöfe, mehr Spielgeräte, Labyrinth, Fitnessraum, Versteckhaus, Toberaum und Ähnliches;
- *Unterricht:* weniger Klassenarbeiten, weniger Hausaufgaben, freie Themenwahl und freie Stundeneinteilung, mehr selbstbestimmtes Lernen, »einmal Chef sein«;
- *Natur:* mehr Grün, mehr Bäume, mehr Lebendiges, Tiere;
- *Entspannung:* Raum zum Ausruhen, längere Pausen, späterer Schulbeginn;
- *freie Angebote:* längere Öffnung der Bücherei, Kunstraum, vielfältige Wahlangebote.

Lehrer/innen und Eltern waren in diesem Projekt mit 15 Grundschulen beeindruckt von der Fähigkeit schon von Erst-, Zweit- und Drittklässlern, Probleme zu benennen und Verbesserungsvorschläge zu entwickeln.

Die von Lehrer/innen, Eltern und Schüler/innen erarbeiteten Prinzipien und Veränderungswünsche benennen Grundbedürfnisse, die auch von der Lehr-Lern-Forschung bestätigt werden und deren Berücksichtigung die Wahrscheinlichkeit erfolgreichen Lernens erhöht. Allerdings setzen Lehrer/innen, Eltern und Schüler/innen einen deutlichen Schwerpunkt auf die Ebene von Schulkultur, guten Beziehungen und Lernfreude.

2.6 Die Architektur der Zukunftsschule

Interessant sind auch die Vorstellungen zur Architektur und zur Organisation der Zukunftsschule. Schon 1986 entwarfen Erstsemesterstudierende an der Hochschule der Künste Berlin (Burow/Neumann-Schönwetter 1995/1998, S. 16) einen Grundtyp, der seitdem immer wieder – auch bei den Impulsschulen – auftaucht: Im Zentrum des runden Schulgebäudes liegt eine Art Agora, ein Marktplatz, auf dem sich die gesamte Schulgemeinde versammeln kann und von dem aus sternförmig die Lernräume abgehen oder um den sich ein Schuldorf mit Lernhäusern oder Pavillons gruppiert. Traditionelle Klassenräume sind abgelöst durch vielfältig gestaltete Funktionsräume, die von den Lernaufgaben her definiert als Anregungsräume materialreich gestaltet sind und nichts gemein haben mit den uniformen Klassenzimmern, die wir noch allzu oft in Schulen antreffen.

Übrigens: Von führenden Büromöbelherstellern wird gerade erkannt, dass die Gestaltung des Raumes als »dritte Intelligenz« entscheidende Wirkung auf Leistungsergebnisse und Kreativität hat. Die aus der tayloristischen Tradition stammende Aufteilung in isolierte Bürozellen wird ebenso überwunden wie das überholte, gleichförmig gestaltete Großraumbüro, zugunsten flexibler Raumzonen, die Gelegenheit zur Begegnung, zum Rückzug und zum Spielen und Experimentieren bieten. Die Vorschläge der Experten für »creative offices« ähneln in verblüffender Weisen denen, die die Teilnehmer/innen unserer Zukunftswerkstätten entwerfen. Auch hier harrt unerschlossenes Gestaltungswissen der Freisetzung und Umsetzung. Das sieht man auch an den Entwürfen zukunftsfähiger Schulgebäude. So weisen sie in der Regel helle, freundliche Farben auf, sind lichtdurchflutet und häufig eingepasst in einen nach ökologischen Prinzipien gestalteten Naturraum mit Bach, vielfältigen Pflanzen, einem kleinen Zoo sowie verschlungenen Pfaden, die zum Verweilen einladen.

Die Schule ist geöffnet zum Stadtteil bzw. Dorf. In ihr unterrichten nicht nur Lehrer/innen, sondern auch Künstler und Handwerker. Elternmitarbeit ist tragender Bestandteil. Die Fachstruktur ist zugunsten projektartiger bzw. themenbezogener Angebote aufgehoben. Es handelt sich um eine Ganztagsschule, die zugleich auch Bildungszentrum für die Gemeinde ist. Traditionelles Unterrichten findet nur noch selten statt, die Schüler/innen weisen ein hohes Maß an Eigentätigkeit auf und arbeiten auch an Projekten, die die soziale Umwelt verändern. Die Trennung von Schule und Gesellschaft ist tendenziell aufgehoben.

Ähnliche Vorstellungen sind in fast allen Zukunftsentwürfen der zwölf Impulsschulen zu finden, die sich mit Unterstützung der Karg-Stiftung besonders intensiv um Begabtenförderung bemühen und mit denen wir Zukunftswerkstätten zu deren Weiterentwicklung durchgeführt haben (Burow/Steenbuck 2011). Stellvertretend für ähnliche Beispiele zeige ich hier ein Modell, das eine Lehrer-Eltern-Gruppe der Overbergschule zusammen mit Schüler/innen gebaut hat und das die Grundschüler – wie man auf Abbildung 22 sieht – fasziniert betrachten.

Abb. 22: Lehrer/innen, Eltern und Schüler/innen entwickeln neue Schularchitekturen

Analysiert man diese Vision nach erziehungswissenschaftlichen Prinzipien, so entdeckt man Elemente, die von der Reformpädagogik, der Konzeption der Schule als Lebens- und Erfahrungsraum über Konzepte partizipativer Architektur und nachhaltiger Lebensraumgestaltung bis hin zu modernen Formen selbstorganisierten Lernens reichen. Als vor 25 Jahren Erstsemesterstudierende an der Berliner Hochschule der Künste in einer meiner ersten Zukunftswerkstätten ein ähnliches Schulmodell entwarfen, fragten wir uns schon damals: Wie ist es möglich, dass pädagogisch nicht vorgebildete Studierende und sonstige Laien in der Lage sind, ein zukunftsweisendes Schulmodell zu entwerfen, das viele der Einsichten der Forschung berücksichtigt und sogar innovative Konzepte partizipativer Schularchitekturgestaltung vorwegnimmt (vgl. Buddensiek 2003; Hübner 2005; Walden/Borrelbach 2006; Watschinger/Kühebacher 2007). Heute wissen wir – auch durch unsere Zukunftswerkstätten – dass wir alle über ein zu wenig beachtetes Wissen über lern- und begabungsförderliche Umgebungen verfügen.

3. Die Realisierungsphase

Dient die Präsentation der Visionen bzw. Zukunftsbilder dazu, pädagogisches Tiefenwissen und den »gemeinsamen Grund« sichtbar zu machen sowie Gestaltungslust freizusetzen, um so neue Möglichkeitsräume zu erschließen, so geht es in der anschließenden Realisierungsphase darum, sich für ein Teilziel zu entscheiden und konkrete Umsetzungsschritte zu benennen.Leider haben die meisten Schulen unter dem verstärkten Anforderungsdruck nur einen Tag Zeit zur Durchführung der Werkstatt, so auch unsere Schulleiter/innen zum Thema »Gesunde Schule«. Wenn wir allerdings zwei Tage zur Verfügung haben, dann findet am Abend des ersten Tages ein geselliges Beisammensein statt, in dem man sich in informellem Rahmen über die Wünsche und Vorstellungen austauschen kann. Dieser informelle Austausch hat sich als besonders wirksam für die Mobilisierung von produktiver Energie erwiesen, die eine wichtige Voraussetzung für eine folgenreiche Realisierungsphase ist. In diesem Fall beginnen wir den Morgen des zweiten Tages mit einer Formulierung des »gemeinsamen Grundes«. In Gruppen werden die Präsentationen des Vortages diskutiert, und man einigt sich auf einige wenige Aussagesätze, die die gemeinsam geteilten Zukunftsvorstellungen auf den Begriff bringen und Grundlage eines noch zu entwickelnden *Leitbildes* sein können. Auf diese Weise werden die oftmals fragmentierten Energien auf gemeinsam getragene Ziele fokussiert.

Die eigentliche Realisierungsphase wird nach dem Open-Space-Prinzip strukturiert: Alle Teilnehmer/innen sitzen im Kreis und erhalten das Blatt »Mein Thema«. Sie sollen sich aus den Vorstellungen der Visionenphase das Thema bzw. Projekt auswählen, für dessen Umsetzung sie »Energie und Leidenschaft« empfinden. Dahinter steht die Einsicht, dass es wenig bringt, Umsetzungsziele zu verordnen. Personen setzen nur das um, was für sie persönlich bedeutsam, verstehbar und handhabbar ist. In der Regel dauert es nur wenige Minuten, bis sich aus den komplexen Zukunftsvorstellungen fünf bis sechs konkret realisierbare Projektideen herauskristallisiert haben, die von Initiatoren benannt werden und zur Bildung von Umsetzungsgruppen führen.

Die Mitglieder der unterschiedlichen Umsetzungsgruppen gehen in verschiedene Arbeitsräume, um konkrete Umsetzungspläne zu erarbeiten. Dabei gilt die Regel: »Wenn Sie merken, dass die Energie in der von Ihnen gewählten Gruppe zu gering ist oder Sie Ihre Vorstellungen nicht wiederfinden, verlassen Sie sofort die Gruppe, denn es sollen nur Gruppen stattfinden, die mit ›Energie und Leidenschaft‹ bei der Sache sind.«

Je nach der zur Verfügung stehenden Zeit können zur Unterstützung der Umsetzungsgruppen die aus dem Projektmanagement bekannten Strukturierungshilfen zusätzlich eingesetzt werden. Für unsere ein- bis zweitägigen Werkstätten haben sich die oben (S. 166) schon vorgestellten großformatigen Projektposter als besonders wirkungsvoll erwiesen. Die Teilnehmer/innen erhalten die vorbereiteten Poster im DIN-A0-Format, die vier Strukturelemente enthalten:

- einen Stern, in den die Teilnehmer/innen ein aussagekräftiges Symbol als eine Art Logo oder Erkennungszeichen für ihr Umsetzungsprojekt einfügen;
- eine Sprechblase, in die sie einen knappen, aussagekräftigen Titel oder einen Slogan eintragen sollen, der ihr Vorhaben charakterisiert;
- einen Kasten, in den sie die lang-, mittel- und kurzfristig zu realisierenden Etappen ihres Vorhabens eintragen sowie einen konkreten Schritt benennen, den sie am kommenden Montag angehen wollen;
- einen Kasten für die Kontaktdaten: Hier kann man sich darüber informieren, wer der oder die Ansprechpartner des jeweiligen Vorhabens sind.

Auf diese Weise entsteht innerhalb kürzester Zeit eine eindrucksvolle, auch ästhetisch ansprechend gestaltete Ausstellung der Umsetzungsvorhaben. Ob es sich um Gruppen von 30 Personen einer kleinen Schule oder von 400 Vertretern von Bildungsträgern einer Bildungsregion handelt– stets entstehen beeindruckende Ausstellungen, die zum Flanieren, Diskutieren und Austauschen anregen und damit den Transfer in den Alltag anbahnen. Außerdem können die Ergebnisplakate als Erinnerungs- und Motivationsstütze mitgenommen werden.

Zur Abrundung der Veranstaltung hat sich eine bilanzierende *Beamershow* bewährt: Da alle Phasen fotografisch begleitet wurden, können die Teilnehmer/innen zum Abschluss – begleitet von Musik – den gesamten Prozess noch einmal verfolgen. Oft sind die Teilnehmer/innen aufgrund dieser Konfrontation mit ihrer eigenen Arbeit beeindruckt von ihrem kreativen Gestaltungsprozess und der Erfahrung einer reflektierenden und sich gegenseitig stützenden Gemeinschaft. Entsprechend fallen die Feedbacks in der abschließenden »Blitzlichtrunde« aus. Häufig werden die Ergebnisse im Intranet den Beteiligten zur Verfügung gestellt.

Um einen Eindruck vom Verfahren und Anregungen für die Umsetzung an der eigenen Institution zu geben, folgen hier noch einige Ergebnisposter und ein exemplarischer Ablaufplan.

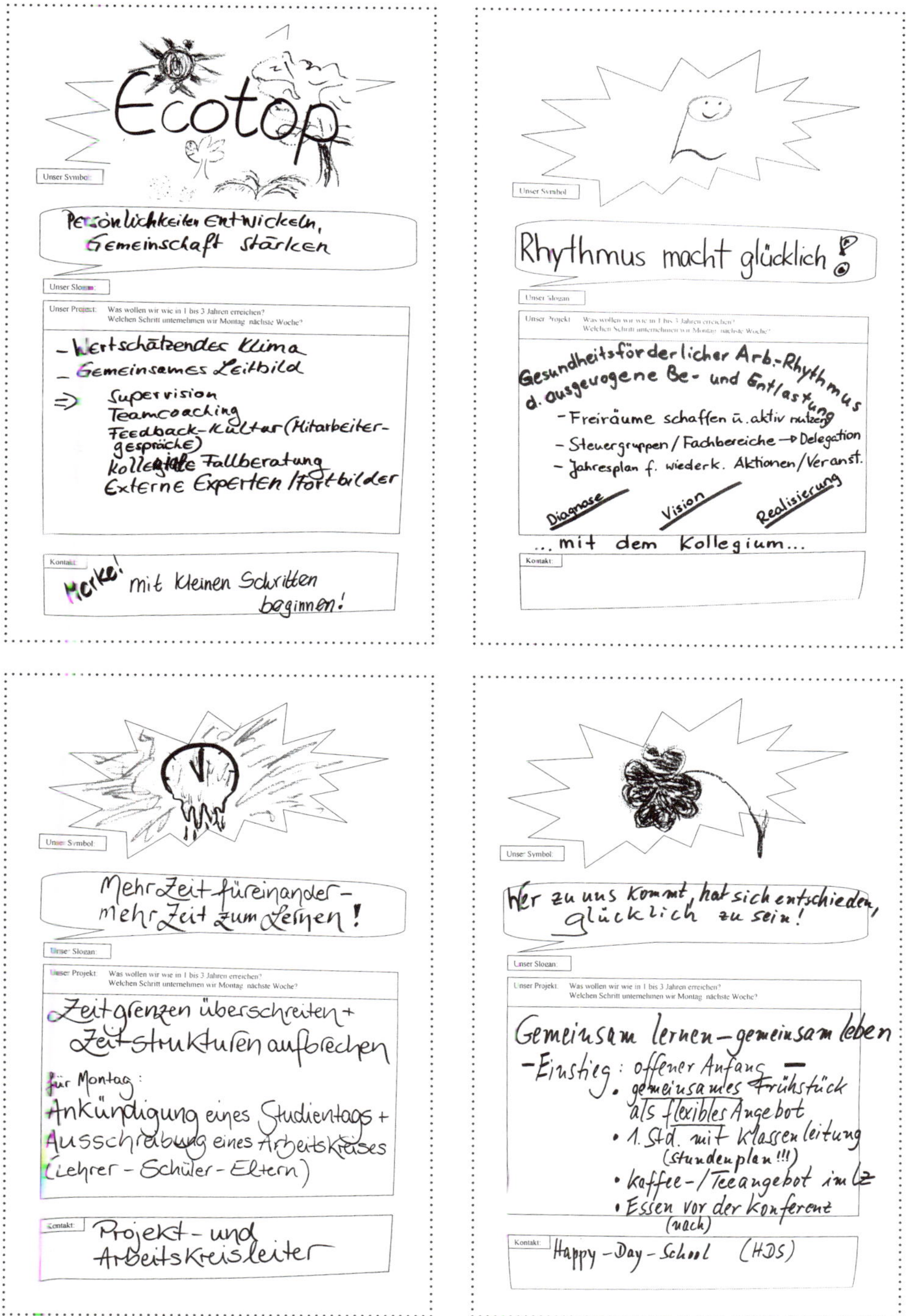

Abb. 23a: Ergebnisposter aus der Realisierungsphase

Exemplarischer Ablaufplan für eine eintägige Zukunftswerkstatt zur »gesunden Schule«

9:00–9:15 Uhr	*Ankunft, Begrüßung*
9:15–9:30 Uhr	H.-G. Rolff: »Eine gesunde Schule ist eine gute Schule – eine gute Schule ist eine gesunde Schule«
9:30–9:45 Uhr	O. A. Burow: Einführung in die Methode »Zukunftswerkstatt Gesundheit«
9:45–11:15 Uhr 1.	1. Diagnosephase: Was belastet uns am Arbeitsplatz? a) Individuell: Meine zwei wichtigsten Belastungspunkte b) Bildung von Diagnosegruppen nach Schulart bzw. Funktion: • Austausch über Belastungssituationen bzw. -faktoren • Erstellen eines gemeinsamen Diagnoseplakates
11:00–11:15 Uhr	c) Präsentation und Erläuterung der Diagnoseplakate im Plenum.
11:15–11:30 Uhr	*Pause*
11:30–13:00 Uhr	2. Visionenphase: Unser Bild eines gesundheitsförderlichen Arbeitsplatzes a) Kurze Erläuterung der Visionenphase b) Reise in die Zukunft eines gesundheitsförderlichen Arbeitsplatzes c) Skizzierung eines persönlichen Symbols für diesen Arbeitsplatz und konkrete Beschreibung der Kernpunkte in einem kurzen Text d) Marktplatz der Symbole und Texte e) Bildung von Visionengruppen f) Arbeitsgruppen erarbeiten eine gemeinsame Arbeitsplatzvision
13:00–13:45 Uhr	*Mittagessen*
13:45–14:15 Uhr	g) Präsentation der Visionen Kurzkommentar Burow & Rolff
	3. Umsetzungsphase
14:15–14:30 Uhr	a) Kurze Erläuterung der Umsetzungsphase – Anleitungsblatt
14:30–14:50 Uhr	*Pause*
14:50–15:50 Uhr	b) Erarbeitung von Maßnahmen in Gruppen
15:50–16:30 Uhr	c) Präsentation der geplanten Maßnahmen
16:30–16:45 Uhr	Abschlusskommentar durch Burow & Rolff
16:45–17.00 Uhr	Zum Ende: Fotorevue des Tages (Beamershow)

Abb. 23b: Ergebnisposter aus der Realisierungsphase

Zukunftswerkstätten mit der gesamten Schulgemeinde und/oder Bildungsregion

Besonders effektiv ist es, wenn die Schulleiter/innen, die in der eintägigen Zukunftswerkstatt Belastungsfaktoren analysiert, Wünsche präsentiert und Umsetzungsschritte konzipiert sowie eine Methode zur Freisetzung produktiver Energie kennengelernt haben, im Anschluss eine entsprechende Zukunftswerkstatt an ihrer Schule mit allen Beteiligten durchführen. Sie können so – gemäß meiner Theorie des Kreativen Feldes – zu »Kristallisationskernen« im schulischen Feld bzw. in der jeweiligen Bildungsregion werden und einen Prozess sozialer Ansteckung in Gang setzen.

Wie wir anhand von Christakis' Untersuchungen zur Wirkung sozialer Netze und Gladwells Thesen zum »Gesetz der Wenigen« aus theoretischer Perspektive sowie anhand der Beispiele von Werkstattschule und Valentin-Traudt-Schule aus praktischer Perspektive gesehen haben, können wenige entschlossene Personen durch ihr fokussiertes Handeln einen Prozess des Wandels in Gang setzen. Hierzu ist es nötig, das »ganze System«, zumindest die Schlüsselpersonen, in einem Raum zu versammeln, um in ein bis zwei Tagen Diagnosen, Visionen und Umsetzungsschritte zu erarbeiten. Wie wir aus unseren Veranstaltungen zur Wertschätzenden Schulentwicklung gelernt haben, wird neben Wertschätzung und Vertrauen das Bedürfnis nach produktiven Gemeinschaftserfahrungen als wichtigster Wert benannt. Zukunftswerkstätten, die alle Beteiligten einbeziehen, ermöglichen genau dies.

Die Zukunftskonferenz: Das ganze System in einem Raum

Die Idee, mit der gesamten Schulgemeinde zu arbeiten, geht auf die Entwickler von Großgruppenverfahren zurück (vgl. Burow/Schratz 2009), die gezeigt haben, dass man mit Gruppen von 50 bis zu 1 000 Personen (!) produktiv arbeiten und soziale Felder nachhaltig wirksam verändern kann. So hat der New Yorker Managementforscher Marvin Weisbord (Weisbord/Janoff 2001) mit der »Future Search Conference« ein der Zukunftswerkstatt verwandtes Verfahren entwickelt, das er vor allem bei der Fusion von Unternehmen eingesetzt hat und das wir (Burow/Hinz 2005) auf den Bildungsbereich übertragen haben: An zweieinhalb Tagen treffen sich die Schlüsselpersonen einer Organisation oder Region und durchlaufen einen sechsphasigen Zukunftssuchprozess. Am Beispiel der Frankfurter Berufsschulen, mit denen wir dieses Verfahren durchgeführt haben, skizziere ich den Ablauf:

- ➜ In Phase 1, »Wo kommen wir her?«, skizzieren alle Beteiligten auf langen Papierbahnen die Geschichte ihrer Institution, in unserem Fall die Geschichte des Frankfurter Berufsschulwesens. Auf diese Weise werden Hoch- und Tiefpunkte sowie Entwicklungslinien sichtbar, und es entsteht ein gemeinsames Verständnis betreffs der eigenen Wurzeln.
- ➜ In Phase 2, »Was kommt auf uns zu?«, entwerfen wir ein Mindmap (ca. 4 × 6 Meter), auf dem alle Beteiligten die Zukunftstrends eintragen, von denen sie vermuten, dass sie die Zukunft ihrer Schule (des Berufschulwesens, der jeweiligen Bildungsregion etc.) in den nächsten Jahren betreffen werden. Innerhalb kurzer Zeit entsteht eine verwirrende Landkarte vielfältiger Trends. Im Sinn einer Förderung von Systemdenken (Senge 1996) erkennen alle Beteiligten, wie komplex der Wandel ist. Abschließend werden die Trends gewichtet, indem jeder Teilnehmer fünf Klebepunkte erhält und sie dem für ihn bedeutsamsten Trend zuordnet.
- ➜ In Phase 3, »Worauf sind wir stolz? Was bedauern wir?«, untersuchen die Teilnehmer die gewählten Trends im Hinblick auf bislang Gelungenes sowie Entwicklungsbedarfe der eigenen Schule (des Berufsschulwesens, der Bildungsregion etc.). Diese – der Diagnose- bzw. Kritikphase der Zukunftswerkstatt analoge – Phase verbindet Wertschätzung (»Worauf sind wir stolz?«) mit kritischer Defizitanalyse (»Was bedauern wir?«).
- ➜ Phase 4, »Was wollen wir gemeinsam erreichen?«, entspricht der Visionenphase der Zukunftswerkstatt.
- ➜ Wie in der von uns modifizierten Form der Zukunftswerkstatt werden in Phase 5, »Was ist unser gemeinsamer Grund?«, die Gemeinsamkeiten herausgearbeitet.
- ➜ In Phase 6, »Was wollen wir umsetzen?«, bilden sich Umsetzungsgruppen.

Je nach Zielsetzung und vertretbarem Zeitaufwand kann man diesen gemeinsamen Forschungs- und Suchprozess zur Entwicklung einer Wohlfühl- bzw. Glücksschule entweder mit dem dreiphasigen Modell der Zukunftswerkstatt (ein bis eineinhalb Tage) oder dem komplexeren Verfahren der Zukunftskonferenz (mindestens zweieinhalb Tage) durchführen. Abbildung 24 verdeutlicht den Kerngedanken, die Versammlung des gesamten Systems in einem Raum:

Abb. 24 Das ganze System in einem Raum

Wichtigstes Ergebnis dieses Zukunftssuchprozesses ist auch hier – im Sinne von Scharmers Presencing-Konzept – die Entwicklung von neuen Formen *gemeinschaftlichen* Sehens auf wünschenswerte und machbare Zukünfte. Wie wir aus einer Vielzahl solcher Werkstätten der letzten Jahrzehnte wissen, setzt dieses Verfahren in der Regel ein hohes Maß an produktiver Energie frei. Fragmentierung wird überwunden, das soziale Feld der jeweiligen Organisationen formiert sich neu, indem es sich auf gemeinsam geteilte Umsetzungsziele fokussiert und ihren »sense of coherence« findet. Die entstehenden, oft direkt spür- und sichtbaren Kohärenzgefühle zeigen sich auch in der emotionalen Resonanz der beteiligten Personen. Sie setzt die für den Wandel nötige Energie frei.

Das zentrale Problem unserer bisherigen Ausbildungs- bzw. Fort- und Weiterbildungsaktivitäten im Bildungsbereich besteht ja darin, dass sie zwar die *Wissenskompetenz* erhöhen, aber zu wenig zur notwendigen *Handlungskompetenz* beitragen – ein Grund, warum sich so wenig ändert. Unsere Verfahren der prozessorientierten Zukunftsmoderation verbinden beides, indem wir mit einer gezielten Informationsphase starten (zum Beispiel Vortrag zu Erkenntnissen von Lehrer- und Schülerbelastung), dann das Wissen der Praktiker herausarbeiten, emotional positiv besetzte Zukunftsbilder freisetzen, auf Gemeinsamkeiten fokussieren und Unterstützung bei der Entwicklung erster Umsetzungsschritte geben. Schule kann so zu einem Kreativen Feld gegenseitiger Inspiration werden.

Diesen Prozess habe ich in Abbildung 25 zu verdeutlichen versucht:

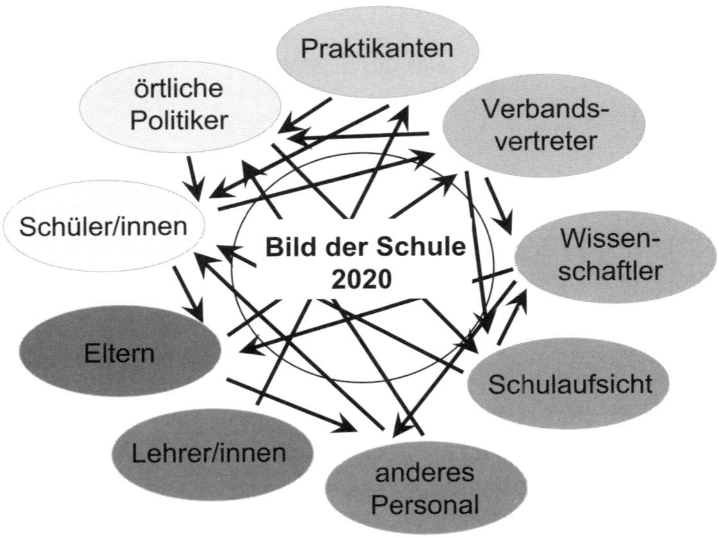

Abb. 25: Überwindung von Fragmentierung durch Vernetzung

Voraussetzung für den Erfolg dieses Vorgehens ist, dass es uns gelingt, einen Perspektivenwechsel vorzunehmen, indem wir gemeinsam durch die »Chancen- bzw. Visionenbrille« schauen. Nur so können wir uns aus der »Mehr-desselben-Falle« befreien, um *Möglichkeitsräume* zu entdecken und damit zu *transformativem Denken* vorzudringen. Abbildung 26 soll Dimensionen dieses Perspektivenwechsels durch vier sich ergänzende Zugänge zu neuen Formen individuellen und gemeinschaftlichen Sehens veranschaulichen.

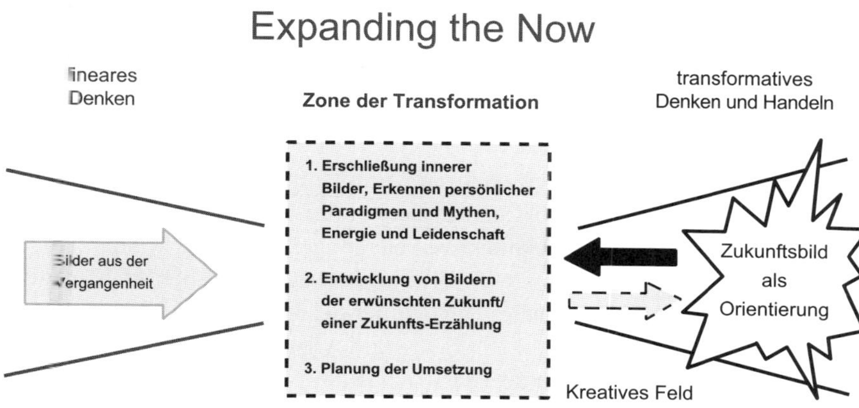

- Innere Bilder liefern uns wichtige Informationen über unser »wahres« Wollen. Sie müssen ergänzt werden durch orientierende Zukunftsbilder.
  Ziel: Die Gegenwart aus der erträumten Zukunft betrachten.
- Zukunft entsteht immer schon in unserem Hier-und-Jetzt-Erleben und Handeln.
  Ziel: Die Gegenwart aus der im Entstehen begriffenen Zukunft betrachten.
- Entdecken der eigenen Stärken und Leidenschaften gibt Orientierung.
  Ziel: Die Gegenwart aus wertschätzender Perspektive betrachten.
- Durch Begegnung mit den Zukunftsentwürfen der anderen ensteht Horizonterweiterung.
  Ziel: Die Gegenwart aus dem Kreativen Feld der Weisheit der Vielen betrachten.

Abb. 26: Expanding the Now

WOHAS – Workstyle of Health and Sustainability

Die »Zukunftswerkstatt Gesundheit« scheint – wie wir an den Nachfragen und Rückmeldungen merken – auf ein zentrales Bedürfnis zu treffen, das nicht nur mit der besonderen Situation an Schulen zu tun hat, sondern auch in der zunehmenden Verdichtung von Lern- und Arbeitsprozessen begründet ist, die die globalisierte Konkurrenzgesellschaft insgesamt auszeichnet. Immer mehr Mitglieder der Gesellschaft – und insbesondere der Mittelschicht – leiden nicht nur unter wachsenden Anforderungen, sondern sind darüber hinaus getrieben von der begründeten Angst vor dem sozialen Absturz. Mein Kasseler Kollege, der Soziologe Heinz Bude (2008), charakterisiert den Trend der gesellschaftlichen Umbauprozesse pointiert: »Oben bleibt oben, unten bleibt unten; die Mittelschicht bröckelt.«

Der verschärfte Druck, dem die Arbeitnehmer im Arbeitsalltag ausgesetzt sind und dem sie sich unterwerfen, lässt auf der Gegenseite die Träume nach einem ganz anderen, einem befreiten Leben wachsen. Aber es gibt auch eine andere Triebkraft: In einer Wirtschaft, die immer mehr von der Fähigkeit zur Schaffung von Neuem, zu Kreativität und Innovation lebt, sind neue Lern- und Arbeitsformen gefordert. Eine Atmosphäre von hierarchischer Unterordnung, kleinlicher Kontrolle und engen Zielbestimmungen ist wenig geeignet, die dringend benötigten kreativen Potenziale freizusetzen. Das Geheimnis kreativen Schöpfertums, das Csíkszentmihályi mit seinem Flow-Konzept zu lüften verspricht, besteht – wie ich anhand der Skizze eines neuen Leistungsbegriffs gezeigt habe – eben nicht in einer Anpassung an vorgegebene Strukturen und eng getakteten Leistungsanforderungen einer Turboschule (Reheis 2007), sondern ganz im Gegenteil im Beharren auf dem *Eigensinn* und der *Eigenzeit* (Nowotny 1993).

Glück und unser Leistungshoch erfahren wir in Umgebungen, in denen es uns gut geht, in denen wir unsere Zeit selbst strukturieren können, in denen wir uns wohlfühlen und unsere individuellen und kollektiven Neigungen verfolgen können. In der Visionenphase von Zukunftswerkstatt und Zukunftskonferenz, aber auch in den Erfolgsgeschichten aus der Wertschätzenden Schulentwicklung taucht dieses vergessene Wissen über nachhaltig wirksame Lehr-Lern- und Arbeitsumgebungen sowie selbstgesteuertes Lernen auf. Kein Wunder, dass sich dieses Wissen auch in Vorstellungen einer veränderten Schularchitektur äußert.

> Offenbar sind traditionelle Schulgebäude und Klassenräume nur schlecht geeignet für ein Lernen, das individuellen Bedürfnissen und den veränderten gesellschaftlichen Anforderungen gleichermaßen gerecht wird. Effektives Lernen, das zeigen die Forschungen, aber auch das Tiefenwissen der Teilnehmer/innen, bedarf eines Wechsels klar begrenzter Phasen strukturierter Instruktion mit längeren Phasen selbstorganisierten Lernens an vielfältig gestalteten freien Lernorten, die zum Lernen herausfordern und einladen.

Freies Lernen: Abschied vom Mythos Unterricht

Effektives Lernen bedarf nicht nur des Abschieds vom traditionellen Klassenzimmer, sondern auch von der Dominanz antiquierten Unterrichts, der allzu oft nur ein Ritual ist und nicht selten weniger bringt, als seine Verteidiger behaupten. Wo mögliche Alternativen liegen, zeigt ein beeindruckender Versuch an einem Züricher Gymnasium. Unter der Überschrift »Selbstlernsemester« erhielten Schüler/innen der Oberstufe einen Semesterauftrag: Anstelle der wöchentlichen Anzahl von Lektionen für jedes der Fächer erhielten sie Aufgaben mit definierten Lernzielen, die sie selbstständig allein oder in Gruppen erarbeiten mussten. Die Begleitung und Betreuung durch die Lehrpersonen erfolgte im Rahmen von wöchentlich stattfindenden Sprechstunden oder im direkten persönlichen Kontakt, zum Teil auch per E-Mail, zwischen Lehrpersonen und Schülern. »Die Überprüfung und Beurteilung der Lernzielerreichung erfolgte mittels verschiedener Prüfungsformen« (Binder/Feller-Länzlinger 2005, S. 7). Im Klartext: Die Schüler/innen lernten ein halbes Schuljahr weitgehend ohne Lehrer/innen.

Schule ohne Unterricht – was meinen Sie, kam dabei heraus? Das Selbstlernsemester wurde evaluiert, und das Ergebnis der Evaluation, das der renommierte Erziehungswissenschaftler Jürgen Oelkers vorstellt, ist verblüffend:

- Die vorgegebenen Lernziele wurden in allen acht Fächern im gleichen Ausmaß wie im Normalunterricht erreicht. Einzig in zwei Klassen mit Sprachprofil hatten die Schüler mehr Schwierigkeiten mit Mathematik.
- Die Semesteraufträge waren in allen Klassen als Lernvorgaben geeignet.
- Die Lernzielüberprüfung war für die Lehrkräfte in der zweiten Semesterhälfte eine starke Belastung.
- Die Formen der Lernbegleitung mussten von den Lehrkräften aufwendig entwickelt werden.
- In der Einschätzung aller Beteiligten haben die Schüler nicht nur fachliche, sondern vor allem auch überfachliche Kompetenzen wie anspruchsvollere Lernstrategien ausbilden können.
- Alle Beteiligten beurteilen das Selbstlernsemester positiv. Knapp 70 Prozent der Schüler/innen geben an, sie hätten mit dieser Form besser gelernt als im gewohnten Unterricht (Binder/Feller-Länzlinger 2005, S. 4 f.).

Die Ergebnisse zeigen, dass wir uns vom Mythos des Unterrichts als wichtigsten Instruments erfolgreichen Lernens befreien müssen: Der Glaube, dass Schüler/innen in nur mit Tischen und Stühlen versehenen kahlen Unterrichtsräumen oder gar in Hörsälen mit fest verschraubten Sitzen, instruiert durch eine Lehrperson, optimal lernen, gehört in die Mottenkiste der Pädagogik. Die Humanistische Psychologie und Pädagogik haben schon seit Langem auf die Bedeutung von Selbstgestaltung und freien Lernumgebungen hingewiesen – nun auch belegt durch die Erkenntnisse der Hirnforschung. Effektives Lernen kann fast überall stattfinden, Lehrer/innen und Schulräume wirken – jedenfalls im konventionellen Arrangement – oft eher hinderlich. Die mit dieser Einsicht verbundene Kränkung erschütterte das berufliche Selbstverständnis der beteiligten Züricher Lehrkräfte. Durchaus typisch die Äußerung eines Lehrers:

> »Es war ernüchternd für mich. Die Schülerinnen und Schüler brauchten mich nicht. [...] Oft wollten [sie] nicht, dass man sich darum kümmert, wie sie lernen. [...] Sie wollten nicht, dass ich als Lehrperson in ihre Welt der Lerngruppe eindringe.« (zit. nach Binder/Feller-Länzlinger 2005, S. 26)

Dass Unterricht in der traditionellen Form oft nicht nur nicht die behaupteten Ziele erreicht, sondern ganz im Gegenteil viele Schüler/innen sogar am Lernen hindert, das wusste schon der Gründer des Pädagogischen Seminars der Universität Leipzig, der Herbartianer Tuiskon Ziller (1884, S. 240). Wie Oelkers (2010) anmerkt, hatte er dafür auch eine plausible Regel: »Der Zögling«, wie man die Schüler im 19. Jahrhundert nannte, »darf durch den Unterricht nicht geistig schwächer werden.«

Das immerhin ist ein Verdienst der Schulleistungsvergleichsstudien: Sie zeigen, dass viele unserer Schüler/innen durch die derzeit dominierende Form des Schulemachens zu wenig gefördert und manche sogar »geistig schwächer« werden. Die Einsichten des Züricher Selbstlernsemesters stehen nicht allein. Wie ich zu Beginn dieses Buches (S. 46) anhand des »Wunders von Bremen« beschrieben habe, wo Schüler/innen in dreiwöchigen Lerncamps einen erstaunlichen Lernzuwachs erreicht haben, gibt es viele Hinweise, dass wir bislang die Wirkung von instruktionsorientiertem Unterricht überschätzt und die Wirkung informellem Lernens (Overwien 2007) in offen strukturierten Lehr-Lern-Spiel- bzw. Lebensumgebungen unterschätzt haben.

Hier zeigt sich: Wir brauchen einen neuen Arbeitsstil, der Lernen, Leben, Gesundheit, Selbstbestimmung und Nachhaltigkeit miteinander verbindet. Ein solches Lernen in Freiheit unter Berücksichtigung menschlicher Grundbedürfnisse erfordert, dass Lehrer/innen sich nicht auf ihre Funktion als »Unterrichtsbeamte« beschränken, sondern den »ganzen« Menschen bzw. Schüler in den Blick nehmen.

Die dritte Intelligenz: Der Raum als »dritter Pädagoge«

Insofern brauchen wir, wie wir schon 1981 aus Sicht der Gestaltpädagogik gefordert hatten, eine Rückbesinnung auf das »Lernziel Menschlichkeit« (Burow/Scherpp 1981) oder, wie es der Neurobiologe, Arzt und Psychologe Joachim Bauer in seinem gleichnamigen Buch beschreibt, auf das »Prinzip Menschlichkeit« (Bauer 2006). Lehrer/innen erhalten dabei eine neue Rolle: Sie werden Designer von Lehr-Lern-Umgebungen, von kreativen Arrangements, die geeignet sind, unerschlossene Potenziale von Schüler/innen hervorzulocken und Kompetenzen zum selbstorganisierten Lernen zu fördern. Indem sie ihren Blick solchermaßen weiten, sorgen sie auch für sich selbst, denn der besorgniserregende Gesundheitszustand zu vieler Lehrer/innen ist auch Ausdruck eines vereinseitigten Lebens- und Arbeitsstils. Um diesen zu überwinden und die Grundlagen für eine Wohlfühlschule zu legen, geht es um nichts weniger, als die *Lebenskunst* ins Zentrum schulischer Bemühungen zu stellen (vgl. Arnold 2010; Lerch 2010).

In den entwickelten Bereichen der Wirtschaft hat man die Notwendigkeit solcher neuen Lehr-Lern- und Arbeitsstile längst erkannt. Die veränderten Anforderungen an die Arbeit und das Lernen, aber auch die veränderten gesellschaftlichen Rahmenbedingungen haben zur Definition eines zukunftsträchtigen Lifestyles geführt, den Jwala und Karl Gamper (2007) als LOHAS – »Lifestyle of Health and Sustainability« bezeichnen. Der Büromöbelhersteller Bene kreiert daraus WOHAS – einen »Workstyle of Health and Sustainability«.

Wenn wir das Glück in die Schule zurückholen wollen, dann sollten wir in der Tat nach Wegen suchen, wie wir produktives und effizientes Lernen und Lehren mit Gesundheit und Nachhaltigkeit verbinden können. Dabei spielt die geeignete Umgebung eine entscheidende Rolle. Nicht von ungefähr gibt es in der Pädagogik seit einiger Zeit eine Debatte um den Raum als »dritten Pädagogen«. Bene spricht von der »dritten Intelligenz«. Neben Menschen und Arbeitsmitteln spielt die Gestaltung von Räumen eine entscheidende Rolle für den Lern- bzw. Arbeitserfolg. Nachfolgende Übersicht zeigt, wie sich Raumkonzepte im Zusammenhang mit veränderten gesellschaftlichen Anforderungen im Unternehmensbereich verändert haben:

Raumkonzepte 4.0

Von der Schreibstube über den Großraum zur integrierten Raumzone bzw. Lehr-/Lern-/Arbeits- und Entspannungslandschaft

- ➜ Version 1.0: Das Büro als Schreibstube
- ➜ Version 2.0: Bürokratisierung der Wissensarbeit nach dem Prinzip des Taylorismus
- ➜ Version 3.0: Aufgabe des Schachteldenkens und Entwicklung individualisierter Bürokonzepte
- ➜ Version 4.0: »Creative office« – das von der jeweiligen Funktion her definiert ist

Beginnend bei der Schreibstube bilden sich demnach unter dem Diktat der Taylorisierung der Arbeit zu Beginn der Massenproduktion zellenartig gestaltete Einzelbüros heraus – ähnlich wie die nach Alterskohorten und Fachunterricht sortierten Klassenzimmer. Mit der Herausbildung der Wissensgesellschaft werden hierarchische und fragmentierende Formen der Arbeitsteilung in immer mehr Bereichen obsolet und es besteht eine Notwendigkeit zu gruppen-, disziplinen- und kulturenübergreifender Kooperation bzw. Vernetzung. Gleichzeitig entsteht ein Trend zu zeit- und ortsunabhängiger Mobilität. Feste Gruppenstrukturen und Raumkonstellationen lösen sich zugunsten aufgabenbezogenen Wechsels auf. So entsteht ein neuer Code der Arbeit:

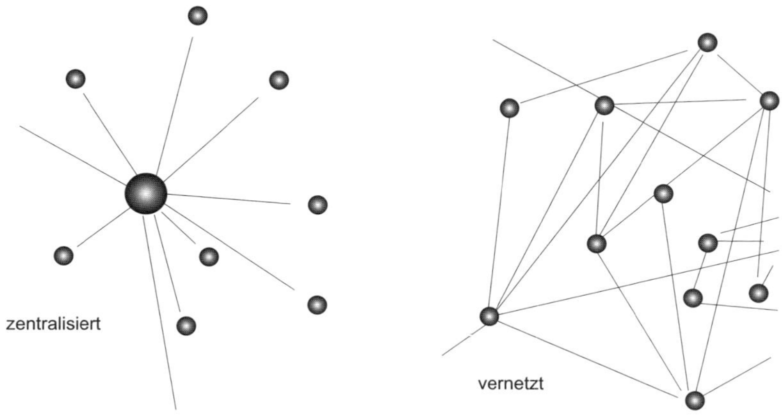

Abb. 27: Der neue Code der Arbeit – vernetzt statt zentralisiert

Das »creative office«, das sich von der Funktion her definiert, muss unterschiedliche Raumangebote bieten, die sich an den wechselnden Anforderungen von Konzentrieren, Austauschen, Präsentieren, Relaxen und Lernen orientieren. Der neue Code der Arbeit zielt – Bene zufolge – auf Vernetzung statt Zentralisierung. Aus dieser Perspektive sind die traditionellen Klassenzimmer hoffnungslos antiquiert: Sie entsprechen nicht mehr den neuen Anforderungen des Lernens, Lehrens und Arbeitens in der »Wissens- bzw. Kreativgesellschaft«.

Die fraktale Schule: »focus, learn, collaborate, socialize«

Die meisten Schulen haben, anders als zum Beispiel die Valentin-Traudt-Schule, diesen grundlegenden Wandel der Arbeitswelt und der sich daraus ableitenden neuen Lehr-Lern-Kultur bislang weder erkannt noch vollzogen. Es geht darum, Umgebungen zu schaffen, in denen man sich – etwa in Form von Projekten – auf bestimmte Themen fokussiert, gemeinsam lernt, zusammenarbeitet und eine Kultur produktiver und positiver Energie schafft: »focus, learn, collaborate, socialize« sind die Grunddimensionen dieses neuen »workstyle«.

Pädagogische Vordenker wie der Paderborner Erziehungswissenschaftler Wilfried Buddensiek (2003) nehmen die Formel des Raums als »dritten Pädagogen« ernst und ersinnen mit der »fraktalen Schule« (www.fraktale-schule.de) neue Raumkonzepte, die beispielgebend in Herford realisiert wurden – und eine wichtige Anregungsfunktion für den Umbau der Valentin-Traudt-Schule hatten (siehe S. 144). Beginnend bei der Gestaltung des Klassenraumes bis zum gesamten Schulgebäude verabschiedet Buddensiek sich von der Konvention und entwirft Schule von der Funktion her neu. Hier geht es, wie Abbildung 28 verdeutlichen soll, um die Entwicklung flexibler Lernlandschaften.

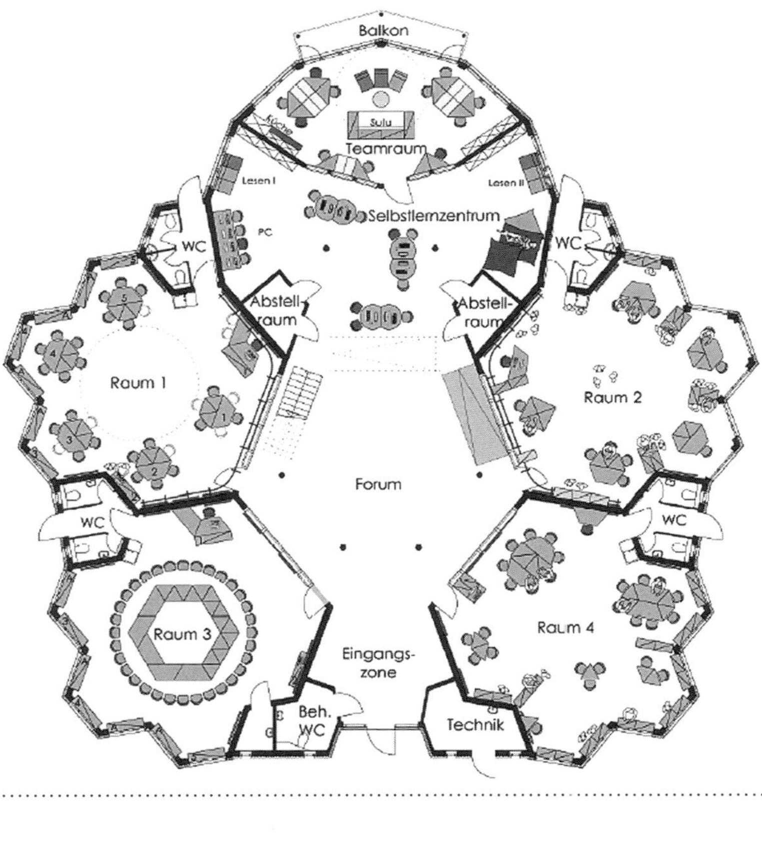

Abb. 28a und b: Fraktale Schule nach Wilfried Buddensiek (Architekturbüro Sittig + Voges, Bovenden)

5. Mit dem Index für Inklusion zur »Schule für alle«

Schulen wandeln sich auch deshalb so langsam, weil bürokratische Eigenlogiken, fixierte mentale Modelle und »belief systems«, aber auch politisch-ideologische Interessen Barrieren setzen: Nach wie vor erschwert unser selektierendes Schulsystem den weniger Privilegierten den Zugang zu höherer Bildung – und damit zur Förderung ihres Potenzials – und nimmt diese Weichenstellung schon am Ende der vierten Klasse vor. Der Darmstädter Elitenforscher Hartmann (2004; 2007) sieht genau darin eine Hauptfunktion unseres heiß umkämpften gegliederten Schulsystems: Aller Rhetorik von Chancengleichheit zum Trotz bewirkt es, dass die lästige Konkurrenz um knapper werdende Stellen früh ausgeschaltet wird. »Exklusion« (Bude 2008), die Ausschließung großer Teile der Bevölkerung aus dem gehobenen Bildungs- und Beschäftigungssystem, erweist sich – wie Studien immer wieder belegen – in der Tat als einer der Haupteffekte einer Bildungspolitik, die unverdrossen das Gegenteil behauptet: Die frühe Trennung diene der optimalen Förderung nach unterschiedlichen Leistungsvoraussetzungen.

Merkwürdig nur, dass Wilfried Bos (2008), dem Leiter des Dortmunder Instituts für Schulentwicklungsforschung zufolge in 95 Prozent aller Länder die Regel gilt: sechs Jahre gemeinsame Grundschule, dann drei Jahre gemeinsame Sekundarstufe I und dann erst die Trennung. In vielen Ländern wird sogar aufs Sitzenbleiben verzichtet, und in einigen erfolgt die Benotung erst nach der achten Klasse, darunter in Ländern, die in PISA Spitzenwerte erreicht haben. Laut dem Leiter der PISA-Studie, Jürgen Baumert, besteht denn auch das größte Problem der (deutschen) Lehrer/innen darin, mit der Verschiedenheit der Kinder umzugehen. Jedes Kind lernt anders und hat andere Neigungen.

Wie ungeheuer groß die Spannweite ist, zeigt die bisher größte europäische Langzeitstudie, die von dem Züricher Entwicklungspädiator Remo Largo (Largo/Beglinger 2009) durchgeführt wurde. Von der Körpergröße über die Schlafbedürfnisse bis hin zu den Talenten und vielem mehr öffnet sich eine so große Spanne, dass sie durch ein System der frühen Selektion nicht angemessen berücksichtigt werden kann. Im Gegenteil geht es darum, diese Vielfalt als Chance zu nutzen, ermöglicht sie doch durch gegenseitige Ergänzung und Vernetzung in heterogenen Lerngruppen Herausforderung und Anregung.

Beklemmende Wirklichkeit der deutschen Schule: Selektion statt Förderung

Ein Blick auf die Weltkarte zeigt, dass wir uns auf einer winzigen Insel befinden: Nur Österreich (das gerade ein zweigliedriges System schaffen will), Liechtenstein und Teile der Schweiz leisten sich noch den Unsinn früher Selektion, der bei uns zusätzlich durch ein ausgebautes Sonderschulwesen besonders ausgeprägt ist. Laut einer Studie von Klaus Klemm (2009) geben wir allein für das Sonderschulwesen 2,6 Milliarden Euro pro Jahr aus, mit dem beklagenswerten Resultat, dass circa 80 Prozent der Absolventen dieser Schulart nicht einmal den Hauptschulabschluss schaffen.

Auch was die ausgrenzende Praxis des Sitzenbleibens betrifft, erreicht Deutschland international einmalige Spitzenwerte. So sind im Schuljahr 2007/2008 über 250 000 Schüler sitzen geblieben – ein Praxis, die Klemm (2010) zufolge eine Milliarde Euro pro Jahr kostet und bezogen auf mögliche Leistungssteigerungen weitgehend wirkungslos ist. Im Gegenteil: Klemms Durchsicht von Studien zu den Effekten zeigt, dass durch diese Maßnahme sogar Selbstwirksamkeitsüberzeugungen zerstört werden. In den seltensten Fällen erfolgt im Wiederholungsjahr eine zielgenaue Förderung, stattdessen wird das gleiche Programm noch einmal gefahren. Auch für die betroffenen Klassen bringt diese Methode keinen messbaren Nutzen.

Pikant ist Klemms Einsicht, dass es vom Wohnort abhängt, ob es einen trifft: So blieben in Bayern 3,6 Prozent der Schüler/innen sitzen, während es in Baden-Württemberg nur 1,7 Prozent betraf. Noch dramatischer unterscheiden sich die Werte bei der Zuordnung zu Förderschulen. So besuchten von den Schülern mit besonderem Förderbedarf in Bremen 45 Prozent den gemeinsamen Unterricht, während es in Niedersachsen nur 5 Prozent waren.

Mein Fazit: Sitzenbleiben, die frühe Selektion ebenso wie die willkürliche Einweisung in Sonderschulen sind teuer, wirkungslos und schädlich und verhindern das Aufkommen von Schulglück. Im Gegenteil: Schon früh vermittelt unser derzeitiges Schulsystem zu vielen Schüler/innen Erfahrungen von Ausgrenzung und Abwertung. Insbesondere Schüler/innen mit benachteiligtem sozialem und kulturellem Hintergrund sowie mit besonderem Förderbedarf, die doch gerade gezielter Unterstützung bedürften, werden eher abgeschoben als gefördert und dadurch zusätzlich diskriminiert.
Auch das hochgelobte deutsche Gymnasium verfolgt zu oft eine Politik der Ausgrenzung statt der Förderung: Zu viele Schüler/innen müssen vor Erreichen des Abiturs das Gymnasium verlassen. Das Beispiel Finnland zeigt, dass es – auf der Grundlage einer förderorientierten Pädagogik – möglich ist, sehr viel mehr Schüler/innen zum Abitur zu führen.

Längeres gemeinsames Lernen als Schlüssel

Angesichts dieser desaströsen Bilanz drängt sich die Frage auf, ob es Alternativen zur gescheiterten Politik der Ausgrenzung gibt, und wenn ja, welche. Die Mehrzahl der Forscher ist sich darin einig, dass längeres gemeinsames Lernen ein Schlüssel für die Förderung aller Schüler/innen ist – auch wenn viele Bürger/innen, wie der Hamburger Schulkampf im Jahre 2010 gezeigt hat, das Privileg einer exklusiven Schulkarriere ihrer Kinder dadurch bedroht sehen. Doch dies ist eine durch und durch provinzielle, typisch deutsche Debatte. Wendet man den Blick aufs internationale Parkett, entstehen ganz andere Perspektiven – Perspektiven einer gemeinsamen Schule für alle, die durch Erkenntnisse einer Mehrzahl von Forscher/innen bestätigt wird. In der Tat taucht seit einiger Zeit ein vielversprechender Kandidat für ein neues pädagogisches Paradigma am Horizont internationaler pädagogischer Diskurse auf: Inklusion – so heißt das Schlüsselwort einer Pädagogik, die endlich auf die gleichberechtigte Förderung aller Schüler/innen setzt und das Bild einer »Schule für alle« vor Augen hat.

Inklusive Pädagogik: Schritte zu einer Schule für alle

Der Begriff der Inklusion entstand Anfang der 90er-Jahre, angestoßen durch eine internationale Konferenz der UNESCO, die 1990 in Thailand stattfand. Im Rahmen dieser Konferenz, die unter dem Motto »Bildung für alle« stattfand, wurde erstmalig das englische Wort »inclusion« statt »integration« benutzt. Die neue Perspektive der inklusiven Pädagogik erweist sich darin, dass sie in radikaler Weise auf die *Wertschätzung von Diversität* in Bildung und Erziehung setzt. Befürworter der Inklusion gehen von der Tatsache aus, dass Heterogenität die Normalität darstellt. Sie plädieren für die Schaffung einer Schule, die die Bildungs- und Erziehungsbedürfnisse aller Schüler/innen zu befriedigen hat. Zwar hat sich die inklusive Pädagogik ursprünglich aus der integrativen Pädagogik entwickelt – sie weist aber begriffliche und konzeptionelle Unterschiede auf, vor allem in Bezug auf die Gleichberechtigung der Schüler/innen.

Geht die Integrationspädagogik von der Überzeugung aus, es gebe zwei Typen von Kindern, nämlich die »mit sonderpädagogischem Förderbedarf« und die »ohne sonderpädagogischen Förderbedarf«, vertritt die Inklusionspädagogik die These, dass *jedes* Kind einen besonderen Förderbedarf hat. In ihrem Bestreben, Kinder mit Beeinträchtigungen zu integrieren, verursachten die Integrationsbefürworter ungewollt die Entstehung eines Zwei-Gruppen-Bilds: Schüler/innen, die innerhalb des Systems vollberechtigt etabliert sind, und andere, die außerhalb stehen und sich zu integrieren haben. Dieser Zusammenhang wird durch Abbildung 28 verdeutlicht:

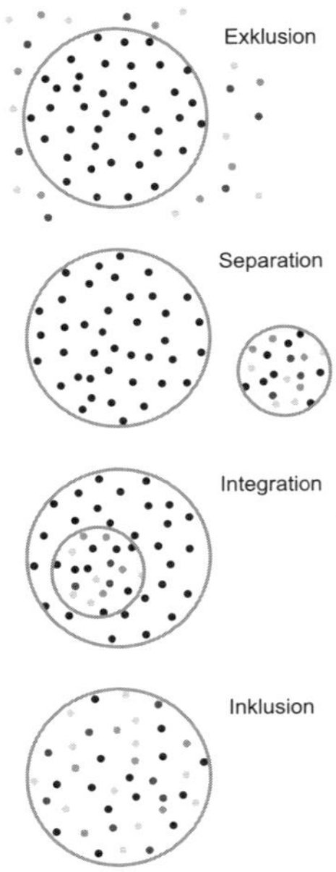

Unser Schulsystem fördert derzeit Exklusion – indem es Schüler/innen vom Bildungserfolg ausschließt.

Das gegliederte Schulsystem versucht, die Dialektik von Gleichheit und Differenz im Hinblick auf behinderte und benachteiligte Schüler/-innen durch Selektion und Separation zu bearbeiten.

Integrationspädagogik geht vom spezifischen zu fördernden, nicht »normalen« Sonderschüler aus

Inklusive Schule– Schule als Kreatives Feld für alle Schüler/innen organisieren
Vielfalt als Chance der Bereicherung nutzen! Alle Schüler sind »Sonderschüler«!

Abb. 28: Inklusion (nach Boban/Hinz 2004 und Wikipedia)

Aus der Perspektive der Inklusionspädagogik und der Positiven Pädagogik gibt es keine zwei Gruppen von Schüler/innen, sondern einfach Kinder und Jugendliche, die die Schülergesamtheit darstellen und die unterschiedliche Bedürfnisse haben. Viele dieser Bedürfnisse werden von der Mehrheit geteilt und bilden gemeinsam geteilte Erziehungs- und Bildungsbedürfnisse. Alle Schüler/innen haben darüber hinaus individuelle Bedürfnisse, darunter auch solche besonderer Art, für deren Befriedigung die Bereitstellung spezieller Mittel und Methoden sinnvoll und notwendig sein kann.

Während die integrative Pädagogik die Eingliederung der aussortierten Schüler/innen anstrebt, erhebt die inklusive Pädagogik den Anspruch, eine Antwort auf die komplette Vielfalt zu sein. So tritt sie ein für das Recht aller Schüler/innen auf Bildung, unabhängig von ihren Fähigkeiten oder Beeinträchtigungen sowie von ihrer ethnischen, kulturellen oder sozialen Herkunft. Die Inklusion beruft sich auf die Menschenrechte und fordert, dass die Schule den Bedürfnissen ihrer Schülergesamtheit gewachsen sein soll. Kein Kind soll ausgesondert werden, weil es den Anforderungen der Schule nicht entsprechen kann. Der springende Punkt liegt in einem grundlegenden Perspektivenwechsel: Im Gegensatz zur Integrationspädagogik will die Inklusionspädagogik nicht die Kinder den Bedingungen der Schule anpassen, sondern die schulischen Rahmenbedingungen an den Bedürfnissen und Besonderheiten der Schüler/innen ausrichten.

Mit ihrem Menschenbild und der Ausrichtung an der gleichberechtigten Förderung aller Kinder weist die Inklusionspädagogik zugleich auch einen Weg, wie das Glück in die Schule zurückgeholt werden kann: Ein Schule, in der ich nicht von Ausgrenzung bedroht bin und individuelle Förderung meiner Neigungen erfahre, erhöht die Wahrscheinlichkeit des Erlebens von Schulglück dramatisch! Wohlfühlen, Behütetsein und die sichere Bindung zu Lehrer/innen und Mitschüler/innen sind laut Largos Beobachtungen aus der kinderpädiatrischen Praxis von zentraler Bedeutung (Largo/Beglinger 2009).

Inklusive Schule: Die Verwirklichung von Menschenrechten

Die Schlüsselfrage ist nun, wie dieser hohe Anspruch in der schulischen Alltagswirklichkeit realisiert werden kann. Denn ohne Zweifel stellt eine Positive Pädagogik der Inklusion höchste Anforderungen an Pädagoginnen und Pädagogen: Wie kann es ihnen unter den herrschenden Bedingungen gelingen, alle (!) Kinder zu fördern? Schnell kommt der Einwand auf, es handele sich hier um eine weitere unrealistische pädagogische Utopie. Der Anspruch, mit Pädagogik gesellschaftlich verursachte Ungleichheit zu überwinden, habe sich schon mehrfach als illusionär erwiesen – wie sollte ein neuer Begriff etwas daran ändern können? Und würden die ohnehin schon überlasteten Pädagoginnen und Pädagogen nun nicht noch mit zusätzlichen Forderungen belastet?

Bedeutet Inklusion also eine unrealistische Überforderung? Das Gegenteil ist der Fall: Das selektierende Schulsystem traditioneller Prägung überfordert Lehrer/innen, Schüler/innen und Eltern gleichermaßen, weil es einem falschen Menschenbild verhaftet ist und – statt pädagogischen Ansprüchen und den Menschrechten zu genügen – die Reproduktion sozialer Ungleichheit befördert. Statt sich auf die Förderung von individuellen Neigungen und Lernbegeisterung zu konzentrieren, prägt schon die Grundschule ein gnadenloser Auf- bzw. Abstiegskampf.

Die Inklusionspädagogik ist ein wichtiger Schritt auf dem Weg zu einer Schule, die den Ansprüchen der Verwirklichung elementarer Menschenrechte in der Demokratie gerecht wird. Natürlich wäre es naiv, die Verwirklichung dieser Ansprüche der Schule allein zu überlassen. Inklusionspädagogik erfordert einen schrittweisen Umbau von Schulstruktur, Lehr-Lern-Arrangements, aufgabenangemessene Mittelzuweisung, eine modifizierte Lehreraus- und -fortbildung sowie den Umbau der Schulkultur insgesamt.

Index für Inklusion

Wie man den Übergang von allgemeinen Ansprüchen auf die Ebene des konkreten Schulalltags in kleinen Schritten gestalten kann, hat Christina Schenz mit ihrem »Index für Inklusion« (Schenz 2009) beschrieben. Sie hat den Index – anknüpfend an die Darstellungen von Boban und Hinz (2003; 2004) – in Zusammenarbeit mit der Karg-Stiftung für Hochbegabtenförderung entwickelt. Entgegen dem verbreiteten Vorurteil, dass Hochbegabtenförderung nur einer exklusiven Elite diene, hat sich nämlich in den Zukunftswerkstätten, die wir im Rahmen des Impulsschulprojekts zur Hochbegabtenförderung durchgeführt haben (Steenbuck/Quitmann/Esser 2011), eine entgegengesetzte Erfahrung gezeigt: Die Lehrer/innen der 15 deutschlandweit ausgewählten Schulen, die in einem mehrjährigen Prozess eine spezielle Förderung erhielten, um eine Unterrichtskultur zu entwickeln, die den spezifischen Bedürfnissen von hochbegabten Kindern (IQ über 130) gerecht wird, erkannten im Verlaufe des Projektes, dass eine gezielte Förderkultur nicht nur Hochbegabten, sondern allen Kindern, gleich welcher Begabung, zugutekommt. Wie kann das sein?

Indem die Lehrer/innen die Bedürfnisse des einzelnen Kindes in den Blick nehmen, erkennen sie – ganz im Sinne der Inklusionspädagogik –, dass jedes Kind einen besonderen Förderbedarf hat. Indem sie entsprechende Unterrichts- und Förderarrangements entwickeln, ändert sich auch nach und nach die gesamte Schulkultur. Im Sinne der Glücksformel John Deweys konzentrieren sich die Lehrer/innen darauf herauszufinden, was das einzelne Kind braucht, und entwickeln auf das einzelne Kind zugeschnittene Lehr-Lern-Umgebungen.

Nachfolgend die Checkliste, mit der Sie überprüfen können, inwieweit sich Ihre Schule auf dem Weg der Inklusion befindet bzw. was Sie unternehmen müssten, um sich diesem Ziel anzunähern:

Inklusive Kulturen etablieren

- ➜ Jeder an der Schule Beschäftigte steht Andersartigkeit offen gegenüber.
- ➜ Jeder der an der Schule Beschäftigten kann neue Ideen einbringen.
- ➜ Jeder, der an der Schule beschäftigt ist, kennt die wesentlichen Leitziele der Schule.
- ➜ Jeder nimmt an Weiterbildungsangeboten zu begabungsförderndem Unterricht teil.

Inklusive Strukturen entwickeln

- ➜ An der Schule finden Veränderungen im Sinne eines begabungsförderlichen Unterrichts statt.
- ➜ Die Schule unterstützt Begabungsförderung an der Schule.
- ➜ Jeder wird angeregt, seinen Unterricht im Sinne begabungsförderlichen Unterrichts offenzulegen.
- ➜ Jeder kann Leitlinien mitentwickeln.
- ➜ An der Schule wird interfakultativ zusammengearbeitet.

Inklusive Praktiken entwickeln

- Die Schule hat ein ausgewiesenes Begabungsprofil.
- Die Schule sichert Begabungsförderung und gibt Wissen weiter.
- Jeder an der Schule bemüht sich, seinen Unterricht im Sinne begabungsförderlichen Unterrichtens zu gestalten.
- Jeder kann sich mit den Leitlinien seiner Schule identifizieren.

Inklusive Praktiken sichern und evaluieren

- In der Schule werden laufend Aufzeichnungen und Rückmeldungen über strukturelle und inhaltliche Innovationen im Rahmen der Begabungsförderung gemacht.
- Sowohl Leitbild als auch Schulkonzept sind transparent nachvollziehbar.
- In der Einrichtung werden Leitbild und Schulkonzept kontinuierlich fremd- und selbst evaluiert.

Ein so verstandener Index für inklusive Begabungsförderung ist ein Instrument zur Förderung *aller* Kinder, denn alle Kinder haben einen »besonderen Förderbedarf«. Der Index eignet sich zur Selbstevaluation von Schulen, die dem Anspruch einer »Schule für alle« gerecht werden wollen.

6. Art-Coaching: Die Schule als OASE (Open Art Space)

Bei unserer Suche nach Wegen, mehr Lernfreude und vielleicht sogar die Erfahrung von Glück in die Schule zu bringen, sind wir nun schon ein gutes Stück vorangekommen. Meine Ausführungen haben gezeigt: Eine der Ursachen für die unbefriedigenden Bedingungen an vielen unserer Schulen liegt darin, dass wir unter dem Diktat einseitiger, äußerlicher und zu wenig auf die Person bzw. den einzelnen Schüler/die einzelne Schülerin zugeschnittener Leistungsanforderungen den Kontakt zu uns selbst und unseren Schüler/innen, zu unseren und ihren elementaren Bedürfnissen verloren haben. Zu viele fühlen sich Belastungen ausgesetzt, deren Sinn sie nur begrenzt erkennnen und deren Anforderungen sie nur unzureichend nachkommen können. Das Salutogenese-Konzept Antonovskys hat gezeigt, dass gesundheitsgefährdender Stress entsteht, wenn persönliche Bedeutsamkeit, Versteh- und Handhabbarkeit nicht mehr gegeben sind. Die an Lehrer/innen und Schüler/innen herangetragenen wachsenden Anforderungen, wenngleich sie auch individuell unterschiedlich verarbeitet werden, scheinen in ihrer Tendenz zu oft in diese Richtung zu wirken.

Der springende Punkt ist nun, dass die an Schule Beteiligten – schafft man einen offenen Raum gemeinsamer Selbstreflexion zur Entwicklung neuer Formen gemeinschaftlichen Sehens, wie wir es in unseren Werkstätten tun – sehr wohl wissen, worin Prinzipien erfolgreichen Lehrens, Lernens und Erziehens liegen, die zugleich auch Basis eines gesundheitsförderlichen Organisationsklimas sind: Wertschätzung, Wohlfühlen und bedingungslose Zugehörigkeit zu einer unterstützenden Gemeinschaft sind solche Grundbedürfnisse, die in unseren Schul- bzw. Organisationsentwicklungsworkshops von einer erdrückenden Mehrzahl der Teilnehmer/innen gleich welchen Alters und welcher Profession seit vielen Jahren immer wieder an erster Stelle benannt werden.

Schnellstraßen des Lernens vertreiben die Lernfreude

Im Gegensatz dazu treibt die dynamisierte, an äußerlichem Wachstum orientierte Ressourcenausbeutungsgesellschaft, verschärft durch die globalisierte Konkurrenz, einen Prozess der Unterordnung des Individuums unter fremdbestimmte, vor allem verkürzten ökonomischen Zielen verpflichtete Anforderungen voran. Lernen und Lehren sollen schneller, standardisiert und jederzeit überprüfbar stattfinden, wobei der widerständige Stoff in weiten Bereichen in Kerncurricula geordnet und zu überprüfbaren Häppchen zurechtgestutzt wird. Das Individuum wird immer mehr Objekt ferngesteuerter Bildungs- und oft auch Ausgrenzungskarrieren, wie wir es anhand von Friedmans zugespitzen Schilderungen (siehe S. 79) detailliert nachvollziehen konnten. Wer das hohe Tempo nicht halten kann, wird ausgesondert. Das Abenteuer Bildung, das einst von eigensinniger, lust-, bisweilen auch schmerzvoller Suche mit Um- und Abwegen getragen war, ist längst vertrieben worden durch »Schnellstraßen des Lernens« bzw. der Anpassung an vorgefertigte und/oder fremdbestimmte Inhalte und Zeitvorgaben. Permanente Kontrolle durch standardisierte Prüfverfahren kann dazu beitragen, Schüler/innen und Studierenden den Eigensinn und ihre Leidenschaft auszutreiben. Unreflektierte Anpassung ist Trumpf.

Wen wundert es da, dass vielen Studierende – wie eine neue Studie (Bargel 2010) zeigt – unter solchen Bedingungen nicht nur die Freude am Studium vergangen, sondern auch die Lust an der Erkenntnis abhandengekommen ist. Ähnliches gilt für viele Schüler/innen, die viel zu früh aussteigen und abschalten. Wie wir gesehen haben, reagieren immer mehr Lehrer/innen und Schüler/innen auf zunehmende Fremdbestimmung mit Symptomen von Überforderung und sogar Krankheit. Lebendiges Lernen sieht anders aus. Hier stellt sich die Frage: Wo ist in unseren Bildungseinrichtungen, in Schulen und Hochschulen der Ort, an dem man – zumindest zeitweise – aus dem Hamsterrad ausbrechen kann, um sich darauf zu besinnen, was wirklich bedeutungsvoll für den eigenen Lern- und Lebensweg ist und persönlichen Sinn macht?

Meine These lautet: Das beste Mittel gegen Sinnverlust und die Zunahme von Depressionen besteht darin, dass wir Lernfreude und die Erfahrung von Glück in den Alltag unserer Institutionen zurückholen, indem wir freie Räume schaffen, in denen wir uns gemeinsam auf unsere Neigungen und Potenziale besinnen, um so Fragmentierung zu überwinden und soziale Kohärenz zu gewinnen.

Räume schöpferischer Begegnung und Besinnung schaffen

Organisationen im Allgemeinen und Schulen im Besonderen brauchen von Zeit zu Zeit unverzweckte Orte der Besinnung, in denen ihre Mitglieder – auch im Sinne von Scharmers »presencing« – ihre verstreuten Kräfte bündeln und neue Formen gemeinschaftlichen Sehens bezüglich gemeinsam gewünschter Potenzialentfaltung realisieren. Bildungseinrichtungen, das übersehen die kontroll- und regelungswütigen Bildungsnormierer, lassen sich nicht wie Bürokratien führen. Vielmehr benötigen sie Phasen der Selbstbesinnung, der Zentrierung, der Sinn- und Glücksfindung, in denen über messbare Qualitätsindikatoren hinaus eine Auseinandersetzung mit den persönlich bedeutsamen Themen stattfindet.

Wir brauchen in Ergänzung zu managementorientierten Verfahren der Schul- bzw. Personal- und Organisationsentwicklung eine *personen- und kreativitätsorientierte* Perspektive. Den vernachlässigten Bereichen von Kunst, dem Experimentieren mit kreativen Zugängen und der Besinnung auf existenzielle Fragen kommt hier ein zentraler Stellenwert zu. Der Wüste einseitig fremdbestimmter und wachstumsorientierter Ressourcenausbeutung müssen wir Oasen der Freiheit, unverzweckte Räume der Freisetzung unerschlossener Potenziale, Räume der spielerischen und schöpferischen Begegnung entgegensetzen. Es geht darum, wieder Farbe, Leben und Leidenschaft in unsere überregulierten Organisationen zu bringen und dem »Abenteuer Bildung« Spielraum zu lassen. Diese Herausforderung betrifft Bildungsinstitutionen ebenso wie Wirtschaftsorganisationen.

Ja, aus gesamtgesellschaftlicher Sicht brauchen wir neue Verfahren, die konkrete Wege zeigen, wie wir den anstehenden Wandel zu einer Potenzialerschließungsgesellschaft angehen können, dessen Triebkraft die Nutzung von Vielfalt zur Freisetzung nachhaltigen Schöpfertums in synergetischer Zusammenarbeit ist. Die hierfür benötigten Freiräume fehlen in unseren Institutionen, weswegen viele sie nur noch in Freizeitaktivitäten suchen und finden. Doch diese Freiräume, in denen wir uns aus der Mehr-desselben-Falle befreien können, gehören in den Alltag unserer Organisationen und vor allem unserer Schulen und Universitäten. Und je eingeschränkter die Rahmenbedingungen sind, desto wichtiger ist es, Räume für das schon von Carl Rogers (1974) geforderte »Lernen in Freiheit« zu schaffen.

Einen Schritt in diese Richtung stellt das von uns entwickelte Art-Coaching-Verfahren (Burow/Schmieling-Burow 2005) dar, das in den letzten zehn Jahren vor allem im Rahmen von Lehreraus- und -fortbildung entstanden ist. In Gruppen von 20 bis 200 Personen schaffen wir Inspirations- und Selbstfindungsräume in Form einer zeitlich begrenzten »OASE«, eines »**O**pen **A**rt **S**pac**E**«.

Es handelt sich, etwa im Rahmen eines pädagogischen Tages oder besser noch eines Kompaktwochenendes, um einen offenen Raum zur Selbstbesinnung, zur Anregung und Selbsterforschung sowie zur Entdeckung des eigenen und gemeinsam geteilten Kohärenzsinnes. Die Erfahrung des Open Art Space führt oft dazu, dass die Teilnehmer/innen genauer wissen, was ihre »innere Berufung« ist, was sie individuell und bisweilen auch gemeinschaftlich anstreben. Selbsterkenntnis ist die Grundlage zur Erkenntnis des persönlichen Profils und zur Bildung Kreativer Felder. Sie bildet häufig den Ausgangspunkt für die Bildung von Synergieteams, die sich entweder darin unterstützen, persönliche Ziele zu erreichen, oder gemeinsam Projekte in ihrem jeweiligen Arbeitsbereich starten. Das Open Art Space bzw. die OASE wird durch unser Art-Coaching-Verfahren strukturiert.

Art-Coaching: Durch Kunst und ästhetisches Gestalten die innere Stimme finden und kreative Potenziale erschließen

Bei der Suche nach Wegen zum Glück allgemein und zum Schulglück im Besonderen orientieren wir uns an der Dewey'schen Formel (S. 139). Hieraus resultiert die Frage:

➜ *Wie kann man herausfinden, wozu man sich eignet, und wie kann man Gelegenheiten schaffen, dies auch auszuüben und in gute Leistungen zu übersetzen?*

Wie wir gesehen haben, sind ja Lernfreude, Wohlfühlen und die Erfahrung von Glück keine Gegensätze zu Spitzenleistungen, sondern ganz im Gegenteil deren Voraussetzung. Allerdings ist »Eignung« weiter gefasst, als es ein schulisches Curriculum abbilden kann. In diesem Sinne argumentiert auch der Managementexperte Stephen R. Covey (2006), dem zufolge es gilt, einen verkürzten Leistungsbegriff auch dadurch zu überwinden, dass man neben der *kognitiven* Intelligenz (IQ) und der *emotionalen* Intelligenz (EQ) auch die *spirituelle* Intelligenz (SQ) entwickelt.

Mit Art-Coaching meinen wir, ein Verfahren gefunden zu haben, das nicht nur geeignet ist, die drei Formen der Intelligenz miteinander zu verbinden, sondern das darüber hinaus dazu beiträgt, unsere bislang ungenutzten kreativen Ressourcen durch die Bildung von Kreativen Feldern zu erschließen. Kern des Verfahrens, das wir seit zehn Jahren in Gruppen von 10 bis 200 Personen durchgeführt und evaluiert haben, sind drei Schritte:

1. Die Entdeckung des »persönlichen Mythos« (narrativer Zugang)
2. Das »expressive Selbstporträt« (ästhetischer Zugang)
3. Das Kreative Feld (gruppendynamischer Zugang)

Art-Coaching ist ein neuer Beratungsansatz, der Dimensionen der Kunst bzw. ästhetischer Ausdrucksverfahren für den Coaching-Prozess erschließt. Durch schöpferisches Gestalten und die Begegnung mit Kunst wird es möglich, bislang ungenutzte kreative Potenziale freizusetzen, Ziele zu klären und unsere »innere Berufung« zu entdecken.
Art-Coaching knüpft an Erkenntnisse der Hirnforschung an, die gezeigt hat, dass wir neben explizitem und implizitem Wissen auch über eine dritte Wissensform verfügen, die unser Denken, Fühlen und Handeln steuert: das in inneren Bildern und Symbolen verdichtete Bildwissen (»pictorial knowledge«).

Art-Coaching ermöglicht es, dieses Bildwissen zu erschließen, indem wir unsere inneren Bilder ausdrücken und als Quelle von Inspiration und Sinnfindung nutzen. Der Austausch innerer Bilder setzt verborgenes Wissen frei und führt zum Entstehen Kreativer Felder, von Orten transkultureller Begegnung und schöpferischer Erneuerung.
Art-Coaching ist persönlichkeits- und berufsbezogene Beratung von Personen, Gruppen und Organisationen im Medium der Kunst bzw. unter Nutzung kreativpädagogischer Ausdrucks- und Gestaltungsverfahren.

1. Die Entdeckung des »persönlichen Mythos«

Im Anschluss an eine kurze Einführung in das Verfahren erhalten die Teilnehmer/innen unserer Art-Coaching-Workshops einen Leitfaden, der sie befähigt, Schlüsselstationen ihrer Biografie sowie prägende Einflüsse herauszuarbeiten. Der Leitfaden (siehe unten) umfasst folgende Themen:

- Welche Lebenskapitel prägen mein Leben?
- Acht Schlüsselereignisse meiner persönlichen Geschichte
- Die vier wichtigsten Personen in meiner Lebensgeschichte und meine Helden
- Mein Zukunftsskript
- Meine Belastungen und Probleme
- Meine persönliche Ideologie bzw. mein Glaube
- Bilanz: Was ist das Hauptthema meines Lebens?

Diese Selbstanalyse mündet in die Formulierung einer persönlichen Erzählung, des »persönlichen Mythos«, der die Einzigartigkeit der eigenen Person ausdrückt und bewusst macht. Entwickelt hat diese Biografieanalyse der amerikanische Psychologe Dan P. McAdams. Für ihn ist die Entdeckung des persönlichen Mythos ein Schüssel zur Selbsterkenntnis und zur Erhöhung der eigenen Wirksamkeit:

> »Grundlage dieser Theorie ist die Idee, dass jeder von uns über die Schaffung einer heroischen Geschichte vom Selbst erfährt, wer er ist. Mein Ziel ist es, zu untersuchen und zu erklären, wie jeder von uns bewusst und unbewusst einen persönlichen Mythos konstruiert. Um mich zu kennen, musst du meine Geschichte kennen; denn meine Geschichte definiert, wer ich bin. Um mich selbst zu kennen, um Einblick in den Sinn und die Bedeutung meines Lebens zu gewinnen, muss ich selbst meine Geschichte kennen. Ich muss die Erzählung des Selbst in all ihren Besonderheiten erkennen, den persönlichen Mythos, den ich insgeheim, unbewusst im Laufe der Jahre geschaffen habe. Er ist eine Geschichte, die ich fortwährend revidiere und mir selbst (und manchmal anderen) zu meinem Leben erzähle.« (McAdams 1996, S. 7)

Mit diesen Worten leitet McAdams die Darstellung seiner langjährigen Untersuchungen ein. »Das bin ich – Wie persönliche Mythen unser Selbstbild formen« lautet der Titel seines inspirierenden Buches. Ausgehend von der These, dass wir alle Geschichtenerzähler und bestrebt seien, den einzelnen und oft verwirrenden Erfahrungen unseres Lebens einen zusammenhängenden Sinn zu geben (Parallele zur Kohärenzthese Antonovskys!), weist McAdams einen Weg, Strategien und Muster herauszufinden, mit denen wir unser Selbst immer wieder neu narrativ erschaffen. Nebenbei bemerkt: Seine These der Selbsterschaffung durch Selbsterzählungen wird durch den Philosophen Jürgen Habermas unterstützt, der in seiner »Theorie des kommunikativen Handelns« schreibt:

> »Menschen können [...] eine persönliche Identität nur ausbilden, wenn sie erkennen, dass die Sequenz ihrer eigentlichen Handlungen eine narrativ darstellbare Lebensgeschichte bildet.« (Habermas 1981, S. 206)

Auch der Gestalttherapeut Erving Polster veröffentlichte 1990 ein Buch mit dem Titel »Every Person's Life is Worth a Novel«, in dem er die Erschließung der Dramatisierungsmuster der eigenen Lebensgeschichte als Schlüssel für Selbstwirksamkeit und psychische Gesundheit beschreibt.

Der »persönliche Mythos«, den wir konstruieren, um unserem Handeln mit dem Ziel der Komplexitätsreduktion Sinn und Kohärenz zu verleihen, ist nach Art einer Heldengeschichte konstruiert, in der wir der Hauptakteur sind und die wir fortwährend um- und fortschreiben. McAdams präzisiert:

> »Er [der Mythos] ist zunächst einmal eine besondere Art der Geschichte, die jeder von uns naturgemäß konstruiert, um die verschiedenen Teile des Selbst und unseres Lebens zu einem sinnvollen, sinnerfüllenden und überzeugenden Ganzen zusammenzufügen. Wie alle Geschichten hat auch der persönliche Mythos einen Anfang, eine Mitte und ein Ende, die durch die Entwicklung der Handlung und der Charaktere definiert werden. Mit unserer Geschichte versuchen wir eine überzeugende ästhetische Aussage zu machen. Der persönliche Mythos ist ein Akt der Imagination, der versinnbildlicht erinnerte Vergangenheit, wahrgenommene Gegenwart und antizipierte Zukunft integriert. Wir sind zugleich Autor und Leser unseres Mythos.« (McAdams 1996, S. 8)

Nachdem die Teilnehmer/innen selbstständig den von uns modifizierten McAdams-Leitfaden (siehe unten) durchgearbeitet haben, treffen sie sich circa vier Wochen vor Beginn des eigentlichen Workshops in selbstorganisierten Peergruppen und tauschen ihre persönlichen Lebens- bzw. Berufserzählungen aus. Dabei erhalten sie die Aufgabe, sich auf drei Kerneinsichten zu einigen, die sie uns mailen.

Aus unserer nunmehr zehnjährigen Arbeit mit dem Verfahren wissen wir, dass die Einzelarbeit mit dem Leitfaden und der anschließende Austausch in den selbstorganisierten Peergroups nachhaltig wirksame Prozesse der Selbstreflexion der eigenen Biografie anstoßen und darüber hinaus zur Bildung von Paaren und Gruppen beitragen, die sich nicht selten auch noch nach dem Seminar treffen und gegenseitig beraten. Bereits in dieser Eingangsphase wird die Bildung von Kreativen Feldern angebahnt.

Leitfaden zur Entdeckung des persönlichen Mythos

1. Welche Lebenskapitel prägen mein Leben?

Ich möchte, dass Sie damit beginnen, dass Sie über Ihr Leben nachdenken, als sei es ein Buch. Jeder Teil Ihres Lebens stellt ein Kapitel in diesem Buch dar. Das Buch ist zu diesem Zeitpunkt natürlich noch nicht abgeschlossen. Gleichwohl enthält es bereits einige interessante und klar umrissene Kapitel. So bitte ich Sie, Ihr Leben in die wichtigsten Kapitel einzuteilen und jedes Kapitel kurz zu beschreiben. Ob Sie viele oder wenige Kapitel daraus machen, steht Ihnen frei. Ratsam sind mindestens zwei oder drei und maximal sieben oder acht Kapitel. Sie sollten sich diese Aufteilung wie ein Inhaltsverzeichnis Ihres Buches vorstellen. Geben Sie jedem Kapitel eine Überschrift und beschreiben Sie den Gesamtinhalt jedes Kapitels. Erläutern Sie kurz, was ausschlaggebend für den Übergang von einem Kapitel zum nächsten ist.
Sie sollten für die Bearbeitung dieses ersten Analyseteils mindestens 30–45 Minuten veranschlagen. Es geht also nicht darum, die »ganze Geschichte« zu erzählen, sondern darum, einen Gesamtüberblick mit den wichtigsten Kapiteln Ihrer Lebensgeschichte zu erstellen.

Auswertungsgesichtspunkte:

In dieser »Lebenskapitelfrage« geht es darum, Ihrem Leben einen geordneten narrativen Rahmen zu geben. Wichtige Auswertungsgesichtspunkte sind:
- Was sind die Hauptwendemarken und Entwicklungstendenzen in Ihrem Leben?
- Inwieweit verfallen Sie beim Rekonstruieren Ihrer Vergangenheit in einen optimistischen oder pessimistischen Ton?
- Welche Sprache, Symbole, Bilder und Metaphern verwenden Sie?

2. Acht Schlüsselereignisse meiner Geschichte

Ich werde Sie nun zu acht Schlüsselereignissen befragen. Ein Schlüsselereignis ist ein spezifisches Vorkommnis, ein entscheidender Vorfall, eine bedeutsame Episode in Ihrer Vergangenheit, die sich zu einem bestimmten Zeitpunkt an einem bestimmten Ort ereignete. Gemeint ist ein aus irgendeinem Grund herausragendes Ereignis, das für einen spezifischen Augenblick in Ihrem Leben steht. Eine bestimmte Unterhaltung, die Sie mit Ihrer Mutter hatten, als Sie zwölf waren, oder eine bestimmte Entscheidung, die Sie eines Nachmittags letzten Sommer trafen. Versuchen Sie, auch die Folgewirkungen zu verdeutlichen, die dieses Schlüsselereignis in Ihrer Lebensgeschichte hatte, und was dieses Ereignis darüber aussagt, wer Sie als Person sind oder waren. Die acht Schlüsselereignisse sind:

- *Positivste Erfahrung:* Ein Höhepunkt in der Lebensgeschichte; der wundervollste Augenblick Ihres Lebens.
- *Negativste Erfahrung:* Ein Tiefpunkt in der Lebensgeschichte; der schlimmste Augenblick Ihres Lebens.
- *Wendepunkt:* Eine Episode, die eine wesentliche Veränderung Ihres Selbstverständnisses mit sich brachte. Irrelevant ist, ob Sie diesen Wendepunkt als Wendepunkt begriffen haben, als er sich ereignete. Wichtig ist, dass Sie das Ereignis jetzt rückblickend als Wendepunkt oder zumindest als Symbol für eine wesentliche Veränderung in Ihrem Leben sehen.

- *Früheste Erinnerung:* Eine der frühesten Erinnerungen, die Sie an ein Ereignis haben; eine vollständige Erinnerung mit dem dazugehörigen Setting, der dazugehörigen Szene, den dazugehörigen Charakteren, Gefühlen und Gedanken. Es muss keine besonders wichtige Erinnerung sein. Entscheidend ist, dass es eine frühe Erinnerung ist.
- *Eine wichtige Kindheitserinnerung:* Irgendeine aus Ihrer heutigen Sicht herausragende positive oder negative Erinnerung aus Ihren Kinderjahren.
- *Eine wichtige Jugenderinnerung:* Irgendeine aus Ihrer heutigen Sicht herausragende Erinnerung aus Ihren Teenagerjahren. Auch sie kann positiv oder negativ sein.
- *Eine wichtige Erinnerung aus den Erwachsenenjahren:* Eine herausragende positive oder negative Erinnerung aus der Zeit Ihres Erwachsenlebens, nach Vollendung des 21. Lebensjahres.
- *Eine andere wichtige Erinnerung:* Ein anderes bestimmtes herausragendes Ereignis aus Ihrer Vergangenheit. Es kann lange zurückliegen oder jüngeren Datums sein. Es kann positiv oder negativ sein.

Fragestellungen:

Ergeben sich aus der Beantwortung der bisherigen Punkte zentrale Fragestellungen oder Lebensthemen, die Ihr bisheriges Leben wie ein roter Faden durchziehen? Wenn ja, welche?

Auswertungsgesichtspunkte:

Schlüsselereignisse bezeichnet McAdams als »Kernepisoden«. Sie enthalten wertvolle Informationen über die in Ihrem persönlichen Mythos vorherrschenden Themen und Bilder sowie den vorherrschenden Ton. Je mehr Zeit und Energie Sie in die Erinnerung jedes einzelnen Ereignisses investieren, desto besser können Sie die Bedeutung jenes speziellen Moments im Rahmen des Gesamtmusters Ihrer Lebensgeschichte verstehen. Sie sollten sich fragen:

- Was sagen die Episoden darüber aus, was Sie wirklich im Leben möchten?
- In welchem Maße werden Sie von Macht oder Liebe (instrumentell oder partizipatorisch) getrieben?
- Wo und in welcher Form kommt Ihr Bedürfnis nach Macht und Liebe in Ihrer Geschichte zum Ausdruck?
- Worin besteht Ihr spezifischer Wahrnehmungs- und Bedeutungssetzungsfilter? (Sie sind die Person, die sich entschieden hat, aus der Vielzahl der Ereignisse gerade diejenigen zu benennen!)

3. Die vier wichtigsten Personen in meiner Lebensgeschichte und meine »Helden«

In der Lebensgeschichte jedes Menschen kommen einige bedeutende Personen vor, die in der Erzählung eine wichtige Rolle spielen. Dabei kann es sich um Eltern, Kinder, Geschwister, Ehepartner, Geliebte, Freundinnen und Freunde, Lehrer/innen, Kolleginnen und Kollegen oder Mentoren handeln; die Auswahl muss aber nicht auf diesen Personenkreis beschränkt sein. Ich möchte, dass Sie *vier* der wichtigsten Personen in Ihrer Lebensgeschichte beschreiben. Von diesen Personen sollte mindestens eine nicht mit Ihnen verwandt sein. Spezifizieren Sie bitte die Art der Beziehung, die Sie jeweils mit diesen Personen hatten oder haben, und inwieweit diese konkret Ihre Lebensgeschichte beeinflusste.

Nach diesen Beschreibungen bitte ich Sie, mir von etwaigen Helden oder Heldinnen in Ihrem Leben zu erzählen:

Person 1: ....

Person 2: ....

Person 3: ....

Person 4: ....

Helden, die in meinem Leben eine wichtige Rolle spielen: ....

....

Auswertungsgesichtspunkte:

Menschen, die in Ihrem Leben eine herausragende Rolle spielen, stellen möglicherweise die Grundcharaktere oder »Imagines« dar, die Ihren persönlichen Mythos prägen. Eltern, Freunde, Geliebte, Helden etc. können als Prototypen (Idealmodelle) für zentrale »Imagines« wie die des Fürsorgers, Heilers, Kriegers etc. fungieren. Sie können die Entwicklung eines besonderen Charakters in Ihrer Lebensgeschichte fördern oder behindern.

- → Warum haben Sie gerade diese Personen ausgewählt?
- → Inwiefern haben sie Ihre Lebensgeschichte beeinflusst?
- → Welche Auswirkungen haben sie auf Ihre Selbstdefinition?

4. Mein Zukunftsskript

Nachdem Sie sich nun mit Ihrer Vergangenheit und Gegenwart auseinandergesetzt haben, möchte ich, dass Sie jetzt auf Ihre Zukunft eingehen. Wenn Sie an Ihre weitere Lebensgeschichte denken, wie könnte dann das Skript oder der Plan aussehen, was als Nächstes in Ihrem Leben geschehen soll? Ich möchte, dass Sie Ihren Gesamtplan in Umrissen oder Ihren Traum für Ihre Zukunft beschreiben. Beschreiben Sie Ihren derzeitigen Zukunftstraum oder -plan oder Ihre Vorstellungen von der Zukunft. Und sagen Sie mir auch, inwieweit – wenn überhaupt – Ihr Traum oder Plan bzw. Ihre Vorstellungen Ihnen die Möglichkeit geben, erstens in der Zukunft kreativ zu sein und zweitens einen Beitrag für andere zu leisten.

Mein Lebenstraum:

....

....

....

....

....

Auswertungsgesichtspunkte:

Aus dem Zukunftsskript geht möglicherweise hervor, wie Sie sich ein Ende vorstellen bzw. wohin sich Ihre Lebensgeschichte bewegt. Sie erhalten damit zugleich wertvolle Informationen darüber, wie Sie Ihre Identität konstruieren. Denn Ihre Zielsetzungen sind ein eindeutiger Spiegel Ihrer grundlegenden Wünsche und Bedürfnisse.

- ➔ Inwiefern passt Ihr Zukunftsskript zu dem Bild, das Sie von sich in der Vergangenheit hatten und in der Gegenwart haben?
- ➔ Welche Strategie lässt sich erkennen: vom Schlechten zum Guten oder umgekehrt?
- ➔ Zeichnet sich ein lebensbejahender, anziehender persönlicher Mythos ab?
- ➔ Inwiefern sind Sie bereit, einen kreativen Beitrag für die nächste Generation zu leisten?

2. Das »expressive Selbstporträt«

Höhepunkt und Kern von Art-Coaching bildet ein zweieinhalbtägiger Wochenendworkshop, in dem es darum geht, die Einsichten aus dem narrativen Zugang durch die Begegnung mit Kunst und bildnerischem Gestalten zu erweitern sowie Voraussetzungen für die Bildung Kreativer Felder zu schaffen.

Beim »expressiven Selbstporträt« handelt es sich um ein von Christel Schmieling-Burow (2009) entwickeltes Gestaltungsverfahren, das die Teilnehmer/innen – auch ohne jegliche künstlerische Vorkenntnisse – dazu befähigt, ihrem inneren Wollen in einem eindrucksvollen Porträt Ausdruck zu geben. Die Bewusstwerdung des »persönlichen Mythos« und die Gestaltung eines »expressiven Selbstporträts« ergänzen einander und erlauben es, Zugang zu handlungsleitenden inneren Bildern zu erhalten, bislang unerkannte Potenziale der eigenen Person zu erkennen und auszudrücken, also die – um mit Scharmer zu sprechen – im Entstehen begriffene eigene »höchste Zukunftsmöglichkeit« zu entdecken. So berichten uns immer wieder Teilnehmer/innen – auch noch nach Jahren –, dass sie ihr Porträt an zentraler Stelle, etwa am Arbeitsplatz oder im Wohnzimmer aufgehängt haben. Offenbar gibt es ihren Wünschen und Fähigkeiten Ausdruck, Ziel und Richtung. Einem Magneten gleich hilft es den Ablenkungen des Alltags zum Trotz, den inneren Kompass immer wieder auf die entdeckte persönliche und berufliche Zielerreichung auszurichten.

Wie läuft das Verfahren ab? Eingangs erhalten die Teilnehmer/innen, die zu Beginn des Wochenendworkshops im Kreis sitzen, eine kurze Einführung in Hintergrund und Ablauf. Einige wenige Gruppenregeln werden geklärt, wozu auch gehört, dass Interpretieren, Psychologisieren, Deuten oder Ähnliches verboten ist. Es handelt sich bei diesem ressourcenorientierten Reflexions- und Gestaltungsverfahren nicht um Therapie! Die Geschichten und Bilder sollen für sich sprechen. Nach einigen wenigen Informationen zu den Möglichkeiten der bildnerischen Gestaltung und zum expressiven Gebrauch von Acrylfarben verteilen sich die Teilnehmer/innen in verschiedene Räume und beginnen, sich selbst auf einem Malkarton (80 x 100 cm) mit schwarzen Konturlinien zu porträtieren. Der Auftrag lautet: »Male dich so, wie du dich fühlst!« In einem weiteren Schritt werden dann die Konturen und Flächen mit Farben gefüllt. Eine kurze Schlussrunde schließt den Eingangsblock ab.

Der nächste Morgen beginnt mit einer Meditation im Plenum: Die Teilnehmer/innen sitzen im Kreis und haben neben sich Stift und Papier liegen. Im Anschluss an eine kurze Entspannung werden sie aufgefordert, ihre Aufmerksamkeit für einige Minuten »nach innen« zu richten. Währenddessen werden im Nebenraum mehrere Hundert Kunstdrucke (zeitgenössische und historische Werke) ausgelegt. Die Erarbeitung und Auswertung des Selbstporträts erfolgt nun in neun Schritten:

1. Entspannung

Die Teilnehmer/innen erhalten eine kurze Anleitung zur Entspannung und zur Wahrnehmung der »inneren Farben«, die sie sehen. Ein erster Schritt auf dem Weg zur Entdeckung ihrer »inneren Vision«.

2. Ihre beruflich beste Vision von sich selbst

Die Teilnehmer/innen werden aufgefordert, sich sich selbst in ihrem erwünschten Beruf oder an ihrem Arbeitsplatz vorzustellen. Was ist die beste Vision, die sie von sich haben, wenn alles so eintreffen würde, wie sie es sich wünschen? Sie sollen sich selbst in ihrer besten beruflichen Zukunftsmöglichkeit vorstellen und sich überlegen, wie sie wären, wenn es ihnen gelänge, einen Beruf bzw. eine Stelle zu finden, in der sie ihre Fähigkeiten optimal entfalten könnten. Dies entspricht Scharmers Presencing-Konzept des Führens von der auftauchenden Zukunft her. Die Teilnehmer/innen erleben zunächst vor ihrem inneren Auge das Entstehen eines – oft in Symbolen gebundenen – Bildes ihrer höchsten zukünftigen Möglichkeit. Der Wahrnehmungsmodus des Presencing, verstanden als Selbstführung aus der im Entstehen begriffenen persönlichen Zukunft, wird so erfahren und durch die nachfolgenden Schritte vertieft.

3. Bildung eines Satzes oder einer Frage

Als Nächstes erfolgt die Aufforderung, sich einen Satz oder eine Frage zu den auftauchenden Gedanken, Vorstellungen, Bildern etc. zu formulieren; einen Satz, der meine beste Zukunftsmöglichkeit prägnant ausdrückt.

4. Ausklang der Meditation

Die Teilnehmer/innen werden aufgefordert, mit ihrer Aufmerksamkeit wieder in den Raum zurückzukehren und sich ihren Satz oder ihre Frage auf dem bereitliegenden Blatt zu notieren.

5. Auswählen eines Kunstdruckes

Anschließend erfolgt eine Betrachtung der ausgelegten Kunstdrucke. Jede/r wählt einen Kunstdruck aus und schreibt sich dazu drei Sätze bzw. Assoziationen auf, die ihm/ihr spontan dazu einfallen. In dieser Phase arbeitet jeder für sich, und es finden keine Gespräche statt. Anschließend soll in jedem der drei Sätze bzw. Assoziationen ein Wort unterstrichen werden, das als besonders wichtig erscheint.

6. Bildung eines Satzes

In einem weiteren Schritt sollten diese drei Wörter spontan zu einem Satz zusammengefügt werden. Hier geht es nicht um grammatische oder logische Folgerichtigkeit, sondern um Spontaneität. Ein solcher Satz lautete zum Beispiel: »Aus meiner Gitarre scheint die Sonne so sehr, dass die Pferde weinen.« Man sieht an diesem Beispiel, dass über das Medium des Ästhetischen das Tor zu neuen Ausdrucks- und Erkenntnisebenen aufgestoßen wird – bezogen auf die Entwicklungsrichtungen des eigenen Selbst.

Das entstehende neue Wissen ist – im Sinne von Pöppels drittem Wissenstyp des »pictorial knowledge« – zunächst in Metaphern und Symbolen gebunden und enthält einen für seine Autorinnen und Autoren tieferen, verbal zunächst kaum kommunizierbaren Sinngehalt, der einen direkten Anschluss zu inneren Bildern – im Sinne von Scharmers »open mind« und »open heart« (siehe S. 115) – anbahnt. Auch wenn Außenstehende mit diesen poetischen Sätzen und verschlüsselten Bildern wenig anfangen können, so erschließen sie doch für die jeweilige Person bislang ungekannte Tiefenebenen des eigenen Wollens und führen zur Entdeckung der »inneren Vision« – so das Ergebnis unserer Befragungen und Analysen der zum Teil umfangreichen Selbstreflexionsberichte, die insbesondere die Lehramtsstudierenden im Anschluss an das Seminar schreiben und die zwischen 20 bis 80 Seiten umfassen.

7. Bildnerische Gestaltung der poetischen Selbstaussage

Im nächsten Schritt geht es nun darum, den – aufgrund von Meditation, Wahl des Kunstdruckes und Formulierung der *poetischen Kernnarration* – gebildeten Satz bildnerisch zu gestalten. Die Teilnehmer/innen wenden sich also ihren bisherigen Porträts zu und beginnen, diese umzugestalten, bis hin zum vollständigen Übermalen. Mit bildnerischen Mitteln wird so der Dialog zwischen der Person, die ich geworden bin, und der, die im Entstehen begriffen ist, eingeleitet und die Suche nach einem kohärenten Selbstausdruck durch Form- und Farbgestaltung unterstützt. Bildnerische Mittel, die dabei zum Einsatz kommen, sind unter anderem Farbe (Farbauftrag, Farbkontraste, Farbproportionen etc.), Form (groß, klein, wellig, gerade, diagonal, unterschiedliche Proportionen etc.) oder Licht (hell, dunkel etc).

8. Bildbeschreibung

In einem mehrstündigen Prozess haben die Teilnehmer/innen ihre Ausgangsbilder umgestaltet und verfassen nun eine detaillierte Bildbeschreibung, die die Bewusstheit für Details, den gewählten »ästhetischen Ton« sowie verborgene Entwicklungsmöglichkeiten schärft und einen neuen Blick ermöglicht.

9. Bilanzierende Selbsteinschätzung

Nachdem die Teilnehmer/innen nun ihre Selbstporträts fertiggestellt haben, sollen sie in wenigen Sätzen eine Bilanz der in dem Prozess gewonnenen Einsichten für sich notieren. Mit der Fertigstellung der Porträts sowie der bilanzierenden Selbsteinschätzung geht der zweite Tag des Workshops zu Ende. Eine Blitzlichtrunde zum Austausch wesentlicher Eindrücke schließt den Tag ab.

3. Das Kreative Feld

Hatten wir vor Jahren zunächst nur mit Einzelpersonen oder kleinen Gruppen gearbeitet, so führte ein Zufall dazu, dass wir erkannten, dass die Arbeit mit großen Gruppen (50 bis 200 Personen) dem Verfahren eine ungeahnte Intensität und Dynamik verleiht, ja mehr noch, den Raum zur Freisetzung kollektiver Kreativität und zur Anbahnung Kreativer Felder eröffnet. So wurden wir im Rahmen der Lehrer- und Pädagogenausbildung an der Universität immer wieder mit der Einsicht konfrontiert, dass eine große Zahl von Studierenden erhebliche Schwierigkeiten damit hat, das für sie passende Studienfach und die dafür geeignete Berufsperspektive zu finden.

Allzu oft erwies sich der gewählte Ausbildungsgang als problematisch, wurden gewählte Studienfächer als wenig entwicklungsförderlich empfunden. Die Studierenden wurden mit diesem Problem alleingelassen. Die Studienangebote konzentrieren sich in ihrer erdrückenden Überzahl auf spezialisierte Fachwissenschaften und lassen die Person außen vor. Als wir dies erkannt hatten, boten wir regelmäßig unter dem Titel »Beruf, Berufung, Professionalität« ein Seminar an, das dem Entdecken der inneren Stimme, der Berufung und damit auch dem Finden desjenigen Berufsprofils dienen sollte, das zur jeweiligen Person passte.

Da die Universität angesichts der Studierendenmassen über zu wenig Beratungskapazität verfügt, setzten wir konsequent auf die Prinzipien Selbstorganisation und Peerberatung. Zu unserer Überraschung wurde das Seminar so stark nachgefragt, dass wir mit Gruppen zwischen 50 und 200 Teilnehmer/innen arbeiten mussten. Immer wieder wurden wir gefragt: Wie soll das funktionieren – ein derart persönlichkeitsbezogenes, ja intimes Seminar in einer Großgruppe? Auch wir hatten zunächst Zweifel. Doch heute, nach vielen Durchgängen mit einer Vielzahl von Großgruppen an der Universität, in Schulen und sonstigen Organisationen, können wir sagen: Das ressourcenorientierte Selbstberatungsverfahren Art-Coaching entwickelt gerade in großen Gruppen seine besonderen Wirkungen.

Diese Erkenntnis, die vielem widerspricht, was man aus Beratungsverfahren kennt, die in der Regel auf kleine Gruppen setzen, erklärt sich aus den besonderen Wirkungsdimensionen von partizipativ geleiteten Großgruppen. Die Großgruppe ermöglicht neue Formen der persönlichkeitsbezogenen Begegnung im Medium der Kunst bzw. von Symbolisierungen. Sie öffnet damit das Tor zu neuen Formen gemeinschaftlichen Sehens. Die Entdeckung unseres »persönlichen Mythos«, verbunden mit dem Ausdruck unserer inneren Bestimmung im »expressiven Selbstporträt«, gibt uns nicht nur ein hochwirksames Instrument der Selbsterkenntnis und Zielbestimmung an die Hand, sondern öffnet auch einen offenen Möglichkeitsraum, ein »Open Space« zur Entdeckung passender Synergiepartner für die gegenseitige Beratung und/oder Entwicklung gemeinsamer Netzwerke, Projekte etc.

Besonders beeindruckend für die Teilnehmer/innen ist immer wieder die Erfahrung einer ungeahnten Vielfalt an persönlichen Erzählungen und originellen Selbstporträts. Art-Coaching trägt im Sinne von Scharmers Presencing-Konzept dazu bei, dass Mitglieder von Institutionen und Organisationen die Struktur ihrer Aufmerksamkeit so verändern können, dass ein *kollektives Sehen* der Tiefenstruktur des jeweiligen Feldes und der im Alltag unter dem Routinehandeln verborgenen Vielfalt möglich wird. Dieser Gesichtspunkt ist insbesondere für neue Formen partizipativer Organisationsentwicklung wichtig: Art-Coaching in der Großgruppe kann zur Entdeckung bislang unerkannter Begabungen und zur Freisetzung der »Weisheit der Vielen« (Surowiecki 2005; Burow/Schratz 2009) führen.

Abb. 30: Art-Coaching

Den dritten Tag unseres Seminars »Beruf, Berufung, Professionalität« beginnen wir mit einer Ausstellung der entstandenen Selbstporträts, die mit den Kernaussagen versehen sind. Unbeschreiblich sind die emotional dichte Atmosphäre und die Kraft der Inspiration, die entstehen, wenn zwischen 50 und 200 farbige und großformatige Porträts die Wände des Plenums schmücken und von den Akteuren betrachtet werden (vgl. die Galerie unter www.art-coaching.org). Die verborgene Vielfalt der Gruppe wird eindrücklich sichtbar, Gemeinsamkeiten und Unterschiede bilden den Anstoß für Gespräche über unterschiedliche Entfaltungsmöglichkeiten.

In der Regel schließt sich ein komprimierter Vortrag zu Identitätstheorien und Möglichkeiten der Selbsterkenntnis an, der dazu beitragen soll, die individuellen Erkenntnisse auf eine verallgemeinerbare Ebene zu heben. Anschließend erfolgt der Auftrag, das eigene Porträt unter dem Aspekt einer darin enthaltenen *persönlichen Entwicklungsaufgabe* zu betrachten und diese zu formulieren. Danach bilden sich nach der Ähnlichkeit der Bilder oder nach Interesse Vierer- bis Sechsergruppen. In einem ersten Schritt soll jeder kurz seine Entwicklungsaufgabe beschreiben, um im zweiten Schritt durch die Gruppenmitglieder beraten zu werden. Abschließend formuliert jede Teilnehmerin und jeder Teilnehmer einen konkreten Schritt, den er in Richtung auf die Umsetzung seiner Entwicklungsaufgabe in der nächsten Woche unternehmen will. Als letzten Schritt soll die Gruppe sich überlegen, wie sie ihren gemeinsamen Erkenntnisprozess und ihre Umsetzungsschritte in komprimierter Form dem Plenum vermitteln kann. Mit der Präsentation der Gruppenergebnisse, die oft in beeindruckende Performances mündet, endet das Seminar.

Wie wir aus den ausführlichen Selbstreflexionsberichten wissen, die die Studierenden im Anschluss anfertigen (zwischen 20 und 80 Seiten!), beginnt mit dem Ende des Seminars für viele erst der eigentliche Selbstreflexionsprozess, der oft zu konkreten Konsequenzen führt, etwa der Erkenntnis, dass das gewählte Studienfach nicht den eigenen Bedürfnissen entspricht und gewechselt werden muss, dass man eine bislang unterschätzte Begabung entdeckt oder dass man Synergiepartner/innen findet, mit denen man sich gegenseitig berät oder gemeinsame Projekte entwickelt.

Dem Glück auf der Spur – durch Peerberatung

Der Art-Coaching-Workshop endet mit der Formulierung einer persönlichen Entwicklungsaufgabe. Um diese wirkungsvoll angehen zu können, benötigen die Teilnehmer/innen eine Unterstützung, die wir im Rahmen der Großgruppen nicht leisten können. Bei der Suche nach geeigneten Unterstützungsverfahren sind wir auf das »Erfolgs- bzw. Lernteamkonzept« (Burow 2000, S. 156–161) gestoßen. Es handelt sich dabei um ein leicht zu handhabendes, erstaunlich effektives Peerberatungsverfahren, das Sie auch zur kollegialen Beratung bzw. zum Coaching in Ihrem Kollegium nutzen können.

I. Einstieg → Ankommen → Rollen verteilen (Klient, Berater, Zeit- und Regelwächter)	5 Min.
II. Check-in (5 Min./Person) → Wo stehe ich? → Was ist seit dem letzten Treffen passiert? → Was habe ich erreicht?	30 Min.
III. Unterstützung (15 Min./Person) → Wo brauche ich Unterstützung?	90 Min.
IV. Zielsetzung (2 Min./Person) → Was möchte ich bis zum nächsten Treffen erreichen?	12 Min.
V. Abschluss	5 Min.

Zum Abschluss des Art-Coaching-Workshops geben wir den Teilnehmer/innen eine kurze Einführung in das Erfolgs- bzw. Lernteamkonzept – bisweilen auch als zusätzliches Seminar. Es handelt sich um ein leitfadengestütztes Peerberatungsverfahren, das auf der Idee beruht, die unterschiedlichen Fähigkeiten von Gruppenmitgliedern zur gegenseitigen Unterstützung bei persönlichen oder beruflichen Entwicklungszielen zu nutzen. Den Beratungsprozess strukturiert eine Musteragenda, die bei einer Gruppe mit sechs Teilnehmer/innen wie folgt aussieht:

In einer Sechsergruppe hat jedes Mitglied fünf Minuten zur Verfügung, um seine Entwicklungsaufgabe zu umreißen, erhält dann 15 Minuten Beratung durch die Teammitglieder, wobei nur zugehört wird, und definiert abschließend einen Schritt, den er bis zum nächsten Treffen angehen will. Anschließend finden fünf weitere Runden statt, sodass jedes Mitglied einmal beraten wird und fünfmal selbst als Berater fungiert. Diese auf den ersten Blick vergleichweise simple Ablaufstruktur, die von Barbara Sher (2004) in ihrem Buch »Wishcraft« entwickelt wurde und von Schley/Schley (2010) zum Kollegialen Teamcoaching (KTC) weiterentwickelt wurde, hat sich als äußerst effektiv für den Aufbau von Teams erwiesen, die sich bei der Klärung und Erreichung ihrer Ziele gegenseitig unterstützen. Anders als in Fällen, in denen es um komplexe psychische Probleme und/oder Erkrankungen geht, kommt dieses Instrument ohne professionelle Supervisoren, Berater, Therapeuten oder Coaches aus, weil meist die Kompetenz der Gruppe ausreicht, um genügend Anregung und Unterstützung zu geben. Mehr noch: Indem jeder Teilnehmer sich abwechselnd in die Rolle des zu Beratenden bzw. des Beraters begibt, erweitert er seine Sicht des jeweiligen Problems.

Leadership-Academy: Schulleiter/innen coachen sich gegenseitig

Im Bereich der Schulentwicklung und hier vor allem in der Schulleiterqualifizierung haben Schley/Schratz (2009) dieses Peerberatungskonzept in Form einer »Leadership-Academy« in Österreich weiterentwickelt. Bis zu 250 Schulleiter/innen treffen sich mehrmals im Jahr zu Peercoaching-Tagen. Der Zeitrahmen und der Inhalt des Coachings sind erweitert: Jede Schulleiterin und jeder Schulleiter hat zehn Minuten Zeit, ein persönliches *und* ein berufliches Ziel zu benennen, an dessen Umsetzung er arbeiten möchte, erhält dann 40 Minuten Beratung durch die Schulleiterpeers seiner Gruppe und benennt dann die konkreten Schritte, die er bis zum nächsten Treffen gehen will. Mittlerweile haben Schley/Schley (2010) ein Handbuch des Kollegialen Teamcoachings vorgelegt, in dem dieses Verfahren differenziert dargestellt wird.

Schüler coachen Schüler

Doch die Verwendung von Coaching-Verfahren beschränkt sich nicht auf den Lehrer-, Schulleiter- und Führungskräftebereich. Wie effektiv Schülercoaching sein kann, hat Albert Fischer (2008) gezeigt: Benachteiligte und leistungsversagende Schüler/innen, die alle vier Wochen 45 Minuten lang individuell gecoacht wurden, wiesen im Vergleich zur Kontrollgruppe weniger Fehlstunden auf und hatten bessere Leistungen in Mathematik, Englisch und Politik. Darüber hinaus hatten die Schüler/innen ein verbessertes Selbstwertgefühl, erhöhte Selbstwirksamkeitsüberzeugungen und fühlten sich in ihrer Klasse wohler. Fischer setzt übrigens ebenso auf Coaching durch einen Lehrer wie der Heidelberger Rektor Ernst Fritz-Schubert (2008; 2010), der durch seine Einführung eines Schulfachs Glück bundesweit Aufsehen erregte. Allerdings bin ich der Auffassung, dass dies nur ein erster Schritt sein kann, denn Glück lässt sich nicht in ein Schulfach pressen, sondern sollte Teil eines grundlegenden Wandels der Schulkultur insgesamt sein. Zudem ist der Aufwand individuellen Coachings durch Profis für viele Schulen kaum leistbar.

Peercoaching-Verfahren (Schüler coachen Schüler) könnten hier Entlastung bringen und durch den hohen Grad an Eigenaktivierung zu ähnlichen oder sogar noch besseren Resultaten führen, wie die erstaunlichen Leistungssteigerungen durch die oben angeführten Formen freien Lernens in Lerncamps und des Selbstlernsemesters gezeigt haben. Systematisch entwickelt und evaluiert werden Peercoaching-Verfahren derzeit im Buddy-Programm, in dem Schüler/innen bundesweit zu Coaches ausgebildet werden und lernen, Verantwortung für andere zu übernehmen. Unter www.buddy-ev.de findet man das Programm und umfangreiche Materialien zum Download.

Hier zeigt sich: In unseren überregulierten Organisationen unterschätzen wir die Potenziale, die in neuartigen, vergleichsweise offenen Zugängen liegen, die nicht ausschließlich auf Expertenberatung setzen, sondern auch das im Feld vorhandene Wissen nutzen. Gruppen, die es verstehen, ihre eigenen Ressourcen bzw. Potenziale zur gegenseitigen Unterstützung sowie zur Erreichung eigener und gemeinsamer Ziele zu nutzen, können zu »Kreativen Feldern« werden, die den notwendigen Wandel durch synergetische Nutzung ihrer – bislang unterschätzten – Kompetenzen weitgehend selbst bewältigen.

Von der Fragmentierung zum kohärenten Feld

Open Art Spaces, die Raum schaffen für die Herausarbeitung und den Austausch von Selbsterzählungen und treibenden inneren Bildern, für die Entdeckung der eigenen Berufung durch die Arbeit mit kreativen Medien und durch den Aufbau offener, sich selbst stützender Peerberatungsgruppen, wirken der Tendenz zur Fragmentierung entgegen, verhelfen den beteiligten Personen dazu, ihren »sense of coherence« zu erfahren und münden oft in den Aufbau kohärenter Entwicklungsfelder.

Hierzu ein Beispiel aus dem Bereich der politischen Bildung: Als wir vor einiger Zeit auf einer Konferenz eine Gruppe von 220 Vertretern von Verbänden und politischen Parteien aufforderten, ihre Visionen zur Zukunft der sozialen Marktwirtschaft in Symbolen auszudrücken, war im Anschluss an den persönlichen Austausch und die intensiven Diskussionen, die sich ergaben, für alle spürbar, dass sich das gesamte Teilnehmerfeld in einem veränderten Aggregatzustand befand. Statt Apathie und Desinteresse waren persönliche Involviertheit und ein hohes Maß an Kohärenz sinnlich spürbar. In nur einem Tag entstand eine Reihe von innovativen Vorschlägen, und es bildeten sich fachgruppenübergreifende Umsetzungsgruppen, die zeigten, dass wir Potenziale von Selbstorganisation und Bürgerbeteiligung unterschätzen. Kreative Verfahren zur Freisetzung der »Weisheit der Vielen« bieten gerade auch im Bereich der Bürgerbeteiligung in kommunalen Bildungslandschaften, bei der Ganztagsschulentwicklung (Burow 2008c), der Stadtentwicklung, aber auch in Bürgerkonferenzen (Burow/Kühnemuth 2004) bislang zu wenig genutzte Chancen.

Eine zentrale Einsicht aus unserer Arbeit lautet: »In jeder Organisation steckt sehr viel mehr an ungenutztem kreativem Potenzial, als deren Mitglieder und insbesondere deren Führungskräfte ahnen. Organisationen, die ihre Mitarbeiter/innen darin unterstützen, ihre »innere Berufung« zu finden, und in der Lage sind, diese in gemeinsamen Bildern zusammenzuführen, verbessern nicht nur das Arbeitsklima dramatisch, sondern steigern auch aufgrund der entstehenden Kohärenz nachhaltig die Leistungen.

Art-Coaching: Ein Weg zu wirksamer Führung

Aus zahlreichen Untersuchungen wissen wir, dass eine »gute Schule« von der Art der Führung, sei es aufseiten der Schulleitung, sei es aufseiten der Lehrer/innen in den Klassen, abhängt. Das, was Scharmer anhand seiner Analyse erfolgreicher Führungskräfte herausgefunden hat, gilt auch für Pädagoginnen und Pädagogen: »Das wichtigste Führungsinstrument ist Ihr Selbst« (Scharmer 2009, S. 28). Um »mein Selbst« möglichst wirkungsvoll einsetzen zu können, muss ich im Sinne von McAdams meine persönliche Geschichte kennen, die Grundlage der Botschaft ist, die ich – ob ich es will oder nicht – permanent sende. Indem ich mich so für meine innere Stimme öffne (»open mind«) und ihr im Selbstporträt einen tieferen Ausdruck verleihe, verändere ich meine Aufmerksamkeitsstruktur und entdecke meine im Entstehen begriffene höchste Zukunftsmöglichkeit (»open heart«), die ich nun bildlich bzw. symbolisch vor mir sehe und die mir den Weg weist (»open will«). Ich steigere so die Kohärenz meines Handelns, werde damit auch offener für die Signale der anderen, sodass allmählich *Resonanz* im sozialen Feld entsteht – im Feld, das mich umgibt und das ich durch meine Haltung selbst schaffe. Selbsterkenntnis bzw. »personal mastery« können deshalb nicht – wie manche Führungstrainer meinen – durch Methoden oder Führungstechniken ersetzt werden.

Art-Coaching unterstützt die Einleitung eines Dialogs zwischen der Person, die ich geworden bin, und der, die ich werden will, zum Beispiel durch den mehrdimensionalen Selbstreflexionsprozess, in dem ich »mich selbst« mehrmals übermale und so Schritt für Schritt zu meinen persönlichen Kernaussagen gelange. Indem ich im Kreativen Feld der anderen mit unterschiedlichsten Versionen des Gewordenseins und des Werdenwollens konfrontiert werde, erweitern sich meine Perspektiven und damit der Raum meiner Handlungsmöglichkeiten im Hier und Jetzt. Diese Erweiterung ist aber nicht allein dem Selbstreflexionsprozess geschuldet – wie Scharmer meint –, sondern auch dem *veränderten Aggregatzustand* des entstehenden Kreativen Feldes, der sich in der sich ausbreitenden Resonanz bzw. dem in einer gemeinsam geteilten Frequenz schwingenden Feld zeigt. Der ehemalige Direktor des Göttinger Max-Planck-Instituts für experimentelle Medizin, Friedrich Cramer, konstatiert:

> »Resonanz ist das, ›was die Welt im Innersten zusammenhält‹. Alles, von den kleinsten Bausteinen der Materie bis zu den Weiten des Universums – und damit auch Körper und Geist des Menschen, die Gesellschaft und die Beziehungen der Menschen untereinander –, steht in einer Wechselwirkung, die sich als Resonanz, als aufeinander abgestimmte Schwingung beschreiben lässt.« (Cramer 1998, Einführungstext ohne Seitenangabe)

Wirksame Führung ist in diesem Sinne ein dialogischer Prozess der *Resonanzerzeugung*, der auf dem Austausch innerer Bilder beruht, deren kohärenter Ausdruck die Grenzen verbaler Sprache überschreitet. Wie in einer Jazzband ist jeder Mitspieler in der Organisation Experte auf seinem Gebiet, doch benötigt er die anderen, um in gemeinsamer Improvisation dasjenige Stück zu entwickeln, das die Entfaltung der höchsten Zukunftsmöglichkeit des Einzelnen wie auch der Gruppe und/oder der Organisation ermöglicht.

Nachdem wir dieses Verfahren lange Jahre im Rahmen universitärer Studiengänge zur Potenzialerschließung und Berufsfindung genutzt haben, gibt es nun zwei Ausbildungsgänge, die unterschiedliche Akzente setzen (Informationen und Anschauungsmaterial unter www.art-coaching.org):

- »Art-Coaching – Auf der Spur des persönlichen Mythos« befähigt in sieben Workshops zur Nutzung des Verfahrens als persönliches Coaching-Instrument.
- »Art-Coaching – Die Organisation als Kreatives Feld« nutzt die Analyse von Bildern der Organisation sowie eigener Führungsbilder zur Erschließung und Optimierung der Möglichkeiten des Führens mit inneren Bildern.

Durch Art-Coaching zum Schulglück?

Wie wir auch anhand von Christakis' Theorie der sozialen Netze (S. 68) gesehen haben, hängen unser Wohlbefinden sowie unser Handlungsspielraum von der Struktur unseres sozialen und kulturellen Umfeldes ab. Die Kultur einer Organisation bzw. einer Schule besteht – wie ich bereits oben erwähnt habe – aus der Summe der Geschichten, die über sie erzählt werden. Schul- und Organisationsentwicklung besteht aus dieser Perspektive vor allem darin, die erzählten Geschichten von Lehrer/innen, Schüler/innen, Eltern und anderen Dienstkräften sowie ihre Bilder der Organisation zu sammeln, aufzuarbeiten, zu analysieren, weiterzuentwickeln und gegebenenfalls durch bessere zu ersetzen. Es gilt also:

Nicht nur wir sind die Geschichte, die wir uns und anderen über uns erzählen, auch der Kern unserer Schule bzw. Organisation ist letztlich die Summe der Geschichten, die über sie erzählt werden. Wirksame Schulentwicklung auf Grundlage der Positiven Pädagogik ermöglicht eine Analyse der erzählten Geschichten, fokussiert auf Geschichten gelingender Schule und unterstützt die Formulierung einer anziehenden, gemeinsam entwickelten Zukunftsgeschichte, die umso wirkungsvoller ist, je mehr sie sich in einem Bild verdichten und darstellen lässt.

Wenn wir die Frage beantworten wollen, wie wir zu mehr Lernfreude und bisweilen sogar Schulglück beitragen können, dann müssen wir also im *ersten Schritt* unsere Selbsterzählungen analysieren, um herauszufinden, was unser inneres Wollen ist.

Im *zweiten Schritt* geht es darum zu erkennen, was die Geschichten, die wir uns über unsere Schule bzw. Organisation erzählen, aussagen und in welche Bilder sie münden. Denn stärker als das, was wir in Leitbildern oder Zielvereinbarungen formulieren, wirken die »Bilder der Organisation« (Morgan 2002), die unser erlebter Arbeitsalltag in uns erzeugt.

Der *dritte Schritt* besteht dann darin, neue, bessere und attraktivere Geschichten bzw. Zukunftsbilder zu entwickeln, in denen wir uns selbst und unsere Einrichtung sich besser entfalten können. Aus dieser Perspektive sind wir Regisseure des Lebens- bzw. Berufsdramas, das wir inszenieren und in dem wir als Helden eine Hauptrolle spielen. Sind unser Charakter und unsere Handlungsspielräume auch durch unsere Biografie und die Anforderungen der Institution vorgeprägt, so können wir doch, wenn wir das Skript erkennen, das Drehbuch ändern, eine neue Rolle einnehmen und eine neue Geschichte schreiben.

McAdams (1996) resümiert: Die Wahl der Hauptcharaktere und der »narrative Ton« (zum Beispiel optimistisch, resignativ etc.), den wir pflegen, bestimmt die Qualität unserer Identität. In der persönlichen Auswertung kann nicht nur die emotionale Färbung unserer Weltsicht, unseres »persönlichen Paradigmas« herausgearbeitet werden, sondern wir erkennen auch, welchem *Handlungsarchetyp* wir uns verwandt fühlen.

Grundlage dieser Zuordnung sind »typische Charaktere des persönlichen Mythos«, die McAdams aus der vergleichenden Analyse Hunderter Interviews erstellt hat. Ihm zufolge erhalten wir mit der Herausarbeitung der Hauptpersonen, die unsere Vorstellungen und unsere Handlungen leiten, einen Schlüssel zum tieferen Verständnis unserer Identität. Die Typen basieren auf Idealisierungen des Selbst, die individuell ausdifferenziert werden müssen. Wir sind mit keinem der Typen völlig identisch, denn jeder von uns ist eine einzigartige Mischung. Dennoch kann die Verortung im Raum der Polaritäten, die sie verkörpern, Aufschluss über bestimmende Grundtendenzen unseres Handelns geben.

Typische Charaktere des persönlichen Mythos
(nach McAdams 1996, S. 133)

Instrumentalität und Partizipation
Der Heiler
Der Lehrer
Der Ratgeber
Der Humanist
Der Schiedsrichter

Instrumentalität
Der Krieger (Ares)
Der Reisende (Hermes)
Der Weise (Zeus)
Der Macher (Hephaistos)

Partizipation
Die Liebende (Aphrodite)
Die Fürsorgerin (Demeter)
Die Freundin (Hera)
Die Ritualistin (Hestia)

Geringe Instrumentalität/geringe Partizipation
Der Eskapist
Der Überlebende

Was hat das alles mit Schulglück zu tun? Nur wenn wir wissen, wer wir sind und was wir wollen, können wir auch erfolgreich erziehen und unterrichten. Das erste Curriculum des Lehrers bzw. der Führungskraft ist seine/ihre Person. Nicht von ungefähr versieht der Bremer Hirnforscher Gerhard Roth die Bilanz seiner Forschungen mit der Überschrift »Bildung braucht Persönlichkeit« (Roth 2011).

Für all diejenigen, die mehr Bewusstheit über die inneren Quellen ihres Handelns erhalten und ihren Handlungsspielraum erweitern möchten, sind die Mythenanalyse, die Gestaltung eines »expressiven Selbstporträts« und die Schaffung eines persönlichen Unterstützerfeldes ausgezeichnete Instrumente zu erhöhter Selbstwirksamkeit. Indem wir Zugang zu unseren inneren Antrieben bzw. zu unserem »wahren Wollen« erhalten, gewinnen wir zugleich einen orientierenden Ausgangspunkt für ein Umsteuern unseres Wahrnehmens und Handelns, der es uns ermöglicht, mehr mit uns in Übereinstimmung zu sein, uns besser zu fühlen und damit unserem »sense of coherence« zu folgen.

Art-Coaching eignet sich sowohl für die Lehrer- bzw. Pädagogen- und Führungskräfteausbildung als auch zur Fortbildung von Kollegien. Die Erhöhung der eigenen Wirksamkeit und Achtsamkeit kann hier verbunden werden mit der proaktiven Entwicklung von Umfeldern, die die Erfahrung von Selbstwirksamkeit, Stimmigkeit, Wohlfühlen und Glück wahrscheinlicher machen.

7. Die Schule als Kreatives Feld: Positive Pädagogik als Weg zu Lernfreude und Schulglück

Es ist 23 Uhr. Mein Blick schweift ab vom Computermonitor, und ich sehe, wie der Vollmond die riesigen alten Bäume beleuchtet, die unseren Garten begrenzen. Die Nacht ist eine wunderbare Zeit, um konzentriert und ohne Ablenkung zu arbeiten. Längst schläft die Familie, doch nein: Aus dem Zimmer meiner elfjährigen Tochter dringt noch immer ein Lichtschein. Als ich es betrete, bemerkt sie mich zunächst nicht, denn sie ist vertieft in die Lektüre eines Romans, der sie ganz offensichtlich fesselt. Sie liest schon seit über zwei Stunden darin. Ich räuspere mich, und sie schaut kurz auf. »Du musst jetzt schlafen«, sage ich, »es ist schon spät. Sonst bist du morgen in der Schule zu müde.« »Bitte Papa«, bettelt sie, »noch ein bisschen – es ist so spannend.«

Sarah hat viele Interessen: Sie liebt Bücher, schreibt selbst gern kleine Geschichten und illustriert sie. Tiere sind ihr besonders wichtig, weswegen sie uns Eltern so lange bedrängt hat, bis wir bereit waren, uns Meerschweinchen und Katzen zuzulegen, die sie verantwortlich versorgt. Sie spielt gern ausgiebig fantasievolle Spiele mit ihrer fünf Jahre jüngeren Schwester und ihrer Freundin, einem Nachbarskind. Es macht ihr Spaß, mit beiden durch den Garten zu toben, und oft hüpfen sie – sich gegenseitig herausfordernd – auf dem Trampolin. Sie bewegt sich gern. Sie ist ein gut entwickeltes Mädchen mit vielen Begabungen, die es noch zu fördern gilt. Zwar zeichnen sich gewisse Tendenzen ab, doch ist noch keineswegs klar, wo ihre Schwerpunkte einmal liegen werden.

Die Schule hätte hier viele Chancen, fördernd einzugreifen und durch geeignete Angebote dafür zu sorgen, dass Sarah noch besser herausfindet, wozu sie sich eignet. Und sie könnte ihr herausfordernde Gelegenheiten bieten, diese Neigungen in spannenden Projekten zusammen mit anderen Schüler/innen auszubauen. Dies wäre die Aufgabe einer Schule, die an der individuellen Förderung der ihr anvertrauten Schüler/innen interessiert ist und die nicht nur Unterricht nach Rahmenplanvorgabe liefern will. Leistet ihre Schule das?

Sarah kommt mit der Schule klar – inzwischen. Es war allerdings ein längerer Kampf, der damit begann, dass sie kurz nach der Einschulung nachts weinend im Bett lag. Auf unsere Frage, was sie denn bedrücke, schwieg sie lange, bis wir die Ursache ihres Kummers herausfanden: der Sportunterricht. Ihre junge, dynamische Sportlehrerin hatte vor versammelter Klasse darauf bestanden, dass Sarah eine relativ hohe Sprossenwand hochklettern sollte. Diese Anforderung machte ihr Angst. Es stimmt, Sarah ist manchmal ein wenig ängstlich. Sie braucht einfühlsames Verständnis und Unterstützung. Und es ist ihr peinlich, vor einer Gruppe vorgeführt zu werden. Deshalb macht sie auch ihren Kummer meist mit sich selbst aus und will auf gar keinen Fall, dass ihre Eltern diesen öffentlich machen. Trotzdem sprachen wir mit der Lehrerin, und dieses Gespräch hatte es in sich.

Auf unser behutsames Nachfragen, ob man den Sportunterricht nicht etwas kindgemäßer gestalten könne und ob es denn unbedingt notwendig sei, dass Sarah vor versammelter Klasse die Sprossenwand hochklettern müsse, erhielten wir die Antwort, das seien nun mal die Anforderungen, und daran habe sie sich als Lehrerin und im Übrigen auch wir als Eltern zu halten. Ich hielt den Auftritt dieser jungen Kollegin zunächst für einen Witz, doch es sollte noch schlimmer kommen, etwa im Schwimmunterricht, wo Sarah unter Androhung einer schlechten Note gezwungen wurde, Sprünge von unterschiedlich hohen Startblöcken ins Schwimmbecken zu absolvieren. Es dauerte nicht lange, bis sie eine tiefe Abneigung gegen schulischen Sportunterricht entwickelte sowie den Spaß an lehrerangeleiteter Bewegung verlor.

Übrigens: Mir war es in meiner Schulzeit ganz ähnlich ergangen. Erst als ich einige Jahre später in den Ferien mit Erfolg als Surflehrer arbeitete, erkannte ich, dass ich nicht unsportlich war, sondern dass die Form unseres Sportunterrichts völlig ungeeignet war, individuelle Neigungen und Talente zu berücksichtigen. Allerdings liegt meine Erfahrung fünfzig Jahre zurück. Da ich seit vielen Jahren in der Lehrerausbildung tätig bin, hätte ich mir nicht vorstellen können, dass es auch heute noch Sportlehrer/innen gibt, die derart unsensibel mit Kindern umgehen. Durch meine eigenen Kinder erfahre ich, dass in viel zu vielen Bereichen die Grammatik der tradierten Unterrichtsschule ungebrochen weiterwirkt.

Zu Beginn der zweiten Klasse brachte meine Tochter das Bild eines wunderbaren bunten Fisches mit nach Hause. Doch sie war gar nicht stolz darauf. Mit Rotstift geschrieben stand die Benotung für diese Leistung darunter: eine Vier. Die Nachfrage bei der fachfremd unterrichtenden Kunstlehrerin ergab, dass sie von der Vorstellung geleitet war, alle Schüler/innen sollten den Fisch nach ihrer vorgegebenen Norm malen. Meine Tochter mag das Fach Kunst noch immer, was aber weniger an der Schule liegt, sondern an meiner Frau, die ihr viele kreative Anlässe zum freien Gestalten bietet. Auch ich bin nicht ganz unbeteiligt: Neben meinem Computermonitor liegt stets ein offener Kasten mit Ölkreiden und Malpapier. Wenn ich an einem Text arbeite, setzen sich meine Kinder oft spontan auf die andere Seite meines Schreibtisches und malen in sich versunken tolle Bilder. Meine jüngere Tochter, die noch nicht schreiben kann, macht mir dann Textvorschläge für kleine Geschichten zu ihren Bildern, die ich dann vorschreibe und von denen sie die wichtigsten Worte nachschreibt.

Der größte Horror sollte uns noch bevorstehen: der Matheunterricht. Ich gebe zu, Mathematik ist nicht Sarahs Stärke. Dieser Mangel an Mathematikbegabung korrespondierte allerdings mit dem Mangel an didaktischem Talent der unterrichtenden Lehrerin. Nach nur drei Schuljahren war Sarah auch die Freude am Rechnen vergangen und uns Eltern die Freude an der Schule. Denn massiv spürten wir nun den Druck des nahenden Übergangs auf die weiterführende Schule. Panik befiel uns angesichts der Möglichkeit, dass Sarah den Übergang aufs Gymnasium verfehlen könnte, und so musste unser armes Kind nun immer häufiger auf den attraktiven Garten verzichten und stattdessen Nachmittage mit Nachhilfe verbringen.

Ich könnte weitere solcher Geschichten anführen, die aus eigener Betroffenheit illustrieren, was wissenschaftliche Studien belegen: An vielen unserer Schulen läuft etwas grundlegend falsch.

Wie gesagt: Inzwischen kommt Sarah mit der Schule besser klar, und das liegt vor allem daran, dass sie nach der vierten Klasse auf eine Gesamtschule gewechselt ist, die vor einiger Zeit den Deutschen Schulpreis gewonnen hat. Hier traf sie auf hoch engagierte Lehrer/innen, die sie als Individuum mit besonderen Neigungen und Wünschen wahrnahmen und nach individuellen Wegen der Förderung suchten. Gleich zum Schulstart unternahm die neue Klasse eine Klassenfahrt, auf der das Kennenlernen und die gemeinsame Entwicklung von Verhaltensregeln im Zentrum standen. Die Klassenlehrer/innen besuchten die Eltern jedes Kindes einen Nachmittag zu Hause und sprachen – wo nötig – individuelle Förderpläne ab. In der neuen Schule ist Sarah Mitglied einer Bläserklasse, die schon nach wenigen Wochen erfolgreich einen ersten Auftritt absolvierte. Das Lernen ist an Wochenplänen orientiert, in denen es eine Mischung aus allgemeinen Anforderungen und selbstgesetzten Zielen gibt. Anlässlich einer Lesenacht übernachtete die Klasse gemeinsam in der Schulbibliothek. Die interessierten Schüler/innen können einmal im Jahr gemeinsam mit einer Schriftstellerin an der Entwicklung eigener Geschichten arbeiten. Und dann ist da noch etwas: Die Schule beginnt in der Regel erst um 8.45 Uhr und hat einen offenen Anfang.

Prinzipien Positiver Pädagogik

Ich könnte die Liste dieser Elemente einer »guten Schule« verlängern, doch die angeführten Beispiele genügen, um deutlich zu machen, worum es geht, wenn wir Lernfreude und Schulglück in die Schule bringen wollen. Es handelt sich um vergleichsweise unspektakuläre Schritte und die Beachtung einiger weniger Prinzipien Positiver Pädagogik, Prinzipien, die – wie wir gesehen haben – unserer inneren Natur entsprechen und auf die wir im Austausch mit der Schulgemeinde durch Reflexion unserer eigenen Erfahrungen und Bedürfnisse auch selbst kommen können:

- Freisetzung und Nutzung von »pädagogischem Tiefenwissen«
- Öffnung: »open mind, open heart, open will«
- »sense of coherence«: Bedeutsamkeit, Verstehbarkeit, Handhabbarkeit
- gemeinsame Zukunftsgestaltung: Diagnose, Vision, Umsetzung
- Personen- und Beziehungszentrierung
- Orientierung an der »inneren Berufung« statt Außensteuerung
- »presencing«: Erkennen der höchsten Zukunftsmöglichkeit
- Leidenschaft
- Kreativität
- Gemeinschaft
- Kultur der Wertschätzung und individuellen Förderung
- Synergie und Teamarbeit
- Orientierung an Funktion statt an Konvention
- Lernen im Flow: mehr »Garagen«, weniger Klassenzimmer
- freie Lernorte nutzen

- Selbststeuerung fördern
- Bildwissen und die Kraft faszinierender Geschichten nutzen
- Partizipation: die »Weisheit der Vielen« und das »Gesetz der Wenigen« nutzen
- die Macht sozialer Netze nutzen
- Perspektivenwechsel: öfters durch die »Chancen- und Visionenbrille« blicken
- proaktive Zukunftsgestaltung durch offene Räume gemeinsamer Reflexion
- »OASEN« der Besinnung und des kreativen Gestaltens schaffen
- Nachhaltigkeit

Sicher wird mancher Leser jetzt einwenden, dass ich mit diesen Prinzipien die Umrisse einer (unrealistischen) Utopie beschreibe. Doch meine Erfahrungen mit einer Vielzahl von Bildungseinrichtungen und großen Gruppen, mit der Freisetzung von »pädagogischem Tiefenwissen« von Lehrer/innen, Eltern, Schüler/innen und sonstigen an Bildung beteiligten Personen hat mir gezeigt, dass die meisten Menschen in ihrem Inneren ähnliche Vorstellungen tragen.

Durch die schrittweise Beachtung dieser Prinzipien werden zwar einengende Rahmenbedingungen und schwierige Verhältnisse vor Ort nicht verschwinden, doch die Wahrscheinlichkeit, dass mehr Freude und vielleicht bisweilen sogar Glück auch an Ihrer Schule, Bildungseinrichtung oder Organisation Einzug halten, steigt. Die Schule kann auf diese Weise Fragmentierung überwinden, ihren »sense of coherence« entwickeln und so ein Kreatives Feld werden, ein Ort, in dem aus der Beachtung von Unterschieden und der synergetischen Nutzung von Vielfalt fortwährend Neues entsteht: originelle Individuen und Teams, Menschen, Ideen und Projekte, die sich selbst und die Gesellschaft bereichern.

Schule als permanente Zukunftswerkstatt

Aus einem Ort der Selektion und des Nachlernens alter Lösungen könnte so eine permanente Zukunftswerkstatt werden – eine Zukunftswerkstatt, die über die Vermittlung von Fachkenntnissen und Kompetenzen hinaus einen wichtigen Beitrag zum anstehenden Übergang von der Ressourcenutzungs- zur Potenzialentfaltungsgesellschaft leistet. Wenn es stimmt, dass Bildung der Schlüssel zum Überleben in einer dramatisch sich wandelnden Weltgesellschaft ist, die durch Bevölkerungsexplosion, Klimawandel und Ressourcenknappheit gekennzeichnet sein wird – wer sonst als eine völlig neu verstandene Schule könnte zur Ausbildung der geforderten Fähigkeiten und Haltungen beitragen?

Statt um öde internationale Schulleistungsvergleiche mit fragwürdigen Rankings ginge es um die Entwicklung von zukunftsträchtigen Ideen für mehr Lebensqualität und die Heranbildung einer »kreativen Klasse«. Schule könnte zu einem Ort erfahrener und gelebter Kreativität werden – zu einem Kreativen Feld. Nach Jahrhunderten, in denen Schule vor allem Agent fremdbestimmter Interessen war, könnte sie jetzt zu einem Ort vorausschauender und eingreifender Zukunftsgestaltung werden, ihren

Mitgliedern die Erfahrung von Selbstwirksamkeit vermitteln und damit einen Weg zu mehr Freude und bisweilen sogar Lebensglück bahnen.

Nachtrag

Ich beginne meine Vorträge oft mit einer kleinen Übung, die ich an das Ende stellen möchte. Wenn Sie sich auf diese Fragen einlassen, dann erhalten Sie einen Zugang zu Ihrem »pädagogischen Tiefenwissen«. Wenn Sie diese Übung mit anderen machen, werden Sie nicht nur erstaunliche Übereinstimmungen feststellen, sondern auch erste Schritte erkennen, die Sie gehen müssen, um eine begabungs- und gesundheitsförderliche Schule zu schaffen.

1. *Wo liegt meine Begabung?*
   Wenn Sie an Ihre Grundschulzeit denken, gab es da etwas, wo es Sie hinzog, was Sie aus eigenem Antrieb gern machten?
2. *Wie wurde ich gefördert?*
   Wurden Sie in dieser Hinsicht in der Schule gefördert? Gab es eine Lehrerin oder einen Lehrer, der Ihre Neigung erkannte?
3. *Welche Schule hätte ich gebraucht?*
   Wie müsste eine Schule aussehen, die es Ihnen ermöglicht hätte, Ihre besondere Begabung bzw. Neigung optimal zu entwickeln?

Literatur

Altrichter, H./Posch, P. (1998): Lehrer erforschen ihren Unterricht. Bad Heilbrunn: Klinkhardt.
Altvater, E./Huisken, F. (1971): Materialien zur politischen Ökonomie des Ausbildungssektors. Erlangen: Politladen GmbH.
Amy, C. (2011). Die Mutter des Erfolgs. Wie ich meinen Kindern das Siegen beibrachte. München: Nagel & Kimche.
Andersch, A. (2002): Der Vater eines Mörders. Zürich: Diogenes.
Antonovsky, A./Franke, A. (1997): Salutogenese: Zur Entmystifizierung der Gesundheit. Tübingen: DGVT-Verlag.
Appel, S./Rother, U. (Hrsg.) (2011): Jahrbuch Ganztagsschule 2011. Schwalbach/Ts.: Wochenschau Verlag.
Argyris, C. (1997): Wissen in Aktion. Eine Fallstudie zur Lernenden Organisation. Stuttgart: Klett-Cotta.
Argyris, C./Schön, D. A. (1999): Die lernende Organisation. Grundlagen, Methode, Praxis. Stuttgart: Klett-Cotta.
Arnold, R. (2010): Selbstbildung oder: Wer kann ich werden und wenn ja wie? Baltmannsweiler: Schneider Hohengehren.
Arnold, R./Schüßler, I. (Hrsg.) (2003): Ermöglichungsdidaktik. Baltmannsweiler: Schneider Hohengehren.
Armstrong, D./Atwal, B./Campbel, D./Vandenberg, B./Watson, C. (o. J.): The Tipping Point ~ Malcolm Gladwell. www.slidefinder.net/t/the_tipping_point_malcolm_gladwell/12214892 (Abruf 17.2.2011).
Bambach, H. (1994): Ermutigungen. Nicht Zensuren. Lengwil: Libelle-Verlag.
Barber, M./Mourshed, M. (2007): How the World's Best Performing School-Systems Come out on Top. Ohne Ort: McKinsey. www.mckinsey.com/App_Media/Reports/SSO/Worlds_School_Systems_Final.pdf (Abruf 17.2.2011)
Bahrdt, C.F. (1785/1980): Über den Zwek der Erziehung. In: Allgemeine Revision des gesamten Schul- und Erziehungswesens, 1. Band, S. 1–124.
Bargel, T. (2010). Zit. nach Titz, C.: Uni Bolognese – Mehr Kälte im Studium. SPIEGEL ONLINE vom 17.2.2010. www.spiegel.de/unispiegel/studium/0,1518,678313,00.html (Abruf 14.2.2011).
Basedow, J. B. (1880): Das Methodenbuch für Väter und Mütter der Familien und Völker. In: Basedow, J. B.: Ausgewählte Schriften. Hrsg. von Hugo Göring. Langensalza: Beyer, S. 1–225.
Bauer, J. (2004a): Das Gedächtnis des Körpers. Wie Beziehungen und Lebensstile unsere Gene steuern. Frankfurt a. M.: Eichborn.
Bauer, J. (2004b): Die Freiburger Schulstudie. In: SchulVerwaltung, Ausgabe Baden-Württemberg, 13. Jg., Nr. 12. Kurzfassung zum Download: www.bug-nrw.de/cms/upload/pdf/Freiburg.pdf (Abruf 20.4.2011).
Bauer, J. (2006): Prinzip Menschlichkeit. Warum wir von Natur aus kooperieren. Hamburg: Hoffmann und Campe.
Bauer, J. (2007): Lob der Schule. Hamburg: Hoffmann und Campe.

Baumert, J. (2009): Streit übers Schulsystem – »Leistungsstarke Kinder setzen sich überall durch«. Interview von Oliver Trenkamp. SPIEGEL ONLINE vom 27.5.2009. www.spiegel.de/schulspiegel/wissen/0,1518,626673,00.html (Abruf 14.2.2011).

Bebchuk, L.A./Fried, J. (2004): Pay Without Performance. The Unfulfilled Promise of Executive Compensation. Harvard: University Press.

Beckenbach, F. (2007): Patentindikator Nordhessen – Jena. Internes Diskussionspapier des RIS-Projektes. Universität Kassel.

Ben-Shahar, T. (2007): Glücklicher. Lebensfreude, Vergnügen und Sinn finden mit dem populärsten Dozenten der Harvard University. München: Riemann.

Ben-Shahar, T. (2008): Die Glücksfrage. Interview von Juliane von Mittelstaedt, 11.4.2008. In: ZEIT Campus 1/2008. www.zeit.de/campus/2008/01/interview-gluecksforscher (Abruf 17.2.2011).

Bennis, W./Biedermann, P.W. (1998): Geniale Teams. Das Geheimnis kreativer Zusammenarbeit. Frankfurt a. M.: Campus.

Berg, C. (2008): Dankesrede. In: Mitteilungen der Deutschen Gesellschaft für Erziehungswissenschaft (DgfE), H. 37, S. 15–20.

Berger, R. (2008): Deutschlands lebendigste Städte. Wohin zieht die kreative Klasse? Ergebnisse des RB-Kreativitätsindex 2008. Untersuchung zehn deutscher Großstädte. In: Frankfurter Allgemeine Sonntagszeitung vom 9.10.2008.

Bernfeld, S. (1925/1971): Sisyphos oder die Grenzen der Erziehung. Frankfurt a. M.: Suhrkamp.

Bertelsmann Stiftung (Hrsg.) (2009): Warum Lernen glücklich macht. Gütersloh: Verlag Bertelsmann Stiftung.

Binder, H.-M./Feller-Länzlinger, R. (2005): Externe Evaluation des Pilotprojekts »Selbstlernsemester« an der Kantonsschule Züricher Oberland. Luzern: Interface.

Binnig, G. (1992): Aus dem Nichts. Über die Kreativität von Natur und Mensch. München: Piper.

Bischoff, N. (1998): Das Kraftfeld der Mythen. Signale aus der Zeit, in der wir die Welt erschaffen haben. München: Piper.

Blanke, T. (2002): Unternehmen nutzen Kunst. Neue Potentiale für die Unternehmens- und Personalentwicklung. Stuttgart: Klett-Cotta.

Blick Log (2010): Fundamentale Ursachen der Finanzkrise 2007–2009. Blick Log vom 3.4.2010. www.blicklog.com/wp-content/Finanzkrise/Ursachen/index.html (Abruf 14.2.2010).

Blömeke, S. (2003): Lehrerausbildung – Lehrerhandeln – Schülerleistungen. Antrittsvorlesung an der Berliner Humboldt-Universität, 10.12.2003.

Blundell, J./Hübner, P. (2006): Building as a Social Process/Bauen als ein sozialer Prozess. Stuttgart/London: Edition Axel Menges.

Boban, I./Hinz, A. (2003): Der Index für Inklusion. Eine Möglichkeit zur Selbstevaluation von »Schulen für alle«. In: Feuser, G. (Hrsg.): Integration heute – Perspektiven ihrer Weiterentwicklung. Frankfurt a. M./New York: Peter Lang, S. 37–46.

Boban, I./Hinz, A. (2004): Qualität des Gemeinamen Unterrichts (weiter-)entwickeln – Inklusion. In: Leben mit Down-Syndrom, Nr. 45 (Jan. 2004), S. 10–14.

Bohm, D. (1998): Der Dialog. Das offene Gespräch am Ende der Diskussionen. Stuttgart: Klett-Cotta.

Bollenbeck, G. (1996): Bildung und Kultur. Glanz und Elend eines deutschen Deutungsmusters, Frankfurt a. M.: Suhrkamp.

Bono, E. de (1992): Laterales Denken. Der Kurs zur Erschließung Ihrer Kreativitätsreserven. Düsseldorf/Wien: Econ.

Bonsen, M. (1999): Führen mit Visionen. Wiesbaden: Gabler.

Bonsen, M./Bos, W./Rolff, H.-G. (2008): Zur Fusion von Schuleffektivitäts- und Schulentwicklungsforschung. In: Bos, W./Holtappels, H.G./Pfeiffer, H./Rolff, H.-G./Schulz-Zander, R. (Hrsg.): Jahrbuch der Schulentwicklung, Band 15. Weinheim/München: Juventa, S. 11–39.

Bos, W. (2004/2009): Interview mit IGLU-Leiter Bos – Managersohn aufs Gymnasium, Arbeitertochter zur Hauptschule. Interview von Marion Schmidt. SPIEGEL ONLINE vom 2.2.2004. www.spiegel.de/schulspiegel/0,1518,284604,00.html (Abruf 14.2.2011). Gleiche Äußerung in: DER SPIEGEL 20/2009, S. 58 f.

Bos, W. (2008): Deutsches Schulsystem – »Wer das Gymnasium abschaffen will, wird abgewählt«. Interview von Oliver Trenkamp. SPIEGEL ONLINE vom 17.12.2008. www.spiegel.de/schulspiegel/wissen/0,1518,596734,00.html (Abruf 14.2.2011).

Bourdieu, P. (1982): Die feinen Unterschiede. Zur Kritik der gesellschaftlichen Urteilskraft. Frankfurt a. M.: Suhrkamp.

Brafman, O./Brafman, R. (2011): Click. Der magische Moment in persönlichen Begegnungen. Weinheim/Basel: Beltz.

Braun, T./Fuchs, M./Kelb, V. (2010): Auf dem Weg zur Kulturschule. Bausteine zu Theorie und Praxis der Kulturellen Schulentwicklung. München: kopaed.

Brodbeck, K. (1995): Entscheidung zur Kreativität. Darmstadt: Wissenschaftliche Buchgesellschaft.

Brodowski, M./Devers-Kanoglu, U./Overwien, B./Rohs, M./Salinger, S./Walser, M. (2009): Informelles Lernen und Bildung für eine nachhaltige Entwicklung, Opladen: Barbara Budrich.

Bruch, H./Vogel, B. (2009): Organisationale Energie. 2. Aufl. Wiesbaden: Gabler.

Brügelmann, H. (2006): Sind Noten nützlich – und nötig? Ziffernzensuren und ihre Alternativen im empirischen Vergleich. Frankfurt a. M.: Grundschulverband (Download unter www.agprim.uni-siegen.de/notengutachten.htm, Abruf am 14.2.2011).

Brumlik, M. (Hrsg.) (2007): Vom Missbrauch der Disziplin. Antworten der Wissenschaft auf Bernhard Bueb. Weinheim/Basel: Beltz.

Buber, M. (1992): Das Dialogische Prinzip. 6. Aufl. Gerlingen: Lambert Schneider.

Bucher, A. A. (2009a): Psychologie des Glücks. Ein Handbuch. Weinheim/Basel: Beltz.

Bucher, A. A. (2009b): Was Kinder glücklich macht. Eine glückspsychologische Studie des ZDF. In: Schächter, M. (Hrsg.): Wunschlos glücklich? Konzepte und Rahmenbedingungen einer glücklichen Kindheit. Baden-Baden: Nomos.

Buddensiek, W. (2001). Zukunftsfähiges Leben in Häusern des Lernens. Göttingen: Die Werkstatt.

Buddensiek, W. (2003): Die Ganztagsschule als Lern- und Lebensraum – Schularchitektur als dritter Pädagoge. In: Neue Deutsche Schule, H. 8/9, S. 22.

Bude, H. (2008): Die Ausgeschlossenen. Das Ende vom Traum der gerechten Gesellschaft. München: Hanser.

Bueb, B. (2008a): Lob der Disziplin. Eine Streitschrift. Berlin: Ullstein.

Bueb, B. (2008b): Von der Pflicht zu führen. Neun Gebote der Bildung. Berlin: Ullstein.

Bürmann, J. (1983): Persönlich bedeutsames Lernen. Universität Bielefeld: Habilitationsschrift.

Bürmann, J. (1992). Gestaltpädagogik. Bad Heilbrunn: Klinkhardt (Neufassung der Habilitationsschrift von 1983).

Burow, O.-A. (1988): Grundlagen der Gestaltpädagogik. Lehrertraining – Unterrichtskonzept – Organisationsentwicklung. Dortmund: Verlag Modernes Lernen.

Burow, O.-A. (1993): Gestaltpädagogik. Trainingskonzepte und Wirkungen. Paderborn: Junfermann.

Burow, O.-A. (1999): Die Individualisierungsfalle. Kreativität gibt es nur im Plural. Stuttgart: Klett-Cotta (vergriffen, kostenloser Download unter www.uni-kassel.de/fb1/burow Publikationen).

Burow, O.-A. (2000): Ich bin gut – wir sind besser. Erfolgsmodelle kreativer Gruppen. Stuttgart: Klett-Cotta.

Burow, O.-A. (2003): Prinzipien erfolgreicher Erziehung. Bad Heilbrunn: Klinkhardt.

Burow, O.-A. (2007): Energie und Leidenschaft. Vergessene Dimensionen der Schulentwicklung. In: Zeitschrift für Gestaltpädagogik 1, S. 9–20.

Burow O.-A. (2008a): Bildwissen als Quelle wirksamer Personal- und Organisationsentwicklung. Wie die Organisation zum Kreativen Feld wird. In: Gruppendynamik und Organisationsentwicklung, H. 4, S. 391–408.

Burow, O.-A. (2008b): Ganztagsschule entwickeln. Durch die »Weisheiten der Vielen« von der Unterrichtsanstalt zum Kreativen Feld. In: Bosse, D./Mammes, I./Nerowski, C. (Hrsg.) (2008): Ganztagsschule – Perspektiven aus Wissenschaft und Praxis. Bamberg: University Press, S. 19–42.

Burow, O.-A. (2008c): Partizipation als unterschätzte Ressource der Ganztagsschulentwicklung – Theoretischer Hintergrund und praktische Verfahren. In: Deutsche Kinder- und Jugendstiftung: Mitwirkung! Ganztagsschulentwicklung als partizipatives Projekt. Themenheft 10. Berlin: DKJS, S. 13–39.

Burow, O.-A. (2009a): Warum brauchen wir kulturelle Bildung in der Schule? Ein Plädoyer. Bonn: Bundeszentrale für politische Bildung.

Burow, O.-A. (2009b): Wertschätzende Schulentwicklung. In: Journal für Lehrerbildung. H. 1, S. 48–55.

Burow, O.-A. (2009c): Wie Lehrer, Schüler und Eltern Schule und Unterricht 2020 sehen – Einsichten aus 20 Jahren Schulentwicklung mit Verfahren der prozessorientierten Zukunftsmoderation. In: Bosse, D./Posch, P. (Hrsg.): Schule und Unterricht 2020 aus Expertensicht. Zur Zukunft von Schule, Unterricht und Lehrerbildung. Wiesbaden: VS-Verlag, S. 327–332.

Burow, O.-A. (2010): Herausragende Leistungen durch Lust und Leidenschaft im Kreativen Feld. In: Petzold, T. D. (Hrsg.): Lust und Leistung … und Salutogenese. Bad Gandersheim: Verlag Gesunde Entwicklung, S. 59–71.

Burow, O.-A. (2011): Begabtenförderung als Impuls für Schulentwicklung. In: Steenbuck, O./Quitmann, H./Esser, P. (Hrsg.) (2011): Inklusive Begabtenförderung in der Grundschule. Konzepte und Praxisbeispiele zur Schulentwicklung. Weinheim/Basel: Beltz, S. 55–71.

Burow, O.-A./Hinz, H. (Hrsg.) (2005): Die Organisation als Kreatives Feld. Kassel: University Press.

Burow, O.-A./Hoyer, T. (2011): Schule muss nicht bitter schmecken. Glück als unterschätzte Dimension der Ganztagsschulentwicklung. In: Appel, S./Rother, U. (Hrsg.): Jahrbuch Ganztagsschule. Schwalbach/Ts.: Wochenschau Verlag, S. 48–60.

Burow, O.-A./Kühnemuth, K. (2004): Brauchen Wissenschaft und Politik Bürgerberatung? Möglichkeiten und Grenzen der Bürgerkonferenz. In: Tannert, C./Wiedemann, P. (Hrsg.): Stammzellen im Diskurs. Ein Lese- und Arbeitsbuch zur Bürgerkonferenz. München: oekom, S. 117–129.

Burow, O.-A./Neumann-Schönwetter, M. (Hrsg.) (1995/1998): Zukunftswerkstatt in Schule und Unterricht. Hamburg: Bergmann + Helbig.

Burow, O.-A./Pauli, B. (2006/2010): Ganztagsschule entwickeln. Von der Unterrichtsanstalt zum Kreativen Feld. Schwalbach/Ts.: Wochenschau Verlag.

Burow, O.-A./Scherpp, K. (1981): Lernziel: Menschlichkeit. Gestaltpädagogik – eine Chance für Schule und Erziehung. München: Kösel.

Burow, O.-A./Schmieling-Burow, C. (2005): Art-Coaching. Das expressive Selbstportrait als Weg zur Klärung der persönlichen und beruflichen Identität im Pädagogik-Studium. In: Burow, O.-A./Hinz, H. (Hrsg.): Die Organisation als Kreatives Feld. Kassel: University Press, S. 247–278.

Burow, O.-A./Schmieling-Burow, C. (2006): Potentiale persönlicher Mythen. Das Expressive Selbstportrait als Zugang zum persönlichen Umgang mit Aggression, Selbstbehauptung und Zivilcourage. In: Staemmler, F. M./Mertens, R. (Hrsg.) (2006): Aggression, Selbstbehauptung, Zivilcourage. Zwischen Destruktivität und engagierter Menschlichkeit. Köln: EHP, S. 159–183.

Burow, O.-A./Schratz, M. (2009): Arbeit mit großen Gruppen. In: Journal für Schulentwicklung, H. 1, S. 4–15.

Burow, O.-A./Steenbuck, O. (2011): Partizipative Schulentwicklung durch Zukunftswerkstätten. In: Steenbuck, O./Quitmann, H./Esser, P. (Hrsg.): Inklusive Begabtenförderung in der Grundschule. Konzepte und Praxisbeispiele zur Schulentwicklung. Weinheim/Basel: Beltz.

Christakis, N. A. (2007): The Spread of Obesity in a Large Social Network over 32 Years. In: New England Journal of Medicine, Vol. 357(4), 26. Juli 2007, S. 370–379.

Christakis, N.A. (2008): Soziale Epidemien – Fettsucht ist ansteckend. Interview von Manfred Dworschak. SPIEGEL ONLINE vom 29.4.2008. www.spiegel.de/wissenschaft/mensch/0,1518,550237,00.html (Abruf 14.2.2011).
Christakis, N.A./Fowler, J.H. (2010): Connected! Die Macht sozialer Netzwerke und warum Glück ansteckend ist. Frankfurt a.M.: Fischer.
Chua, A.L. (2011a): Die Mutter des Erfolgs. Wie ich meinen Kindern das Siegen beibrachte. München: Nagel & Kimche.
Chua, A.L. (2011b): Erziehung – »Zwang funktioniert«. Interview von Philip Bethge. SPIEGEL ONLINE vom 24.1.2011. www.spiegel.de/spiegel/0,1518,741314,00.html (Abruf 17.1.2011).
Collins, J. (2004): Der Weg zu den Besten. Die sieben Management-Prinzipien für dauerhaften Unternehmenserfolg. 3.Aufl. München: DVA.
Cook, J. (1774/1971): Logbücher der Reisen 1768–1779. Tübingen: Erdmann (Zitat nach http://de.wikipedia.org/wiki/Osterinsel, Abruf 14.2.2011).
Cooperrider, D.L./Srivastava, S. (1987): Appreciative Inquiry in Organizational Life. In: Pasmore, W./Woodman, R. (Hrsg.): Research in Organization and Development. Greenwich: JAI Press, S.129–169.
Cooperrider, D.L./Whitney, D. (1999): Appreciative Inquiry. San Francisco: Berrett-Koehler.
Copei, F. (1930/1955): Der fruchtbare Moment im Bildungsprozeß. Leipzig: Quelle & Meyer.
Covey, S.R. (2006): Der 8. Weg. Offenbach: Gabal.
Cramer, F. (1998): Symphonie des Lebendigen. Versuch einer allgemeinen Resonanztheorie. Frankfurt a.M.: Insel.
Crouch, C. (2008): Postdemokratie. Frankfurt a.M.: Suhrkamp.
Csíkszentmihályi, M. (1992): Flow. Das Geheimnis des Glücks. Stuttgart: Klett-Cotta.
Csíkszentmihályi M. (1999): Lebe gut! Wie Sie das Beste aus Ihrem Leben machen. Stuttgart: Klett-Cotta.
Csíkszentmihályi, M. (2004): Flow im Beruf. Das Geheimnis des Glücks am Arbeitsplatz. Stuttgart: Klett-Cotta.
Czerny, S. (2009): Noten behindern das Lernen. Interview von Christian Füller. In: taz vom 27.5.2009.
Czerny, S. (2010): Was wir unseren Kindern in der Schule antun ... und wie wir das ändern können. München: Südwest.
Dauber, H./Döring-Seipel, E. (2010): Salutogenese in Lehrberuf und Schule. In: Pädagogik 62, H.10, S.32–35.
Dedering, K. (2007): Schulische Qualitätsentwicklung durch Netzwerke. Wiesbaden: VS Verlag.
Deutsches PISA-Konsortium (Hrsg.) (2001): PISA 2000. Basiskompetenzen von Schülerinnen und Schülern im internationalen Vergleich. Opladen: Leske + Budrich.
Dewey, J. (1930): Democracy and Education. New York: Macmillan.
Diamond, J. (2005): Kollaps. Warum Gesellschaften überleben oder untergehen. 8.Aufl. Frankfurt a.M.: Fischer.
Dohmen, G. (2001): Das informelle Lernen. Die internationale Erschließung einer bisher vernachlässigten Grundform menschlichen Lernens für das lebenslange Lernen aller. Bonn: Bundesministerium für Bildung und Forschung.
Dülmen, R. von (Hrsg.) (2001): Die Entdeckung des Ich. Die Geschichte der Individualisierung vom Mittelalter bis zur Gegenwart. Köln: Böhlau.
Edelstein, W./Frank, S./Sliwka, A. (Hrsg.) (2009): Praxisbuch Demokratiepädagogik. Weinheim/Basel: Beltz.
Eder, C. (2010): Auf den Spuren des Glücks. Leipzig: tologo.
Elias, N. (1976): Der Prozeß der Zivilisation. 2 Bände. Frankfurt a.M.: Suhrkamp.
Enders, G./Hampel D. (2011): Der Zukunftscode. Evolutionäre Strategien für Marketing – Design – Technik. Berlin: Fruehwerk.
Eppler, E. (1981): Wege aus der Gefahr. Reinbek bei Hamburg: Rowohlt.
Faller, K./Kneip, W. (2007): Das Buddy-Prinzip. Soziales Lernen mit System. Düsseldorf: buddy e.V.

Faltin, G. (2009): Kopf schlägt Kapital. München: Hanser.

Fauser, P./Prenzel, M./Schratz, M. (2007): Was für Schulen! Gute Schule in Deutschland. Seelze-Velber: Kallmeyer.

Fend, H. (1998): Qualität im Bildungswesen. Schulforschungen zu Systembedingungen, Schulprofilen und Lehrerleistung. Weinheim/München: Juventa.

Fend, H. (2008): Schule gestalten. Systemsteuerung, Schulentwicklung und Unterrichtsqualität. Wiesbaden: VS Verlag.

Fischer, A. (2008): Coaching in berufsbildenden Schulen. Bericht zu einem Modellversuch: Implementierung eines Coaching-Systems zur Verbesserung von Klassenklima, Schülerleistung und Lehrerzufriedenheit. Berlin: Wissenschaftlicher Verlag.

Flitner, A. (1992): Reform der Erziehung. München: Piper.

Florida, R. (2002): The Rise of the Creative Class. New York: Perseus Book Group.

Florida, R. (2010): Reset. Wie wir anders leben, arbeiten und eine neue Ära des Wohlstands begründen werden. Frankfurt a. M.: Campus.

Florida, R./Tinagli, I. (2006): Technologie, Talente, Toleranz. Europa im kreativen Zeitalter. In: Perspektive, H. 31, S. 22–39.

Frey, B. S./Frey-Marti, C. (2010): Glück. Die Sicht der Ökonomie. Zürich: Rüegger.

Fritz-Schubert, E. (2008): Schulfach Glück. Freiburg: Herder.

Fritz-Schubert, E. (2010): Glück kann man lernen. Was Kinder stark fürs Leben macht. Berlin: Ullstein.

Friedman, T. L. (2006): Die Welt ist flach. Eine kurze Geschichte des 21. Jahrhunderts. Frankfurt a. M.: Suhrkamp.

Fromm, E. (2003): Die Kunst des Liebens. Berlin: Ullstein.

Fuchs, M. (2008): Kulturelle Bildung. München: kopaed.

Füller, C. (2008a): Gute Schüler – schlechte Schulen. München: Droemer.

Füller, C. (2008b): Sechsjährige Grundschule – Paukenschlag gegen schwarz-grünes Experiment. SPIEGEL ONLINE vom 17.4.2008. www.spiegel.de/schulspiegel/wissen/0,1518,548020,00.html (Abruf 14.2.2011).

Füller C. (2009): Noten nach der Glockenkurve. SPIEGEL ONLINE vom 4.6.2009.

Fullan, M. (2007): The New Meaning of Educational Change. 4. Aufl. New York: Teachers College Press.

Gamper, J./Gamper, K. (2007): Es ist alles gesagt: LOHAS. Bielefeld: Edition gamper.com

Gardner, H. (1991): Abschied vom IQ. Die Rahmen-Theorie der vielfachen Intelligenzen. Stuttgart: Klett-Cotta.

Gardner, H. (1992): Das Denken des ungeschulten Kopfes. Stuttgart: Klett-Cotta.

Gardner, H. (1996): So genial wie Einstein. Schlüssel zum kreativen Denken. Stuttgart: Klett-Cotta.

Gardner, H. (2009): A »Multiple Intelligence« Approach to Human Gifts and Creativity. ICBF Kongress Münster, 9.–12. September 2009. www.icbf-conference.de/HowardGarder-MutipleIntelligences-ICBF2009.pdf (Abruf 14.2.2011).

Gates, B. (1995): Der Weg nach vorn. Die Zukunft der Informationsgesellschaft. Hamburg: Hoffmann und Campe.

Geiling, U./Hinz, A. (Hrsg.) (2005): Integrationspädagogik im Diskurs. Auf dem Weg zu einer inklusiven Pädagogik. Bad Heilbrunn: Klinkhardt.

Giesecke, H. (1999): Wozu ist die Schule da? Die neue Rolle von Eltern und Lehrern. Stuttgart: Klett-Cotta.

Giesecke, H. (2004): Wer braucht noch Erziehungswissenschaft? In: Neue Sammlung 2, S. 151–165.

Gladwell, M. (2002): Tipping Point. Wie kleine Dinge Großes bewirken können. München: Goldmann.

Gladwell, M. (2009): Überflieger. Warum manche Menschen erfolgreich sind und andere nicht. Frankfurt a. M.: Campus.

Gottschalk, A. (2003): Intraorganisationale Expertennetzwerke. Konzeption – Dimensionen – Evaluation. Herdecke: GCA Verlag.
Greif, S./Kurtz, H.J. (1996): Handbuch Selbstorganisiertes Lernen. Göttingen: Verlag für Angewandte Psychologie.
Grötker, R. (2008): Das Lohn-Dilemma. In: brand eins, H.9, S.60–66. www.brandeins.de/archiv/magazin/wieder-was-geschafft/artikel/das-lohn-dilemma.html (Abruf 14.2.2011).
Gruber, H./Mandl, H./Renkl, A. (1999): Was lernen wir an Schule und Hochschule: Träges Wissen? Forschungsberichte 60. München: Ludwig-Maximilians-Universität.
Grunder, U. (Hrsg.) (1999): Der Kerl ist verrückt. Das Bild der Lehrkraft in Literatur und Pädagogik. Zürich: Verlag Pestalozzianum.
Habermas, J. (1981): Theorie des kommunikativen Handelns, Bd.II. Zur Kritik der funktionalistischen Vernunft. Frankfurt a.M.: Suhrkamp.
Haken, H. (1990): Synergetik. Die Lehre vom Zusammenwirken. Berlin: Ullstein.
Hank, R. (2010): Zehn deutsche Städte im Test: Wohin zieht es die kreative Klasse? http://rangliste.faz.net/staedte/article.php?txtid=einfuehrung, http://rangliste.faz.net/staedte/article.php?txtid=studie (Abruf 14.2.2011).
Harazd, B./Gieske, M./Rolff, H.-G. (2009): Gesundheitsmanagement in der Schule. Lehrergesundheit als neue Aufgabe von Schulleitung. Köln: Wolters Kluwer.
Hartkemeyer, J.F./Hartkemeyer, M. (2005): Die Kunst des Dialogs. Kreative Kommunikation entdecken. Stuttgart: Klett-Cotta.
Hartmann, M. (2002): Der Mythos von den Leistungseliten. Spitzenkarrieren und soziale Herkunft in Wirtschaft, Politik, Justiz und Wissenschaft. Frankfurt a.M.: Campus.
Hartmann, M. (2003): Karrieren – »Zum Manager wird man geboren«. Interview von Claus Peter Simon. SPIEGEL ONLINE vom 26.3.2003. www.spiegel.de/unispiegel/jobundberuf/0,1518,242054-2,00.html (Abruf 17.2.2011).
Hartmann, M. (2004): Elitesoziologie. Eine Einführung. Frankfurt a.M.: Campus.
Hartmann, M. (2007): Eliten und Macht in Europa. Ein internationaler Vergleich, Frankfurt a.M.: Campus.
Heidack, C. (Hrsg.) (1993): Lernen der Zukunft. Kooperative Selbstqualifikation – die effektivste Form der Aus- und Weiterbildung im Betrieb. München: Lexika Verlag Rumpf.
Hentig, H. von (1996a): Bildung. Ein Essay. München: Hanser.
Hentig, H. von (1996b): Die Schule neu denken. München: Hanser.
Hentig, H. von (2005): Die überschätzte Schule. In: Stübig, F. (Hrsg.): Die Schule der Zukunft gewinnt Gestalt. Kassel: University Press, S.37–48.
Herold, M./Landherr, B. (2001): SOL – Selbstorganisiertes Lernen. Ein systemischer Ansatz für den Unterricht. Baltmannsweiler: Schneider Hohengehren.
Hesse, H. (1906/2007): Unterm Rad. 6.Aufl. Frankfurt a.M.: Suhrkamp.
Heßler, M./Zimmermann, C. (Hrsg.) (2008): Creative Urban Milieus. Historical Perspectives on Culture, Economy, and the City. Frankfurt a.M.: Campus.
Hentschel, B./Staupe, G. (Hrsg.) (2008): Glück – welches Glück. München: Hanser.
Hinz, A. (2006): Inklusion. In: Bleidick, U./Antor G.: Handlexikon der Behindertenpädagogik. Schlüsselbegriffe aus Theorie und Praxis. Stuttgart: Kohlhammer, S.97–99.
Holman, P./Devane, T. (Hrsg.) (2002): Change Handbook. Zukunftsorientierte Großgruppen-Methoden. Heidelberg: Carl-Auer Systeme.
Holman, P./Devane, T. (Hrsg.) (2007): The Change Handbook. The Definitive Resource to Today's Best Methods Engaging Whole Systems. New York: Mcgraw-Hill Professional.
Holtappels, H.G./Klieme, E./Rauschenbach, T./Stecher, L. (Hrsg.) (2008): Ganztagsschule in Deutschland. Ergebnisse der Ausgangserhebung der ›Studie zur Entwicklung von Ganztagsschulen‹ (STEG), 2.Aufl. Weinheim/München: Juventa.
Hopkins, J. (Hrsg.) (2003): Dalai Lama. Der Weg zum Glück. Freiburg: Herder.
Horx, M. (2010): Das Buch des Wandels. Wie Menschen Zukunft gestalten. 5.Aufl. München: DVA.

Hossiep, R. (2009): Uni Bochum. In: DIE ZEIT vom 30.4.2009, S. 71.
Howaldt, J./Schwarz, M. (2010): »Soziale Innovation« im Fokus. Skizze eines gesellschaftstheoretisch inspirierten Forschungskonzepts. Bielefeld: transkript.
Hoyer, T. (2005): Pädagogische Verantwortung für ein glückliches Leben oder: Vom »Glück« in der Pädagogik. In: Burkhart, H./Sikora, J./Hoyer, T. (Hrsg.): Sphären der Verantwortung. Münster: LIT Verlag, S. 151–210.
Hoyer, T. (Hrsg.) (2007): Vom Glück und glücklichen Leben. Sozial- und geisteswissenschaftliche Zugänge. Göttingen: Vandenhoeck & Ruprecht.
Hübner, P. (2001): Schule mit Wohlfühlfaktor. In: AIT Intelligente Architektur, H. 3 (Sonderdruck), S. 209–232. www.bildunggrenzenlos.at/fix/texte/Architektur/Schularchitektur_fuer_Kinder_3 Bsp.pdf (Abruf 14.2.2011).
Hübner, P. (2005): Kinder bauen ihre Schule/Children Make Their School. Evangelische Gesamtschule Gelsenkirchen. Stuttgart: Edition Axel Menges.
Hüther, G. (o. J.): Erziehen mit Herz und Hirn. Interview mit Prof. Dr. Gerald Hüther. www.winfuture.de/themenaudiosvideos/prof-dr-gerald-huether/index.html (Abruf 14.2.2011).
Hüther, G. (2004): Die Macht der inneren Bilder. Göttingen: Vandenhoeck & Ruprecht.
Hüther, G. (2009): Innere Bilder als Schlüssel zu Selbstentdeckung und Kohärenz. Zusammenfassung eines Interviews von Katja Glaesner mit Gerald Hüther. http://home.arcor.de/oaburow/ac/ac-mat.html (Abruf 14.2.2011).
Hüther, G./Nitsch, C. (2008): Wie aus Kindern glückliche Erwachsene werden. München: Gräfe und Unzer.
Ingenkamp, K. (1974): Die Fragwürdigkeit der Zensurengebung. Weinheim/Basel: Beltz.
Jänicke, J. (Hrsg.) (2006): Denkanstöße für Glückssucher. München: Piper.
Jansen S. A. (2009): Magnetismus der Metropole als Stätte der Kreativen. In: Jansen, S. A./Schröter, E./Stehr, N. (Hrsg.) (2009): Rationalität der Kreativität? Multidisziplinäre Beiträge zur Analyse der Produktion, Organisation und Bildung von Kreativität. Wiesbaden: VS Verlag, S. 67–92.
Jaworski, J./Scharmer, C.O. (2000): Leadership in the Digital Economy. Sensing and Actualizing Emerging Futures. Cambridge, Mass.: Society for Organizational Learning. www.ottoscharmer.com/docs/articles/2000_LeadingDigitalEconomy.pdf (Abruf 20.4.2011).
Johler, J. (2001): Gottes Gehirn – ein Interview mit dem Autor Jens Johler. www.kaliber38.de/features/johler/interview.htm (Abruf 14.2.2011).
Johler, J./Burow O.-A. (2010): Gottes Gehirn. Wissenschaftsthriller. Berlin: Ullstein.
John-Steiner, V. (2000): Creative Collaboration. Oxford: University Press.
Jung, C. G. (2005): Archetypen. 12. Aufl. München: dtv.
Jungk, R./Müllert, N. (1989): Zukunftswerkstätten. Mit Phantasie gegen Routine und Resignation. München: Heyne.
Kahl, R. (2006): Ein schöner Sommer. In: Pädagogik, H. 9, S. 64.
Kaiser, A. (2009): Warum es Max und Sophie so viel besser haben als Kevin und Mandy. Interview in der Berliner Morgenpost vom 18.9.2009. www.morgenpost.de/familie/article1172410/Warum_es_Max_und_Sophie_so_viel_besser_haben_als_Kevin_und_Mandy.html (Abruf 14.2.2011).
Kaniuth, T. (2006): Lernen durch und von der Kunst – Impulse der Kunst für die Organisationsentwicklung. In: Journal of Social Science Education, H. 2. www.jsse.org/2006/2006-2/kaniuth-kunst (Abruf 14.2.2011).
Kegler, U. (2009): In Zukunft lernen wir anders. Wenn die Schule schön wird. Weinheim/Basel: Beltz.
Kelb, V. (Hrsg.) (2007): Kultur macht Schule. Innovative Bildungsallianzen – neue Lernqualitäten. München: kopaed.
Keupp, H./Ahbe, T./Gmür, W./Höfer R./Mitzscherlich, B./Kraus W./Sraus F. (1999): Identitätskonstruktionen. Das Patchwork der Moderne. Reinbek bei Hamburg: Rowohlt.

Key, E. (1902/1992): Das Jahrhundert des Kindes. Übertragung von Francis Maro. Weinheim/Basel: Beltz.

Klein, S. (2008): Die Glücksformel. 14. Aufl. Reinbek bei Hamburg: Rowohlt.

Klemm, K. (2009a): Neue Bildungsstudie – Sitzenbleiben ist nutzlos und teuer. SPIEGEL ONLINE vom 3.9.2009. www.spiegel.de/schulspiegel/wissen/0,1518,646709,00.html (Abruf am 20.4.2011).

Klemm, K. (2009b): Sonderweg Förderschulen: Hoher Einsatz, wenig Perspektiven. Eine Studie zu den Ausgaben und zur Wirksamkeit von Förderschulen in Deutschland. Gütersloh: Bertelsmann Stiftung.

Klemm, K. (2010): Klassenwiederholungen – teuer und unwirksam. Eine Studie zu den Ausgaben für Klassenwiederholungen in Deutschland. Gütersloh: Bertelsmann Stiftung.

Köthe, M. (2006): Leidenschaft siegt. Von den Besten lernen: Prominente verraten ihr Erfolgsgeheimnis. München: Kösel.

Krause, C./Wiesemann, U./Hannich, H. J. (2004): Subjektive Befindlichkeit und Selbstwertgefühl von Grundschulkindern. Lengerich: Pabst.

Kris, E./Kurz, O. (1995): Die Legende vom Künstler. Ein geschichtlicher Versuch. Frankfurt a. M.: Suhrkamp.

Kucklick, C. (2011): Gute Lehrer. In: GEO, H. 2, S. 24–46.

Largo, R. H./Beglinger, M. (2009): Schülerjahre. Wie Kinder besser lernen. München: Piper.

Lawrence, P. R./Nitin, N. (2003): Driven. Was Menschen und Organisationen antreibt. Stuttgart: Klett-Cotta.

Layard, R. (2005): Die glückliche Gesellschaft. Kurswechsel für Politik und Wirtschaft. Frankfurt a. M.: Campus.

Lehmann, R. H./Peek, R./Gänsfuß, R./Husfeldt, V. (2002): Aspekte der Lernausgangslage und der Lernentwicklung – Klassenstufe 9. Ergebnisse einer Längsschnittsuntersuchung in Hamburg. Hamburg: Behörde für Bildung und Sport.

Lehner, F./Widmaier, U. (1992): Eine moderne Schule für eine moderne Industriegesellschaft. Strukturwandel und Entwicklung der Schullandschaft in Nordrhein-Westfalen. Essen: Neue Deutsche Schule.

Lennon, C. (2005): John. München: Goldmann.

Lerch, S. (2010): Lebenskunst Lernen? Lebenslanges Lernen aus subjektwissenschaftlicher Sicht. Bielefeld: W. Bertelsmann.

Levy, P. (1996): Die kollektive Intelligenz. Für eine Anthropologie des Cyberspace. München: Hanser.

Lewin, K. (1963): Feldtheorie in den Sozialwissenschaften. Bern/Stuttgart: Huber.

Löhndorf, A. (Hrsg.) (2001): Glück. Ein Lesebuch zur Lebenskunst. München: dtv.

Lotter, W. (2008): Die neue Leistung. In: brand eins, H. 9, S. 50–57. www.brandeins.de/archiv/magazin/wieder-was-geschafft/artikel/die-neue-leistung.html (Abruf 14.2.2011).

Lück, H. E. (1996): Die Feldtheorie und Kurt Lewin. Weinheim/Basel: Beltz PVU.

Maar, C./Burda, H. (Hrsg.) (2006): Iconic Worlds. Neue Bilderwelten und Wissensräume. Köln: Dumont.

Mayring, P. (2007): Glück – Wohlbefinden – Lebensqualität. Sozialwissenschaftliche und psychologische Konzepte. In: Hoyer, T. (Hrsg.): Vom Glück und glücklichen Leben. Sozial- und geisteswissenschaftliche Zugänge. Göttingen: Vandenhoeck & Ruprecht, S. 185–199.

McAdams, D. P. (1996): Das bin ich. Wie persönliche Mythen unser Selbstbild formen. Hamburg: Kabel.

McKinsey (2010): Mehr Eigenverantwortung entscheidender Faktor für die Verbesserung von Schulsystemen. www.mckinsey.de/html/presse/2010/20101129_education_report.asp (Abruf 14.2.2011).

Meier, H. (Hrsg.) (2008): Über das Glück. Ein Symposium. München: Piper.

Mićić, P. (2009): Die fünf Zukunftsbrillen. Chancen früher erkennen durch praktisches Zukunftsmanagement. 2. Aufl. Wiesbaden: Gabal.

Miles, B. (1998): Paul McCartney. Many Years from Now. Reinbek bei Hamburg: Rowohlt.
Montessori, M. (1950/1990): Kinder sind anders. München: dtv.
Montessori, M. (1976): Schule des Kindes. Freiburg: Herder.
Morgan, G. (2002): Bilder der Organisation. Stuttgart: Klett-Cotta.
Münch, J./Wyronik I. (2009): Pädagogik des Glücks. Baltmannsweiler: Schneider Hohengehren.
Münch, R. (2009a): Globale Eliten, lokale Autoritäten. Bildung und Wissenschaft unter dem Regime von PISA, McKinsey & Co. Frankfurt a.M.: Suhrkamp.
Münch, R. (2009b): PISA als Selbstzweck. In: NovoArgumente 103, S.39–41.
Musil, R. (1906/1959): Die Verwirrungen des Zöglings Törleß. Hamburg: Rowohlt.
Neill A.S. (1969): Zur Theorie und Praxis der antiautoritären Erziehung. Das Beispiel Summerhill. Reinbek bei Hamburg: Rowohlt.
Niethammer, F.I. (1968): Der Streit des Philanthropinismus und Humanismus in der Theorie des Erziehungs-Unterrichts unserer Zeit. In: Niethammer, F.I.: Philanthropinismus – Humanismus. Texte zur Schulreform. Bearbeitet von Werner Hillebrecht. Weinheim: Beltz.
Nowotny, H. (1993): Eigenzeit. Entstehung und Strukturierung eines Zeitgefühls. Frankfurt a.M.: Suhrkamp.
Oelkers, J. (2009): John Dewey und die Pädagogik. Weinheim/Basel: Beltz.
Oelkers, J. (2010): Die »Vision« der selbstständigen Schule. Vortrag auf der Pädagogischen Tagung des Hessischen Philologenverbandes, Weilburg 25.2.2010. http://paed-services.uzh.ch/user_downloads/1832/Weilburg.pdf (Abruf 14.2.2011).
Overhoff, J. (2009): Vom Glück lernen zu dürfen. Für eine zweckfreie Bildung. Stuttgart: Klett-Cotta.
Overwien, B. (2007): Informelles Lernen. In: Göhlich, M./Wulf, C./Zirfas, J. (Hrsg.): Pädagogische Theorien des Lernens. Weinheim/Basel: Beltz, S.119–130.
Owen, H. (2001a): Erweiterung des Möglichen. Die Entdeckung von Open Space. Stuttgart: Klett-Cotta.
Owen, H. (2001b): Open Space Technology. Ein Leitfaden für die Praxis. Stuttgart: Klett-Cotta.
Pennac, D. (2008): Schulkummer. Köln: Kiepenheuer & Witsch.
Perls, F./Hefferline, R.F./Goodman, P. (1951): Gestalt Therapy. Harmondsworth: Penguin Books.
Perls, F./Hefferline, R.F./Goodman, P. (1979): Gestalttherapie. Wiederbelebung des Selbst. Stuttgart: Klett-Cotta.
Perls, F./Hefferline, R.F./Goodman, P. (1981): Gestalttherapie. Lebensfreude und Persönlichkeitsentfaltung. Stuttgart: Klett-Cotta.
Petzold T.D. (Hrsg.) (2010): Lust und Leistung … und Salutogenese. Bad Gandersheim: Verlag Gesunde Entwicklung.
PISA-Konsortium (Hrsg.) (2006): PISA 2006. Die Ergebnisse der dritten internationalen Vergleichsstudie. Münster: Waxmann.
Polster, E. (1990): Every Person's Life is Worth a Novel. New York: The Gestalt Journal Press.
Pöppel, E. (2006): Der Rahmen. Ein Blick des Gehirns auf unser Ich. München: Hanser.
Posener, A. (1987): John Lennon. Monographie. Reinbek bei Hamburg: Rowohlt.
Quitmann, H. (1996): Humanistische Psychologie. 3.Aufl. Göttingen: Hogrefe.
Reheis, F. (2007): Bildung contra Turboschule! Ein Plädoyer. Freiburg: Herder.
Riesman, D. (1986): Die einsame Masse. Reinbek bei Hamburg: Rowohlt.
Rogers, C.R. (1974): Lernen in Freiheit. München: Kösel.
Rolff, H.-G. (2007a): Gelingensbedingungen einer »Guten Schule« – aus Sicht der Schulforschung. Vortrag auf dem Multiplikatorenseminar des »Deutschen Schulpreises«. Dortmund: Dortmunder Akademie für Pädagogische Führungskräfte.
Rolff, H.-G.(2007b): Studien zu einer Theorie der Schulentwicklung. Weinheim/Basel: Beltz.
Rolff, H.-G. (2008): Gute Schule – Gute Schulentwicklung? Vortrag auf dem 25. Netzwerktreffen des »Netzwerks Schulentwicklung am 11.2.2008 in Dortmund. www.netzwerk-schulentwicklung.de/html/material.html (Abruf 14.2.2011).

Rolff, H.-G. (2009): Einführender Vortrag zum Workshop »Belastungen abbauen in Zeiten wachsender Anforderungen. Gesundheitsförderung durch eine Zukunftswerkstatt«. Dortmund: Dortmunder Akademie für pädagogische Führung (DAPF), 5.2.2009.

Rolff, H.-G./Buhren, C. G./Lindau-Bank, D. (1999): Manual Schulentwicklung. Handlungskonzept zur pädagogischen Schulentwicklungsberatung. Weinheim/Basel: Beltz.

Roth, G. (2008): Persönlichkeit – Entscheidung – Verhalten. Warum es so schwierig ist, sich und andere zu ändern. 4. Aufl. Stuttgart: Klett-Cotta.

Roth, G. (2010). Zit. nach: Beyer, S./Kronsbein, J./Leick, R.: Verteufeltes Glück der Freiheit. In: DER SPIEGEL 52/2010 vom 27.12.2010, S. 161.

Roth, G. (2011): Bildung braucht Persönlichkeit. Wie Lernen gelingt. Stuttgart: Klett-Cotta.

Roth, H. (Hrsg.) (1969): Begabung und Lernen. Stuttgart: Klett-Cotta.

Russell, B. (1930/1977): Eroberung des Glücks. Neue Wege zu einer besseren Lebensgestaltung. Frankfurt a. M.: Suhrkamp.

Rutschky, K./Beppler-Spahl, S. (2009): Messen ohne Sinn und Verstand. In: NovoArgumente 1003, S. 32–35.

Safranski, R. (2009): Goethe und Schiller. Geschichte einer Freundschaft. München: Hanser.

Sawyer, K. (2007): Group Genius. The Creative Power of Collaboration. New York: Basic Books.

Schaarschmidt, U. (2005): Halbtagsjobber? Psychische Gesundheit im Lehrerberuf – Analyse eines veränderungsbedürftigen Zustandes. Weinheim/Basel: Beltz.

Schaarschmidt, U./Kieschke, U. (2007): Gerüstet für den Schulalltag. Psychologische Unterstützungsangebote für Lehrerinnen und Lehrer. Weinheim/Basel: Beltz.

Schachtner, C./Höbel, A. (Hrsg.) (2008): Learning Communities. Das Internet als neuer Lern- und Wissensraum. Frankfurt a. M.: Campus.

Scharmer, C. O. (2009): Theorie U. Von der Zukunft her führen. Presencing als soziale Technik. Heidelberg: Carl-Auer-Systeme.

Scheerens, J. (2000): Improving School Effectiveness. In: UNESCO (Hrsg.): Fundamentals of Educational Planning. Paris.

Schenz, C. (2009): Index für Inklusion. Frankfurt a. M.: Karg-Stiftung.

Schley, V./Schley, W. (2010): Handbuch Kollegiales Teamcoaching. Innsbruck: Studienverlag.

Schley, W./Schratz, M. (2009): Die schöpferische Energie großer Gruppen. In: Journal für Schulentwicklung, H. 1, S. 16–23.

Schley, W./Schratz, M. (2006): Leadership – eine vernachlässigte Dimension der Führungsdebatte. In: Journal für Schulentwicklung, H. 1, S. 86–97.

Schley, W./Schratz, M. (2007): Leadership. Kraft zum neuen Denken. Innsbruck: Studienverlag.

Schley, W./Schratz, M. (2009): Die schöpferische Energie großer Gruppen. In: Journal für Schulentwicklung, H. 1, S. 16–23.

Schmid, W. (2007): Glück. Alles was Sie darüber wissen müssen, und warum es nicht das Wichtigste im Leben ist. Frankfurt a. M.: Insel.

Schmieling-Burow, C. (2009): OASE (Open Art Space). Schulentwicklung durch Kunst und kreatives Gestalten in großen Gruppen. In: Journal für Schulentwicklung, H. 1, S. 36–43 (Galerie und Infos unter www.art-coaching.org).

Schon, D. A. (1983): The Reflective Practitioner. How Professionals Think in Action. London: Temple Smith.

Schratz, M./Hartmann, M./Schley W. (2010): Schule wirksam leiten. Analyse innovativer Führung in der Praxis. Münster: Waxmann.

Schratz, M./Jakobson, L. B./MacBeath, J./Meuret, D. (2002): Serena, oder: Wie Menschen ihre Schule verändern. Schulentwicklung und Selbstevaluation in Europa. Innsbruck: Studienverlag.

Schratz, M./Paseka, A./Schrittesser, I. (Hrsg.) (2011): Pädagogische Professionalität: quer denken – umdenken – neu denken. Wien: facultas.

Schubert, E. F. (2008): Schulfach Glück. Wie ein neues Fach die Schule verändert. Freiburg: Herder.

Schulze, G. (2001): Inszenierte Individualität – ein modernes Theater. In: Dülmen, R. von (Hrsg.): Die Entdeckung des Ich. Die Geschichte der Individualisierung vom Mittelalter bis zur Gegenwart. Köln: Böhlau, S. 557–582.

Schulz-Hageleit, P. (1975): Erziehung zum Glück. Überlegungen zu einer pädagogischen Grundfrage. In: Aus Politik und Zeitgeschichte 25, S. 28–47.

Seligmann, M. E. P. (2007): Der Glücksfaktor. Warum Optimisten länger leben. Bergisch-Gladbach: Bastei Lübbe.

Senge, P. (1996): Die fünfte Disziplin. Kunst und Praxis der lernenden Organisation. Stuttgart: Klett-Cotta.

Sennett, R. (1998): Der flexible Mensch. Die Kultur des neuen Kapitalismus. Berlin: Berlin Verlag.

Sennett, R. (2005): Die Kultur des Neuen Kapitalismus. Berlin: Berlin Verlag.

Sennett, R. (2008): Handwerk. Berlin: Berlin-Verlag.

Sher, B. (2004): Wishcraft. Lebensträume und Berufsziele entdecken und verwirklichen. Osnabrück: Edition Schwarzer.

Sliwka, A./Frank, S. (Hrsg.) (2004): Service Learning. Verantwortung lernen in Schule und Gemeinde. Weinheim/Basel: Beltz.

Spiewak, M. (2006): Selbstlernsemester. In: DIE ZEIT vom 4.5.2006. www.zeit.de/2006/19/B-Lernen_ohne_Lehrer_xml (Abruf 14.2.2011).

Spitzer, M. (2002): Lernen. Gehirnforschung und die Schule des Lebens. Berlin: Spektrum.

Stark, R./Schnurer, K./Mandel, H. (2005): Auf dem Weg zu einer neuen Lehr-Lern-Kultur. In: Burow, O.-A./Hinz, H. (Hrsg) (2005): Die Organisation als Kreatives Feld. Kassel: University Press, S. 213–235.

Steenbuck, O./Quitmann, H./Esser, P. (Hrsg.) (2011): Inklusive Begabtenförderung in der Grundschule. Konzepte und Praxisbeispiele zur Schulentwicklung. Weinheim/Basel: Beltz.

Stern, A. (2005): Das Malspiel und die natürliche Spur. Malort, Malspiel und die Formulation. Klein Jasedow: Drachen Verlag.

Stern, A. (2008a): Das Alphabet der Menschheit. Interview von Elke Schmitter. In: DER SPIEGEL 23/2008 vom 2.6.2008, S. 172–175.

Stern, A. (2008b): Der Malort. Einsiedeln: Daimon Verlag.

Stracke-Baumann, C. (2009): Nachhaltigkeit von Zukunftswerkstätten. Bonn: Stiftung Mitarbeit.

Strittmatter, A. (2006): Kollegien als professionelle Lerngemeinschaften. In: Journal für Schulentwicklung, H. 1, S. 9–20.

Stutzer, A./Frey, B. S. (2002): Happiness and Economics. How the Economy and Institutions Affect Human Well-Being. Princeton: University Press.

Sunstein, C. R. (2009): Infotopia. Wie viele Köpfe Wissen produzieren. Frankfurt a. M.: Suhrkamp.

Surowiecki, J. (2005): Die Weisheit der Vielen. Warum Gruppen klüger sind als Einzelne und wie wir das kollektive Wissen für unser wirtschaftliches, soziales und politisches Handeln nutzen können. München: C. Bertelsmann.

Terhart, E./Czerwenka, K./Ehrich, K./Jordan, F./Schmidt, H.J. (1994): Berufsbiographien von Lehrern und Lehrerinnen. Frankfurt am Main u. a.: Peter Lang.

Terhart, E. (2001): Lehrerberuf und Lehrerbildung. Forschungsbefunde, Problemanalysen, Reformkonzepte. Weinheim/Basel: Beltz.

Tillmann, K.-J. (2008): Interview in Erziehung & Wissenschaft, H. 9.

Tillmann, K.-J. (2010): Was nützen internationale Leistungsvergleichsstudien? In: Pädagogik, H. 9, S. 44–47.

Trapp, E. C. (1780/1977): Versuch einer Pädagogik. Unveränderter Nachdruck der 1. Ausgabe Berlin 1780. Besorgt von Ulrich Herrmann. Paderborn.

Vester, F. (1980): Neuland des Denkens. Vom technokratischen zum kybernetischen Zeitalter. Stuttgart: DVA.

Villaume, P. (1785): Ob und in wie fern bei der Erziehung die Vollkommenheit des einzelnen Menschen seiner Brauchbarkeit aufzuopfern sey? In: Allgemeine Revision des gesammten Schul- und Erziehungswesens von einer Gesellschaft praktischer Erzieher, dritter Teil. Hrsg. von Joachim Heinrich Campe, Hamburg.

Vogli, R./Ferrie, J./Chandola, T./Kivimäki, M./Mormot, M.G. (2007): Unfairness and Health. http://eprints.ucl.ac.uk/5356/1/5356.pdf (Abruf 20.4.2011).

Walden, R./Borrelbach, S. (2006): Schulen der Zukunft. Gestaltungswege der Architekturpsychologie. 3. Aufl. Heidelberg: Asanger.

Watschinger, J./Kühebacher, J. (Hrsg.) (2007): Schularchitektur und neue Lernkultur. Neues Lernen – Neue Räume. Bern: hep Verlag.

Weber, S. M. (2005): Rituale der Transformation. Großgruppenverfahren als pädagogisches Wissen am Markt. Wiesbaden: VS Verlag.

Weinert, F. E. (1989): Psychologische Orientierungen in der Pädagogik. In: Röhrs, H./Scheuerl, H. (Hrsg.): Richtungsstreit in der Erziehungswissenschaft und pädagogische Verständigung. Frankfurt a. M./New York: Peter Lang (zit. nach Giesecke, H. [2004]: Wer braucht noch Erziehungswissenschaft? In: Neue Sammlung 2, S. 151–161).

Weisbord, M. (Hrsg.) (1992): Discovering Common Ground. San Francisco: Berrett-Koehler.

Weisbord, M. (1996a): Zukunftskonferenzen 1: Methode und Dynamik. In: Organisationsentwicklung H. 1, S. 4–13.

Weisbord, M. (1996b): Zukunftskonferenzen 2: Marvin Weisbord im Gespräch mit Joe Flower. In: Organisationsentwicklung H. 1, S. 14–23.

Weisbord, M./Janoff, S. (1995): Future Search. An Action Guide to Finding Common Ground in Organisations & Communities. San Francisco: Berrett-Koehler.

Weisbord, M./Janoff, S. (2001): Future Search – die Zukunftskonferenz. Wie Organisationen zu Zielsetzungen und gemeinsamem Handeln finden. Stuttgart: Klett-Cotta.

Weisbord, M./Janoff, S. (2002): Future Search bzw. Zukunftskonferenz. Auf einer gemeinsamen Wissensbasis in Organisationen und Gemeinden handeln. In: Holman, P. /Devane, T. (Hrsg.): Change Handbook. Zukunftsorientierte Großgruppen-Methoden. Heidelberg: Carl-Auer Systeme, S. 46–57.

Whitaker, T. (2009): Was gute Lehrer anders machen. 14 Dinge, auf die es wirklich ankommt. Weinheim/Basel: Beltz.

Wilkinson, R./Pickett, K. (2009): Gleichheit ist Glück. Warum gerechtere Gesellschaften für alle besser sind. Berlin: Tolkemit Verlag.

Wößmann, L. (2007): Letzte Chance für gute Schulen. Die 12 großen Irrtümer und was wir wirklich ändern müssen. München: Zabert Sandmann.

Wozniak, S. (2007): iWoz. Wie ich den Personal Computer erfand und Apple mitbegründete. München: Hanser.

Wozniak, S. (2008): »Wir haben mit nichts angefangen«. In: SPIEGEL ONLINE vom 15.1.2008 (Abruf 20.4.2011)

Wünsche, K. (1972): Die Wirklichkeit des Hauptschülers. Berichte von Kindern der schweigenden Mehrheit. Köln: Kiepenheuer & Witsch.

Xueqin, J. (2010): The Test Chinese Schools Still Fail. In: Wall Street Journal, 8.12.2010.

Young, J. S. (1989): Steve Jobs. Der Henry Ford der Computerindustrie. Düsseldorf: GFA Systemtechnik.

Ziller, T. (1884): Grundlegung zur Lehre vom erziehenden Unterricht. 2. verb. Auflage. Hrsg. von Th. Vogt. Leipzig: Verlag von Veit & Comp. Zitiert nach Oelkers 2010.

Zinnecker, J. (1975): Der heimliche Lehrplan. Weinheim/Basel: Beltz.

Links

Infos und Downloads vom Autor
www.olaf-axel-burow.de
www.uni-kassel.de/fb1/burow

Projekte
www.art-coaching.org
www.global-mind.net
www.7000zeichen.de

Bildungsnetzwerke und Stiftungen
www.win-future.de
www.sinn-stiftung.eu/index.php
www.karg-stiftung.de/home.php?nav_id=10
www.freie-lernorte.de
www.archiv-der-zukunft.de
www.blickueberdenzaun.de
www.buddy-ev.de

Modellschulen
www.schulzentrum-silberburg.de
www.werkstattschule-in-rostock.de
www.sbw.edu
www.fraktale-schule.de

Plattform für kreative Querdenker
www.entrepreneurship.de

Quellennachweis

Zitate auf S. 56 f.
aus: Bill Gates, Der Weg nach vorn. Die Zukunft der Informationsgesellschaft. Copyright der deutschen Übersetzung von Friedrich Griese und Hainer Kober © 1995 Hoffmann und Campe Verlag, Hamburg.

Zitate auf S. 51 f.
aus: Cynthia Lennon, John. © 2005 Wilhelm Goldmann Verlag, München, in der Verlagsgruppe Random House GmbH, Übersetzung: Christian Kennerknecht/Andrea Ott.

Zitate auf S. 114–118
aus: Ernst Pöppel, Der Rahmen. Ein Blick des Gehirns auf unser Ich. © 2006 Carl Hanser Verlag, München.

Danksagung

Es ist unmöglich, alle Personen und Institutionen zu benennen, die im Laufe der Jahre zu diesem Buch beigetragen haben. Vor allem möchte ich mich bei den Schulkollegien bedanken, deren Engagement und Kreativität ich viel verdanke. Ebenso den vielen Fachkolleginnen und -kollegen, mit denen ich zentrale Fragen diskutiert und von denen ich viele Hinweise erhalten habe. Die meisten tauchen in der zitierten Literatur auf, weswegen ich sie nicht einzeln benenne.

Eine Ausnahme möchte ich bei Hans-Günter Rolff machen, mit dem ich die »Zukunftswerkstatt Gesundheit« entwickelt und häufig durchgeführt habe. Ihm verdanke ich neben der Erfahrung inspirierender Zusammenarbeit auch eine besonders originelle Großgruppenmethode: die Kaminholzpräsentation. Während der Präsentation der Diagnoseposter hält er ein brennendes Kaminholz in der Hand, das den Vortragenden ihr zur Verfügung stehendes Zeitlimit drastisch veranschaulicht und sie wirkungsvoll zwingt, auf den Punkt zu kommen.

Auch Timo Hoyer will ich besonders danken, lieferte er doch durch seine historischen Recherchen zum Verschwinden des Glücks in der Pädagogik den entscheidenden Anstoß für dieses Buch. Als kreativer Synergiepartner bewies er zudem, dass die Theorie des Kreativen Feldes in der Praxis funktioniert.

Olaf Steenbuck von der Karg-Stiftung war kreativer Begleiter vieler Zukunftswerkstätten und vermittelte mir den Kontakt zur Werkstattschule Rostock, deren Mitgliedern ich für ihre wegweisende pädagogische Arbeit danke. Hartmut Diegel, der Schulleiter aus Großalmerode, begeisterte durch sein pragmatisches Engagement. Auch der Bundesverband Kulturelle Jugendbildung mit Tom Braun, Max Fuchs, Viola Kelb und anderen lieferte wichtige Bausteine. Nicht zu vergessen auch unser Verein »Freie Lernorte« mit dem überaus engagierten Wilhelm Steinkamp sowie der Ganztagsschulverband mit Stephan Appel, dessen Dissertation sich dank Unruhestands ankündigt, sowie Alexander Scheuerer, der das Manuskript kritisch durchsah. Auch die Serviceagentur »Ganztägig lernen«, insbesondere mit Thorsten Daseking, Birgit Bleiel und Thomas Nachtwey, darf nicht vergessen werden, die unseren Ansatz – auch in Zusammenarbeit mit der Deutschen Kinder- und Jugendstiftung – bei einer Vielzahl von Veranstaltungen unterstützte.

Natürlich muss auch Heinz Hinz von der Akademie Silberburg erwähnt werden, mit dem ich in langen Jahren gemeinsamer Zusammenarbeit viele der vorliegenden Verfahren und Gedanken entwickelt habe. Das Team meiner Mitarbeiter/innen Stephan Bornemann, Christoph Pluempe und Bettina Pauli trug ebenso zum Gelingen bei wie meine überaus kompetente Sekretärin Birgit Pusceddu, ohne deren Unterstützung ich gescheitert wäre.

Ja, und meine Frau Christel Schmieling-Burow hat dieses Buch nicht nur mit dem von ihr entwickelten Art-Coaching-Verfahren bereichert, sondern mir auch den Rücken freigehalten. Die wichtigsten Einblicke in die tatsächliche Alltagswirklichkeit von Schule heute verdanke ich meinen Töchtern Sarah und Sophia, auch wenn sie mein Treiben mit Skepsis verfolgen und mich bisweilen als »Pädagurken« bezeichnen.

Tja, und dann wäre da noch meine Agentin Aenne Gliencke, die es verstand, den Beltz Verlag zu überzeugen, dessen Verlagsleiterin Petra Golisch zusammen mit dem ausgezeichneten Lektorat von Jürgen Hahnemann für die Realisierung dieses Buchprojekts sorgte.

Kassel, im April 2011 *Olaf-Axel Burow*

Damit es »Klick!« macht

Betty K. Garner
Ich hab's!
Aha-Erlebnisse beim Lernen – Was schwachen Schülern wirklich hilft.
2009. 184 Seiten. Broschiert.
EUR 16,95 D
ISBN 978-3-407-62639-4

Ein großes Rätsel aller Lehrer/innen und Eltern: Warum macht es bei manchen Kindern in der Schule »Klick!« und bei anderen nicht? Betty K. Garner zeigt, dass es häufig nur einiger gezielter Anstöße bedarf, um auch schwachen Schülern zu Aha-Erlebnissen zu verhelfen. Sie erklärt die Denkstrukturen, die dem Lernen zugrunde liegen, und zeigt mit zahlreichen Fallbeispielen, wie man Schülern hilft, kreativ zu denken und zu lernen.
Betty K. Garner hat als Lehrerin, Lerntherapeutin, Hochschuldozentin und Lernforscherin in den USA gearbeitet. Sie ist heute international in der Lehreraus- und -fortbildung tätig.

»Eines der klügsten pädagogischen Bücher, das ich in den letzten 20 Jahren gelesen habe!«
Joyce Larson, Direktorin der International School Dresden

»Eine wirkliche Bereicherung für die deutsche Bildungslandschaft!«
Deutschlandradio Kultur

»Pflichtlektüre für alle, die die Lernzufriedenheit ihrer Schülerinnen erhöhen wollen.« *Schulpraxis*

»Das Buch wird nicht nur Schülern, sondern auch manchem Lehrer ein Aha-Erlebnis bescheren.« *Erziehung und Wissenschaft*

BELTZ
Beltz Verlag · Weinheim und Basel · www.beltz.de

Preisänderungen vorbehalten

Auf den Lehrer kommt es an!

Todd Whitaker
Was gute Lehrer anders machen
14 Dinge, auf die es wirklich ankommt.
2009. 128 Seiten. Broschiert.
EUR 16,95 D
ISBN 978-3-407-62655-4

Entscheidend für erfolgreichen Unterricht sind – die Lehrer. Sie können, auch unter den schwierigen Rahmenbedingungen unseres Bildungssystems, für ihre Schüler eine Menge bewegen.
Das Buch zeigt anhand zahlreicher praktischer Beispiele, was erfolgreiche Lehrer anders machen als ihre Kollegen. Es geht dabei z. B. folgenden Fragen nach:

- Welche Rolle spielen Erwartungen an die Schüler?
- Wie gehen gute Lehrer mit Störungen um?
- Wie filtern Lehrer ihre Wirklichkeit?

Ein Buch, das ohne theoretischen Überbau ganz konkret zeigt, wie Lehrer besser unterrichten und mehr Freude an ihrer Arbeit gewinnen können. Ein Buch, das inspiriert – und im Schulalltag wirklich hilft.

Aus dem Inhalt:

- Warum von den Besten lernen?
- Auf die Menschen kommt es an, nicht auf Programme
- Fünf gerade sein lassen können
- Die Lehrerkonferenz produktiv machen
- Man muss die Schüler nicht mögen
- Die Macht der Erwartungen

» Dieses äußerst praktische Buch sagt jedem Schulleiter, Lehrer oder Studenten, wie es geht.«
Focus Schule

»Yes we can - jetzt auch für Lehrer.«
Forum Schule

»Ein lesenswerters Buch.«
GEW-Zeitung Rheinland-Pfalz

BELTZ
Beltz Verlag · Weinheim und Basel · www.beltz.de

Preisänderungen vorbehalten

PÄDAGOGIK

Anregungen für guten Unterricht, Konferenzen und Schulentwicklung

11 x im Jahr

PÄDAGOGIK bietet in jeder Ausgabe einen **Themenschwerpunkt** zum Schulalltag sowie **praxisnahe Anregungen** zur Gestaltung des eigenen Unterrichts und zur gemeinsamen Schulentwicklung und:

- bildungspolitische Diskussionen
- ausführliche Rezensionen
- erziehungswissenschaftliche Beiträge
- aktuelle Nachrichten

Studenten/innen und Referendar/innen erhalten das Abonnement der **PÄDAGOGIK** mit Rabatt.

Möchten Sie die Pädagogik kennenlernen?
Dann bestellen Sie das besonders günstige Test-Abonnement:

- Beltz-Medienservice, Postfach 10 05 65, D - 69445 Weinheim
- Telefon: +49 (0)6201/6007-330
- Fax: +49 (0)6201/6007-331
- E-Mail: medienservice@beltz.de

www.beltz.de

BELTZ